U0832519

权威·前沿·原创

皮书系列为
“十二五”国家重点图书出版规划项目

媒介与女性蓝皮书
BLUE BOOK OF MEDIA AND GENDER

# 中国媒介与女性发展报告（2013~2014）

REPORT ON THE DEVELOPMENT OF MEDIA AND GENDER IN CHINA (2013-2014)

主　　编／刘利群
执行主编／陈志娟

社会科学文献出版社
SOCIAL SCIENCES ACADEMIC PRESS (CHINA)

图书在版编目(CIP)数据

中国媒介与女性发展报告. 2013~2014/刘利群主编. —北京：社会科学文献出版社，2015.9
（媒介与女性蓝皮书）
ISBN 978-7-5097-7990-3

Ⅰ.①中… Ⅱ.①刘… Ⅲ.①传播媒介-关系-女性-研究报告-中国-2013~2014 Ⅳ.①G206.2

中国版本图书馆 CIP 数据核字（2015）第 203003 号

媒介与女性蓝皮书
中国媒介与女性发展报告（2013~2014）

主　　编／刘利群
执行主编／陈志娟

出 版 人／谢寿光
项目统筹／王　绯
责任编辑／张建中

出　　版／社会科学文献出版社·社会政法分社（010）59367156
地址：北京市北三环中路甲 29 号院华龙大厦　邮编：100029
网址：www.ssap.com.cn
发　　行／市场营销中心（010）59367081　59367090
读者服务中心（010）59367028
印　　装／北京季蜂印刷有限公司

规　　格／开　本：787mm×1092mm　1/16
印　张：25　字　数：415 千字
版　　次／2015 年 9 月第 1 版　2015 年 9 月第 1 次印刷
书　　号／ISBN 978-7-5097-7990-3
定　　价／118.00 元

皮书序列号／B-2013-311

# 主要编撰者简介

**刘利群** 中华女子学院院长、党委副书记、教授，兼任联合国教科文组织“媒介与女性”教席主持人，全国妇联、中国妇女研究会妇女/性别研究与培训基地负责人，中国传媒大学博士生导师、媒介与女性研究中心主任。主要研究领域为国际传播、媒介与性别研究、外国广播电视研究等。代表性论著、译著有《社会性别与媒介传播》《国际视野中的媒介与女性》《国际传播》《中国媒介与女性研究报告（2005～2006）》《美国电视节目形态》《联合国教科文组织科技与性别问题全球报告》《中国媒介与女性发展报告（2011～2012）》《中韩女性媒介比较研究》《性别向度的美国社会观察》等。

**陈志娟** 博士，中国传媒大学媒介与女性研究中心讲师，联合国教科文组织“媒介与女性”教席研究团队成员。主要研究领域为媒介与性别研究、性别传播、媒介与青少年研究。出版著作《英国大学女校长》，译著《奥帕的珠宝》《终极实验》《牛文案是怎样炼成的》等。

# 摘　要

《媒介与女性蓝皮书：中国媒介与女性发展报告（2013～2014）》是由联合国教科文组织媒介与女性教席、中国传媒大学媒介与女性研究中心主持编撰的双年度报告。本报告分为总报告和七篇分报告，对2013～2014年中国媒介与女性发展进行系统梳理和全方位分析。

总报告全面概括了2013～2014年度中国媒介与女性研究及发展的态势，总结了媒介在推动立法和公共政策，传播新型性别关系模式和性别观念方面的作用；透析了国内国际在媒介与女性发展研究和实践方面的互动；分析了媒介融合和新媒体环境下媒介性别传播的新特点和问题。报告指出，"95+20"将为我国媒介与女性发展迎来新的契机。一方面，媒介融合将增强性别传播的效力，微平台将成为性别传播和女性发声的重要平台。另一方面，妇女权益保障体系以及媒介与女性相关政策将得到进一步完善。这些都将推动我国进入媒介与女性发展的新常态。

"专题报告篇"对2013～2014年我国女性电视节目、女性网络舆情以及家庭伦理和婚恋题材电视剧的状况进行了总结和分析，剖析了其中的问题，并预测了发展趋势。"媒介再现篇"研究了媒介对女性和女性发展的报道情况，剖析了媒介对女性参政和家庭领域的再现情况，以及综艺节目中的女性形象，从媒体内容考察了媒介与女性之间的再现与塑造关系。"媒介与女性发展篇"考察了替代性媒体对于女性发挥主体性和自我赋权的作用，剖析了新媒介与传统媒体环境下的性别议题再现及话语建构，探讨了媒介"女性内容"生产中的市场逻辑，以及女性在媒介中的成长历程。

"女性媒介使用篇"主要从受众角度出发，探析了受众对媒体报道家庭暴力事件的认知、态度情况；对时尚杂志女性受众进行了分析；考察了网络新媒体和社交媒体平台上女性的媒介使用特征，以及如何通过媒介使用获取健康方面的信息。"媒介性别监测篇"以联合国教科文组织媒体性别敏感指标为基础指标，对中国大陆地区电视新闻节目和广播中的商业广告开展了性别监测，对媒体对男女平等价值观的传播情况和再现情况进行了案例分析。

“研究综述篇”从媒介工作者、媒介内容、受众角度，全面梳理了我国近年来在媒介与女性研究方面的情况。“海外研究篇”介绍了国外媒介与女性研究的前沿成果，为本报告增添了国际视角。美国媒介与性别研究学者有关媒介机构中性别平等问题的洞见，加拿大学者从监视女孩用智能手机使用社交网络出发对科技与少女研究开展的反思，将为我国媒介与女性发展提供理论上的参考与借鉴。

全书运用性别研究、新闻学、传播学、舆论学、社会学、广播电视艺术学等学科的相关理论，采用内容分析法、符号学分析法、统计与调查法、问卷调查、访谈法、个案研究、文献研究等多种研究方法，从社会性别视角梳理了2013~2014年传统媒体、网络媒体、自媒体等多种媒介类型呈现女性和女性发展的现状，考察了媒介与女性发展的关系，呈现了女性受众的媒介使用情况，揭橥问题，寻找对策，将在一定程度上丰富人们对我国媒介与女性发展的认识。

# 序

# 推动媒介中的性别平等 共创更加美好的未来

施瑞思（Eunice Smith）*

曾庆怡**译

在过去的70年间，联合国及其机构在尊重人权和人的基本自由的基础上，全力推动男性和女性的平等参与，以推进可持续发展和持久和平。这段旅程中的一个里程碑就是在1995年联合国于北京召开的第四次世界妇女大会上，通过了《北京宣言》和《行动纲领》。在会议上，签署《行动纲领》的189个国家共同承诺，努力构建一个能够实现性别平等并为妇女和女童赋权的全球性框架。今天，在北京大会召开近20年后，国际社会正在加紧努力实现联合国千年发展目标，同时也将新的发展目标纳入正在成型的2015年后发展议程。此时正是一个将性别平等和妇女赋权推向全球议程核心的关键机遇，性别平等不仅是一个重要目标，同时也是全面实现可持续发展的必要举措。

所有的联合国机构都被要求在其使命框架中推动性别平等。教科文组织在其主管的五个不同领域—教育、自然科学、社会科学、文化、信息与传播，也通过整体性地促进性别平等和发展，做出了开创性的贡献。自2008年以来，推动性别平等一直是教科文组织的两项全球优先事项之一。

在信息与传播领域，刘利群教授领导的中国传媒大学“媒介与女性”教席，帮助将教科文组织在促进媒介中性别平等的倡议转化为实际行动。在2013至2014年间，教席使用教科文组织的《媒介性别敏感指标》对一些试点

---

* 施瑞思（Eunice Smith），女，联合国教科文组织驻华代表处代办、社会与人文科学处项目官。

** 曾庆怡，女，联合国教科文组织驻华代表处信息与传播处国家项目协调员。

媒体机构进行监测，以评估媒体的性别意识和性别敏感度。这一深度媒体监测发现，新闻报道中存在着大量性别刻板印象；男性依旧是新闻报道的主导者，而女性在媒介中的代表性不足。

这些研究发现是与全球趋势相一致的。《新闻媒体中女性地位的全球报告》显示，在撒哈拉沙漠以南的非洲地区，73%的受调查媒体的女性工作人员比例偏低，50%的亚洲和大洋洲媒体以及46%的美洲媒体也存在着同样的问题。在亚太地区，男性占据着新闻采访管理层的主要职位，仅有13%的高级管理职位属于女性。诸如制度性偏见和性别刻板印象一类的因素导致了女性新闻工作者在职业选择和升职机会上被边缘化。这些数字证明，努力解决这一复杂而紧迫的问题非常必要。

认识到推动媒介中性别平等的需求，联合国教科文组织携手媒体和非政府组织的合作伙伴，于2013年12月共同举办了第一届“媒介与性别全球论坛”。论坛建立了媒介与性别全球联盟，目的是在媒体系统、结构和内容方面推进性别平等。教席的深入参与为论坛带来了中国的声音，也为大会议题的商讨提供了卓有价值的参考。

展望未来，教科文组织将继续与中国传媒大学媒介与女性教席展开紧密合作，改善中国媒体的性别平等，促进国家与地区间的交流与合作，通过协同努力，创造一个更加美好的未来。

# Preface
# Promoting Gender Equality in Media – To Craft a Better Future

Eunice Smith *

Over the past 70 years, the United Nations and its agencies have promoted the equal participation of women and men in all efforts to promote sustainable development and lasting peace, on the basis of human rights and fundamental freedoms. One of the milestones along this journey has been the adoption of the Beijing Declaration and Platform of Action at the Fourth World Conference on Women convened by the United Nations in Beijing in 1995. The Beijing Platform for Action, to which 189 countries committed themselves, constitutes a global framework for realizing gender equality and the empowerment of women and girls. Today, almost 20 years after the Beijing Conference, as the global community is intensifying efforts towards the achievement of the Millennium Development Goals and work on shaping a post-2015 development agenda with new Development Goals, a critical opportunity presents itself to position gender equality and women's empowerment at the center of the global agenda, both as an important end in itself and as an essential means for the achievement of sustainable development in all its dimensions.

All United Nations agencies are required to promote gender equality within the framework of their mandates. UNESCO with five distinct major programmes in education, the sciences, culture and communication and information, can also make an original contribution by promoting a holistic approach to gender equality and

* Eunice Smith, Officer in Charge, UNESCO Office Beijing.

development. In fact, since 2008, the promotion of gender equality has been one of the two global priorities of the Organization.

Within its major programme on Communication and Information, the UNESCO Chair on Media and Gender at the Communication University of China, led by Professor Liu Liqun, has helped the Organization transform into action its initiatives for promoting gender equality in and through the media. Throughout 2013 and 2014, the Chair piloted the UNESCO's Gender – Sensitive Indicators for Media (GSIM) in Chinese newsrooms to assess their gender awareness and gender sensitivity. In-depth media monitoring based on GSIM conducted by the Chair found that there are still large numbers of gender stereotypes in the news reports; men still dominate the news as subjects of the news reports, while women continue to be underrepresented in the media.

These findings are consistent with global trends. According to the Global Report on the Status of Women in News Media, women are under-represented in 73% of the media surveyed in Sub-Saharan Africa, 50% in Asia and Oceania, and 46% in the Americas. In the Asia-Pacific region, men occupied the vast majority of managerial and newsgathering positions, with women barely 13% of senior management positions. Factors like institutionalised prejudices and gender stereotyping are causing women in the news to be marginalised in terms of career choices and opportunities for upward mobility available to them. These numbers are an evidence of the necessity for increased efforts to address this complex and pressing issue.

Cognizant of the need to promote gender equality in the media, in December 2013, UNESCO, together with media and NGO partners, organized the first Global Forum on Media and Gender. The Forum established a Global Alliance for Media and Gender (GAMAG) aimed at pursuing gender equality in media systems, structures and content. The Chair's participation in the Forum made China's voice heard and through thoughtful interventions added value to the deliberations of the conference.

In moving forward, UNESCO will continue to work closely with its Chair on Media and Gender at the Communication University of China to push for improved gender quality in China's media, as well as to foster regional and national exchanges and collaborations. Through these collaborative efforts, we hope to help craft a better future.

Eunice Smith

Officer in Charge

UNESCO Office Beijing

# 目录

## 𝔹 Ⅰ 总报告



## 𝔹 Ⅱ 专题报告篇



## 𝔹 Ⅲ 媒介再现篇

## ⅣB 媒介与女性发展篇



## ⅤB 女性媒介使用篇



## ⅥB 媒介性别监测篇

## BⅦ 研究综述篇



## BⅧ 海外研究篇



皮书数据库阅读使用指南

# 总 报 告

General Report

## B.1
## 总报告

刘利群　陈志娟*

摘　要：2013～2014 年是我国媒介与女性发展的重要时期。媒体通过性别议题设置和性别问题呈现推动立法和公共政策，传播新型性别关系模式和性别观念，丰富性别文化内涵，新媒体为性别传播提供了更广阔的新平台。在媒介与女性发展领域国内和国际互动性增强。但是，媒介对女性和女性发展关注度不够，媒介从业人员的社会性别意识尚待提高，网络媒体和社交媒体上的性别歧视现象和性别偏见现象等都是值得注意的问题。展望未来，需要从完善顶层设计和整体规划、媒体法律法规建设以及加强国际国内互动等方面入手，促进我国

* 刘利群，中华女子学院院长、党委副书记、教授，兼任联合国教科文组织“媒介与女性”教席主持人，全国妇联、中国妇女研究会妇女/性别研究基地负责人，中国传媒大学博士生导师、媒介与女性研究中心主任。主要研究领域：国际传播、媒介与性别研究、外国广播电视研究；陈志娟，博士，中国传媒大学媒介与女性研究中心讲师，联合国教科文组织“媒介与女性”教席研究团队成员。主要研究领域：媒介与性别研究、性别传播、媒介与青少年研究。

媒介与女性良性发展。

关键词：媒介　女性　女性发展　性别　平等

2013～2014年是我国媒介与女性发展的重要时期。媒介环境日趋多元和复杂，移动互联网、大数据、微博、微信等新技术，新的媒体平台和样态的出现和发展，传统媒体和新媒体融合的步伐加快，为媒介与女性发展带来了新的机遇和挑战。

## 一　2013～2014年我国媒介与女性发展状况

从整体来看，2013～2014年我国媒介与女性发展呈现五大特征：媒体继续通过性别议题设置和性别问题呈现推动立法和公共政策；媒体传播新型性别关系模式和性别观念，丰富性别文化内涵；网络和社交媒体为妇女组织、妇女群体和个人及媒体提供了性别传播的新平台；国内、国际在媒介与女性发展领域互动性增强。

### （一）媒体继续通过性别议题设置和性别问题呈现推动立法和公共政策

媒体作为社会“拟态环境”的构建者，其作用主要是通过其议程设置的功能实现的。新媒体环境下，传统媒体和网络媒体、自媒体之间相互设置议程，实现议程互动，并为广大公众设置议题，引导公共舆论，渗透文化生活。

从很大程度上而言，性别议题经常与女性发展和女性权益相关。一些侵犯女性权益的事件进入媒体，尤其是主流媒体议程设置后通常能引发人们的关注和讨论。传统媒体舆论场、网络媒体舆论场、民间舆论场之间交流和互动，最终能共同推进社会舆论进程，促进司法机关等相关部门对侵犯女性权益事件的处理。更值得一提的是，媒体对性别议题的议程设置还在一定程度上传播了女性权益保护的相关知识，推动了整个社会对女性权益的关注，推动立法和公共政策制定。

性别暴力事件是2013～2014年媒体议程设置中的一大重要内容。性别暴力是性别歧视的突出表现形式。1992年，联合国“消除对妇女歧视委员会”第11届会议通过的《第19号一般性建议：对妇女的暴力行为》指出，“基于性别的暴力”即“因为女人是女人而对之施加暴力，或女人受害比例特大。它包括施加身体的、心理的或性的伤害或痛苦，威胁施加这类行动，压制和其他剥夺自由行动”；确认基于性别的暴力属于歧视范畴。立法和公共政策是消除性别暴力最直接、最有效的武器。

2013～2014年，我国的反家庭暴力工作最终向法制化进程迈出了实质性步伐。2013年7月，反家庭暴力法被十二届全国人大常委会列入立法规划，10月，反家暴法立法项目论证正式启动。2014年11月25日～12月25日，国务院法制办就《中华人民共和国反家庭暴力法（征求意见稿）》向社会公开征求意见。

在推动反家暴立法的过程中，媒体的作用不可小觑。在中国，媒体对“家庭暴力”的观念的传播始于20世纪90年代，以1994年“国际家庭年”和1995年世界妇女大会为契机，媒体开始关注“家庭暴力”。媒体报道使“家暴”这一被普遍认为发生在私领域的、属于个人隐私的社会问题“可见”起来，而且通过其议程设置功能，引发公众广泛讨论，引导舆论。此外，媒体为家暴受害者、各反家暴机构或团体搭建了信息、知识及观念的交流平台，有助于推动反家暴立法和公共政策的出台。

以2013年1月1日至2014年12月31日为搜索时间，在百度中搜索到的新闻全文中出现“家庭暴力”的新闻报道约65400篇。2014年9月12日至9月19日每晚20：07，中央电视台社会与法频道（CCTV－12）连续播出系列片《中国反家暴纪事》。该片是中国第一部以反对家庭暴力为内容的大型人文纪录片，旨在以中央电视台这一国家媒体的社会责任和舆论引导力，促进中国反家暴立法的进程。纪录片引起了强烈的反响。天涯论坛一位网民在9月12日当晚看完第一集后马上发了题为“大家看央视12的《中国反家暴纪事》，没想到有那么多女人过得生不如死”的帖子①，该贴点击次数达到541905次，回贴总计达3177条，网民们就家暴尤其是针对妇女的家暴展开了热烈讨论。

① http：//bbs. tianya. cn/post－funinfo－5796733－1. shtml.

2014 年 11 月 25 日，国务院法制办公室网站发布消息，将《中华人民共和国反家庭暴力法（征求意见稿)》向社会公开征求意见。各大媒体纷纷转载报道。人民网设立专版“反对家庭暴力是全社会的共同责任”，其中设立“反家暴工作历史进程”“各地实践探索”“背景资料”“最新消息”等内容版块。《法制日报》发表《反家庭暴力法征求意见稿六大看点解析》①，等等。媒体的议程设置在很大程度上为意见稿的意见征集做了舆论准备。

2013 ~2014 年，中国在取消嫖宿幼女罪这一有悖国家保护妇女儿童基本政策的刑事处罚的进程上迈出了重要的一步。2013 年 7 月 30 日，最高人民法院在《对十二届全国人大一次会议第 3939 号建议的答复》中，对全国人大代表、中华女子学院教授孙晓梅持续 3 年提出的取消嫖宿幼女罪的建议表示完全赞成。2013 年 10 月，最高人民法院、最高人民检察院、公安部、司法部联合发布了《关于依法惩治性侵害未成年人犯罪的意见》，《意见》第 20 条规定，以金钱财物等方式引诱幼女与自己发生性关系的，知道或者应当知道幼女被他人强迫卖淫而仍与其发生性关系的，均以强奸罪论处。教育等有关部门也下发了加大对儿童保护的文件。2014 年 5 月，中国婚姻家庭研究会、全国妇联权益部召开女童保护座谈会，围绕女童保护特别是嫖宿幼女问题开展专题研讨。

在这过程中，媒体的议程设置起了极大的推动作用。2013 年 5 月 13 日，《南国都市报》报道“万宁某小学校长带 4 学生开房　一中年男子带另 2 学生开房”。该报道迅速被网络媒体如中新网、腾讯网及微博转载，转载次数达 126 次。5 月 14 日，除了更多的传统媒体如《京华时报》《新京报》跟进外，新浪网站新闻中心开设专题，报道类型包括最新消息、视频报道、分析评论、案件回顾、网友热议等多个版块。报纸、网站、广播电视等各种媒体纷纷跟进，除了报道事件进展外，各媒体从不同视角进行了大量的深度报道。海南校长性侵女童的案件之后，有关儿童性侵问题得到了媒体和公众的更多关注。2013 年全年被媒体曝光的儿童性侵案件高达 125 起，平均 3 天就曝光一起。受害者以 8 岁到 14 岁的小学生居多。②

媒体对儿童受性侵事件的议程设置还引发了社会团体的高度关注。2013

① http：//news.163.com/14/1126/10/ABVKTFT800014Q4P.html.

② 魏铭言：《去年平均每 3 天曝光一起性侵儿童案》，《新京报》2014 年 3 月 17 日。

年6月1日，100多名来自全国各地热心公益的女记者共同发起女童保护项目，项目设立在中华社会救助基金会儿童安全基金下，以“普及、提高儿童防范意识”为宗旨，致力于保护儿童远离性侵害。项目建立后开展了多项活动，如女童保护工作人员已经走进多个地方乡村学校给学生和老师开展防性侵讲座。2014年两会期间，在全国多地开展小学“防性侵一堂课”。发布《2013年儿童安全教育及相关性侵案件情况报告》《2013～2014年儿童安全教育及相关性侵案件情况报告》，披露大量统计数据，数十家媒体报道，数百家网站转载。这些活动都引发了全国性反响和政府的高度关注。

除了性别暴力事件，2013～2014年，就业性别歧视是媒体议程设置中的重要内容。中国女性在就业市场上遭受不平等对待的现象由来已久。2011年，全国妇联曾对此问题发布报告指出，有56.7%的被访女大学生在求职过程中感到“女性机会更少”。自2013年12月4日，《人民日报》推出“求职呵，请别把我们挡在门外（就业性别歧视怎么破?）”专栏，关注女大学生在就业中受到性别歧视的现状。12月5日，《人民日报》推出专栏下篇“单位生育负担是歧视女性首因（就业性别歧视怎么破？·下篇）”。这两篇文章得到了各大报纸（如《中国日报》）、网站（如新华网、网易）广泛转载，传统媒体和网络媒体纷纷就此问题进行讨论。例如，12月4日，中国新闻网发布《聚焦就业性别歧视　痼疾怎么破　户口何时不再是北漂梦》一文，将性别歧视与地域歧视联系起来；12月6日，新华网推出《求职路上，还有多少就业歧视该打破?》一文，探究就业歧视的种种情形，寻找解决就业性别歧视的途径，并在《劳动法》《妇女权益保障法》《就业促进法》寻找法律依据，等等。在媒体的密切关注下，就业性别歧视得到了社会和司法部门的重视。2013年12月18日“中国就业性别歧视第一案”调解结案，被告方巨人环球教育科技有限公司因在招聘时“仅限男性”向原告赔礼道歉，并承诺支付3万元给原告曹菊，作为“关爱女性平等就业反性别歧视专项资金”。

曹菊案打开了就业性别歧视进入法律程序的通道。2014年6月，浙江法院首次以判决形式确认河南某女性应届毕业生在应聘时所遭遇的性别歧视，判决杭州市西湖区东方烹饪职业技能培训学校赔偿原告精神损害抚慰金2000元，第一次正式地、以判决的形式确认了招聘中的就业性别歧视，并判决被告予以赔偿。

### （二）媒体传播新型性别关系模式和性别观念，丰富性别文化内涵

媒体不仅再现现实社会中现存和主导的性别观念和性别关系模式，还构建并形塑新型的性别观念和性别关系模式，丰富性别文化。传统媒体和新媒体在互动中所形成的广泛的传播力和影响力使这些新观念和模式迅速为受众所了解，并在潜移默化中为公众所接受。

2013～2014年，“女汉子”和“暖男”这一组词汇在互联网和微信上成为热点话题，在网络和现实生活中走红的速度超乎人们的想象，引发有关女性气质、男性气质、对女性和男性的新要求以及两性关系等的种种热议，冲击着人们对传统的性别观念和对性别关系模式的认识。

从网络媒体流传的“女汉子”种种标准来看，“女汉子”指的是不具备传统的女性生理性别所对应的，如温柔、娇弱、依赖他人等的女性气质，而在性格言行举止方面具有男性气质如强悍、独立的女性。传统媒体对“女汉子”的传播给这一名词增添了更多的新内涵。主流媒体的一些新闻报道塑造的“女汉子”常被描述为职场上的技术标兵与劳动模范。她们具有独立、自主、坚强的积极正面女性力量，有强烈的社会责任感和敬业意识。① “女汉子”的出现和广泛传播在很大程度上改变了人们对于女性这一群体的性别气质的刻板印象，丰富了人们的性别观念。

与“女汉子”相似，“暖男”形象在网络等主流媒体的传播和热议，在无形中为公众构建了另一种男性气质，这种男性气质与传统的威猛强悍和刚强的男性气质无关，更多地贴近传统女性气质中细心、温柔和体贴的特点。2014年7月，新浪博客《暖男》一文爆红整个网络及微信朋友圈，创下3天点击量达到500万次的纪录。“暖男”是会关注女性，懂得和理解女性的需要，知道

---

① 杨嫚：《大众媒体与女性双性气质建构：以“女汉子”话语为例》，《云南民族大学学报》（哲学社会科学版）2014年第6期。如《与高压线共舞的“女汉子”》，《中国电力报》2013年11月1日；《“女汉子书记”黄春香：甘当基层“落地桩”》，《新华每日电讯》2013年11月18日；《驾驭数控机床的“女汉子”》，《安徽日报》2014年4月30日；《旧城改造工作中的“女汉子”》，《南昌日报》2014年5月6日；等等。遗憾的是，2015年春晚小品《喜乐街》将“女汉子”塑造为无钱、无美貌、无工作、无身材但有朋友的形象。

女性需要被心疼和被关注的一种男性①。“暖男”形象的构建和传播，一方面反映了社会对多元的男性气质的期待和需求；另一方面反映当代中国女性对两性关系模式需求的变化。第三期中国妇女社会地位调查显示，18～64岁女性的在业率已高达71.1%。女性在经济和社会生活中的广泛参与，已经在很大程度上改变了“男主外女主内”的一元两性关系模式，女性对男性在情感方面的交流需求越来越多，对相互关爱的两性关系的需求也越来越强。

除了“暖男”媒介形象，2013～2014年的亲子互动节目也引发了人们对于男性角色的深层思考。2013年10月11日，湖南卫视的明星亲子互动节目《爸爸去哪儿》开播。央视索福瑞媒介收视率数据显示，节目首播当日，全国网收视率1.1%，收视份额7.67%，城市网收视率1.46%，收视份额6.45%，在同期推出的卫视周五晚综艺节目中胜出，力压同时段其他综艺节目获得第一。《爸爸去哪儿》的热播带动了中国以父子和父女为主题的亲子互动节目形成一个小高潮，以父子为主题的综艺节目有2013年10月陕西卫视推出亲子节目《好爸爸坏爸爸》，2014年7月浙江卫视推出亲子节目《爸爸回来了》等。

这些亲子节目为人们再现了“男主外，女主内”传统性别角色分工模式影响下的传统父亲形象，即忙于事业疏于陪孩子，在家庭亲子教育中缺位的父亲形象。调查显示，幼儿教育中，妈妈的参与程度远远超过了爸爸，有近七成爸爸基本淡出幼儿教育②。除此之外，明星父亲的明星效应，使其在节目的“成长”故事中起到了很强的示范作用，引发了人们反思自身成长过程中父亲的角色，以及对男性在家庭教育和亲子教育中的角色的思考。

不管是“女汉子”还是“暖男”形象的媒介传播，抑或是家庭亲子教育中的明星父亲角色的广泛传播和热议，媒体和社会在传播性别观念和构建两性关系模式时都应该营造一种鼓励多元性别气质、两性和谐发展、平等参与的氛围。对男性和女性的界定不应该局限在“家庭”与“事业”中，男性气质和

① 鲁瑾：《暖男》，新浪博客，http://blog.sina.com.cn/s/blog_4cac3c5f0102uz7d.html。

② 赵媛、高冬丽：《〈爸爸去哪儿〉引发热议　近七成爸爸淡出幼儿教育》，《东方今报》2013年10月15日。

女性气质并非处于二元对立状态。与将女性从家庭中解放出来一样，将多元的男性形象在工作领域中释放出来，原有的性别气质文化体系才可能得以改变。①

### （三）网络和社交媒体为妇女组织、妇女群体和个人及媒体提供了性别传播的新平台

2013～2014年，中国的社交媒体发展迅速。据中国互联网信息中心（CNNIC）第35次《中国互联网络发展状况统计报告》显示，截至2014年7月底，微博用户规模为2.49亿。② 微信月活跃用户数已接近4亿，微信公众账号总数580万个，每日新增1.5万个。③

微博、微信与新闻客户端作为社交媒体的典型代表，其方便快捷、高度自主、即时互动等特征为妇女组织和整个妇女群体搭建了发声渠道，为女性提供了进入公共领域的途径，提供了更多的传递性别平等观点、维护妇女权益、促进妇女发展的新平台，为性别传播提供了更广阔的空间。

2014年2月20日，中华全国妇女联合会（简称“全国妇联”）新浪官方微博“女性之声”上线。第一条微博的内容是：“亲们！妇联小美来了，寻找最美家庭，学习看‘家’宝典。把你家的好故事告诉我，我们一起快乐分享。”④ 全国妇联作为“中国共产党和人民政府联系妇女群众的桥梁和纽带”的妇女组织，其微博平台定位很明确，即充分发挥其桥梁和“喉舌”作用，宣传党和政府妇女工作方面的重大方针政策，同时为妇女服务。2014年2月到7月，微博内容主要围绕“寻找最美家庭”活动展开，除此之外，有维权内容、性别调查报告分享，也发起过一些微调查。除了全国妇联，16个省级、40个地市级妇联组织都纷纷建立了自己的微博账号，充分利用微博平台开展工作。

---

① 莫兰：《暖男需求实为公众对男女平等关系的期待：从“暖男现象”看女性心理及情感缺失·对策篇》，《中国妇女报》2014年11月10日。

② http://www.cnnic.net.cn/hlwfzyj/hlwxzbg/hlwtjbg/201502/t20150203_51634.htm.

③ 腾讯微信事业群高级商务经理刘涵涛在2014微信应用产业峰会上发布的数据。参见http://www.useit.com.cn/thread-6957-1-1.html。

④ http://weibo.com/u/2738546443?firstfeed=1&stat_date=201402&page=1#feedtop.

除了官方妇女组织，一些非官方的妇女组织和群体也充分利用微博和微信平台，就性别相关话题发表观点，积极传播和倡导促进妇女权利，推动性别平等。如妇女传媒监测网络开设的“女权之声”微博和微信平台，广州性别平等倡导机构新媒体女性的微博平台等，对一些社会事件进行性别视角解读，报道中国草根组织和女权主义者维护女性权益的行动和活动①。2013~2014年，这些微博平台在家暴、校园性侵、教育和就业中的性别歧视、女性权益、性少数者权益、女德班等热点性别议题中积极发声，在很大程度上起到了制造舆论，引发社会反响的作用，对培育和提升整个社会的性别意识，促进公众关注妇女权益和性别平等，推动性别平等进程发挥着积极的作用。

此外，女性媒体在微博空间中也发挥着积极作用。全国妇联直属女性媒体《婚姻与家庭》杂志于2009年8月31日、《中国妇女》杂志于2010年12月15日、全国妇联旗下《中国妇女/法律帮助》杂志于2011年1月23日、全国妇联机关报《中国妇女报》在2011年12月13日，开设了微博平台。

在自媒体时代，这些女性媒体的微博平台在很大程度能起到补充和增强“母媒体”的传播效果的作用。从性别传播的角度来看，女性媒体利用微博平台第一时间发布性别相关议题的进展，其“微博化的评论方式更容易为公众接受，打破传统新闻评论一贯的严肃风格，逐渐消弭‘民间舆论场’和‘官方舆论场’之间的隔阂”②，能更有效地引导舆论，培养公众的社会性别意识，积极推动性别平等。

### （四）在媒介与女性发展领域国内和国际互动性增强

“媒介与女性”既是媒介传播与社会性别的研究，也是同媒介和女性发展、性别平等息息相关的、实践性和操作性很强的课题，不仅需要在研究层面展开国内国际合作，而且要在实践层面开展互动与合作。毕竟媒介与女性发展、性别平等是一个全球性的问题。

① 如2013年抗议高考招生性别歧视，2014年对反家暴立法草案意见征集；等等。

② 李杰：《热点事件中媒体微博的评论话语特征及影响》，《今传媒》2014年第11期。

1995 年第四次世界妇女大会通过的《行动纲领》提出："媒体、非政府组织和私营部门酌情同提高妇女地位的国家机构合作……通过媒体宣传，促进平等分担家庭责任，在宣传中强调两性平等以及妇女和男子在家庭中的非陈规定型的性别角色，并传播旨在消除虐待配偶和儿童的行为和对妇女的一切形式暴力、包括家庭暴力的资料。"①

2013～2014 年，在媒介与女性发展领域，国内国际交流互动频繁，中国正以一种积极开放的姿态，融入全球推进媒介与性别平等的事业中。

**1. 在国家层面的人文交流高层磋商机制框架下，建立和发展妇女交流机制，推进媒介与女性发展**

2013～2014 年，中美人文交流高层磋商得到进一步发展。2013 年 11 月 21 日，国务院副总理刘延东与美国国务卿约翰·克里共同主持第四轮中美人文交流高层磋商，并代表两国政府续签《关于中美人文交流高层磋商机制的谅解备忘录》。2014 年 7 月 9 日至 10 日，第五轮中美人文交流高层磋商在北京举行。习近平主席出席开幕式，并就构建中美新型大国关系发表重要讲话。奥巴马总统专门发来书面致辞。国务院副总理刘延东与国务卿约翰·克里共同主持中美人文交流高层磋商。从 2010 年中美人文交流高层磋商机制建立以来，中美妇女交流一直是其中一个重要组成部分。2014 年 9 月，中欧妇女交流纳入中欧高级别人文交流机制。

美国和欧洲都是全球妇女运动的先行者，在维护妇女权益、促进性别平等方面取得了令人瞩目的成就；此外，媒介与女性研究最早是伴随着女性主义运动第二次浪潮在美国和欧洲出现。不管是从媒介与女性研究的层面，还是从女性发展的层面而言，这种高层的人文交流机制的建立和完善，必将极大地推动中国与国际社会在媒介与女性发展方面的交流与互动，促进性别平等事业的发展。

**2. 在媒介与女性发展研究领域，与国际展开积极互动**

第一，与教科文组织合作，积极在中国推广联合国教科文组织媒体性别敏感指标（Gender Sensitive Indicator for Media，GSIM）。2012 年，联合国教科文组织正式推出"旨在不考虑技术使用的前提下，通过一切形式的媒体以及在

① http：//www. un. org/womenwatch/daw/beijing/pdf/BDPfA%20C. pdf.

一切形式的媒体中为性别平等和女性赋权做贡献”、“突出联合国教科文组织全球优先事项之一的性别平等”① 的媒体性别敏感指标。

作为中国唯一的以“媒介与女性”命名的联合国教科文组织教席，教席的执行机构中国传媒大学媒介与女性研究中心承担了翻译和推广媒体性别敏感指标的工作。2012 年 11 月底，教席在其承担的主题为“提升中国大众传媒社会性别意识”国际传播发展计划（IPDC，International Programme for the Development of Communication）工作坊中向参与媒体推出 GSIM 简版。2013 ~2014 年，教席运用 GSIM 做了一系列的媒体监测活动。2014 年 4 月，推出 GSIM 中文译稿全文。从目前 GSIM 的推广历程来看，中国是全球走在前沿的国家。②

第二，参加 2013 年 12 月联合国教科文组织召开的“首届全球媒介与性别论坛”，发出中国的声音。论坛是对 1995 年世界妇女大会《北京宣言》和《行动纲领》的回应，旨在整合各方力量，以在媒体中并通过媒体实现性别平等和女性赋权。会议发起建立“媒介与性别全球联盟”，力求在媒体结构发生大改变的环境下，在媒体行业和媒体传播中利用新的契机，应对性别平等和妇女赋权所面临的新挑战。来自联合国教科文组织“媒介与女性”教席代表作为中方代表参加了这一盛会。

**3. 在媒介与女性实践领域，展开了国际合作，推动女性发展**

2013 ~2014 年，我国的一些女性媒介机构展开国际合作，培养公众社会性别意识，推动女性发展。从 2010 年开始，我国知名女性频道——网易女性频道与联合国妇女署合作，设立“女性传媒大奖”，旨在见证中国女性自身能力、女性整体形象在大众传媒行业的进步。③“女性传媒大奖”设立“年度女性榜样奖”“年度突破女性奖”“年度女性影响力奖”“年度影响力男性奖”，还设立“年度男性榜样奖”以表彰积极参与支持性别平等工作的男性。2013 年起，以“事业和家庭的平衡是实现女性价值、体现性别

① 联合国教科文组织：《媒体性别敏感指标》，2012，http：//unesdoc. unesco. org/images/0021/002178/217831C. pdf。

② 2012 年 12 月，该指标在阿尔巴尼亚推广。2013 年 5 月，威尼斯就《媒体性别敏感指标》召开工作坊。2014 年 4 月媒介与女性教席在 IPDC 项目结项会上推出《媒体性别敏感指标》中文译稿全文。2014 年 6 月，媒体性别敏感指标在蒙古国进行推广。

③《2013 女性传媒大奖介绍》，2013 年 12 月 7 日，网易女人，http：//lady. 163. com/13/1207/21/9FH9KV6I00264NMD. html。

平等的重要标准”[1] 理念，新增“年度榜样家庭奖”，2014 年特别设立“年度风尚女性奖”和“年度精英女性奖”。

候选人评审团由联合国妇女署官员、网易门户网站负责人、专家与学者共同组成，并参考网友建议做最终评定。来自各行业的知名女性和积极参与并支持性别平等工作的知名男性以及企业纷纷上榜，借助网络媒体的影响力和名人的“角色榜样”作用，涵化受众，提升整个社会的性别平等意识。

## 二　2013～2014年我国媒介与女性发展存在的问题

2013～2014 年，我国媒介与女性发展取得了较大的成绩，但依然存在一些问题。

### （一）媒介议程设置中，女性和女性发展仍属于边缘议题

2013～2014 年，一些女性和女性发展方面的议题得到了广泛的传播，但从总的报道情况来看，女性和女性发展在媒体的议程中仍然处于较边缘的地位。“主流媒体对女性议题的关注度不高，女性媒体中充斥的仍多数是时尚美容、情感八卦等信息，缺少真正与女性自身利益相关的新闻报道”[2]。

相比之下，“剩女”在媒介议程的高出现度值得深思。以“剩女”为关键词，以 2013 年 1 月 1 日至 2014 年 12 月 31 日为搜索时间，在百度中搜索到的新闻全文中出现“剩女”词汇的新闻报道约 99200 篇。相亲综艺节目仍然保持较高的收视率，2010 年首播的综艺节目《非诚勿扰》在 2014 上半年的综艺节目收视率位居第二，达到 2.392%，市场份额达 7.47%。[3] 此外，婚姻网站不仅与电视台联手[4]，为相亲节目提供合适的嘉宾，还制作“剩女”题材的媒介产品。2014 年 2 月百合网“因为爱不等待”的逼婚广告，8 月世纪佳缘的

① 《2013 女性传媒大奖介绍》，2013 年 12 月 7 日，网易女人，http：//lady.163.com/13/1207/21/9FH9KV6I00264NMD.html。

② 刘利群：《从法律政策到文化自觉：大众传媒在男女平等价值观确立中的作用》，《妇女研究论丛》2014 年第 3 期。

③ 《2014 年综艺节目收视率排行榜（上半年）》，http：//www.askci.com/ent/2014/08/06/153139e8o1.shtml。

④ 比如，世纪佳缘、百合网、珍爱网是《非诚勿扰》的合作方。

“为剩女代言”广告就是典型的例子。

媒介议程设置上，剩女已经远非一个我们的文化所普遍认定的、在“适婚年龄”未找到合适结婚对象的女性群体，而是成为“被消费、被规训、被观看的对象”，而且被编码成了一种符号。“媒介在转换‘剩女’内涵的文化编码过程中，表现出对女性的社会地位及主体认同上的消极反向引导，归根究底，这是对女性实现自我发展的一种隐形钳制”①。

## （二）媒体从业人员的社会性别意识有待提升

《中国妇女发展纲要（2011－2020年）》提出：“将社会性别意识纳入传媒培训规划，提高媒体决策和管理者及从业人员的社会性别意识。”2013～2014年，我国开展了不少针对媒体从业人员的社会性别意识培训，其中影响力较大的主要有2014年国务院妇女儿童工作委员会、文化部、国家新闻出版广电总局和国务院新闻办公室共同举办的全国新闻媒体社会性别意识培训班以及2013年、2014年TA视角系列工作坊等。这些培训在一定程度上提升了媒体从业人员的社会性别意识，但从总的媒体报道来看，媒体从业人员的社会性别意识还有待提升。

2013～2014年，缺乏社会性别意识的媒体报道屡见不鲜。一些媒体在报道女性和性别议题时，将性别议题让位于其他议题的现象比较多。比如，有研究者发现，《南方都市报》、《新京报》、人民网四家主流媒体从2013年2月17日至2013年7月17日对李天一涉嫌强奸案的报道中，关注女性或女性相关话题的报道仅占报道的7.7%，性别议题被掩盖在社会公正、教育议题之下。②2013年“海南女童遭性侵”报道中，还有媒体在谴责涉案人员陈校长和政府职员冯某的同时，指出“六名小学女生生活方式失范”③，对受害者进行责难。这些都是媒体缺乏社会性别意识的集中表现。

① 刘利群、张敬婕：《“剩女”与盛宴：性别视角下的“剩女”传播现象与媒介传播策略研究》，《妇女研究论丛》2013年第5期。

② “Gender-Sensitivity Monitoring on China's Media Reporting：Case Studies of Media Reporting on ‘the Case of Li Tianyi’，‘Female Migrant Workers’ and ‘Female University Graduates’ Employment”，联合国教科文组织媒介与女性教席IPDC项目结项报告，未刊稿。

③ 《重视6名小学女生生活方式的失范》，《潇湘晨报》2013年5月15日。

### （三）网络媒体性别歧视现象仍然存在，具有性别平等意识、维护女性权益的媒介平台的影响力亟须提高

由于网络的虚拟性和网络监管方面的制度缺失，网络媒体“三俗”（庸俗、低俗、媚俗）的现象比较严重。女性的身体被商品化、被消费的状况在网络比较突出。一些网络媒体在女性报道中，为获取点击率，经常使用一些消费女性身体的内容。网络淫秽色情信息的传播，使网络媒体成为满足男性对女性的偷窥欲和消遣心理的重要载体，这些都固化着现实中的性别不平等现象。

网络平台中，带有性别歧视和性别偏见的言论比较突出。2013～2014 年，一些专家学者在微博空间中发布的带有性别偏见的言论，如“强奸陪酒女比良家女危害小”①、“女生化妆说”② 等，带来了很严重的负面影响。一些女性在社交媒体为女性权益发声时，经常遭遇持负面意见的网民，甚至是没有性别意识的“公知”的攻击，甚至是赤裸裸的语言暴力。女权主义者以及积极倡导性别平等的个人在网络被“污名化”的现象仍然较严重。

在社交媒体平台上，女性的自我表达倾向于私人领域的生活记录与娱乐话题，一些具有性别平等意识、维护女性权益的妇女组织、群体及个人微博的粉丝的数量不少③，但影响力却不够强。在这些平台中粉丝和媒体之间的互动不够活跃，维护妇女权利、推动性别平等的声音经常被淹没在各种“杂音”中。一些公共账号所推出的性别平等调查、女性权益知识方面的宣传获得的反响平平。2014 年 7 月，全国妇联新浪官方微博“女性之声”发布的一条性别平等调查的微博：“现实生活中，你理解的性别平等应该表现在哪些方面？是男女同工同酬、男女同龄退休？还是男女共同承担家务？或者其他方面？期待您的答案。”该微博获得的点赞次数仅为 3 次，评论 2 条（均为同一人所发），转发次数仅 3 次。

---

① 2013 年 7 月 17 日，清华大学法学教授易延友在微博上“替李某某的辩护律师说几句”，称“强奸陪酒女也比强奸良家妇女危害性小”。

② 2013 年 3 月 23 日，广东外语外贸大学副教授何光顺在微博上发布自己早晨上课的一个重要观点：“让女生从 7～9 点的时间应该用来化妆，吃早餐后再适当补妆，然后再优雅地进入课室，于是，男生因为美的感动和鼓励，就会赢得奋斗的动力了。”

③ 如截止到 2015 年 5 月 13 日，“女性之声”新浪微博粉丝为 1622947 人，《中国妇女报》新浪微博粉丝为 502323 人。

## 三　未来展望及政策建议

### （一）未来展望

**1. 媒体之间的融合将极大地提升媒体性别传播的效力，更深刻、全方位地渗透和影响社会、文化生活**

新媒体的快速发展给传统媒体带来的挑战促使传统媒体发生变革。传统媒体纷纷朝数字化、移动化方向发展，实施媒体融合和全媒体化战略，新媒体和传统媒体的互动加强，这种发展态势将极大提升媒体的渗透力和传播力。媒体的性别传播效力也将得到大幅度提升，影响人们的性别观念和对性别问题的认识，丰富性别文化内涵。

**2. 媒体成为各种观点交锋的重要场域，继续开启公众对性别问题进行思考，培养公众社会性别平等意识**

媒体作为舆论的风向标，是各种观点交锋的重要场域。社会生活中，性别议题与其他议题密切相关。1995 年世妇会以来，随着我国妇女工作的深入展开，媒介与性别研究和实践的推进，具有性别平等意识的媒体从业人员、妇女组织、群体和个人越来越多。媒体对性别相关问题的报道，传统媒体和网络空间中有关性别及性别议题的不同观点之间的激荡和交锋，将在很大程度上启发并涵化受众，培养公众社会性别意识。

**3. 微平台成为性别传播和女性发声的重要平台**

2013～2014 年，微博的使用人数虽然比以前有所下降，但微博将继续成为具有性别平等意识、维护女性权益的妇女组织、群体及个人性别传播的平台。她们将在这一平台展现积极的、独立自主的女性形象，激励更多女性参与话语表达。

随着智能移动终端的进一步普及，女性手机网民的人数将大幅度增长，妇女组织、女性媒体和群体开设的微信公众号将以小众传播的形式更有效地开展性别传播，提升传播效力，成为女性发声的重要平台。

**4. 妇女权益保障体系进一步完善，媒介与女性发展相关公共政策进一步完善和发展**

1995 年世妇会以后，我国政府制定了《中国妇女发展纲要（1995－2000

年)》,第一次对媒介与女性做出了明文规定,要求“制止影视、书报刊中对妇女形象的贬低和污辱性描绘”。《中国妇女发展纲要(2001 – 2010 年)》和《中国妇女发展纲要(2011 – 2020 年)》在“妇女与环境”部分,都提到了对媒介与女性发展的一些要求,如“制定具有社会性别意识的文化和传媒政策”、“完善传媒领域的性别平等监管机制”等。

随着性别平等相关的法律法规和公共政策的完善和发展,妇女权益保障体系将得到进一步完善。媒介在社会生活中全方位渗透,妇女运用媒体获取知识和信息,参与社会生活,这些都将促进性别相关的公共政策的完善和发展。

**5. 媒介与女性发展领域中,中国与国际的互动和对话进一步增强,开启推动性别平等的新时代**

在 1995 年世妇会召开 20 周年之际,世界各国将开展一系列纪念活动,总结 20 年以来在履行 1995 年世妇会《北京宣言》和《行动纲领》的承诺,促进性别平等和女性赋权方面所取得的成绩和问题,以及困难和挑战。“95 + 20”时代的到来,将进一步推动中国与世界其他国家的互动和对话,切实为提高妇女地位、促进妇女发展、实现男女平等继续行动。

## (二)政策建议

1995 年世妇会通过的《行动纲领》提出了两大目标:“在媒体和新的通讯技术内并通过媒体和新的通讯技术增强妇女参加表达意见和作出决策的能力”、“促进媒体对妇女作出均衡和非陈规定型的描绘”①。

审视中国媒介与女性发展现状,这两大目标尚未完全实现。需要聚焦现存的问题和挑战,营造女性发展友好型的舆论环境,促进两性平等和女性赋权事业,需要政府、学界、业界等社会各界积极合作,国际国内开展合作与互动。为此我们提出促进媒介与女性发展的五大建议。

**1. 高度重视媒体在促进男女平等国策实施中的作用,加强顶层设计和整体规划**

1995 年世妇会通过的《行动纲领》在“妇女与传媒”这一重大关切领域部分指出媒体在刻画妇女形象及妇女现状方面出现的问题的同时,还指出:

① http://www.un.org/womenwatch/daw/beijing/pdf/BDPfA%20C.pdf.

"大众传媒很有潜力来促进妇女的地位和男女平等"①，这是第一次明确地以国际纲领的形式指出媒体在女性发展方面的重要作用。

从在1995年世妇会开幕式上提出男女平等是我国基本国策开始，党和国家领导人在不同场合提及了媒体在实施男女平等国策上的作用。2005年，胡锦涛同志在纪念联合国第四次世界妇女大会10周年会议上指出，"我们将继续运用经济、法律、行政及舆论等多种措施，使男女平等的基本国策真正落实到经济社会发展的各个领域和社会生活的各个方面。"2013年在中国妇女第十一次全国代表大会上，习近平总书记在同全国妇联新一届领导班子集体谈话时强调了做好党的妇女工作的重要性，指出必须坚持男女平等基本国策，这是他继2011年在妇女与可持续发展国际论坛开幕式上致辞后，再次在公开场合提到男女平等基本国策。2013年妇联章程（修正案）、工作报告都对进一步落实男女平等基本国策提出了明确要求。

当今媒体发展迅速，我们已经进入了一个全方位的媒体时代。媒介传播的新样态迭出，消费主义对媒体的浸淫，媒体中充斥着对女性客体化和物化的内容，信息的碎片化，各种歧视女性思想和行为的回潮……这些都在不断消解传媒空间中的男女平等话语。

要真正落实"男女平等是基本国策"，必须由国家统一布局规划，加强对整个媒体行业的设计和规范，将对"男女平等"价值观的传播纳入对媒体的管理，从顶层设计和深层机制方面促使媒体承担其社会责任，加强媒体作为"社会公器"在宣传男女平等基本国策，宣传社会主义核心价值观、中国特色社会主义妇女解放思想中的作用，促进女性发展和社会和谐。

**2. 制定和落实具有社会性别意识的文化和传媒政策，加大对媒体监管和培训，针对媒体节目制播制定具有性别敏感的指导性纲领和意见**

1995年世妇会以来，我国政府出台了多项在不同程度涉及媒介与女性发展的政策法规，在宏观政策和媒体制作细节方面，都做出了相关规定。这些政策、法规及规定在一定程度上推动了媒介与女性发展的积极关系，但从总的情况来看，具有社会性别意识的条款和内容匮乏。

需要在制度层面对我国目前的传媒政策和法规进行社会性别分析、评估，

① http：//www. un. org/womenwatch/daw/beijing/pdf/BOPfa%20C. pdf.

增加禁止性别歧视、促进女性发展的条款和内容。借鉴国际经验，针对媒体节目制播制定具有性别敏感的指导性纲领和意见，鼓励媒体报道女性相关议题，加大从社会性别的角度对媒体进行监管和监测，完善监管和监测机制，并将社会性别意识培训和社会性别敏感报道纳入对媒体日常考核机制。

### 3. 媒体加强职业伦理建设，建立并落实具有社会性别意识的行业自律标准

当今社会不断发生变革，处于其中的媒体同样也受到影响。媒体在报道女性发展以及性别相关议题中出现的种种问题，从某种程度而言也是整个社会环境的性别文化和性别观念中出现的问题的折射。

尽管如此，媒体作为再现和建构社会现实的工具，其为公众构建“拟态环境”的功能和议程设置的内在运行机制，决定了媒体可以在推动建设两性平衡的性别文化，宣传男女平等的价值观，促进女性发展方面有所作为。媒体需要从自身做起，首先在媒体内部推进性别平等，制定并落实具有社会性别意识的行业自律标准，消除性别偏见，杜绝“消费女性”等将女性物化、色情化现象，关注女性发展等女性相关话题，发挥价值观纠偏作用。

### 4. 鼓励和支持女性通过媒体，尤其是网络和社交媒体表达意见，参与社会生活

加强基础设施建设，加大投入，提高女性尤其是农村妇女和女性农民工的媒体使用技能，支持和鼓励女性使用互联网和移动通信技术获取信息，缩小信息使用的“性别鸿沟”。

建立良好的媒介环境，为女性通过媒介使用和接触广泛参与社会生活，表达意见，维护权益，促进女性发展提供便利条件。加大对女性媒体的投入，营造良好的网络环境，加强具有性别平等意识、维护女性权益的妇女组织、群体及个人的社交媒体平台的传播能力建设。

### 5. 加强与国际学术界和妇女组织的互动，形成对话机制，促进媒介与性别及女性发展领域的研究与实践

1995 年世妇会之后，在国外学术界获得较多关注的媒介与性别研究引入了中国。经过 20 年的努力，中国的媒介与性别研究取得了很多重要的研究成果，在实践层面，媒介与性别研究学界与媒体业界以及妇女界等社会各界之间展开了较多的交流与合作。

1995 年世妇会通过的《北京宣言》与《行动纲领》中，有关媒体与女性之间的关系，以及媒体对性别平等的积极作用的论述已成为国际社会的共识。在这种背景下，更需要借助 1995 年世妇会召开 20 周年的契机，联系中国妇女发展的实际情况和现实国情，进一步加强与国际学术界和妇女组织的互动，建立有效的合作机制和网络，开展实质性的合作和对话，推动中国媒介与女性发展。

## 参考文献


[1] 李杰：《热点事件中媒体微博的评论话语特征及影响》，《今传媒》2014 年第 11 期。

[2] 杨嫚：《大众媒体与女性双性气质建构：以“女汉子”话语为例》，《云南民族大学学报》（哲学社会科学版）2014 年第 6 期。

[3] 联合国教科文组织：《媒体性别敏感指标》，2012。

[4] 中国互联网络信息中心：《第 35 次中国互联网络发展状况统计报告》，2015 年 2 月。

[5] 刘利群、张敬婕：《“剩女”与盛宴：性别视角下的“剩女”传播现象与媒介传播策略研究》，《妇女研究论丛》2013 年第 5 期。

[6] 刘利群：《从法律政策到文化自觉：大众传媒在男女平等价值观确立中的作用》，《妇女研究论丛》2014 年第 3 期。

[7] 国务院妇女儿童工作委员会：《中国妇女发展纲要》，1995，2000，2010。

[8] 第四次世界妇女大会：《行动纲领》，1995。

# 专题报告篇

Special Reports

## B.2 2013～2014年女性电视节目研究报告

王琴　高倩*

摘　要：女性电视节目是电视节目的重要类型之一，本报告统计分析了中国女性电视节目的发展概况，重点分析了2013～2014年女性电视节目的节目类型和节目内容，梳理这两年中国女性电视节目发展特点，分析女性电视节目的现状与趋势，研究女性电视节目的发展样态，在深入调研和研究的基础上，提出中国女性电视节目发展的对策建议。

关键词：女性电视节目　节目类型　发展趋势

* 王琴，博士，中国传媒大学媒介与女性研究中心副主任，副教授，联合国教科文组织“媒介与女性”教席研究团队成员。研究方向：媒介与女性研究，性别传播；高倩，中国传媒大学传播研究院传播学专业硕士研究生，研究方向：媒介与女性研究。

中国女性电视节目经过多年的发展，已经具有丰富的节目内容和多样化的节目类型。近年来，女性电视节目大量涌现，收视率节节攀升，社会影响越来越大，受到很多关注。

学界对于女性电视节目的特征一般界定如下：以女性人物为主要内容、关注与女性相关的话题、以女性为主要目标受众的电视节目。目前中国女性电视节目主要类型包括：以服饰美容为主要内容的时尚类；以情感问题、成长故事为主线的谈话类；以儿童教育为主要内容的亲子类；以生活养生和家政知识为主要内容的服务类；以娱乐性和话题性等为卖点的真人秀；播出女性题材电视剧的女性剧场，等等。

本研究对2013 ~2014 年的女性电视节目情况进行分析，以这两年的女性电视节目作为切入点，调研中国女性电视节目的发展概况，分析女性电视节目的节目内容和节目特点。梳理这两年来中国女性电视节目发展历程，考察女性电视节目的现状趋势，研究女性电视节目的发展样态，在深入调研和比较分析的基础上，提出中国女性电视节目发展的对策建议。研究采取定量与定性相结合的研究方法。对女性电视节目的播出情况进行数据调研，采集女性电视节目播出信息，对播出时段、播出内容进行数量与比例的统计。分析相关女性节目的类型特点，个案研究和内容分析相结合，并对具有代表性的女性电视节目进行深入考察。

## 一 2013 ~2014年中国女性电视节目概况

根据对我国境内中央及省级卫星频道以及境外华语卫星频道[①] 2013 ~2014 年播出的女性电视节目的情况调研，2013 ~2014 年全国共计播出了43 个女性电视节目[②]，播出情况如下。

---

① 依据央视网（http：//tv. cntv. cn/pindao/#jump_ jw）关于我国境内中央及省级卫星频道以及境外华语卫视频道的介绍，经统计共计74 个频道，境内64 个频道（24 个央视频道、39 个卫视频道、1 个中国教育电视台），境外10 个频道。

② 根据电视猫网站（http：//www. tvmao. com/）统计2013 ~2014 年播出的女性电视节目。电视猫成立于2005 年，是目前数据最为全面的电视节目网站。

## （一）2013～2014年女性电视节目的总体播出情况

**表1　2013～2014年境内外卫星频道女性电视节目播出情况**

| 序号 | 频道 | 节目名称 | 播出时间 | 类型 | 单集时长（分钟） | 首播时间 |
|---|---|---|---|---|---|---|
| 1 | CCTV－2 | 《购时尚》 | 周日 19:30 | 时尚 | 60 | 2011年1月30日 |
| 2 | 旅游卫视 | 《美丽俏佳人》 | 周二至周五 22:00 | 时尚 | 30 | 2006年 |
| 3 | | 《女人我最美》 | 周四至周日 10:51 | 时尚 | 10 | 2006年 |
| 4 | | 《第一时尚》 | 周一至周四 22:45 | 时尚 | 25 | 2010年1月4日 |
| 5 | | 《美丽制造师》 | 周一至周日 10:52 | 时尚 | 30 | 不详 |
| 6 | | 《鲁豫的礼物》 | 周六 22:00 | 真人秀 | 60 | 2014年6月7日 |
| 7 | | 《凡星尚》 | 周二至周五 00:30 | 谈话 | 20 | 不详 |
| 8 | | 《第一超模》 | 周六 22:00 | 真人秀 | 60 | 2013年10月23日 |
| 9 | 东方卫视 | 《女神的新衣》 | 周六 21:15 | 真人秀 | 90 | 2014年8月23日 |
| 10 | | 《妈妈咪呀》 | 周二 22:00 | 真人秀 | 90 | 2012年9月8日 |
| 11 | 湖南卫视 | 《我是大美人》 | 周二 00:30 | 时尚 | 50 | 2010年1月24日 |
| 12 | | 《花儿与少年》 | 周五 22:00 | 真人秀 | 100 | 2014年4月25日 |
| 13 | 广西卫视 | 《名模秀场》 | 每日 00:30 | 时尚 | 150 | 不详 |
| 14 | | 《时尚中国》 | 每日 22:53 | 时尚 | 20 | 2009年12月10日 |
| 15 | 陕西卫视 | 《生活魔法师》 | 周一到周五 22:57<br>周六、周日 23:20 | 时尚 | 30 | 2011年1月1日 |
| 16 | | 《今夜女人帮》 | 周一至周五 23:22 | 时尚 | 15 | 2011年 |
| 17 | 吉林卫视 | 《风尚东北亚》 | 周一至周日 23:28 | 时尚 | 20 | 2008年3月 |
| 18 | | 《天天女人帮》 | 周六 23:05、周日 22:58 | 时尚 | 25 | 2012年1月1日 |
| 19 | 山东卫视 | 《天下女人》 | 周二 22:00 | 谈话 | 40 | 2004年 |
| 20 | 北京卫视 | 《杨澜访谈录》 | 周日 23:00 | 谈话 | 40 | 2001年 |
| 21 | | 《妈妈听我说》 | 周日 21:08 | 亲子 | 80 | 2014年6月29日 |
| 22 | | 《春妮的周末时光》 | 周六 19:35 | 谈话 | 50 | 2008年1月1日 |
| 23 | 安徽卫视 | 《非常静距离》 | 周六、周日 23:40 | 谈话 | 40 | 2009年6月25日 |
| 24 | | 《鲁豫有约》 | 周一至周五 21:27 | 谈话 | 55 | 1998年 |
| 25 | | 《女性剧场》 | 周一至周五 12:40 | 剧场 | 225 | 2005年 |
| 26 | 河北卫视 | 《家政女皇》 | 周一至周日 17:55 | 服务 | 30 | 2009年10月26日 |
| 27 | | 《我知女人心》 | 周五 21:20 | 真人秀 | 80 | 2013年11月9日 |

续表

| 序号 | 频道 | 节目名称 | 播出时间 | 类型 | 单集时长（分钟） | 首播时间 |
|---|---|---|---|---|---|---|
| 28 | 辽宁卫视 | 《妈妈的味道》 | 周五 22:00 | 服务 | 30 | 2014 年 1 月 1 日 |
| 29 | 江苏卫视 | 《明星到我家》 | 周五 22:00 | 真人秀 | 70 | 2014 年 10 月 10 日 |
| 30 | 四川卫视 | 《心动女人帮》 | 周五、周六、周日 23:30 | 时尚 | 30 | 2013 年 10 月 18 日 |
| 31 | 江西卫视 | 《妈妈来了》 | 周日 21:00 | 真人秀 | 90 | 2012 年 12 月 30 日 |
| 32 | | 《女人如花》 | 周四至周日 10:10 | 服务 | 不详 | 不详 |
| 33 | 青海卫视 | 《时尚美妆》 | 周三 21:20 | 时尚 | 40 | 2014 年 1 月 8 日 |
| 34 | 宁夏卫视 | 《美丽我当家》 | 周一、周二 17:19 | 服务 | 不详 | 2014 年 1 月 13 日 |
| 35 | 深圳卫视 | 《美丽之道》 | 周四、周五 9:50 | 服务 | 30 | 2014 年 |
| 36 | | 《辣妈学院》 | 周日 21:50 | 亲子 | 50 | 2014 年 3 月 9 日 |
| 37 | 甘肃卫视 | 《舒立时间》 | 周日 18:00 | 谈话 | 25 | 2013 年 9 月 16 日 |
| 38 | 凤凰卫视 | 《完全时尚手册》 | 周一至周五 20:35～20:55 | 时尚 | 20 | 1997 年 |
| 39 | | 《美女私房菜》 | 周六 12:10 | 服务 | 15 | 2005 年 |
| 40 | TVBS 欢乐台 | 《女人我最大》 | 周一至周五 22:00 | 时尚 | 45 | 2003 年 |
| 41 | 华娱卫视 | 《教主来了》 | 周一至周五 20:00 | 时尚 | 25 | 2009 年 |
| 42 | | 《时尚 BUY 家女》 | 周日 20:30 | 时尚 | 20 | 2011 年 |
| 43 | | 《美丽最前线》 | 周一至周五 21:30 | 时尚 | 20 | 2007 年 |

## （二）2013～2014年的女性电视节目的基本情况

### 1. 女性电视节目类型情况

2013～2014 年全国共计播出 43 个女性电视节目，涉及时尚、谈话、亲子、真人秀、服务、女性剧场等方面，不同类型的节目数量如下：时尚类 19 个，真人秀 8 个，谈话类 7 个，服务类 6 个，亲子类 2 个，女性剧场 1 个。

从对节目类型的分析可以看出，时尚类节目依然是女性节目最主要的类型。同时，真人秀、谈话类和服务类的节目也居于女性节目的主流地位。但从节目的开播时间看，真人秀节目都是 2012 年以来开播的新节目。如 2012 年开播的两档选秀节目《妈妈咪呀》和《妈妈来了》，2013 年和 2014 年真人秀节目延续了火热势头：《明星到我家》《花儿与少年》《鲁豫的礼物》等明星真人秀节目赢得了大量的娱乐关注。

谈话节目则主要是开播多年、具有良好口碑的节目，如《鲁豫有约》（1998 年开播），《杨澜访谈录》（2001 年开播），《天下女人》（2004 年开播），《非常静距离》（2009 年开播）。这也可以看出近年来女性节目的发展趋势。

2. 女性电视节目分布情况

女性电视节目在境内和境外都有播出，境外主要为凤凰卫视、华视娱乐等播出的 6 个节目；境内为 37 个节目，这些节目由境内各中央及省级卫视播出。女性电视节目近年来在境内发展比较快。境外的几档节目基本是创立多年的节目。比如，凤凰卫视的《完全时尚手册》是 1997 年开播，是目前现存女性节目中播出时间最长的一个。另一个历史较长的女性节目《鲁豫有约》开播于 1998 年，当时也是凤凰卫视的节目，后来转入内地的卫视播出。另外台湾的时尚美妆节目《女人我最大》从 2003 年开播以来，已经走过 10 余年的时间，这一档节目是最早和最成功的一档时尚美妆节目，带动了内地一大批同类的节目效仿，比如《美丽俏佳人》《心动女人帮》等都是这一类型。

从中国内地的区域划分来看，境内的 37 个女性电视节目的分布情况为：华东地区 8 个（上海 3 个，江苏 1 个，山东 1 个，安徽 3 个）；华南地区 11 个（海南 7 个，广西 2 个，深圳 2 个）；华中地区 4 个（湖南 2 个，江西 2 个）；华北地区 5 个（北京 3 个，河北 2 个）；西北地区 5 个（陕西 2 个，青海 1 个，甘肃 1 个，宁夏 1 个）；西南地区 1 个（四川 1 个）；东北地区 3 个（吉林 2 个，辽宁 1 个）。境外女性电视节目分布情况，港澳台地区 6 个（凤凰卫视 2 个，华娱卫视 3 个，TVBS 欢乐 1 个）。

整体看来，全国各地的很多电视台都设有女性节目，从具体的地域分布而言，东部地区的节目数量占据了较大的优势。这也和东部地区较为活跃的经济环境有关，这些地区在电视节目的制作和创新方面表现更为突出。从各家卫视频道的节目播出情况来看，旅游卫视最为重视女性节目。2013 ~ 2014 年共播出了 7 档女性节目，居所有电视台之首。节目类型也涵盖时尚、谈话和真人秀等主流女性节目。

3. 女性电视节目时长情况

根据女性电视节目播出时间，将播出时长划分为 5 个时间段：30 分钟以内、30~60分钟、60~90分钟、90~120分钟、120分钟以上。所有女性节目的时长分布如下。可以看出，30分钟以内的短节目有20个，约占49%的比例。30~90分钟的中长节目有18个，占44%的比例。而播出时间在2小时以上的两档节目一档是安徽卫视的《女性剧场》（225分钟），以播出电视剧为主；另一档是广西卫视的《名模秀场》（150分钟），每天凌晨播出各类时装走秀节目（见表2）。

近两年新开播的真人秀节目都是60分钟以上的节目，在制作上也受到较多的重视。

**表2 2013~2014年境内外女性电视节目单集时长部分统计**

| 时段＼类别 | 时尚类 | 真人秀类 | 谈话类 | 服务类 | 亲子类 | 剧场类 |
|---|---|---|---|---|---|---|
| 30分钟以内 | 14 | | 2 | 4 | | |
| 31~60分钟 | 4 | | 5 | | 1 | |
| 61~90分钟 | | 7 | | | 1 | |
| 91~120分钟 | | 1 | | | | |
| 121分钟以上 | 1 | | | | | 1 |

注：2个服务类节目《女人如花》和《美丽我当家》播出时长不详。

### 4. 女性电视节目播出时段情况

以19：00《新闻联播》为参照，根据女性电视节目时段分布特点，将一天中的24小时划分为8个播出时段：19：00~19：30的《新闻联播》时段；19：30~22：00的晚间黄金时段；22：00~0：00的深夜时段；0：00~6：00的凌晨时段；6：00~7：00的清晨时段；7：00~12：00的上午时段；12：00~17：00的下午时段和17：00~19：00的傍晚时段。

15个女性节目进入最重要的黄金时段，16个节目放在次重要的深夜时段。其余的12个节目时段不太理想，应该也是和节目的收视率有关。具体来看，真人秀和亲子类节目都进入了黄金时段和深夜时段，说明目前这类节目的确受到电视台的重视。此外，大部分的时尚类节目和谈话类节目也安排在这两个时段（见表3）。

### 5. 2013~2014年新推出的女性电视节目

这两年新推出的女性节目共有13个，具体包括：甘肃卫视《舒立时间》，

表3　2013～2014年境内外卫视女性电视节目播出时段分布统计

| 时段＼类别 | 时尚类 | 真人秀类 | 谈话类 | 服务类 | 亲子类 | 剧场类 |
|---|---|---|---|---|---|---|
| 19:00～19:30 | 《新闻联播》时段 | | | | | |
| 19:30～22:00 | 6 | 3 | 3 | 1 | 2 | |
| 22:00～0:00 | 9 | 5 | 2 | | | |
| 0:00～6:00 | 2 | | 2 | | | |
| 6:00～7:00 | | | | | | |
| 7:00～12:00 | 2 | | | 2 | | |
| 12:00～17:00 | | | | 1 | | 1 |
| 17:00～19:00 | | | | 2 | | |

深圳卫视《辣妈学院》《美丽有道》，青海卫视《时尚美妆》，河北卫视《我知女人心》，辽宁卫视《妈妈的味道》，江苏卫视《明星到我家》，四川卫视《心动女人帮》，旅游卫视《鲁豫的礼物》《第一超模》，东方卫视《女神的新衣》，北京卫视《妈妈听我说》，湖南卫视《花儿与少年》。这13个节目中有6个都是真人秀节目，也凸显了这两年国内电视节目中真人秀节目的异常火爆。其他包括3个时尚类节目，2个亲子类节目，1个服务类节目，1个谈话类节目。

## 二　中国女性电视节目发展趋势分析

女性电视节目在近年来有较大的发展，节目类型和节目内容方面都不断创新。分析2013～2014年两年女性节目的整体状况，可以发现当下女性电视节目的发展趋向和特点。

### （一）谈话类女性电视节目强化主持人品牌

谈话类节目以主持人和嘉宾的访谈为主要形式，主持人在节目中居于的主导地位，决定节目的话题内容和访谈风格。女性谈话节目一般由女性来制作和主持，具有较强的女性色彩。女性主持人的个人风格和特色也在这样的节目中得到极大的彰显，甚至形成自己的节目品牌。

早期女性谈话节目中比较有名的是《张越访谈》，这档节目是中央电视台《半边天》节目中最有影响力的子栏目。张越担任节目的制片人、主编和主持人，张越的主持风格温和坦诚，话题选择具有明确的女性意识，使得这档节目赢得了很好的口碑，也树立了张越的个人主持品牌风格。

鲁豫于1998年在凤凰卫视开播了自己的个人脱口秀《鲁豫有约》，这档节目是为鲁豫量身定做的节目，最初由主持人和嘉宾一对一交谈，后期改版后在演播室加入了观众。节目具有鲜明的个人品牌特色。经过多年的发展，至今仍然具有一定的影响力。此外，杨澜于2001年制作了《杨澜访谈录》，又在2004年制作了《天下女人》，这两档谈话节目都有着明显的杨澜个人风格。《天下女人》更是以关注都市女性的精神世界、探讨女性话题为主。主持人李静在积累了多年《超级访问》的访谈经验后，于2009年开播《非常静距离》，这也是打造她个人品牌栏目的重要内容。另外，2013~2014年新开播的唯一一档女性谈话节目是《舒立时间》，这档节目是为财新传媒总编辑胡舒立打造的高端访谈节目，节目借助和强化了胡舒立的个人风格和品牌影响。

近年来，由于受到内外环境下的挑战，电视谈话类节目越来越少，从对2013~2014年的女性电视节目的统计数据中我们可以看到，谈话类节目只占到8%。目前在播的女性电视谈话类节目都是久经历练的品牌栏目，一批优秀的女性主持人以强烈的个人风格推动了女性谈话节目的发展。

## （二）时尚类女性电视节目与商业消费结盟

时尚类女性节目的主要形态有资讯类与综艺类，真人秀类女性节目中有一部分以时尚为内容，它在我国大致经历了以下几个发展阶段。1995~1999年萌芽阶段：时尚节目仅为少数几个女性节目中的一个构成版块。比如辽宁电视台1995年3月8日开播的《女性世界》，其中的《时尚》版块介绍流行趋势，《美人计划》版块教女性如何打扮；广东电视台1997年10月开播的《女性新视角》，其中的《女性街》版块为时尚内容。2000~2005年发展阶段：资讯类时尚节目得到栏目化、频道化的全面发展。比如北京电视台的《魅力前线》《时尚装苑》，广西卫视的《时尚中国》，江苏的靓妆频道，上海的星尚频道等。2006年至今繁盛阶段：由旅游卫视《美丽俏佳人》领跑综艺类时尚节目全面繁盛，资讯类时尚节目偏安一隅。当下时尚类又在不断创新，发展势头凶猛，如《女神的新衣》。

随着消费主义的盛行，所有的商家将目光聚焦于女性市场，而女性身体本身就是一个最重要的消费品。波德里亚指出“身体是心理所拥有的、操纵的、消费的那些物品中最美丽的一个”①。女人的身体在这样的消费浪潮中被不断形塑。大量的女性时尚节目就是在生产一种关于女性身体的美丽标准和模式：柔顺的头发、精致的五官、丰满的胸部、纤瘦的身材，等等。在这样的身体标准下可以开发出很多市场：美容美发、整容行业、美妆彩妆、服装行业，等等。其中极具代表性的时尚类女性节目就是《美丽俏佳人》，通过节目上美容达人的推荐、嘉宾的试用、乐蜂网的销售，形成了一个完整的产业链。另一个典型就是2014年开播的《女神的新衣》，通过服装设计师24小时制衣、女明星T台秀、天猫销售，形成服装的完整的利益链。在时尚类节目盛行的背后，是商业产业的利益链。可见，女性观众在观看节目的同时，也被作为消费者直接“卖”给了商家。

### （三）真人秀女性电视节目迅速发展

真人秀是很重要的电视节目类型。从2000年首档真人秀节目《生存大挑战》引入中国以来，真人秀节目在中国电视领域已经经历了10余年的发展。节目内容的样态已经有了很大的发展。2013年以来真人秀节目的火爆也和近年来大量引进国外综艺节目的电视节目制播模式有关。例如湖南卫视的《花儿与少年》是借鉴了韩国的《花样姐姐》的节目模式，旅游卫视《第一超模》则是直接引进《全美超模大赛》原版版权。2013年和2014年两年间真人秀融合了纪实节目和虚构节目的真实性和趣味性，极大地满足了观众的好奇心和同理心。真人秀节目既希望关注贴近现实的日常生活，又追求一种高于生活的媒介奇观。这些内容在真人秀节目中都有很好的体现。近两年爆红的真人秀节目主要是一些明星真人秀，例如《明星到我家》中直接将几位女明星放到农村家庭中做儿媳妇，《花儿与少年》则是安排了老中青三代女明星到海外组团穷游。这一列真人秀节目极大满足了观众希望窥探明星个人生活的好奇心，明星的知名度和粉丝效应也大大提升了节目的收视率和关

① 〔法〕波德里亚：《消费社会》，刘成富、全志钢译，南京大学出版社，2000。第142～143页。

注度。

在新媒体时代，电视节目也需要有更多受众互动，以迎合如今观众的收视心理。目前开播真人秀节目都很注意收视效果和节目互动。通过官方微博、百度贴吧、视频网站专题等形式主动关注受众需求，形成了较为灵活的互动方式和互动渠道。真人秀可以让观众的参与感和代入感得到很好的满足。节目媒体互动和各种热点话题炒作，可以很好地吸引了观众的眼球，有效扩大收视影响。

## 三　结论和建议

### （一）整合节目资源，通过多样化的制播形式联动发展

电视节目的制播形式有了很大的变化。随着近年来电视节目制播分离的发展，目前很多女性电视节目都由独立的制作公司制作，并选择在不同的电视平台播出。同时，由于视频网站的迅速崛起，电视台已经不是唯一的播出平台，很多电视节目的网络视频点播率影响力更大，女性节目的网络播出平台也越来越多地受到节目制作方的重视。

《鲁豫有约》从2005年起就开始实行制播分离，从之前凤凰卫视分离出来，专门成立了能量影视传播公司负责节目的制作发行。节目在国内多家城市电视台共同播出。节目组独立核算，自己负责节目的广告赞助和销售播出，在制作上有很多突破。2006年播出的《美丽俏佳人》一开始就是主持人李静带领东方风行传媒公司独立制作的一档时尚美妆节目，节目独立运作并签约在旅游卫视播出。节目还打造了的“静家族”主持群和一批美妆专家。2014年新推出的《女神的新衣》是东方卫视和广东百合蓝色火焰文化传媒股份有限公司共同制作的女性节目。在目前电视综艺节目纷纷从国外引进模式、缺乏自主创新的中国电视界，这档节目是一档完全自主原创的新节目，也是国内首档明星跨界时尚真人秀节目，一经播出，取得了不俗的收视率。

另外，国内的女性电视频道的发展也在逐渐壮大，长沙电视台女性频道于1999年创立，是中国第一个以女性命名的专业频道。该频道还运营了数字频道“现代女性频道”。另外，央视风云旗下有一个专业数字频道“女性时尚频

道”，各地电视台也有一些专门的女性频道，如济南电视台都市女性频道、乌鲁木齐电视台妇女儿童频道、四川电视台妇女儿童频道、郑州电视台妇女儿童频道等。女性电视频道的节目制播会更加聚焦于女性关注的话题和领域，也为各类女性节目的制作和落地提供了很好的传播平台。

不同的制播形式和播出平台使得女性节目的传播有了更多样化的形式，在这样背景下，可以积极整合资源，精耕细作一些女性电视节目，以此来完善这一分众市场。

### （二）突破商业限制，积极提升女性节目的社会责任

目前时尚类和真人秀节目已经在所有女性电视节目中占比64%。商业竞争的激烈，导致电视节目越来越商业化和娱乐化，要在这样的大环境下让本来就不主流的女性电视节目平衡商业利益和社会责任似乎很难。节目运营的压力，让女性电视节目难免有大量的广告植入；而收视率和受众的争夺，让女性电视节目的选题越来越宽泛和非针对性。这些都让女性电视节目的定位越来越模糊。

美国新闻自由学院院长艾伦博士（Martha Leslie Allen）总结女性主义媒介的八个特征：①妇女所讲的话代表妇女自己而不是别人的意见；②选择集体合作的工作模式而不是等级制的方式；③分担而不是竞争的工作方式；④评估与妇女和女性媒介相关的大众媒介的角色；⑤对不同意见以非攻击性的方式解决；⑥避免各类歧视；⑦注重开放性讨论，讨论内容应不是主流媒介所报道过的；⑧重视行动。女性媒介的基本议题应包括健康、教育、形态、和平、福利权利、政治权力、家庭暴力和生育自主等。[①] 如果按照这样的特征来考察现有的中国的女性电视节目，大部分都是不符合的。很多女性电视节目甚至将家庭暴力、性骚扰等与女性利益息息相关的议题列为敏感话题，而只是泛泛谈一些其他非女性电视节目也可以谈得很好的话题。

当下女性媒体还是在一种男权话语下的“共谋”，并没有体现出敏锐的性别意识和批判态度。女性媒体作为女性可以自由发声、自由表达观点的渠道也被隐形地关闭了。女性媒体如果不能代表女性立场，不能关注女性权益，其社

---

① 转引自刘利群《社会性别与媒介传播》，中国传媒大学出版社，2004。第139～140页。

会影响和公义责任就会被大大削弱。在未来的发展中，女性节目需要积极提升性别意识，更多地承担社会责任，从公益角度更好地为女性权益发声。

## 参考文献

[1]〔法〕波德里亚：《消费社会》，刘成富、全志钢译，南京大学出版社，2000。
[2] 刘利群：《社会性别与媒介传播》，中国传媒大学出版社，2004。

# B.3
# 2013～2014年女性网络舆情研究报告

南储鑫*

摘　要：本报告通过对女性网络舆情进行界定，结合新华网舆情在线网络舆情数据库2013～2014年的“热点新闻”，对女性网络舆情样本情况以及特征进行分析，并从社会性别视角梳理女性网络舆情问题，有针对性地提出对策建议。

关键词：女性网络舆情　女性角色　社会性别

## 一　2013～2014年女性网络舆情总体态势

### （一）女性网络舆情的界定

舆论的情况，也即舆情，是社会意识的组成部分。随着网络成为人们生活方式的重要组成部分，对公众的影响日益加剧，有关网络舆情的讨论日益热烈。作为社会舆情的内容和反映方式之一，网络舆情表达网民的诉求、情绪。从性别视角出发，网络舆情会呈现一定的性别色彩。目前有关网络舆情与女性关系的研究较为欠缺，综合有关网络舆情的研究，笔者认为女性网络舆情是由于各种有关女性事件的刺激而产生的，通过互联网传播的，人们对于该事件的

* 南储鑫，博士，《中国妇女报》记者、评论员，《妇工舆情（内参）》观察员，主要研究方向为社会性别与公共政策、妇女儿童网络舆情。

认知、态度、情感和行为倾向的集合①。

从上述有关女性网络舆情的界定可以看出，可以从如下三个方面把握女性网络舆情。

首先，女性网络舆情是由于各种有关女性事件的刺激而产生的。各种有关女性事件是女性网络舆情的导火索，正是女性事件的刺激才引发网络舆情的发生、发展。这里的所谓女性事件，主要强调事件涉及的主体是女性，或者女性作为重要的相关主体，既可能是与特定事件相关的个体女性，比如“上访妈妈”，也可能是某一类女性群体，比如“女副市长”“陪酒女”等。

其次，互联网的传播平台。互联网的诞生、普及，可谓根本上改变了传统媒介的时空偏向及其平衡性。“从全球关系的角度看，已经存在一个无边界的全球社会，地方性社会已全线溃退。”② 无论身处何地，只要有网络，就可以通过设备与其他人联系、沟通和互动。而且互联网带来的沟通已经消除了传统地域的限制，所有的信息都以编码的形式进行传播，点对点的传播技术也让受众实现“信息共享”，削弱了空间的影响。互联网除了带来空间流动性，也导致了时间的压缩与碎片化。相对于传统媒体以周、日、分、秒计算，人人都是麦克风时代的信息适时共享与网络存储的海量信息，通过互联网重新定义了时间。也就说互联网平台为女性网络舆情提供了新的时空维度。

最后，女性网络舆情是人们对女性网络事件的认知、态度、情感和行为倾向的集合。总体上看，女性网络舆情是社会结构压力在网络空间的诞生，其认知、态度、情感以及行为倾向和现实社会中的压力存在相关性。与此同时，也应该看到，互联网对女性网络舆情的再现，并非客观的再现，而在映射现实社会压力的基础上，基于互联网特征的镜像性再现。

## （二）2013～2014年女性网络舆情总体情况

2013～2014 年，网络舆论格局和生态治理产生了巨大的变化，中国的

① 网络舆情研究者王国华将网络舆情界定为：网络舆情是由于各种事件的刺激而产生的通过互联网传播的人们对于该事件的认知、态度、情感和行为倾向的集合。本研究在借鉴王国华定义的基础上，对女性网络舆情进行界定。具体参见王国华《解码网络舆情》，华中科技大学出版社，2011，第 1 页。

② 张春华：《网络舆情社会学的阐释》，社会科学文献出版社，2012，第 30 页。

互联网进入了“新常态”。加强网络监管、维护网络安全进一步制度化，网络安全被纳入国家安全和国家发展战略，写入政府工作报告。通过“两高”出台《关于办理利用信息网络实施诽谤等刑事案件适用法律若干问题的解释》，通过“净网2014”“打击新闻敲诈和假新闻”“微信等即时通信工具治理”等一系列专项行动，一些涉嫌编造、传播谣言、非法经营、诽谤的网民被依法处理，网络“意见领袖”的群体活跃度、影响力降低，具有一定专业性的自媒体民间舆论场话语权增强，互联网朝着更加规范有序的方向发展。

网络舆论格局和生态治理的积极变化，带来有关女性网络舆情理性、多元建设性声音的增加。与此同时，女性网络舆情也面临着社会性别认知偏差、娱乐化等挑战，传统性别规范与网络舆情相互交织、互相影响让女性网络舆情趋于复杂化，针对女性网络舆情的线下行动更为迅速、专业，这对保障女性的合法权益，促进政府、企业、媒体、网络传媒等主题履行好性别平等责任提出了新的要求。

有关网络舆情数据纷繁复杂，从海量的数据中抽取女性网络舆情实非易事。笔者认为，要厘清2013～2014年女性网络舆情总体态势，了解女性网络舆情在总体舆情中的分布情况与自身特征，有必要以一定的标准从网络舆情库中筛选出女性舆情，进行比较分析和类型分析。这就要求数据库首先具有权威性，所有的数据是建立在量化指标基础上的，而不是人为的偶然性分析。其次还要求数据具有可持续性，至少能够涵盖2013～2014年的网络舆情。最后，网络舆情数据应该是可及的。无论是全样本研究还是抽样研究，都应该对数据进行筛选、分析，如果数据难以抽取或者分析难以实现，那么再美好的研究愿景也难以实现。

为此，本研究通过综合考量，选取了新华网“舆情在线”的数据库，对网络舆情中的女性网络舆情进行筛选。根据新浪微博用户“新华舆情在线”的内容显示，基于新华网“舆情在线”监测系统的监测数据自2012年5月15日起，进行了较为持续的“热点新闻”“热点博文”“论坛热帖”（后增加“热门微博”）数据公示。其中“热点新闻”的持续性最好。在按日为单位公布的“热点新闻”网络舆情数据中，对热点新闻的“题目”“来源/首发媒体”“参与数”“地域”进行公布，公布日会筛选5条热点新闻，并按照参与数的多少进行排序。

笔者对新浪微博用户“新华舆情在线”2013 年、2014 年今日热点舆情中的“热点新闻”进行全样本统计，并将“女性网络舆情”进行筛选。结果如下。

2013 年，新浪微博用户“新华舆情在线”累计发布“热点新闻”舆情数据 204 天（次），涉及热点新闻 1020 条。其中出现女性网络舆情天数为 135 天①，占“热点新闻”舆情发布总天数的 66.2%（见图 1）。其中女性网络舆情网民参与数位居当日 5 条“热点新闻”首位的有 58 次，占 2013 年累计发布“热点新闻”舆情数据总次数的 28.4%。

涉及女性网络舆情的“热点新闻”225 条，占热点新闻总数 1020 条的 22.1%（见图 2）。

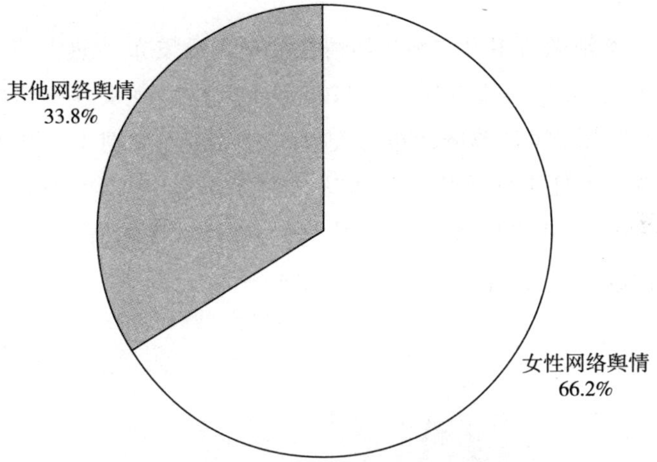


**图 1　2013 年存在女性网络舆情的天数占网络舆情数据发布总天数的比例**

① 需要注意的是，根据研究的需要，这里所谓的“女性网络舆情”主要指事件涉及的主体之一是女性。但是与“女性网络舆情”相对应的“其他网络舆情”中并非完全排除了女性主体的其他性别网络舆情，也有可能包括不特定性别群体的热点新闻。比如“中科院查明北京 PM2.5 六大来源　燃煤占 18%”的热点新闻就不属于“女性网络舆情”，而被归入“其他网络舆情”之中，但是很明显这不是一条“非女性网络舆情”，而是无关性别的网络舆情。

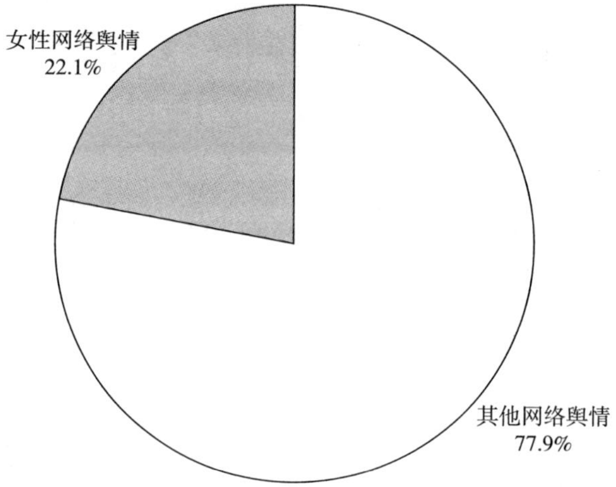


**图 2　2013 年女性网络舆情新闻数占网络舆情新闻总数比例**

2014 年，新浪微博用户“新华舆情在线”累计发布“热点新闻”舆情数据 220 天（次），公布“热点新闻”1100 条。其中出现女性网络舆情天数为 116 天，占“热点新闻”舆情发布总天数的 52.7%（见图 3）。女性网络舆情网民参与数位居当日 5 条“热点新闻”首位的有 51 次，占 2014 年累计发布“热点新闻”舆情数据总次数的 23.2%。涉及女性网络舆情的新闻 155 条，占热点新闻舆情数据总条数的 14.1%（见图 4）。

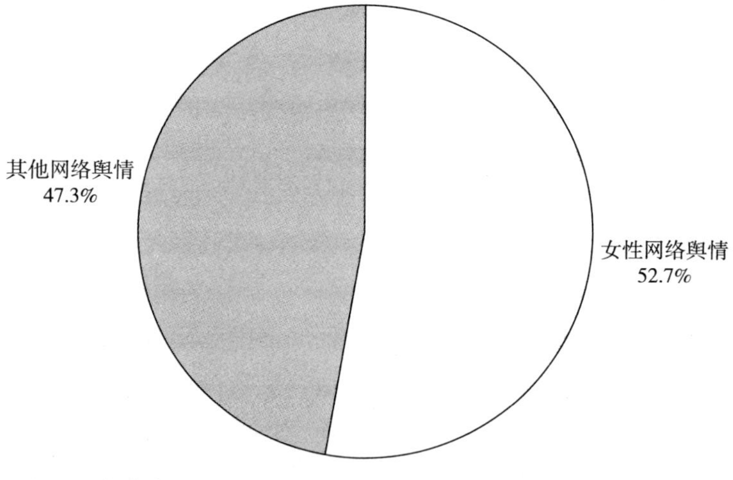


**图 3　2014 年存在女性网络舆情的天数占网络舆情数据发布总天数的比例**

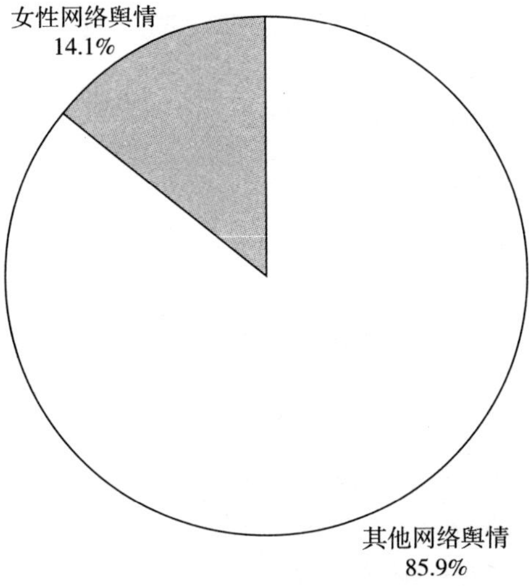


**图 4　2014 年女性网络舆情新闻数占网络舆情新闻总数比例**

从上述2013年、2014年网络舆情数据抽样情况可以看出，明确女性主体的网络舆情新闻出现在热点新闻数据公布天（次）数的比例均超过一半，2013年甚至达到2/3。相比较男性身份、称谓较少在网络新闻中专门突出而言，女性身份、称谓的突出并且经过网络平台的检验成为热点新闻，既是女性作为第二性的体现，需要额外加上女性色彩的词汇才能界定，另外也表明了女性身份是网络新闻演变成网络舆情的酵素之一。

## （三）女性网络舆情中女性角色分布与热点女性事件

针对新浪微博用户“新华舆情在线”2013发布“热点新闻”中提及的女性事件进行抽样，并对女性在网络舆情中的角色进行分类。在抽取121个样本中，结果如图5所示。

从图5可以看出，2013年女性网络舆情新闻样本女性角色频次分布中，女性作为受害者角色出现的次数最高，达到56次。这主要包括违法犯罪行为的女性受害者，比如2013年5月，海南万宁小学校长带女生开房事件，曾轰动一时，短短20天内至少8起校园性侵幼女案发生，引发了关爱女孩、废除嫖宿幼女罪的大讨论。也包括意外事件中的女性受害者。比如2013年22日晚9点多，长沙突降暴雨，21岁的女孩杨丽君（音）不慎落入下水道被急流卷

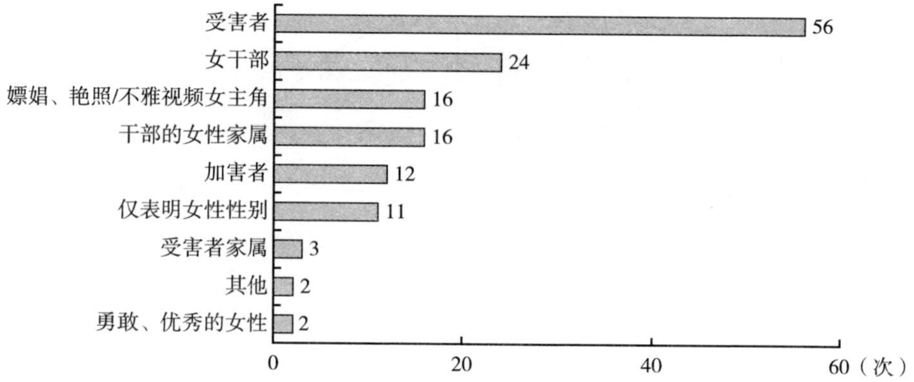


**图 5　2013 年女性网络舆情新闻中女性角色分布频次**

注：针对女性网络舆情新闻中女性角色进行抽样分类，有时可能涉及交叉情况，比如“黑龙江‘孕妇为夫猎艳杀害女大学生案’开庭审理”的网络新闻中，涉及的主体不止一名女性，而且加害者和受害者均为女性，所以重复计算，由此导致女性角色分布频次总数大于实际抽样新闻事件数。

走，3 月 24 日晚搜救宣布失败，搜救人员已撤离。“长沙坠井女孩搜救失败”的消息获得网民关注。2013 年影响较大的女性受害者事件还包括“官员强奸幼女案”“南京幼女饿死案”“李某某等人涉嫌强奸陪酒女案”等。特别是“李某某涉嫌强奸案”，因为加害者是“官二代”，其父母作为公众人物知名度高，获得舆论的消费、调侃、关注的程度非常高，以致任何的消息甚至谣言都能够刺激新一波网络舆情的发生。

女干部角色在网络备受关注，在抽样的热点新闻中出现 24 次。“房姐”“房媳”等带有“官”“富”色彩的称谓，遭遇到网络上本来就容易点燃的“仇官”“仇富”情绪，可能引爆舆论。类似“携 5 亿美元出逃美女高官”“××案貌美女干部涉案”“女副州长 5 次受贿 206 万被捕”等有关女干部的网络舆情，更多是将女干部与年轻、貌美、贪腐等标签联系。“领导干部的女性家属”作为相关新闻的主体之一也在 2013 年网络舆情中多次出现，如“青岛副秘书长为女儿建 3200 平米别墅”等消息。

因为雷政富等案件而被网络热议的不雅视频女主角赵红霞的报道可谓满足了网民猎奇心理，“薛蛮子嫖娼案”被公示后对涉事女主角的挖掘也占据了诸多新闻头条。

涉嫌制造张氏叔侄冤案的“女神探”“重庆女孩电梯摔打婴儿”等消息中，女性“加害人”角色也带动了网民对相关议题的长时间热议。

此外，有关受害者家属“上访妈妈”舆情持续热议、迂回曲折；“湖南死亡瓜农邓正加”之女有关“感谢政府”的微博是不是其本人所发？也牵动了网民神经。“女航天员刘洋回乡扫墓　当地抽调专人保供电”等消息也可见优秀女性的新闻效应与相应的公共服务标准争议。

笔者从2014年女性网络舆情热点新闻中抽取97条，对女性角色进行分类，结果如图6所示。

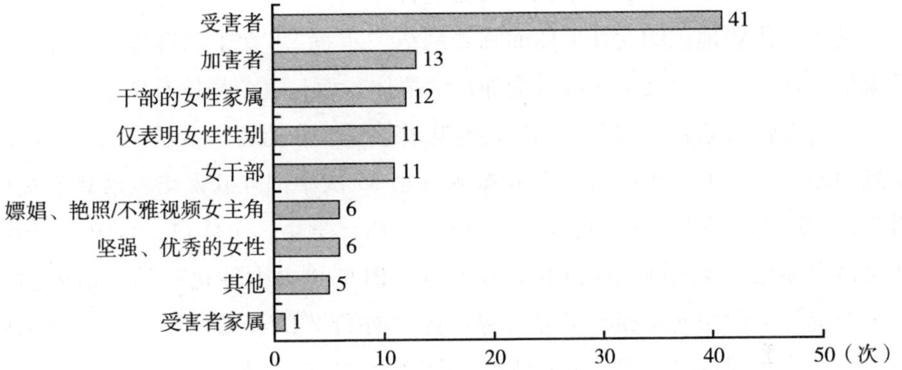


**图6　2014年女性网络舆情新闻中女性角色分布频次**

根据图6的数据，抽取的2014年女性网络舆情新闻中女性角色分布频次最高的依然是“受害者”。“南京公务员夫妻殴打护士”“产妇死在手术台医生护士失踪”“招远血案受害女性”“厦门大学博导涉嫌诱奸女生”“讨薪女民工太原派出所遭殴打致死”以及频发的“女大学失联遇害”等导致女性伤亡的事件在网络上热度较高。

女性加害人角色出现的频次仅次于“受害者”。其中，“安徽教育厅女干部骂保安是‘看门狗’致其气绝身亡”“黑龙江‘孕妇为夫猎艳杀人案’开庭审理”等新闻中的女性加害人角色被网民热议。

按照女性角色在样本中出现的频次，其他依次为“干部的女性家属”“嫖娼、不雅视频/艳照的女主角”“女干部”等。“湖北省副省长为李娜接机：代表6000万人民祝贺你”等消息，让优秀的女性在热点新闻中得到呈现。

### （四）有关女性网络舆情中女性角色差异化的可能原因

首先，女性受害者容易受到网络关注。受害者的弱势处境需要制度的救济和社会支持，而网络关注本身就是暗含着道德同情和舆论支持。女性的身体，遭遇现实社会的风险更大。诸如性侵犯罪事件、大学生失联事件中，虽然不排除男性受害者，但是绝大多数情况下受害者为女性，或者同等情况下女性遭受的伤害更大。抛开网络参与者情绪化的因素，对女性受害者的关注，除了提供支持力量，某种意义上也是对理想社会秩序的一种建构，网络参与者既可以是这种秩序的建构力量，也会是预期的受益者。

其次，优势地位的女性群体面临着网络“审视”。女干部群体、干部的女性家属群体，代表着处于优势社会地位的群体。而且这个群体有别于传统社会认知中的女性形象，干部群体标签还意味着接受公众监督。根据中国互联网络信息中心（CNNIC）2015 年 2 月发布的《第 35 次中国互联网络发展状况统计报告》，我国 6. 49 亿网民中，高中及以下学历，学生、个体户、自由职业者，数量占据多数。虽然网民话语权存在差异，但是“去中性化”的话语表达让处于非优势地位的网民拥有了对优势群体“评价”的权力，这有别于传统社会他们更多被评价的状态，因而能够激起不少网民的兴趣，对优势地位女性群体进行审视。这种审视，无论在具体实施中还是在正当性上，和网络监督、社会监督具有一致性，因而受到网民青睐。

最后，对女性身体的窥视与男性欲望投射。对女性身体的窥视是父权文化强加在女性身上的符码，互联网为这种窥视以及投射男性欲望提供了平台。“网络媒体的交互性、虚拟性和隐蔽性，正好暗合了部分受众在现实社会中敢想不敢为的窥视欲望，社会转型带来的紧张和焦虑，也通过‘消费女性形象’在网络中得到了扭曲的释放。”① 网民对包括女干部、干部的女性家属，有关嫖娼、艳照、不雅视频中的女性角色身体的关注，正是对女性身体的窥视和消费，也是男性欲望的投射和表达，并通过态度、情感等来建构理想的女性形象。

① 曾长秋、李斌：《性别与传播——网络媒体中“被看”的女性形象》，《兰州学刊》2015 年第 3 期。

此外，女性加害人角色容易在网民的舆论声讨、谴责中被极端化。网络的这种讨伐，既有现实生活中类似压力的发泄，更是对加害人的惩罚和对秩序的建构，在某种意义上也夹杂着对“好女人”规训的指向。而处于另一极的是坚强、优秀的女性角色，她们也不时被网络关注、推崇，这同样是建构“好女人”标准的一种方式。这种社会性别的类型化建构似乎和所有网民都有关联，网民都能够参与其中、评价一番。

## 二　社会性别视角下女性网络舆情的问题

从2013～2014年女性网络舆情抽样情况分析，女性网络舆情既是现实社会结构性压力的映射，也受传统性别观念和女性网络舆情自身规律的影响。针对女性受害者网络舆情的关注，既为问题的解决提供了支持性环境，也会将现实社会的性别权力关系带入网络场域。从社会性别视角对女性网络舆情的问题进行分析，对于促进女性网络舆情更好地维护女性权益具有重要意义。

### （一）女性网络舆情中性别平等视角仍然缺失

网络场域为女性网络舆情的发生、发展提供了独特的时空环境，但是现实社会的结构状况和文化、认知，仍然是影响网民参与舆情、表达诉求的深层次根源。社会转型期带来的社会焦虑、不安等情绪广泛存在。“《中国网络社会心态报告（2014）》发布的数据显示，不公平感和不安全感是现今社会相对广泛的负面情绪。网络用户中，有不公平感、不安全感的用户分别占比44.7%、41.3%，接近半数。”① 网络时代的“去中心化”、低门槛的公众参与特征，降低了传统社会中因为社会地位、阶层差异而带来的渠道障碍，网民都能够参与到热点新闻的讨论中来，无论是表达诉求、发泄情绪等，不可避免地受到现实社会结构压力和情绪的影响，也必然将传统社会文化结构和意义系统延伸到网络中来，将传统社会性别观念一同转移到网络中来。

这为女性特别是热点网络舆情中的女性问题提供了机遇，让女性问题被网

① 郑雯、桂勇：《网络舆情不等于网络民意——基于“中国网络社会心态调查（2014）”的思考》，《新闻记者》2014年第12期。

络“看见”。

从前述统计可以看出，2013 年女性网络舆情网民参与数位居“热点新闻”首位的天（次）数占“热点新闻”舆情发布总天（次）数的 28.4%，2014 年女性网络舆情网民参与数位居“热点新闻”首位的天（次）数占“热点新闻”舆情发布总天（次）数的 23.2%。单从这些数据来看，女性网络舆情的网民参与度还是比较高的，而且女性受害者角色是女性网络舆情新闻中出现频次最高的。特别在“厦门大学博导涉嫌诱奸女生”等女性网络舆情新闻中，性别平等政治正确的言论、行动产生了一定的影响力，但是这种倡导总体上仍然没超过女性主义和性别平等专业力量的范围，并没有形成舆论场上的共识。正如一些研究者指出的那样，“互联网不会产生一个无视性别的环境，它为男性和女性都提供了新的机会，但它似乎不能够改变社会的性别成见，也未能在两性之间、在一个基本的层面上重新分配权力”①。对处于弱势地位、受害女性的关注，固然有利于通过网络舆情的放大器来引导公众发现问题，监督甚至“倒逼”相关机构积极解决相应问题。但是如果仅有对女性受害者的围观、同情，而缺乏对防止性别歧视、促进性别平等的考量，那么就难以从根本上改变性别不平等的权力格局。

## （二）女性网络舆情娱乐化问题突出

网络媒介平台的快速发展，带来网民向视觉、感觉体验的持续转移。正如经济学家泰勒·考恩指出的那样，“在能够轻易获得信息的情况下，我们通常喜欢简短、支离破碎而又令人愉快的内容”②。微博平台的快速发展更是验证了这种假设，娱乐化的内容更容易获得关注和传播。对于集生产者、消费者、传播者角色于一身的网民而言，没有什么比娱乐化内容与表达方式更有助于自身的关注度乃至话语权的提升了。娱乐化成为网络的重要特征之一，这给不少人的消遣提供了渠道，但是也带来了诸多的问题。清华大学教授肖鹰曾警告说，“中国网络最大的危害我认为不是谣言，谣言之所以能够产生危害，就是

---

① 胡泳：《互联网并不是性别中立的——谈网络公共空间中的性别问题》，《新闻与传播研究》2014 年第 12 期。

② 〔美〕尼古拉斯·卡尔：《浅薄——互联网如何毒害了我们的大脑》，刘纯毅译，中信出版社，2010，第 8 页。

因为我们的网络全面娱乐化。”网络全面娱乐化的结果就是真实的信息得不到确认，严肃的教育得不到传播，还有社会、民族、文化的正能量，“都被娱乐化了”。

在网络舆论场总体上仍然立足男性眼光、投射男性欲望的情况下，有关女性网络舆情的热点新闻事件更容易被娱乐化。如图 5 所示，2013 年女性网络舆情新闻中女性角色分布频次中“女干部”角色仅次于“受害者”。正如“郭永祥案貌美女干部涉案”“湖南官员外甥女 28 岁任副县　选美后获重用”等女性网络舆情新闻所展示的那样，“女干部”和美貌、权色交易等问题被网络舆情“习惯性”地联系起来，网民不仅热衷于借此消费女性，甚至故意编造故事、情节来调侃。“这种娱乐化的问题，虽然不排除纯粹感性娱乐的成分，甚至有悲情逃避或批判式逃避，但是一个重要结果就是回避了性别不平等的权力结构问题，无益于性别不平等问题的严肃分析，甚至在某种意义上更是性别不平等观念的强化。”①

## （三）女性网络舆情相关女性群体分化带来的诉求多元化

女性网络舆情主体的共同身份，可能表达了这些女性群体在一些方面有着共同的特征、生命体验、利益或是诉求。但是可以肯定的是，女性并非完全同质性的群体，特别是随着社会转型和社会阶层的分化，由于职业、家庭、地域以及具体处境的差异，不同女性存在着差异化的诉求、扮演着差异化的角色。如图 6 的数据，抽取的 2014 年女性网络舆情新闻中女性角色分布频次最高的前两位，分别是“受害者”和“加害者”，这种矛盾的女性角色也进一步说明女性群体的分化和差异性。女性群体的分化带来诉求的多元化，但是经由传统社会延伸至互联网场域中的性别认知结构，和网络舆情的发生和再现机制相交织，呈现多元复杂关系，但是总体上仍然难以超越性别二元对立的观念。

以性别二元对立的视野来处理女性群体的多元化诉求，必然面临着冲突和挑战。一方面，个别女性的问题，容易被普遍化为整个女性群体的问题，正如个别大妈的问题容易被网络舆论场“放大”为整个大妈群体的问题，甚至进

① 南储鑫：《舆情“她视角”：多向度“围观”　多声部表达——2014 年度妇女儿童热点舆情观察与分析》，《中国妇女报》，2015 年 3 月 1 日 B1 版。

一步被本质化。另一方面，个别女性的诉求，如果缺乏其他女性群体的共鸣，那么在网络上也容易被视为异类，就容易产生“沉默的螺旋”效应，让女性的正当诉求声音在网络舆情中不敢传播或者声音越来越小。也或者是一些人意识到女性诉求多元问题，但是发现局部的抵抗不仅难以改变，而且还可能为此付出代价，为此不得已而维持传统的性别安排。正如一些研究者指出的那样，“女性维持传统的性别安排是出于理性的自我考虑，即展开适合女性身份的行为可以带来性别的骄傲感、愉悦感和社会认同”①。这实际上背离了赋权女性的宗旨，不利于战略性性别需求目标的实现。

而一些人根据身体纯洁性对女性群体进行区分，如有关“李某某涉嫌轮奸案”事件中，清华教授“强奸陪酒女比强奸良家妇女危害小”的言论，至少代表了部分法律专业人士的想法，虽然他迫于舆论压力而道歉，但是并不代表类似的认知在网络场域消失。因此，如果通过舆论建构社会共识、提升认知水平的效用，促进女性权益和性别平等的推进，依然任重道远。

### （四）女性网络舆情线上讨论与线下行动问题

为了顺应全媒体时代发展格局，及时发布各类权威信息，政务网站、政务微博、政务微信等平台进一步发展、壮大。有关女性主体的舆论国家队力量进一步增强，及时发布有关女性公众关切的公共事件和政策法规方面的信息，建立了女性网络舆情的监测和应对机制，充分利用新媒体的互动功能与公众进行交流。女性网络舆情的国家队力量壮大和影响力增加，对于维护女性权益发挥了重要的作用。与此同时，民间舆论场通过网络平台，也形成了较为稳定的女性网络舆情反应模式。特别是具备专业性别视角的女权主义群体，对女性网络舆情进行了较为密切的关注，相关讨论对于引发舆论和社会各界的关注，有一定的推动作用。当然，并非所有的女性网络舆情都能够获得网络热议，一些缺乏性别平等视角的网络参与者，可能出于好奇等原因，但不一定能达成建构性别平等共识的结果，以致部分女性网络舆情事件变成关注女性、性别平等相关人士的圈内讨论，这有助于讨论的专业性，但是也容易进一步让性别议题边

① 胡泳：《互联网并不是性别中立的——谈网络公共空间中的性别问题》，《新闻与传播研究》2014 年第 12 期。

缘化。

相比较主流舆论场其他议题的线下行动，女权主义组织对于女性网络舆情激发的线下行动更为频繁、更具规模。如“南京女童饿死事件”曾引起了社会广泛关注，由此呼吁政府信息公开的诉求不局限于线上，而是付诸了行动。5位女律师事后向江苏省南京市江宁区民政局、街道办、公安局、妇联等相关部门申请信息公开。被拒绝后，女律师们进一步诉诸法律途径。虽然有关女性网络舆情的讨论鱼龙混杂，在关键问题上甚至有曲高和寡的感觉。但是女权主义组织、公益律师的线下行动，以依法申请信息公开、提起诉讼等方式，直指政府机构和妇联组织的工作，这种线上呼吁和线下行动的结合更为密切。从某种意义上说，这种新结合以具体个案中女性权益保障与否来检验政府职责履行情况，这对政府工作提出了更高的要求，需要政府机构进一步做好应对工作。

## 三　女性网络舆情的趋势与对策

随着中国的互联网进入了“新常态”带来的网络生态改善，保障女性权益、促进性别平等的制度逐步健全，女性网络舆情在监测、预警以及保护女性权益方面有着积极的功能，但是也存在不少问题和风险，如可能延续传统性别观念、放大谣言的负面效应等。如何发挥女性网络舆情的正效应，防止负效应的发生或者努力将负效应转化为正效应，理应成为保护女性权益、完善网络治理关注的课题。

### （一）女性网络舆情未来发展的基本趋势

但是网络生态的改善和理性化程度增加，并不能从根本上消除网络舆情中情绪化带来的不确定性。因为“网络舆情不可避免地带有某种情绪化和偏激性的色彩，极易快速蔓延”①。而且传统性别观念已经形成深厚的文化积淀，通过“集体无意识”映射到网络场域中，短时期内尚无法从根本上扭转这一

① 郑雯、桂勇：《网络舆情不等于网络民意——基于“中国网络社会心态调查（2014）”的思考》，《新闻记者》2014年第12期。

状况。由此或可以预见，未来一段时间里女性网络舆情会呈现如下趋势。

第一，传统主流媒体仍然是女性问题被“看见”的重要力量。鉴于网民缺乏采访权，更多是通过视频、录音、文字等信息曝光、提供线索，网民的关注和传统主流媒体的介入才会让有关女性的事件被“发现”、在网络舆论场热议，而媒体的报道也可能通过网络舆论场的围观、解读后产生新的舆情生长点。随着微信公众账号影响力的扩大，往往聚焦垂直领域的作为私人化、平民化、普泛化、自主化传播的“自媒体人”正逐渐取代微博“大V”，并被赋予新的民间舆论场话语权。随着各类自媒体联盟风生水起，以“自媒体人”为核心的圈群文化开始在舆论场中发挥重要作用①。伴随着网络媒体、传统媒体和自媒体蓬勃发展的格局，女性问题被关注的程度无疑会进一步提升。

第二，女性受害者的问题仍将是刺激女性网络舆情发生、发展的重要因素。如果事件和“官”“富”“公众人物”等群体相关联时，对公权力运行的监督、对可能遭遇不公正的担忧等因素容易蔓延，引发网络强势围观。网民通过女性网络舆情的情感宣泄、诉求表达与理性分析，通过线上讨论和线下行动的结合，对政府履行性别平等职责、完善相关制度不断提出新的更高的要求。鉴于网络舆论场的性别平等视角总体上仍然欠缺，对女性群体窥视、消费的网络“嗜好”短期内仍无法完全消除，特别是针对女干部等优势群体、大妈等“问题女性”继续进行舆论“审判”，旨在规训出“传统好女人”的社会性别建构依然会是网络舆论场的习惯性偏向之一。

第三，女性话题公共性增加，实现常态化依然面临挑战。伴随着网络生态治理的推进，恶意攻击女性个人、群体或者相关组织的言论有所减少，尊重女性权益的话语有增加的迹象，这可以从网络流行语以及舆论表述方式体现出来。比如，“女司机”“女干部”等称谓中的性别刻板印象依然较为突出，但是如“绿茶婊”“外围女”等污名化色彩强烈的网络词汇使用的频率和影响力进一步降低，“直男癌”等反思男性特权的词汇不断被提及，部分媒体也跟进使用，“暖男”“小鲜肉”等表达女性需求、消费的词汇在网络上热议。这正

① 李未柠：《2014 中国网络舆论生态环境分析报告》，http：//news. qq. com/a/20141226/006866. htm。

是弗雷泽的“次反公众”所要表达的，“通过发明与流通反话语（counter-discourse）来对从属性群体成员的身份、利益与需求形成反向解读，从而建构替代性公共领域”[①]。通过发明“暖男”“小鲜肉”“直男癌”等词语，将过去被视为私人的话题带到了替代性公共领域中而获得了公共性，突破了一元论公共领域的讨论限定。面对女性话题中性别刻板印象延续、女性话语公共性的增加的情况，如何进一步将女性话引入主流舆论场、增强性别平等的政治性，既面临挑战，也大有可为。

## （二）女性网络舆情的对策建议

女性网络舆情更多关注女性群体权利和利益，对其治理应该以利用、引导为主。

首先，应该进一步完善网络生态治理。理性、合法、健康有序的网络生态，对女性网络舆情发挥正效应的重要性是不言而喻的。“网络生态概念彻底克服了网络舆情的被动、孤立、静止、滞后的研究格局，建立起主动化、前置化、全局化、动态化、关联化的研究视野和作业视野，为网络舆情控管和网络舆情研究注入了全新的正能量。”[②] 在网络生态建设被纳入国家战略视野的情况下，要进一步打击发布网络谣言、无端诋毁个人等违法犯罪行为发生，着力完善促进女性网络舆情正效应最大化的机制建设。

其次，加强男女平等基本国策在互联网场域中的落实，通过政府、媒体等舆论国家队的力量，以及自媒体力量，在具体女性网络舆情事件中做好性别平等理念的引导和干预工作，对于将女性议题、女性话语纳入主流舆论场，增强社会认知具有积极意义。这也是女性网络舆情进一步脱离性别刻板印象的束缚，维护女性权益、促进性别平等的关键所在。

再次，应该针对女性网络舆情的不同特征，通过事前预警、事中疏导和事后干预机制，强化对涉及女性的不良网络舆情的控制。由于网络自身的性质为网民身份提供了掩护，使得用户的身份具有隐蔽性，并且网络本

① 胡泳：《互联网并不是性别中立的——谈网络公共空间中的性别问题》，《新闻与传播研究》2014年第12期。

② 王汉熙：《网络舆情研究现状与发展方向》，《哈尔滨工业大学学报》2005年第1期。

身的限制与规范较少，情绪化和偏激性是网络舆情的特征之一，极易快速蔓延。① 因此有必要通过具体的应对技术，来减少女性网络舆情的负效应。

最后，现实社会转型带来的结构性压力、社会焦虑等，也是形成女性网络舆情的酵素。一些研究者以“上网减少上街”来表明网络平台的诉求表达功能和对现实社会的压力，这也从另外一个侧面说明公众诉求表达机制有待进一步拓宽。应该通过国家治理体系和治理能力的现代化，实现政府主导的多元主体参与的“善治”，增强公众特别是底层群体、新社会阶层的参与感，促进现实社会结构压力的稀释，防止相关压力延伸至网络之中。

## 参考文献

[1] 刘利群、唐觐英：《中国媒介与女性发展报告（2011～2012）》，社会科学文献出版社，2013。

[2] 王国华：《解码网络舆情》，华中科技大学出版社，2011。

[3] 张春华：《网络舆情社会学的阐释》，社会科学文献出版社，2012。

[4] 曾长秋、李斌：《性别与传播——网络媒体中“被看”的女性形象》，《兰州学刊》2015 年第 3 期。

[5] 郑雯、桂勇：《网络舆情不等于网络民意——基于“中国网络社会心态调查（2014）”的思考》，《新闻记者》2014 年第 12 期。

[6] 胡泳：《互联网并不是性别中立的——谈网络公共空间中的性别问题》，《新闻与传播研究》2014 年第 12 期。

[7] 王汉熙：《网络舆情研究现状与发展方向》，《哈尔滨工业大学学报》2005 年第 1 期。

[8] 南储鑫：《舆情“她视角”：多向度“围观”　多声部表达——2014 年度妇女儿童热点舆情观察与分析》，《中国妇女报》2015 年 3 月 1 日 B1 版。

[9] 林敏：《网络舆情：影响因素及其作用机制研究》，浙江大学，博士学位论文，2013。

① 郑雯、桂勇：《网络舆情不等于网络民意——基于“中国网络社会心态调查（2014）”的思考》，《新闻记者》2014 年第 12 期。

B.4

# 2013～2014家庭伦理

## ——婚恋题材电视剧研究报告

戴清　刘慧*

**摘　要：**2013～2014年，家庭伦理、婚恋题材电视剧在传统家庭剧、婚恋剧、亚类型育儿剧的创作上开拓出新的视角，既有对传统伦理价值观念的反思，又有对现代多元价值观念的呈现，并将更多社会热点话题融入创作，表达更深刻的现实关怀和文化反思。本报告针对这两年该类题材主要代表作品，在总结其创作成就的基础上，探讨并分析它们在价值观、艺术表现、女性视角开拓等方面存在的诸多症结，为今后的创作提出可行性建议。

**关键词：**家庭伦理剧　婚恋题材电视剧　女性主义视角

## 一　家庭伦理电视剧的年代质感与现实关切

家庭伦理、婚恋题材电视剧作为表现人们现实生活中的家庭、婚姻、情感等内容的电视剧类型，一直以来都是现实题材电视剧的重要构成。家庭伦理剧与婚恋题材剧，属于同一类型电视剧，但在表现对象和范围上有一定差别。前者多表现当代社会大家庭几代人的人物情感命运及伦理关系，而后者则更多地聚焦小家庭特别是"80后"年轻人的婚恋生活，特别是其中都市

---

* 戴清，博士，中国传媒大学教授，中国文联文艺评论家协会特约评论员，研究领域为电视剧艺术理论与批评；刘慧，中国传媒大学2013级电视剧史论方向硕士研究生。

年轻人的生活。从题材变化的角度看，婚恋题材剧是该类型创作在21世纪前10年的最新发展，是新的社会生活内容在电视剧中的即时反映。同时，婚恋题材与家庭伦理题材并非替代关系，至少在当下，家庭伦理剧仍有其创作空间及实绩。

近年来，随着新的社会现象和话题的出现，该类题材不断突破传统的内容模式，试图在以平民视角展现生活琐事之外，关注更多的社会现实问题，表达当代人更丰富的人生故事和文化反思。2013～2014年，家庭伦理剧的创作一方面以经典家庭剧的形式反思传统的伦理价值观念、表现不同价值观的冲突；另一方面又力求以现实主义的手法关注养老问题以及“80后”成家立业、生儿育女等现实生活，在创作中投射了更多的人文关怀。

### （一）“大家庭”叙事[①]追溯父辈爱情

20世纪90年代以来，我国的家庭伦理剧创作大多聚焦多子女的大家庭生活及情感命运，反映中国当代社会的婚恋伦理状况，如《咱爸咱妈》《家有九凤》《贫嘴张大民的幸福生活》《金婚》等。而随着我国家庭结构的变化，“80后”独生子女一代逐渐成长起来，表现他们的小家庭生活也成为荧屏婚恋剧的主体，夫妻、婆媳、翁婿关系及年轻人育儿的艰难等表现内容极大地吸引着观众。同时，仍然有一部分创作者在努力表现过去大家庭的故事，坚守传统的文化价值，或反思，或追忆，力图在新的社会文化语境下拓展“大家庭”叙事的新的可能性，2013～2014年电视荧屏上即涌现出这样一批作品，它们大多以其独特的年代质感、对家庭婚姻观念的理性反思见长，在该类电视剧创作中独具特色。

2013年的《我的父亲母亲》和2014年的《父母爱情》都以较大的时间跨度为背景来表现父辈的爱情与婚姻，浓浓的怀旧风格让这两部剧在众多家庭剧作品中脱颖而出，并力压多部大制作剧集，收视率不断攀升（见图1、图2）。

当然，它们在主题表达上又有着截然不同的视点。《我的父亲母亲》讲述

---

① 张新英:《新趋势老问题——近年来中国家庭伦理电视剧创作评析》,《中国电视》2014年第10期。

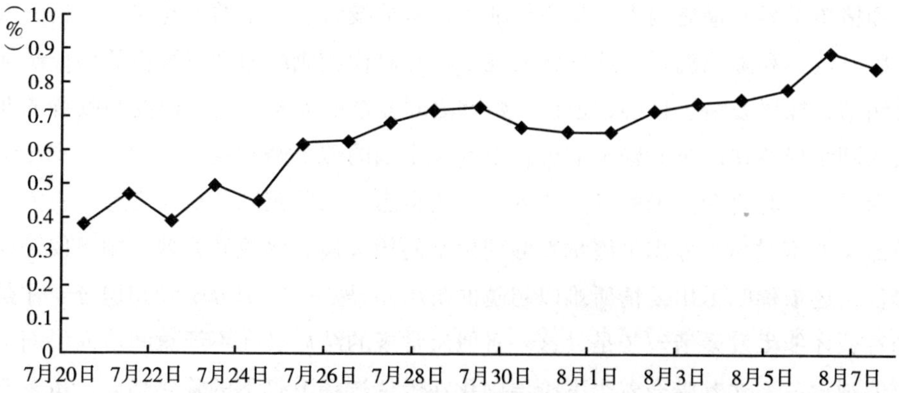


**图1　《我的父亲母亲》在北京卫视插出时全国46个城市（CSM46城）收视率曲线**

注：图中横轴为《我的父亲母亲》播放日期，纵轴为每日收视率。

数据来源：http：//baike. baidu. com/subview/173750/11044059. htm#7。

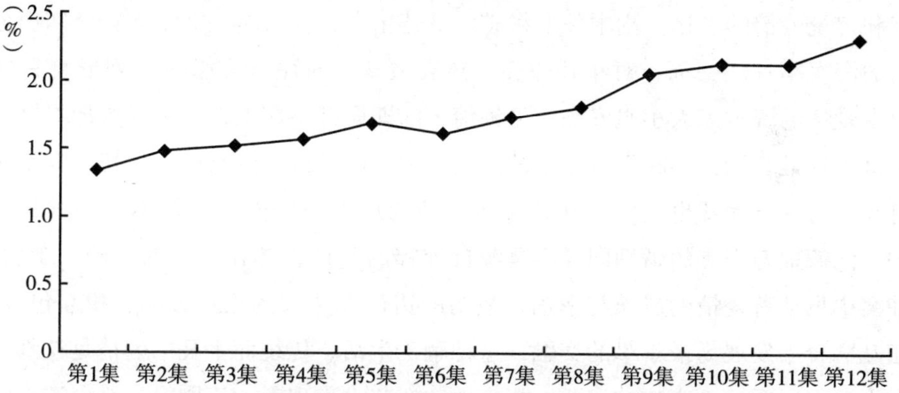


**图2　《父母爱情》前12集（全国网）收视率曲线**

注：图中横轴为《父母爱情》播放集数，纵轴为每集收视率。

数据来源：http：//yule. sohu. com/20140210/n394683750. shtml。

父亲母亲30年的坎坷婚姻历程：20世纪70年代的北方农村，斯文儒雅的知青陈志因为珍贵的回城上大学的机会接受了农村姑娘张翠花的爱情，当他在大学里遇到心灵相通的女同学叶秀萝之后，感情上一度摇摆、犹疑，但最终因为良心和翠花走到了一起。几十年中，柴米油盐的挣扎与恪守道德的隐忍成为他婚姻的主调，翠花娘家众多亲戚不断托陈志走后门也极大地干扰着两个人的生活和情感世界，最终两人还是渐行渐远，辛苦投入了一生的翠花在孩子长大成人后，选择和陈志离婚。这部剧表现了特殊时代造成的婚姻与爱情的错位及无奈纠结，探讨爱情、良心、道德、婚姻之间复杂的关系。全剧以离婚收场的非大团圆结局意在反抗和鞭挞捆绑式婚姻及中国的传统婚姻观念。然而，翠花最终牵手年轻时拼命拒绝的没文化的老乡唐良志，无疑充满了宿命之感——人既搏命又搏不过命；陈志最终拿着仰望星空的望远镜去寻找叶秀萝，则不仅是在寻梦，还依稀昭示出爱情所难以超越的阶层差异——知识分子和知识分子才是知音，才能生发爱情。于是，这一看似反常规的结局又在不经意间落入了新的价值观窠臼，尤其暗合着当下阶层固化在爱情选择上打下的陈腐烙印，也是新的意识形态在创作中的隐蔽折射。

与《我的父亲母亲》相比，同样是身份地位、家庭背景、文化水平相差极大的男女主角设置，《父母爱情》将这种差距有意识地化为温情与笑点。正如其剧名所示，比起婚姻，它更加关注爱情；比起反思，它更想表达对已逝青春和传统爱情的追忆。剧中外形粗犷、贫苦出身、在口袋上插钢笔冒充知识分子的海军军官江德福，对年轻漂亮、热衷文学、向往《安娜·卡列尼娜》式浪漫爱情的资本家大小姐安杰一见钟情，随即展开不懈的追求，安杰最终接受了这个她最开始打心眼里看不上的男人，一方面是被他的真诚、机智、幽默所打动，另一方面却也是因为在特殊年代他的军人身份能够为她带来的种种庇护。江德福与安杰的婚姻同样不是源自纯粹的爱情，却在生活的琐碎、矛盾、冲突中见证着爱情的成长与幸福，最初的错位在两人的相互影响、相互包容、相互磨合中发展为最真挚的交融，这种融于生活、传统而平凡的爱情是这部剧在主题上所要极力表达的东西。相应地，在艺术表现上，该剧没有悬念迭生的强情节，也没有极致化的戏剧冲突。作品的艺术风格质朴温情而又意蕴深厚，节奏舒缓而不拖沓。不足之处，应该说也是当下电视剧在表现中国当代社会生活时的通病，是将时代背景、政治动荡作为历史远景，隐蔽在爱情叙事之后，总体上和人物命运、情节发展相疏离。作品把太多笔墨花在表现安杰和大姑子、安杰和江德福的战友之间的小冲突、小误会上，甚至一度将叙事空间设置在孤立的海岛上，显然是有意识地疏离了真实历史及政治时空，这样的设计虽然为该剧的艺术风格增添了浓浓的诗意与浪漫色彩，却使该剧整体上偏于理想化，部分情节也直接脱离了父母爱情的主题。

这两部剧均是以儿女的视角去审视父辈的爱情与婚姻，反思20世纪的情感模式，有着强烈的年代质感，能够激起老一辈对过去青春的怀念之情，也让年轻一代去反观现代的爱情与婚姻。就家庭结构而言，《父母爱情》在人物设置上更体现出传统大家庭的特质，江德福与安杰养育着5个孩子，5个孩子性格各异，为他们的婚姻生活增添着烦恼与幸福，也潜移默化地受着他们的爱情、婚姻的影响。在传统的表现多子女大家庭的家庭伦理剧中，父亲/母亲或者长兄/长姐往往被设定为“长者”角色，作为传统伦理道德的继承者和护卫者，对晚辈行使着道德训诫和伦理干预，他们自身的性格也被设定为善良、隐忍、勇于牺牲的完美型人格。而《父母爱情》等新近的家庭剧则在借助“大家庭”叙事的同时，突破了这种角色功能模式，更加注重个体的存在意义，父母角色是传统爱情、婚姻模式的载体，儿女角色更多地发挥着引导新思想、新观念，延续传统的叙事功能。剧中，无论是对传统错误价值观念的反思，还是对传统价值观念合理内核的坚守，都不再有直接的价值判断和道德约束，而是在情节推进、细节表现中，让观众在审美体验中自己做出判断。就两性关系而言，《我的父亲母亲》似乎意在实现更进步更开放的两性和谐——男女双方突破婚姻牢笼各自奔向理想爱情并于一种亲情关系中实现和解与平衡。然而，如前文所述，这种和谐实质上还是回到了传统男权社会的价值规范中了，张翠花的命运归宿也就充满了“逃脱中的落网”的残酷意味，她年轻时追求爱情的勇气及独立人格也在这种回归中被表面温和实则无情地嘲讽和颠覆了。《父母爱情》虽然在安杰及她的两个女儿的角色塑造上体现出一定的女性意识，赋予了女性一定的坚守自我、自由选择情感归宿的勇气，但从一开始，女性其实就处于男性的庇护之下，这一最初的处境与身份设定又从根本上消解了这种女性意识的自觉。由此不难看出，这类创作虽然在文化乱象充斥的婚恋题材电视剧中独守一方净土，气质纯净、怀旧、唯美，但在女性意识的表达、女性命运的书写以及两性关系的反思上还存在诸多问题，亟待创新与突破。

除了上述两部集中表现老一辈爱情婚姻生活的代表作，2013～2014年“大家庭”叙事下的家庭伦理剧创作还在对爱情主题拓展之外，更加关注表现个体人物的成长以及不同价值观念的冲突。《假如生活欺骗了你》（2013年）、《团圆饭》（2014年）都将家庭或婚姻关系置于特定的年代，在时代变革的背景下，突破传统家庭伦理剧的冲突局限，表现不同性格、生活理念、价值观的碰撞，探讨不同境遇的情感关系和人格成长。《假如生活欺骗了你》以20世纪80年代为背景，展现三对最初不被祝福的夫妻在时代变革中婚姻关系的变化和人性挣扎，三个兄弟姐妹出于同一家庭，却因不同的价值观念和人生选择而在各自的境遇里体味着生活的酸甜苦辣。从艺术表现上看，剧中的人物性格较为定型化，缺乏发展变化，即便是能够深度挖掘的人物——高官女婿黎阳，也在单调的夫妻矛盾中失却深刻。此外，叙事上对小冲突、小误会的依赖，主题表达上对于揭示官场、揭露社会矛盾的畏缩，都使这部剧的现实意义被削弱甚至消解。而讲述一家六子团圆之路的《团圆饭》，虽然在人物塑造上没有很大的突破，但在矛盾冲突的设置上、不同生活理念和价值观的碰撞上有些新意，较为切合当今文化多元化的社会现实，也对如何看待和理解亲情提出了更加理性的思考。

### （二）新视角聚焦社会现实问题

在传统家庭剧之外，将笔墨更多地用在表现养老等现实问题的作品也是2013～2014年家庭伦理剧的重要构成。这两年的创作不断突破日常生活的婆婆妈妈、家长里短等“杯水风波”，开始关注养老等现实问题，敏锐地触及了社会痛点，产生了几部质量较高的作品。其中，《老有所依》是这一类型的代表作。老年题材剧的出现拓宽了创作视角，它们对社会转型阵痛的文化反思显示出该类创作在精神内涵上的不断超越。

《老有所依》通过三个有代表性的中国家庭，呈现了当今社会三种不同的养老现状——作为第一代独生子女的江木兰、吕希夫妇善良、孝顺，一心想照顾好双方的老人，但因时间、物质等各方面限制，总是在照顾老人、工作、小家庭之间疲于奔命、心力交瘁，同时也一次次承受着“子欲养而亲不待”的无常与悲痛；能干的超市经理雷颂华和离休老干部母亲方琼之间，彼此沟通困难，老母亲虽然没有物质上的困难，但精神情感上格外脆弱，常常以无理取闹求取女儿的关注，结果是老人越想和女儿亲近，女儿反而越与之疏离；余淼与田咪这对小夫妻则是既无奈也无赖地将“啃老”进行到底，软弱善良的养母亚芝的晚景就格外凄凉了。作品中三个家庭、三种状况的设置，在中国当下社会颇具典型性。当下，独生子女政策已执行30多年，老龄化问题已日益突显，谁来养老？如何养老？以及老年人的精神情感状况等都构成了当下社会的现实困难和挑战，该作品的出现应该说恰逢其时，也充分展现了中国社会养老问题的现实性与复杂性。该剧一出现，即被人们称为可贵的“良心剧”。作品通过对不同角色功能、不同人物结局的设计，对子女与父母之间的骨肉亲情、道德与欲望之间的人性挣扎进行了全方位的思考，呼唤亲情与孝道及人与人之间的相互理解，也彰显了真情本位的价值立场。剧中江木兰和吕希无疑是凝聚着现代意识又恪守优秀传统伦理的人物形象，余淼和田咪则是反面教材，尤其是田咪这一角色一次次触及着人性的底线，美丽青春的形象和无赖自私的内心形成了强烈的对比。最终木兰一家的达成所愿、余淼的真诚忏悔显然反映了创作者的美好愿望和训诫意识，观众也在观剧中体味着五味杂陈的人生，有苦恼苦涩、有无奈愤怒、也有温暖和希望，并对照角色、反省自身。

《老有所依》所呈现的“养老”恐惧与无奈，发人深思，又过于沉重，这可能也是这部作品评价很高、收视却不理想的主要原因（见图3）。而同年播出的《妈妈的花样年华》《有你才幸福》《我家的春秋冬夏》等剧则呈现更多关于“老有所依”问题的暖色调。《妈妈的花样年华》讲述一位熬到退休却被告知只剩半年生命的母亲对生活的追求、对儿女的了解和疼爱，母亲与女儿在生命现实面前对彼此的重新认识，带动所有人去认清亲情的重要及生命的可贵，也是对当下年轻人为事业奋斗却忽视了老人这一社会现实的反思。《有你才幸福》《我家的春秋冬夏》也将创作视点集中在家庭中的老人身上，表现主题涉及老年群体的婚恋问题。《有你才幸福》关注丧偶老人的孤独无依，并通过不同人物在家庭变故中的争斗与觉醒，揭示金钱欲望对亲情和人伦的伤害，剧中的祺瑞年在晚年遭遇种种人生困境，房子拆迁、老伴去世，儿子无暇顾及，与儿媳矛盾不断，但一群老邻居的关爱和帮助却让他倍感幸福，儿女对老人的理解也使他的黄昏恋最终得到祝福。《我家的春秋冬夏》则把全剧的主题放在中老年群体的婚恋问题上，退休的国营珠宝字画行老技师秦有天喜欢上了钟点工马瑙，他的结婚宣言随即受到4个女儿的联手反对，秦有天的前妻、马瑙的前夫也加入了这场情感大战中，使秦有天的黄昏恋风波四起又温情不断。该剧表达了创作者对中老年人婚姻现状的观察和思考，剧中对秦有天前妻张招娣角色的塑造，更是突破了人们对老年群体尤其是女性在情感关系中的刻板印象，她不是相夫教子、固守伦理道德、顾及世俗眼光的传统母亲形象，她为找回初恋与前夫离婚，为了重新赢得前夫的爱又联合女儿赶走情敌。她不拘泥于死板的生活，勇于追求幸福，体现出强烈的女性独立意识。然而这种人物塑造上的突破却在审美接受中引发不少争议，争议的核心是已不年轻又身为人母的女性是否还可以如此“任性”地选择生活。不难发现，这种诘问本身，已明确无误地显示了社会对女性选择生活权利的保留态度：在年轻美丽的女性那里，追求爱情是勇敢浪漫，在中老年女性那里，追求爱情却被定义为“作”，这仍然是一种歧视观念。

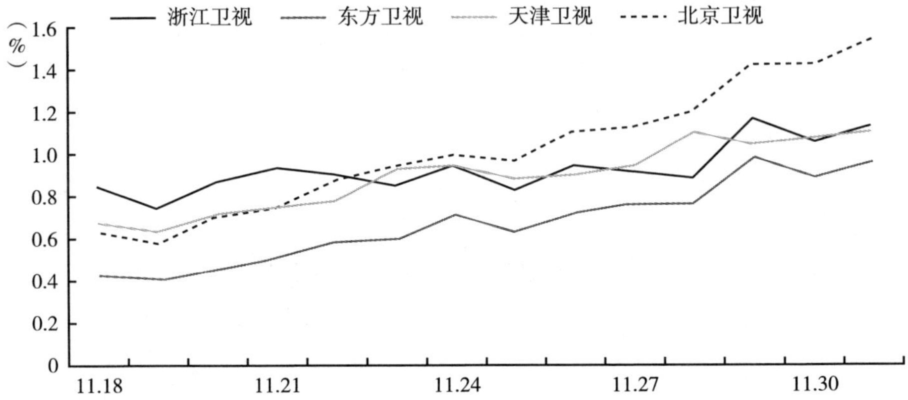


**图3 《老有所依》在四卫视（CSM46城）收视率曲线**

注：图中横轴为《老有所依》播放日期，纵轴为每日收视率。

数据来源：http：//ent. sina. com. cn/f/v/jupingtuan10/。

父母与子女的骨肉亲情，老年群体的现实境遇与情感状态，是该类创作绕不开的话题。2013年老年题材的创作热潮将这一命题推到台前，之后的家庭伦理剧创作也延续着对这一现实问题的关注。2014年播出的电视剧《二胎》顺应国家新出台的“二胎”政策，表现当下双独小家庭生不生“二胎”的抉择及其生活难题，剧中双方老人围绕孙子问题爆发了家庭大战，从一个侧面表现了独生子女家庭老年人的孤独空虚，同时，剧中还以较大篇幅描摹了“空巢老人”的养老问题。应该说，该类作品在创作视角上的开拓，并不局限于对老年群体的关注，与养老问题紧密联系的还有对“80后”独生子女群体生活状态的描摹。从2013年的《独生子女的婆婆妈妈》到2014年的《独生子》，都深入表现了独生子女的社会境遇和成长历程，表现他们在工作、生活、情感以及老人赡养等问题上的困境，获得了独生子女群体的广泛认同。但与养老这一更现实、更严峻的主题相比，关注独生子女这一群体的电视剧在话题意识上显然要轻浅一些。

## 二 婚恋题材电视剧——在轻喜剧风格中展现女性的生存困境

婚恋问题一直都是电视剧创作的主要表现内容，早在20世纪90年代之前就散见于家庭伦理剧中，随着电视剧题材的不断丰富和婚恋问题的日益凸显，表现男女婚恋情感故事逐渐成为一种相对独立的电视剧子类型。《过把瘾》《牵手》《金婚》《中国式离婚》等都是其中的经典之作，获得了观众的广泛关注与共鸣。除了家庭伦理剧创作中对婚恋主题的涉及，2013～2014年婚恋题材电视剧也涌现了众多代表性作品，在艺术创作上表现出新的特质和风格特点。这些作品在情节设置、人物塑造中普遍融入了喜剧幽默元素，使此前的轻喜剧风格得以延续和加强，并开掘出更多社会话题，呈现了多样的婚恋关系和多元的婚恋观念，在女性角色的塑造和女性视角的开拓上有较大收获。

### （一）轻喜剧风格的延续

应该说不只是婚恋题材电视剧，近年来整个现实题材电视剧的创作都大量引入喜剧元素，并通过塑造喜感人物烘托作品的喜剧气氛，表现出渐趋强烈的轻喜剧风格。较早的《媳妇的美好时代》就已经尝试融入诙谐幽默的元素，将婚恋题材中的婆媳冲突温情化、喜剧化，之后更是涌现了《婚姻保卫战》《裸婚时代》《夫妻那些事》等一批轻喜剧风格的婚恋剧，让观众在更加轻松、愉悦的审美经验中体会夫妻的相处之道，感悟当今社会的新变化与新观念。从2013年的《天真遇到现实》《抹布女也有春天》到2014年的《大丈夫》《一仆二主》《我爱男闺蜜》《生活启示录》等婚恋题材电视剧，大多延续着这种轻喜剧化的创作趋势，饶有趣味地表现都市男女的情感现状和婚恋问题，引发了观众的普遍共鸣。当然，某些作品在分寸把握上有失度之弊，过于夸张和刻意追求是其具体表现，在一定程度上削弱了作品反思现实的深度和力度。

2013年的开年情感大戏《天真遇到现实》在该年多家联播电视剧总收视

率排行榜中位居前列，在江苏、上海、深圳三家省级卫视的总收视率达到3.080%①，再婚男女的情感故事受到广泛关注。剧中性格不着调、生活稀里糊涂的“大条女”杨天真与精明狡黠、精打细算的“抠门男”郑现实走到一起，“男女反转”式的人物设置形成强烈的喜剧效果，俩人在性格上、消费习惯上截然相反，相互磨合之中即带来了大量笑料。郑现实的扮演者林永健更是在剧中发挥了小品表演的幽默特色，使全剧诙谐而生动。同年播出的《抹布女也有春天》讲述被前男友抛弃的汽修师罗小葱与失业漫画男吴桐之间浪漫诙谐的爱情故事，剧中的喜剧效果自然清新，不是故意为之，或以取笑他人缺陷为能事。同时，喜剧风格中还隐含着心酸、尴尬或讽刺，让人们笑中含泪、笑后引发思考。2014 年的多部婚恋题材剧虽有着完全不同的情感模式和主题表达，但在艺术表现上则延续了 2013 年的轻喜剧风格，如《大丈夫》以老少恋的视角，首次将翁婿矛盾生动地摆在观众面前，忘年恋与翁婿过招的组合引出极具喜剧性的情节，加上时尚麻辣的台词，使该剧极具喜剧风格；《一仆二主》中女总裁与男司机差异化的角色设计、人物在语言行为上的反差都带来了喜剧效果，剧中唐红的爆炸头、烟熏妆、蓝嘴唇等奇葩造型也构成女王“犯二”“自黑”的喜剧元素；《生活启示录》中，阎妮扮演的于小强与胡歌扮演的鲍家明之间的姐弟恋组合奠定了全剧放松、搞笑的剧作风格，人物性格虽有重复之感，但作品的喜剧色彩还是毋庸置疑的。这些剧凭借效果十足的喜剧风格均在收视率和网络播放量上不断创下新高，《大丈夫》在浙江卫视以1.235%的收视率稳坐收视冠军宝座，大结局更是创下 2.260% 的好成绩②；《一仆二主》开播首日便是全国卫视黄金剧场同时段收视率冠军，在 2014 年上半年十大高收视率电视剧中以 1.448%稳居第二，并踏入电视剧网络播放量 20 亿俱乐部③。

然而，不难发现，以上各类作品虽然有着各自的喜剧性语言、人物造型，但其喜剧效果产生的根源大多来自男女主人公身份的差异性，如家庭背景、成长阅历、身份地位、外形年龄，等等，当这些差异被放置在特定时空和人物关

① 吴凡：《2013 年中国电视收视市场大事件扫描》，《收视中国》2014 年 3 月刊，第 4 页。

② 数据来源：http：//tieba. baidu. com/p/2902193147；http：//tieba. baidu. com/p/2903886729。

③ 数据来源：http：//baike. baidu. com/subview/669686/11280961. htm#8_ 2。

系中，喜剧效果便产生了，加上带有喜感的表演、小品式的插科打诨，自然而然又出其不意地让观众发笑，给观众带来了喜剧的审美冲击力和审美愉悦感。但是，任何创新都经不起跟风和重复，一旦形成固有模式，同质化问题自然出现，如何进一步突破、创新还需要不断地探索。

此外，婚恋题材电视剧一味地轻喜剧化也在相当程度上削弱了该类创作反映现实与反思现实的深度。这些问题即使在比较优秀的作品中也多有表现，如《咱们结婚吧》中，反复表现大龄男女主人公被母亲婆婆催促要孩子的窘迫，虽然带来了喜剧效果，但情节拖沓并不断反复难免给人低级趣味之感。再如《大丈夫》中每个人物都是出口成章的俏皮话，既弱化了人物性格的差异，也消减了揭示现实的力度，观众一时沉浸在语言自来水的即时快感之中，却忘却了思考。这样的轻喜剧化其实内涵空洞，语言看似生动实则苍白，为搞笑而搞笑，难免落入过度娱乐化的窠臼。

### （二）从话题性局限到多元婚恋观的艺术呈现

现实题材电视剧创作需要契合时代的变迁与社会发展，敏锐地反映时代变化与社会发展。21世纪以来，该类创作的“话题意识”明显加强，希望借此直击大众的敏感神经，保持现实题材创作的新鲜感与敏锐度。从《中国式离婚》的离婚话题、《婚姻保卫战》的保卫婚姻话题，到《双面胶》的地域差异、婆媳矛盾话题，再到《夫妻那些事》的丁克话题、《裸婚时代》的裸婚话题，等等，话题性一直都是婚恋题材电视剧的一个重要特色。2013～2014年的婚恋题材电视剧仍然沿袭着话题意识，把社会焦点话题有意识地引入电视剧创作中，取得了一定创作成绩，但在表现内容的广度与深度上还存在明显不足。

2013年播出的《抹布女也有春天》《咱们结婚吧》等剧都体现了鲜明的话题剧特色，前者的“抹布女”，后者的“恐婚男”和“恨嫁女”，都切合了当今社会中普通男女的情感困境。《咱们结婚吧》在2013年11月16日同时登陆中央台综合频道和湖南卫视，占据有利的平台优势，成为2013年首播总收视率最高的剧目，收视率分别达到2.97%和2.57%，同时段份额为8.0%和6.9%①。该剧对当今社会的婚恋话题做了充分的考察，铺垫了男女主人公各

① 吴凡：《2013年中国电视收视市场大事件扫描》，《收视中国》2014年3月刊，第11页。

自的失败感情经历，形象地描绘了大龄男女青年的心理状态，在这一社会话题的框架下，又通过现实化的内容、生活化的细节搭建故事结构，形成与现实社会的密切呼应，拉近与观众的心理距离，引发观众对该剧的思考和讨论，也给观众带来了强烈的共鸣。该剧的热播体现了话题意识在婚恋题材电视剧的主题表达、审美接受上发挥的积极作用。同时，也需要指出，婚恋题材对特定话题的借鉴往往存在对话题开掘不深、话题度不够的问题。如《抹布女也有春天》中，对于“抹布女”这一特定形象的表现，仅仅表现了“抹布女”如何通过朴素的爱、无私的付出最终收获了爱情，但对生活复杂性的开掘、对现实矛盾的揭示却流于皮相，而这也是该剧收视不理想的根本原因——CMS 收视报告显示，该剧开播首日（2013 年 9 月 2 日）的收视率为 0.642%，全国排名仅第 6 位，而此后更是逐渐下滑，到 9 月 5 日收视率仅为 0.536%[①]。《咱们结婚吧》中也将更多的笔墨放在表现男女主人公的婚恋过程上——如何克服层层障碍、战胜双方家长的不满，最终有情人终成眷属，却忽视了对该剧核心话题“恐婚男”“恨嫁女”本身的反思，缺乏对人物内心变化深层次的表现，在一定程度上话题仅仅成为吸引眼球的空壳。另外，话题先行，也使这类剧在戏剧冲突的设置上显得薄弱，话题性人物虽然性格鲜明、容易辨识，却局限了人物性格的变化和成长，造成定型化缺陷。

2014 年的婚恋题材电视剧如《大丈夫》《我爱男闺蜜》《美丽的契约》等在婚恋观念上有一定突破，社会性情感话题更为丰富，对话题性的局限也有所超越。如《大丈夫》中从年龄差异延伸到对生死的思考，进而上升到形而上的哲学思考；《一仆二主》中突破阶层、地位差异的所谓主仆恋，都得到了生动而充分的艺术表现，呈现了当下社会婚恋观念丰富的差异性，性格、年龄、家庭、贫富、教育、阶层、城乡、价值观等都使婚恋观趋向多元丰富，贯穿其中的却是真爱与责任。需要注意的是，这些作品也存在诸多不足，如在尊重现代多元婚恋观的表象下，传统的婚姻价值观念和标准幸福模式仍随处可见。《生活启示录》中离婚大龄女士于小强与比自己小 6 岁的富家青年鲍家明相遇相知，凭着坚固的爱情走到了一起。然而，剧情的发展最终还是回归到传统的婚恋轨道中，这就是完整的婚姻不能没有孩子，最初不愿再生孩子的于小强妥

① 数据来源：http：//ent. sina. com. cn/v/m/2013 －09 －10/17044005997. shtml。

协了，她的再度怀孕化解了她与鲍家明的矛盾，迎来一家四口幸福美满的大团圆结局。《我爱男闺蜜》中高级白领叶珊因为方俊“闺蜜”般的细心体贴而爱上了各方面都很普通的他，即使在他失业时也不离不弃，似乎要挑战“门当户对”的传统婚恋观念，然而这种挑战最终输给了“男人的自尊”，等到方俊成为婚介中心总经理，俩人的感情才瓜熟蒂落。这样的情节设置明显遵循着传统价值观念下标准化的幸福模式，消解了作品的创新意识和反思色彩。

## （三）女性视角的开拓与局限

近年来，婚恋题材电视剧中的女性视角越来越凸显，《渴望》时代的完美妻子早已消逝在历史深处，电视剧中的女性形象脱离对男性的依附状态，不断发展为更具性别平等意识的独立自主的女性。在 2013 ~ 2014 年的婚恋题材电视剧创作中，《抹布女也有春天》《大丈夫》《一仆二主》等剧都在女性角色的塑造上有所出新，拓展了女性视角，较为真实地表现了女性在婚姻关系中自我意识的加强，也反映了她们所面临的困境。《抹布女也有春天》塑造了一个始终对爱情葆有纯真之心的草根女性形象，在接连遭受情感打击后，她意识到自己不能再一味退让，不能做那种注定要被抛弃的老抹布女，而要为自己而活、要活出精彩的自己，与男友一同成长。尽管后面这一层在作品中只是一闪即逝、没有得到深入的开掘和表现。《大丈夫》的女主角顾晓珺是大龄剩女的典型代表，她事业有成，极力追求情感世界的平等、独立，敢于超越世俗的眼光和年龄的限制，去追求真爱。《一仆二主》与《大丈夫》都通过女主人公的视角来叙述故事，人物的情感生活和精神成长也构成了剧情发展的主要脉络。《生活启示录》则展现了成熟女性的自信和勇气，昭示了当今社会女性的多方面自立，即以经济自立为基础，带来女性情感与精神等各方面的自立及勇气。剧中于小强与前夫的关系突破了贤惠妻子大度接纳出轨男性的破镜重圆模式，给女性的情感选择以更大可能和开放空间。

然而，从女性主义角度看，当前的婚恋题材电视剧创作仍受男权话语主宰，在女性意识突显的表象下，掩藏着迎合男权话语体系的实质①。这也是当

① 王敏：《“看上去很美”：从依附到被遮蔽的依附——浅析国产家庭伦理剧中女性主义的困境》，《新世纪剧坛》2014 年第 2 期。

下婚恋题材电视剧一味走偶像化路线所导致的通病，即剧中女性形象的魅力一定要通过男一号、男二号乃至更多男性角色的青睐、追求才能得到确认。如《抹布女也有春天》中罗小葱的魅力不只要通过赢得吴桐的爱来得到肯定，还要有富二代林枫的一往情深、执着追求才能得到强化。《大丈夫》的顾晓岩在婚姻中遭遇丈夫出轨，也要在高富帅的赵康的勇敢追求下，才显示出其光彩照人的一面。因此，女性的个体价值与生活选择，也就永远无法通过自我实现与自我肯定得到承认。从这个角度来看，这类作品所呈现的女性独立意识大多是打了折扣的，其婚恋观的整齐划一与幸福观的刻板保守都透露了父权制潜隐的影响。在这种影响下，女性形象看似独立，实则依附；看似主动，实则被动；看似张扬，实则屈从。让我们依稀能够感受到法国女性主义者埃莱娜·西苏在她的《新生儿》中对女性从属地位的揭示：主动性/被动性、太阳/月亮、概念的/感觉的、逻各斯/情感因素……。[①] 总之，这些女性形象仍然没有真正超越被界定、被规制的命运，与其说这是人物形象精神内涵的稀薄或残缺，倒不如说是创作者精神视野的先天局限。

## 三　亚类型创作与类型杂糅趋向

2013～2014年家庭伦理、婚恋题材电视剧的创作不仅在原有题材、类型基础上生发出新的创作视角与主题内涵，而且在题材本身的拓展上也表现出新的特点。首先是“育儿剧”亚类型的出现，其次则表现为婚恋题材创作与律政剧、医疗剧等行业剧的交叉杂糅，试图在更广阔的社会背景下展开情感故事。这些创作实践都有力地开拓了既有题材的表现内容和创作视角，构成了新的发展趋向。

### （一）育儿剧的热潮与余温

自2013年兴起的育儿话题实则是“80后”婚姻问题的一个方面，表现年轻夫妻初为父母的“育儿剧”成为家庭伦理、婚恋题材电视剧的一个重要亚类型。这类剧以年轻父母与孩子的关系取代了家庭伦理剧中泛滥的婆媳关系，

① 陶东风、徐艳蕊：《当代中国的文化批评》，北京大学出版社，2006，第205页。

是对当下社会“80后”年轻人逐渐走进婚姻、为人父母的生动艺术呈现。这类作品对年轻人在婚姻生活中遇到的各种问题和生活的酸甜苦辣都有所表现，引起了年轻观众的广泛关注。尽管这一亚类型的创作一度扎堆出现，带来模式化、同质化问题，但在2014年余温犹存，在表现视角上也出现了一些创新意识。

2013年“育儿剧”的主要代表作品有《小儿难养》《宝贝》《小爸爸》《辣妈正传》《孩奴》等，剧中孩子的单纯、可爱吸引了大批观众，对于年轻父母育儿生活的真实表现也具有一定的现实针对性，引起众多年轻观众的情感共鸣。《小儿难养》首播日以1.429%的高收视稳坐全国同时段第一，网络方面搜狐视频独播，播出11天后点击率成功破亿，打破了此前《裸婚时代》创下的12天破亿纪录①；《小爸爸》《辣妈正传》等同类剧集的收视率也都在播出后不断攀升，夺得收视冠军。该类剧对女性生育体验进行了全新表现，突破了早期家庭伦理剧对同一内容刻板化的表现模式，改变了女性依附性的角色定位，对女性在生理心理上的细腻感受与生命体验都有生动的描摹。其中，《辣妈正传》更是从女性的视角去审视和探讨生儿育女这一女性的传统使命对当代新女性的影响，反思女性在育儿中的生命体验和身份转换的困境，体现出比较鲜明的女性意识。此外，育儿剧还展现了年轻一代父母个性化的育儿理念，不再一味地强调传统观念中的骨肉亲情，而更为关注孩子对年轻母亲生活的入侵与剥夺。如《小儿难养》中的职场白领简宁在生完孩子后，生怕被社会淘汰，有着强烈的危机感；《辣妈正传》中的夏冰虽为人母，但仍深陷情感纠葛。比起孩子，似乎更为关注自己的身材外貌和个人魅力。不难发现，育儿题材的迅速膨胀，使这类剧集的创作在短时间内达到饱和，并迅速走向模式化，作品对年轻母亲精神焦虑的表现大多停留在简单再现层面，集中在职业机会、物质条件及个人魅力的得失上，而鲜有关于生命、责任以及社会问题更深层次的探讨，甚至也缺乏对亲子真情和童趣的温馨表现（当然这方面的缺失由同时期的《爸爸去哪儿》等热播电视节目所填补了），由此不能不限制作品的现实意义、文化价值及审美价值。

---

① 数据来源：http：//baike.baidu.com/link？url＝CkeOBHLcaIbsYU9lO_bVvVSvSasS1I2jtns9f32YpyiNZizaB1KfHEXZqvVsouG8L9050NkxyLnoMA15408cMK#9_2。

2014 年播出的《食来孕转》《保卫孙子》等剧延续了育儿话题的余温，《食来孕转》讲述了三对夫妻在生孩子问题上的不同困境，突破了以往婚恋育儿题材的局限，聚焦两代人的情感生活，围绕“家庭传承”的话题，展现现实的婚育生活。《保卫孙子》则讲述了两个家庭 6 个大人对孙子“教育权”的争夺，用轻喜剧的形式思考了两代人不同的育儿方式及其分歧。这两部育儿题材剧以新的视角开拓了育儿剧的表现内容，使其焕发出新的活力。

### （二）与行业剧的交叉杂糅

除了育儿剧这一亚类型的创作与发展，2014 年还涌现一些行业剧作品，律政剧和医疗剧是其中的佼佼者，与婚恋题材的杂糅是其鲜明特征，从积极的意义看，这些创作大大开拓了婚恋题材的表现内容和创作视角，也预示了婚恋题材剧新的发展方向。律政剧以《离婚律师》《金牌律师》为代表，医疗剧以《产科医生》《青年医生》等为代表。

《离婚律师》借池海东和罗鹂这两位办理离婚案子的律师的视角讲述了九对夫妻的离婚故事，表现了当代中国婚姻问题的众生相，而这两位经历过爱情背叛的律师在代理别人案件的时候也在不断地审视自己、了解对方，最后选择重新相信爱情，牵手走进婚姻。律政内容与婚姻题材的交叉，使该剧既有用法律手段处理离婚案件的剧情吸引力，又以最直接的方式去切入当下敏感的婚姻情感问题，反思当今社会缘何离婚率不断攀升，着力表现不同人物在婚姻中的多样处境与态度。该剧播出后，关于“离婚律师”这一话题的新浪微博阅读量便从之前的4780 万攀升至2. 9 亿①，可见该剧所表现的内容对观众的强大吸引力。《金牌律师》同样以律政剧的方式讲述离婚故事，男主角苏东创办的“离婚律师事务所”中，形形色色的离婚案接连上演，带出林林总总的情感问题，反思了人性的贪婪与私欲。

律政剧往往以跌宕起伏的情节、独具特色的台词吸引受众，而医疗剧则以最贴近百姓生活的故事内容以及关乎生存、死亡、生命意义的主题引发观众共鸣，如经典医疗剧《医者仁心》《心术》等。2014 的《产科医生》讲述了海归医生肖程与实习医生何晶在第一产科共同见证生与死，一起在对生命意义的

① 数据来源：http：//baike. baidu. com/subview/4378979/11269942. htm#8_ 4。

感悟中成长蜕变，从排斥到相爱的故事，该剧以2.16%的加总收视率，被誉为我国当代医疗剧自《医者仁心》之后的又一标杆之作，在山东卫视几乎每日收视率都超过了1%，在北京卫视也从第一天的0.54%飙升至最后一天的1.16%。[①] 同年播出的《青年医生》，延续赵宝刚导演一贯的青春题材，讲述青年住院医师与大学实习医生在急诊室的成长与情感经历。这两部作品都试图从新的视角和主题去创新医疗剧，表现医生群体的工作、生活，然而又把太多笔墨放在医生与医生之间的情感关系上，融入了更多婚恋题材的类型元素，成为医疗剧与婚恋题材交叉杂糅的产物。这种类型的杂糅，一方面能够在表现特定医生群体的生活上产生一定新意，吸引更多年轻观众的关注，拓展婚恋题材的创作视角；另一方面却使这些所谓医疗剧作品失却行业剧的专业性，甚至出现不符合现实的剧情，对情感生活的过分关注也消解了医疗剧本应具有的社会价值和现实意义。这些作品对女性形象的塑造，仍然停留在传统婚恋剧甚至偶像剧的套路里，如《产科医生》里的何晶，其出身和经历就是典型的灰姑娘模式，没有真正达到对特定行业中女性群体生存境遇、情感状况的反思。《青年医生》里的欧阳雨露虽然表现出更多独立新女性的特质，却依然处于男权主义的被看境地，对情感纠葛的表现大大压倒了女性的自省意识。由此可见，类型杂糅尽管是今后电视剧创作的主导趋势，但就婚恋题材电视剧而言，必须找到更合理的平衡方式和表达方式，既要拓展婚恋题材的表现内容和创作视角，又能最大化地发挥其他类型元素的艺术功能，使作品既不失却行业剧的专业性，也不能落入情感叙事的俗套中，分寸感的拿捏不只是对创作者深入开掘、表现特定行业经验的检验，也是对其把握社会生活的精神视野、胸襟气度与文化格局的全面考量。

## 四　对策建议与发展预测

家庭伦理、婚恋题材电视剧作为现实主义电视剧的构成主体，在今后的创作中必然坚持顺应时代发展、取材社会现实的表现内容，在艺术创作上则倾向

---

① 李红玲：《医院那些事儿：我国当代医疗剧播出与收视分析》，《收视中国》2014年12月刊，第16～17页。

于利用多种类型元素的杂糅实现艺术表现手法上的突破以及主题表达上的拓展。在上述对 2013 ~ 2014 年该类题材创作状况进行的梳理、分析的基础上，今后的创作需要注意以下几个问题。

### 1. 摆脱放大冲突、大团圆结局等模式化的叙事

避免过度夸张、脱离现实地放大冲突，使情节的发展和人物的转变建立在真实的社会背景、充足的心理铺垫及情感逻辑上，符合人情物理。不刻意追求大团圆或非大团圆的结局，超越模式化叙事。

### 2. 避免囿于刻板印象的人物塑造

避免主题先行、话题为王的创作思路，从而避免人物塑造的定型化，突出人物性格的发展变化。尤其在对女性角色的塑造中，要避免传统价值观念强加的女性刻板印象，真正从女性的视角和当代人的精神视野看待女性的生存和价值，提升女性形象的格局和气度。

### 3. 突破局限于传统价值观念的主题表达

坚持社会主义核心价值观，直面现实，植根生活，努力表达现代意识，书写真实生动的“中国故事”，突显中国的问题意识和审美观念。

## 参考文献


[1] 张新英：《新趋势老问题——近年来中国家庭伦理电视剧创作评析》，《中国电视》2014 年第 10 期。

[2] 王敏：《“看上去很美”：从依附到被遮蔽的依附——浅析国产家庭伦理剧中女性主义的困境》，《新世纪剧坛》2014 年第 2 期。

[3] 陶东风、徐艳蕊：《当代中国的文化批评》，北京大学出版社，2006。

# 媒介再现篇

Media Representation of Women

## B.5

# 传媒对女性在家庭领域的再现与建构

刘利群　张敬婕*

摘　要：家庭领域中女性的传媒再现与建构，是媒介与性别研究的经典课题，也是当下重要的热点议题。本文选取纪实类传播内容（新闻节目）、虚构类传播内容（电视剧）以及广告为三个分析维度，运用议程设置理论、话语分析理论、意识形态理论以及消费社会理论等相关理论，考察媒介如何再现与建构家庭场域中女性的角色与形象，女性与其他家庭成员的社会关系，以及女性的权力与地位等。本文发现，媒体再现的

* 刘利群，博士，中华女子学院院长、党委副书记、教授，兼任联合国教科文组织—中国传媒大学“媒介与女性”教席主持人，全国妇联、中国妇女研究会妇女/性别研究与培训基地负责人，中国传媒大学博士生导师、媒介与女性研究中心主任。主要研究方向为国际传播、媒介与性别研究、外国广播电视研究等；张敬婕，博士，中国传媒大学媒介与女性研究中心助理研究员，联合国教科文组织“媒介与女性”教席研究团队成员，主要研究方向为性别传播研究、女权主义媒介批评。本文系校级科研培育项目“媒体工作者及管理者的性别观念与媒介素养——基于北京市10家媒体机构的调查”（项目编号：CUC13C07）的阶段研究成果。

家庭领域中的女性形象存在着边缘化与刻板化的问题，家庭中女性在公共领域的社会价值没有得到全面和肯定的评价，女性在社会权力关系中仍旧处于“沉默的螺旋”的境况。虽然媒介的内容在一定程度上反映了一部分女性的生存现实，但是也强化和放大了女性整体的不利地位。完善并创新媒介所反映的家庭领域中的女性，将有助于创建家庭和谐，以及推进性别平等的社会文化。

关键词： 家庭 女性 传媒

恩格斯在《家庭、私有制和国家的起源》中，揭示了当家庭外的生产价值被认为高于家庭内的生产价值时，男女两性的社会分工及其社会角色开始定型，“丈夫在家庭内掌握了权柄，妻子则被贬低”①。马克思主义女性主义者在肯定恩格斯的这一观点的基础上，指出女性获得两性平等需要两个条件：一个是她们必须摆脱家庭内固化角色的束缚，走入公共领域，参加社会劳动；另一个是社会评价体系必须认可家庭内生产的价值，既包括女性的生物性生产价值（怀孕生子），也包括女性所做的家务和照顾家人的劳动价值。此观点受到了普遍的认可，成为分析家庭场域中女性角色、社会关系以及社会地位的理论基础。

在媒介与性别研究中，传媒对家庭领域中女性的呈现与建构是一个经典的研究课题。1963 年第二次女权主义浪潮的旗手贝蒂·弗里丹（Betty Friedan）的著作《女性的奥秘》（*The Feminine Mystique*），对美国 20 世纪五六十年代的媒体所渲染的“幸福的家庭主妇”形象进行了抨击。该书指出，富裕的家庭生活、快乐的家庭主妇，是媒介所呈现和建构的美国中产阶级向往的先进生活的基本景观。但是现实生活中，这些生活无忧的主妇往往陷入了“无名的困扰”中，她们思索着为什么主妇与母亲成为她们“天生注定”的人生角色，

① 《马克思恩格斯选集》（第四卷），人民出版社，1995。

女性应该如何定位自己在家庭和社会中的位置与地位，正是女性的奥秘或迷思（mystique）所在。

1978 年，盖伊·塔奇曼（Gaye Tuchman）等人编著了《壁炉与家庭：大众媒体中的女性形象》（*Hearth and Home*：*Images of Women in the Mass Media*），此书在前言“大众媒介对女性的象征性歼灭”中提出了两个基本假设：一个是大众媒介以象征方式反映主流社会价值，为了商业利益，追求最大数量的受众；另一个是在大众传播媒介中，女性注定要遭受“象征性歼灭”（Symbolic Annihilation of Women）——女性在大众媒介中被责难，被琐碎化，媒体呈现的女性角色远远少于男性，即使有女性角色，也主要是负面形象。①

大数据时代，媒介与人们的日常生活更加紧密，媒介如何反映当下女性生活状态，如何呈现女性的形象与角色，如何构建女性与家庭成员之间的社会关系，如何定位女性的权力关系与社会地位，是本文研究的主要内容。

根据传播内容的不同属性，本文将从纪实类传播内容（新闻节目）、虚构类传播内容（电视剧）以及广告这三个维度，对家庭场景中女性形象的再现和建构展开研究。

## 一　在新闻节目的议程设置中，女性被“象征性歼灭”

对我国五个新闻节目——江苏卫视的《江苏新时空》、广东卫视的《午间新闻》、天津卫视的《12 点报道》、安徽卫视的《每日新闻报》、青海卫视的《午间 360 度》2013 年 1 月 1 日 ~2013 年 12 月 31 日分层随机抽取的各 14 期节目、共 1010 条新闻进行的性别监测发现②，93% 的新闻未涉及女性话题③；而在剩余的 7%（66 条）的新闻中，涉及女性与婚姻、家庭的新闻仅有 7 条，

① 刘利群、张敬婕：《媒介与女性研究教程》，中国广播电视出版社，2013，第 105 页。

② 参与该监测的成员为中国传媒大学媒介与女性研究中心的师生（包括王琴、陈志娟、张敬婕、唐觐英、高音子、范琳琳、李夷白、高倩、张郁文、张镱琼、龚兰兰、黄维、于倩倩）。

③ 在编码过程中，与女性有关的话题类型被分为以下 12 种：1. 女性政策和法律；2. 女性权益；3. 女性个人奋斗及成就；4. 女性与健康、医疗；5. 女性与犯罪；6. 女性与教育；7. 女性与家庭、婚姻；8. 女性与消费；9. 女性参与政治；10. 女性就业及职业发展；11. 女性的美德及事迹；12. 其他。

而且都是关于女性如何勤俭持家、如何当好贤妻良母的报道。

从男女两性所出现的场所（包括社会公共场所、商业休闲场所、工作场所、家庭）分布来看，男性出现在工作场所的频次（343 次）远远高于女性（198 次），而且男性常见的办公地点是办公室、会议室、企业生产车间等，女性的办公地点通常是在菜市场、超市、酒店、公共交通等服务性行业。此外，男性出现在社会公共场所的频次（186 次）也高于女性（140 次）。相比之下，女性出现在家庭和商业休闲场所的频次均高于男性。

这些数据表明，媒体呈现与建构的男性形象更多是参与公共事务、在公共领域从事相关工作，而媒体呈现与建构的女性形象则主要是家庭主妇和消费者。

这组数据再次验证了塔奇曼等人提出的观点，女性的媒介形象总是被归为被伤害的或被琐碎化的类别，更多时候，女性虽然得到了媒介呈现的机会，但是并不全面和深入，女性在媒介资源的利用和使用上依然处于边缘地位。

由 M. E. 麦库姆斯和 D. L. 肖于 1972 年发表的《大众传播的议程设置功能》一文中提出的“议程设置”理论指出，大众媒介往往不能决定人们对某一事件或意见的具体看法，但却可以左右人们接受特定议题的可能和顺序。该理论不仅关注媒介强调哪些议题，而且关注这些议题是如何表达的。①

根据议程设置理论可知，媒介依然在复制和强化着传统性别秩序对男女两性社会角色和家庭角色的陈规定型，那些扮演着贤妻良母和无私奉献者的女性角色受到青睐，女性走入公共领域之中的角色却主要被再现为消费者或者辅助性的服务者。

无视当代社会中女性在公共领域所做出的贡献，回避面对女性在家庭关系与家庭场景中的复杂处境，新闻媒介所呈现与建构的家庭中的女性被社会宏大议题以及男性形象“象征性歼灭”了。

## 二　电视剧中的“作女”，成为社会问题的“替罪羊”

2002 年，女作家张抗抗创作了小说《作女》（*Woman on the Edge*），2004

① 郭庆光：《传播学教程》，中国人民大学出版社，1999，第 214 页。

年，同名电视剧开播，标志着“不安分守己、有违常规、自不量力”[1] 的女性形象成为媒介中女性形象的一个新标签。

张抗抗指出“这类女性是中国社会深刻变革的产物，但由于女性整体能力和素质不足，以及女性身体和生理的局限，使得她们只能以冒险精神和非常规的做法，对压抑束缚她们的一切做出本能甚或极端的反应”[2]。

尽管张抗抗赋予这类女性形象以“挑战传统、自我拯救”的积极意义[3]，但是在影视剧中，这类女性往往被塑造为矛盾的制造者，她们的形象也大多被极端化甚至是丑化。

## （一）欺压媳妇的作女

受到习近平主席点名称赞的《媳妇的美好时代》（2010 年）[4]，男主角余味的生母曹心梅是一个不修边幅、唠唠叨叨、性格强硬的女性，她认为老公与自己离婚主要是因为姚静（余味的继母）从中插足，因此每次遇到姚静或者谈到姚静，她都大发脾气。不仅如此，她还要求媳妇毛豆豆只认自己为婆婆，不许与姚静接触，处处给毛豆豆下马威。

剧中有这样一个情节：毛豆豆在婚前就遭遇了一个危机——为了救治未来公公，她违反了医院规定，在合同到期的时候被解聘，丢掉了稳定的护士工作。为了不让婆婆曹心梅多心，同时也更是为了不让男朋友余味感到为难，毛豆豆隐瞒了这件事。后来毛豆豆找到了一份看电梯的工作。婆婆姚静得知这个情况后，主动给她介绍工作，但毛豆豆为了顾及曹心梅的感受，放弃了这个机会。同事白雪提出了这么一个问题：你还没有过门，就做出这么大的牺牲，值得吗？

很多观众都无比同情毛豆豆，并且认为这部电视剧塑造了一个新时代的好媳妇形象，“毛豆豆式媳妇攻略”在网络上被反复总结。有网友表示：“毛豆豆这样的好儿媳现在还真是少见啊！一个蛮不讲理的婆婆，再加上一

① 张抗抗：《眼中笔下的“作女”》，《光明日报》2002 年 6 月 6 日。
② 张抗抗：《眼中笔下的“作女”》，《光明日报》2002 年 6 月 6 日。
③ 张抗抗：《眼中笔下的“作女”》，《光明日报》2002 年 6 月 6 日。
④ 2013 年 3 月 25 日，习近平主席在坦桑尼亚尼雷尔国际会议中心发表演讲中提到中国电视剧《媳妇的美好时代》在坦热播，让坦桑尼亚老百姓了解到中国老百姓生活的酸甜苦辣。

个刁蛮自私的小姑，为了让老公做个好儿子，自己受了那么多委屈！太难得了！”①

曹心梅这个总是找茬的“作女”成了新时代恶婆婆的代言人。以至于饰演曹心梅的柏寒在接受采访时称“我比曹心梅强”。她现实中的儿媳妇在接受采访时也说：“婆婆对我好着呢，她要是像曹心梅，我的日子就惨了！”②

与曹心梅这个恶婆婆类似的作女形象还出现在《麻辣婆媳》（2006年）、《双面胶》（2007年）、《婆婆来了》（2010年）、《当婆婆遇上妈》（2011年）等电视剧中。

这类女性的共同点是在年龄、婚姻或者代际关系中处于式微的地位，她们并不甘心失去家庭中掌权者的位置，并且对高速发展的社会节奏和前所未有的社会变革而感到无力和恐惧，因此她们只能通过强化传统婆媳之间的等级权力关系来确认自我的地位，这种做法与当前社会中婆媳之间平等相处的朋友关系构成了严重的冲突，因而影视剧中这类恶婆婆的作女形象备受观众诟病。

### （二）不尽母职的作女

在《假如生活欺骗了你》（2012年）中的方枚（郭金饰演）、《爷们儿》（2014年）中的许婷（左小青饰演）、《一仆二主》（2014年）中的石惠（王澜饰演），她们构成了影视剧中另一类作女形象。

这类女性大多漂亮、有能力，注重个人前途和发展，看重物欲甚于亲情。为了出国，可以抛夫弃子，或者为了嫁给大款（方枚），或者为了逃避现有的生活并发展自己的事业（许婷），或者为了追求高品质的生活（石惠）。在孩子最需要母亲的成长阶段，她们没有扮演好母亲的角色，等到孩子们长大了，她们又以母亲的姿态强势回归，倚仗金钱或者社会身份的优势，扰乱孩子和前夫的平静生活。

20世纪八九十年代，“求学热”和“淘金热”是“出国热”的主要动因。出国似乎只是男人们和孩子们的需求。已婚的青年女性为了优先满足丈夫和孩

① 《〈媳妇的美好时代〉海清出演80后“乖巧媳妇儿”》，http：//ent. qq. com/a/20100310/000108. html。

② 红枫：《柏寒：我比“正宗婆婆”曹心梅强》，《新天地》2010年第6期，第17页。

子的出国需求，为了继续履行照顾家人的职责，往往留守在家园。这些女性的奉献行为并没有得到特殊的褒奖，而她们对于出国的需求更是无人关心。

让已婚的青年女性在出国与放弃母职之间做出选择，是残酷的。尽管大部分有出国需求的母亲最终选择留下来照顾孩子，但总有一些女性会做出痛苦的抉择。尽管现实中这些女性可能想尽各种办法避免孩子的成长受到影响，避免让出国与照顾孩子之间形成简单的二元对立，但是这些女性的媒介形象无一例外地被丑化，她们的行为被认为是自私自利的、毫无责任心的、破坏家庭和谐的。因而这类作女形象备受观众的唾弃。

### （三）婚姻杀手的作女

《蜗居》（2009 年）中的海藻（李念饰演）、《咱们结婚吧》（2013 年）中邓佳佳（张一鸾饰演）年轻漂亮却生活窘迫，阴差阳错成为别人婚姻的第三者，最终均以悲剧结束不伦的关系。这类女性形象构成了第三类作女形象。

海藻与邓佳佳都是大学毕业不久、涉世未深的青年女性，她们尽管抱着积极向上的生活信心，却被残酷的现实生活压榨，为了交换家人或者自己想要的生活，她们臣服于男性的权力和金钱，被动介入了他们的婚姻，扮演起第三者的形象。这类影视剧将原配妻子无私奉献、含辛茹苦的贤妻形象与这些第三者的自私贪欲形象形成鲜明的对比，从而引发观众的厌恶与仇视情绪。

在现实生活中，刚刚走入社会的青年女性通常缺乏经济和社会关系的有力支持，她们势单力孤，面对诱惑或者压迫难免会做出错误的选择。虽然她们是破坏他人婚姻生活的“第三者”，但是很多女性是被迫的，而且结局惨淡。因此从某种意义上说她们也是受害者。造成“第三者”存在的男权思维、贫富分化、权力寻租、女色消费文化等，才是最值得媒介深入挖掘和有力抨击的内容。

艺术创造需要制造戏剧冲突，但是近年来的电视剧创作选择了回避社会矛盾与社会问题，取而代之的是仅仅要求女性调整自己以便息事宁人、服务于大局。如果女性不能逆来顺受、不愿认命，那么她就会被呈现和建构为作女，成为被抨击的对象。

通过对三类作女形象以及与此形象相关的戏剧情节进行话语分析，就会发现，作女之“恶”实际上是为了衬托“好媳妇”之“善”。比如家里有一个恶婆婆就必定有一个贤惠的媳妇；有个不顾孩子、妻子的男人一定会遇到一个贤惠的女人；破坏他人婚姻的第三者一定会被原配打败。服从、任劳任怨、无私忘我的女人最终一定会有美好的结局。

影视剧对作女的呈现与建构，是为了强化对女性回归传统母职、妻职而做出的性别角色规制，这样的媒介内容忽视了女性的主体需求，并且将社会发展过程中所出现的一些矛盾与问题归结为女性的个性缺失、责任感淡薄、道德沦陷，从而回避了对社会问题与社会矛盾的真正深入的探讨。

## 三　广告中的“第二性”，助推了女性在现实中陷入“沉默的螺旋”

“沉默的螺旋”（the spiral of silence）理论是德国女传播学者诺尔·诺伊曼于1974年在《传播学季刊》上发表的文章《沉默的螺旋：舆论——我们的社会皮肤》中提出的一个关于舆论生成的理论。其主要观点是，大多数人都有被孤立的恐惧。在一定时期内，大众媒介所鼓吹的某些观点在社会上占优势，对受众造成了压力。大多数人力图避免因持有某种态度和信念而造成被孤立，因而在表达支配意见和不表达意见的个人数量增加时，会放弃原有的态度和信念，实现与主导意见的一致。同时，由于大众媒介表达支配意见，对异常意见的支持日益减少，从而形成一个“沉默的螺旋”。这个过程不断把一种意见确立为主要意见，转向沉默或附和的人越来越多，持非主流观点的人，在大众的压力下，随时间的推移，变得越来越少。沉默的螺旋理论强调社会心理机制在舆论形成中的作用，认为舆论的形成是大众传播、人际传播、人内传播相互作用的结果。同时强调了大众传播对舆论的强大影响，并将这种影响命名为传媒营造的“舆论环境”。①

进入广告的世界，就会发现女性的形象与角色尽管形形色色，却又无比单一。她们虽然长相不同、年龄不同、社会身份不同，但是她们或者扮演着“精明的母亲”“精打细算的媳妇”“美丽乖巧的女儿”，或者扮演着充满魅力却又不失亲切的时尚偶像。虽然她们出现在广告内容中，但她们要么完全沉默，要么是被广告商利用的“玩偶”，是美丽却尴尬的“第二性”。

当雅培广告中孙燕姿现身说法“因为我用过，所以给宝宝用”，一个稳重

---

① 郭庆光：《传播学教程》，中国人民大学出版社，1999，第219～224页。

的男性画外音总结道“雅培，赢得世代妈妈信赖”时，那些给宝宝买雅培的女性观众会通过这个广告对自己行为的“正确性”再次予以肯定，那些没有给宝宝买雅培的妈妈们则会受到“是否称职”的质问。

在往往是由爸爸“一手掌控”的汽车广告中，妈妈和孩子通常充当着微笑的陪衬。似乎女司机不堪委任为汽车驾驶者的代言人。尽管现实中开车的女性并不少，但是对女司机的偏见已经不动声色地编码在汽车广告之中。

在金龙鱼广告中，林丹说：“芳芳曾对我说，男人不要下厨；我总和她说，女人不要洗碗。婚姻真像烹饪中的油，平淡，却能让一切沸腾起来。一生中只追求完美，我选金龙鱼1∶1∶1。”在秀自己具有平等精神的过程中宣扬了自己在家庭中的引领位置（日子怎么过由我说了算），而同样是优秀羽毛球运动员的谢杏芳，则是这则广告中最贵的背景。

广告是一种特殊形态的媒介商品，它需要在有限的时间内抓住受众的吸引力，并影响受众的观念与行为。根据“三项选择定理”受众往往会选择那些和他们的意识观念相同或相近的内容来予以关注、予以理解和予以记忆。因此广告除了制作形式上美轮美奂、追求创新之外，在意识形态上要反映社会主流价值。

但是现在媒体上大量存在的广告，特别是和婚姻家庭有关的广告，更多再现了“男性主宰世界、女性服务于家庭”的角色分工，对女性的能力、对女性的社会贡献、对女性的需求要么不予认可，要么弱化处理。广告中的女性形象更多是对女性容貌与身段的“女色”消费，以及对女性妻职和母职的强化。

广告中女性形象的定位远远滞后于女性发展的现实，但是以女色为卖点，强调男性为一家之主、女性在某些特定的场景（比如洗衣做饭、购物美容等场景中）的主角身份，却迎合了消费社会中传统的、主导性的受众定位观。而这样的广告经年累月在各类媒体上播放，势必会影响女性受众，使其陷入包裹了传统性别观念的媒介产品中，久而久之，其对自己在家庭的角色和地位不予抗辩，从而进入“沉默的螺旋”中。

## 四　结论与思考

无论是纪实类的传播内容（新闻节目），还是虚构类的传播内容（电视剧），或者是在广告中，媒体再现的家庭领域中的女性形象普遍存在着边缘化与刻板化的问题，女性虽然出现在媒介中，却只被表现为受害者、消费者、贤妻良母等，她们更多面的形象与精彩人生被媒介“象征性歼灭”了。一方面，家庭中女性在公共领域的社会价值没有得到全面和肯定的评价，某种意义上，女性成为一个媒介表现的空洞符号；另一方面，媒介将很多时代发展和社会发展留下的矛盾和问题转化为女性的问题，将那些不愿恪守传统意义上母职、妻职的女性再现和建构为“作女”，并且让这些女性经受悲惨的结局，从而强化对女性的性别角色的传统规制。正是由于媒体充斥着这些对女性家庭角色和家庭关系的陈规定型，使得女性在社会权力关系中难免落入不受重视的“第二性”，并逐渐陷入“沉默的螺旋”，对这种境况不再予以抗争。

当代女性的社会地位处于急剧的分化与变化之中，这既受到社会政治、经济、文化发展的影响，也与女性自身的主体意识、社会关系、家庭成员的认同、对物质与精神资源的支配权等有着重要的联系。虽然媒介的内容在一定程度上反映了一部分女性的生存现实，但是也强化和放大了女性整体的不利地位。

事实上，撑起“半边天”的女性不仅是社会宝贵的人力资源，更是媒介可资开发的“富矿”。多样化的女性气质，充满创造力的女性故事，带来惊喜的女性形象，是媒介产业化竞争中新的增值点。完善并创新媒介所反映的家庭领域中的女性，也将有助于创建家庭和谐，以及推进性别平等的社会文化。

## 参考文献

［1］《马克思恩格斯选集》（第四卷），人民出版社，1995。
［2］刘利群、张敬婕：《媒介与女性研究教程》，中国广播电视出版社，2013。
［3］郭庆光：《传播学教程》，中国人民大学出版社，1999。
［4］张抗抗：《眼中笔下的“作女”》，《光明日报》2002 年 6 月 6 日。
［5］红枫：《柏寒：我比“正宗婆婆”曹心梅强》，《新天地》2010 年第 6 期。

B.6

# 妇女参政报道：状况、特点和改善思路

冯 媛*

摘 要： 在全球本地情境中，当下中国媒体如何报道妇女参政议题和女性从政人物？本文从妇女权利视角考察2012年1月1日~2013年10月中旬的全国性通讯社、报纸和新闻期刊，兼及有全国影响的或典型的区域性或地方性媒体，以妇女媒体的报道为参照，通过简略的量化描述，以及对部分报道的文本分析和话语分析，归纳出有关妇女参政的报道在时间、类型、角度、叙述方式上的特点，并据此提出了改善报道的建议。

关键词： 妇女参政 报道 双重标准 性别盲视 性别陈规 妇女赋权

中国妇女参政水平长期徘徊不前，是性别平等和妇女发展的一个瓶颈问题。目前妇女在各级各类立法和决策机构中所占比例，远未达到国际公认的30%的临界量。最近5年来，联合国妇女署、联合国教科文组织和全国妇联合作进行妇女参政项目，试图在政策推动和媒体促进上有所作为。在此背景下，本研究考察2012~2013年中国大陆出版的中文主流报纸（以下简称为"主流

* 冯媛，法学硕士，妇女权益和社会性别独立研究者。主要研究方向：性别暴力的干预，性别和新闻，社会性别与发展。本研究得到联合国妇女署、联合国教科文组织和全国妇联合作进行的妇女参政项目的支持。

报纸”）对妇女参政的报道，试图概括出在议题覆盖和人物呈现方面的状况和特点，识别性别陈规定型和性别偏见的具体表现，以及较好的报道个例，以期为下一步的媒介干预（媒体工作者培训和媒体倡导战略）提供实证依据。

## 一　研究方法

本文试图从妇女权利和社会性别的立场和视角，针对妇女参与决策和公共生活这个议题，尽可能多地找出所有报道中和妇女参政相关的报道，从中发现一些特点，进而对有代表性的报道进行文本分析和话语分析，揭示其在性别平等和妇女参政上的观念和价值取向，以及向受众传递的话外之音。

研究问题：

1. 目前报道妇女参政议题的总体情况如何?

2. 这些报道的分布（报道时间分布、媒体类型分布、新闻类型分布、参政妇女类型等）情况怎样?

3. 报道是否存在性别成规、性别偏见和性别歧视? 如果存在，具体表现如何?

样本选取方法：

1. 素材搜集。通过慧科新闻数据库①用关键词（妇女参政、女性参政）全文检索所收录的中国大陆报纸的文字报道。除特殊说明外，本研究中报纸报道的数据均来自 2012 年 1 月 1 日至 2013 年 10 月 14 日期间。

2. 素材筛选。对所有报道进行简略的量化描述，并选择约 100 篇新闻、通讯/特写/专题报道、评论仔细阅读，从中至少选择 10 篇各类典型报道进行详细、深入地分析。

无论是从数量还是从视角而言，妇女媒体②的报道与一般新闻媒体对

① 慧科数据库的媒体包括中国大陆地区、港澳台地区、东南亚和英美国家的 580 多家媒体。本研究搜索到共有 236 家中国大陆媒体（234 报纸和 2 个通讯社）有关于妇女参政的报道，覆盖了慧科数据收录的所有大陆报纸，包括《人民日报》等中央级报纸、各省市区级报纸，以及地市报纸。

② 妇女媒体包括各级妇联主办的新闻媒体，以及妇女组织出版的替代性媒体、网易女人等有一定性别意识的商业性媒体。

妇女参政的报道无可比性，因而本研究中妇女媒体只是作为和一般报道的参照。

## 二 研究发现：妇女参政报道的分布

本研究发现，妇女参政报道的分布状况表现为：

• 数量不多，报道总量少，其中专题报道更少。文中出现“妇女参政”“女性参政”“女官员”“女领导干部”“女性进两委”等字样的报道共计约有2000条，9/10以上是连带报道，即报道中有几句话或一两个段落提到妇女参政。而以妇女参政为主题的专门报道只有190条。大多数报纸近两年只有1篇专题报道，5篇以上专题报道的报纸凤毛麟角。

• 时间不匀：报道呈短暂的波峰和持续的低谷。近半数的报道集中在每年三月，尤其是三月前半月。其他时间报道很少。

• 区域差异不明显：东部媒体的报道居多，中西部大体平分秋色。但分省来看，西部省区的广西和东部的广东同属报道妇女参政媒体最多的省份，而京津沪3市和8个西部省区有专题报道的媒体在5家以下。

妇女参政报道的具体分布状况如下。

数量分布：很不显著。即便是在此议题曝光度比较高的时段，如三八妇女节，同时也是全国的“两会”期间，也不过300条左右，就慧科数据库包括的236家大陆媒体而言，平均每家媒体1.3条。

时间分布：近半数报道集中在三月，1/3强集中在三月上半月。2012年和2013年共有738条含有“妇女参政”的报纸新闻，其中将近300条发表在三月，尤其是三月前半月；而以妇女参政为主题的190余篇报道，大约一半发表在三月，36%发表在三月上半月。具体时间分布如表1。

区域分布：按省考察，报道妇女参政的媒体数量最少的12个省，既有上海、北京、天津三大直辖市，也有8个西部省区市。如果不算中央党政部门和中央直属的通讯社和报纸，以及三地媒体联合出版的《第一财经日报》，报道妇女参政的媒体最多的8个省份，虽东部居多，中部、西部省区俱有。可见报道妇女参政的媒体多少，和本地媒体发达程度并不完全成正相关关系，而是反映了媒体对这个议题的重视程度。

**表1　妇女参政报道的时间分布**

| | 三月 | 三月上半月 | 全年总量 |
|---|---|---|---|
| 2013年"妇女参政"主题的报道 | 62 | 44 | 121 |
| 占本年百分比(%) | 51 | 36 | 100 |
| 2012年"妇女参政"主题的报道 | 28 | 26 | 72 |
| 占本年百分比(%) | 39 | 36 | 100 |
| 2012年1月～2013年10月14日合计主题报道(条) | 90 | 70 | |
| 2012年1月～2013年10月14日合计百分比(%) | 47 | 36 | |

报纸类型分布：除妇女媒体外，新华社报道的数量最多，但以非专题报道居多，专题报道则主要是妇女参政方面的领导新闻和外事新闻。中国新闻社是另一主要媒体，至少发布26篇。《南方都市报》的报道不仅数量较多，而且被报纸广泛转载、摘登，被无数的各类网络媒体转载，《羊城晚报》也有报道被多家媒体转载。

中央党政机关出版的全国性报纸中，《经济日报》没有报道，《解放军报》仅在刊登新华社发布的中国人权状况文章中涉及。

专题报道分布：本研究考察了194篇妇女参政的专题报道（未含《中国妇女报》、新华社和中国新闻社这三家妇女参政数量较多的媒体）。194篇专题报道分布在145家报纸，平均每家报纸刊登1.34篇。刊登2篇及超过2篇专题报道的报纸有86家，分布见表2。

**表2　有两篇及以上妇女参政专题报道的报纸分布**

| 报纸类型 | 中央党政机构媒体 | 省级机关报 | 地市级机关报 | 其他专业报 | 其他综合性报 | 晚报、都市报 |
|---|---|---|---|---|---|---|
| 报道情况 | 10家报纸<br>37篇报道 | 5家报纸<br>12篇报道 | 6家报纸<br>13篇报道 | 4家报纸<br>11篇报道 | 3家报纸<br>6篇报道 | 3家报纸<br>7篇报道 |

刊登最多的是《农民日报》，共有6篇；《人民法院报》和《中国民族报》各有5篇，《人民日报》、《法制日报》、《人民政协报》、《组织人事报》各有4篇，《光明日报》、《河南日报》、《湖南日报》、《南京日报》、《中国会计报》、《南方都市报》（全国版）各有3篇。

专题报道的报纸的区域分布为，东部的非机关报数量超过了机关报，而中西部还是机关报占压倒多数（70%～76%）。

## 三　研究发现：妇女参政报道的内容

标题。标题中有“参政”关键词的报道不多，而有“妇女参政”的更少。2013年1月1日～2013年10月14日，843篇标题有参政关键词的，涉及女性参政的只有90余篇，占11%（包括转载，有的报道被各媒体转载将近10次）。其中有69篇为大陆媒体（中国新闻社20篇，《中国妇女报》12篇），18篇海外华人媒体。大陆媒体报道中，中国新闻社和《中国妇女报》最多，共26篇；其他32家报纸共36篇：《人民日报》（海外版）和《人民政协报》各2篇，《西藏日报》2篇，《新华日报》《四川日报》各1篇，特区报和地市机关报10篇，晚/早报10篇，5家都市报6篇，商报/市场报2篇。

出现在标题上的，既有正面的如《参政议政，女委员不服输》《699位女人大代表参加两会　女性参政不再是“政治花瓶”》《“半边天”整体参政议政的空间仍待增加》《曾经的“艳星”就不能参政议政吗?》；中性的如《从跳台踏上参政殿堂》。也有不少明言或暗含性别刻板印象/陈规定型的语言，如《“最美洗脚妹”参政记》《柔美外表　铮铮品性》《那些美丽的“芦花”们》。

容量。附带报道多，专题报道少。附带报道，即大部分报道是在一篇关于某个较为宽泛的问题，如：在有关妇女发展的综合性报道或者两会报道中有一两句或一两段，或报道某个女性人物时提及她参政经历，或一组报道中有一两篇涉及妇女参政。较值得注意的附带报道有：《履职为民四年间》（《人民日报》2012年3月4日第10版），一组报道中有两篇对女人大代表的报道；《性别平等：北欧模式的寓言》（《南方都市报》2013年4月26日），涉及了妇女参政，尤其是少数妇女参政，并用较多篇幅报道了北欧妇女参与经济管理①。

---

①　吴珊：《性别平等：北欧模式的寓言》，《南方都市报》2013年4月26日，http：//nandu. oeeee. com/nis/201304/26/44776. html，2013年12月12日访问。

专题报道主要分为下面几类。

1. 专题新闻。专门报道妇女参政的消息/简讯，一般为数百字或更少。如46篇报道标题中有妇女参政的报道，其中26篇在500字以下。

2. 专题通讯/特写。一般较为全面或详细，有的比较深入，一般800字以上，甚至多达数千字，或数个版面。包括人物报道和事件、议题报道。人物报道如从女土司到女代表①，专访6个国家驻广州的女性总领事②，达4000字以上。

3. 评论和专论。社论、评论员文章、重要的署名评论/专论（如全国妇联、中组部或其有关负责人的文章）；也包括其他署名评论、专题文章、专家访谈/对话，观点性读者来信，书评，作者访谈，历史知识。

4. 具体议题。专题报道涉及妇女参政各个方面的情况如下。

妇女参与国家立法和行政管理。主要集中在两会报道、领导班子中配备女干部、培养选拔女干部等方面，可以说最主要的妇女参政报道都集中在这方面。本研究其他部分也涉及有关报道的概述和分析，在此不再赘述。

农村妇女参与公共事务。除了媒体较多报道的打工妹人大代表外，报道主要体现为农村妇女参与村民自治，即“女村官”的报道，常见的有保障女性进村两委的政策措施和选举报道、培训女村官参选和领导力的报道、女村官带领村民致富或开展村子公共服务的人物报道。近年来显著增加的有女大学生村官的报道。她们被展示为充满活力、有文化的年轻的农村发展带头人。报道中还不时出现这样的看法：农村妇女参政议政的积极性和主动性还有待提高。这提示农村妇女参政不足的主要因素是她们自己的问题。而她们对农业政策、农业技术和培训、农村公共服务、教育、健康、基础设施等问题的看法，都尚未在农村妇女参政议政的报道中呈现出来。

妇女参与经济管理。主要体现为对女企业家的报道，尤其是女企业家作为人大代表和政协委员的报道。妇女参与企业董事会、监事会的报道，最多在综合

---

① 南姝：《从女土司到女代表：见证全国人民代表大会的成立与发展》，《中国民族报》2013年3月8日第7版。

② 侯鹏飞：《在家要温柔体贴，在外必须果断强硬》，《新快报》2013年3月6日。

性的妇女发展状况报道中附带提及。如《西安日报》2012年12月27日第7版《令童颜欢笑 让巾帼争辉》（张杨）的3000字报道，回顾西安十年妇女发展，有两段涉及妇女参政："截至2010年底……女性在企业决策管理层的地位得到了提高，全市企业女职工代表占到33.5%，企业董事会、监事会中女性比例提高到18.1%和24.2%。"

妇女参与民间组织。联合国《消除对妇女一切形式歧视的公约》中关于妇女参与政治和公共生活的内容包括"参加有关本国公众和政治事务的非政府组织和协会"①。而这方面的报道非常少，只搜索到了3条。其中一条是《霜重红枫色愈浓》（张晶晶，《中国科学报》2013年8月9日第7版）报道妇女民间组织红枫中心的创始人王行娟（2630字）。这篇报道十分详尽生动地展现了20世纪80年代末以来民间妇女活动的产生和发展以及困境，社会经济、政治政策和妇女生存状态的密切关联，这个大背景下民间妇女组织和国际社会的互动，民间妇女组织如何回应和反映妇女的关切和需求。恰如联合国1995年世界妇女大会通过的《北京行动纲领》第184段所指出的，"通过非政府组织和基层组织，妇女能够有力地表达其利益和关切，并把妇女问题纳入国家、区域和国际议程"。

妇女参加全球治理。《消除对妇女一切形式歧视的公约》第八条规定："缔约各国应采取一切适当措施，保证妇女在与男子平等不受任何歧视的条件下，有机会在国际上代表本国政府参加各国际组织的工作。"而且如今全球治理中民间组织也有一席之地。但这方面报道更少，只搜索到1篇报道附带提及，即《文汇报》（上海）2013年1月7日第9版刊登杨逸淇的6600多字的访谈《未来世界格局将走向"无极化"》（附照片），其中有3个段落谈到未来10年女性在参与全球治理过程中能否起更大的作用。受访者黄仁伟指出，在越来越庞大的NGO群体中，女性的作用越来越超过男性。作为非国家行为体，NGO是一个过去没有过的新的权力空间。其间女性的号召力、吸引力经常超过男性。但是按照人口比例来说，女性的作用依然很小。这是一种正在上升的新兴力量，但是远远没有达到主导地位。

① 公约第七条（C）款，见联合国网站：http：//www.un.org/chinese/esa/women/cedawtext.htm。

## 四 研究发现：文本和话语中的性别陈规定型

通过文本和话语分析，我们可以看出报道在性别陈规定型方面的具体体现。

### 1. 从政女性的形象

试图超越陈规，但仍难逃出传统性别观念“如来佛”掌心，反映为矛盾或分裂的话语、纠结的人物状态。

> ……
>
> 作为社会进步和政治文明发展水平的重要尺度，“女性参政”早已成为一个不容忽视的话题。“女人以柔见长，相对于政坛上刚气十足的男政治家，女性关爱和亲和的特质能让她在参政议政时获得更多资本。”一位全国政协委员说。①

这位没有姓名的政协委员，只是记者下意识的传声筒，传达出的是强调“阴性特质”的妇女参政。

> **官员政坛表现：刚柔相济“适当时候”能加分**
>
> 近些年，傅莹、华春莹、范丽青等这些耳熟能详的名字，同样也被境内外舆论认为是中国女性参政的优秀代表，并获得广泛好评。

这篇报道列举的3位参政女性，都是一个类型，即发言人。众多参政女性的类型中，独独只列出同一类型的3位，流露出了对女性功能性（展示作用）“形象”的心理积淀。

记者也力图扭转性别陈规。如：

> **偏见待转：不是“政治花瓶”**
>
> 女性的性别色彩，在每年“两会”上成为热炒的对象，媒体除了关

① 新华社：《女性参政渐成中国政治风景线》，《六盘水日报》2013年3月9日。

注她们的提案外，更关注她们的一言一行，甚至衣服、包乃至首饰等。但有记者称，女代表发言时视野很开阔，“金融改革、民间融资、教育改革等等，她们谈得都很好，尤其是在一些教育问题上，因为站的角度不同，她们提的问题都很深刻”。

由此，我们看到在试图破除偏见的时候，记者自己却不自觉地用被偏见炮制过的笔触悄悄复制陈旧论调，未能免俗地使用性别化的语言，如亮色、风景等，将它们巩固为描述参政妇女的制式化用语。而这类性别化的词汇，不会加诸从政男性。于是，从政女性总逃不掉被性别化呈现的命运。从政男性，从来不会被如此描写着装和外貌，女性却“注定”难免。如：

3月4日上午，当十二届全国人大一次会议新闻发言人傅莹出现在公众面前时，历来“硝烟弥漫”的新闻发布会现场瞬间增添了柔和的气息。

这位全国人民代表大会设立发言人30年来出现的首位女性发言人，一头银发、蓝色正装，以温婉、亲切、柔中带刚的风格，直面中外媒体，以优雅的气质和聪慧的临场反应，赢得了内外舆论的一致好评。

人们在傅莹身上看到了女性参政者的别样优雅。①

矛盾的女性形象，在《新快报》3个版面篇幅的6国驻穗女性总领事报道中也历历可辨。与其说是报道中女性形象的矛盾，不如说是记者矛盾的视角下的从政女性。

2. 妇女参政和腐败

腐败是报道政治绕不过的话题。妇女参政和腐败的关联在报道中主要体现为三个角度：妇女参政有助于抑制腐败，如何认识女贪官现象，公共领域的美女怀疑症（见《中国妇女报》）。这里仅分析《环球时报》2012年12月5日第五版署名伊文的一篇500字报道，这篇小报道被各地多家媒体转载，中国新闻社也据此发稿。

---

① 李瑾：《2013：两会变 ·辩 ·辨》，《工人日报》2013年3月16日。

**女性参政有助于抑制腐败？**

有人说，让女性更多地参与政治有助于对抗腐败，因为女性是较公正的性别，不太容易将个人得失放在公共利益前。最新研究显示，这种说法过于简单，但是女性在政府中地位的提升确实有助于抑制腐败。看来，性别与腐败之间的关系非常复杂。

一个严肃的复杂的问题，却写得很随意，开头是无从考证、没有出处的“有人说”，而且，是“让女性更多参政有助于对抗腐败”，一个“让”字显示了女性参政的被动状态，她们不是能动的主体，不是有权参政的公民，参政不是实现她们权利的需要，而是用她们的参与来对抗腐败的手段。

而原始报道则强调，更多女性从政将女性的关切和优先事项带入公共资源分配，而女性上位需要制度保障。

据路透社4日报道，一些研究者认为，更多女性从政有助于改进政府的执政质量，腐败也跟着减少；也有学者认为，女性掌握权力，更关注学校、医院的建设和儿童福利；男性当权者更愿意把钱花在大型建设项目上，而这种项目正是滋生腐败的温床；还有人认为，社会环境和传统文化在这里起的作用更大，女性在开放、民主的政治体制中更容易攀升至高位，而这类社会对腐败的容忍度更低。

曾在1975～1978年任伊朗国家妇女事务部部长的阿什米认为，民主程度、女性参政和政府的执政质量之间存在直接关系。

而由美国莱斯大学和埃默里大学学者发起的研究认为，机制更重要。在男性主导的社会，让更多女性参政对抑制腐败的作用有限；而在更加开放民主的体制内，女性从政对抑制腐败的作用更明显。导致这一区别的部分原因在于，女性更不愿冒险。女性与男性一样都愿意收受贿赂，但她们在会否被抓的问题上更谨慎。在民主开放政府内，被抓住的几率增加，女性就在腐败问题上更加谨慎。

即使是经过转述的原始报道，也包含了十分丰富的层次，言语不多但把制度与文化、性别和腐败的交错而微妙的关系次第道出。其中最明确的信息是，并不是妇女天生因为性别的缘故更廉洁，而是社会文化使她们不、不能或不敢那么贪。如果在男性主导而且不民主不开放的社会，“让”更多的女性参政也难以抑制腐败。民主、透明的制度，加之社会性别的作用，才使女性不那么胆大妄为地腐败。

转述报道和原始报道视角出现差异的现象，在国际报道中常能见到。尤其是在互联网拓宽了人们和媒体信息来源的情况下，更加容易出现对原始报道的随意转述。

**3. 性别视角纳入立法和决策主流**

《法制日报》上有一篇令人耳目一新的报道，其标题看上去像是评论①，介绍的是一个全新的实践：一项名为“气候变化应对政策需关注社会性别敏感性”的项目正在甘肃实施。该项目最新研究表明，全球气候变化和生态破坏引发的各种自然灾害日益增多，而灾害造成的女性死亡率远高于男性。特别是贫困妇女的生活和生计比男性更依赖她们居住区域的自然资源，因而她们也更易受到气候变化的冲击。这个项目通过调查研究、立法代表能力建设培训和宣传倡导等形式，旨在推动甘肃省立法系统官员在气候变化应对相关政策的制定和执行过程中提升社会性别敏感性，促进女性和男性平等地参与应对气候变化等公共政策的制定、执行、评估和监控等，推动男女共同公平地享受政策成果。

即使是在这样一篇很有性别意识的报道中，还是有陈旧的性别积淀从字里行间冒出来，如在没有任何根据的情况下，信口说出“女性参政的意识不强”，把男性参政议政比例较高归结为“传统文化的影响”而不是制度使然。

> 根据调查，男女对政策的参与与期待不同，女性参政的意识不强。在参与政策制定的人数中，39.5%的人是以政府征集或村民代表的形式参与，其中男性的参与率为93%，女性的参与率只有7%。可见，受传统文化的影响，男性的参政议政比例显著高于女性。

① 周文馨、李开南：《社会性别意识应逐步纳入立法过程》，《法制日报》2012年11月21日。

较多男性、较少女性参与政府征集意见和作为村民代表是普遍存在的现象，有数据为证；而“女性参政的意识不强”“传统文化的影响”是报道者的看法，或者说也反映了流行的对妇女参政不足的看法。究竟是什么因素导致了这样的现象和看法？二者并非因果关系？习惯思维已经让报道者脱口而出这样的因果关联，也让一般读者都不会去质疑此处二者之间的关联，正是这种抽象批判传统文化、简单归咎女性意识不强的习惯性思维，让事实或真正影响妇女参政议政的因素——没有参与条件、参与机会少——不被触及、安然无恙，并得以一再发作，导致妇女参政议政程度低的后果绵延不断。

好在报道者接下来的叙事，让读者可以暂时抛开观点的误导，而看到制度创新的契机。

**试点“立法联络点”吸纳女性参政**

调查结束之后，由丁文广牵头，撰写了一份关于建议充分吸收妇女参与公共政策制定过程的报告。该报告于今年年初完成并分别递交甘肃省人大常委会法工委、临洮县和积石山县法工委、甘肃省妇联、临洮县和积石山县妇联等政府部门。报告得到了甘肃省人大有关领导的重视，相关人士表示在今后的立法、政策制定中将要充分关注妇女参与，多听取妇女组织及妇女的意见。

该项目的另一个代表性成果是，在甘肃积石山和临洮两个县试点设立女性“立法联络点”，选举妇女立法代表60名，为基层妇女通过立法代表参与政策及立法创造便利平台，并将“立法联络点”作为基层社区与各级立法机构沟通的桥梁，以便将妇女立法代表的合理建议纳入立法内容。

有这样一则报道，一个例子，是错失了把性别意识纳入决策主流的机会。

11月22日，广州41个政府部门发布了格式统一的2011年度财政决算报告，并首次按要求将“三公”决算在报告中单列成为一个独立子报告。其中广州市林业和园林局公布曾参加广州市妇女代表团赴西班牙、瑞士交流妇儿发展状况的报告一出，立刻引起舆论哗然。

据广州市林业和园林局公布的2011年三公经费支出显示，该局2011年因公出国（境）费用为45.69万元，总共4个团组5人次，是人均出国费用花费最多的一个部门。其中一个团组派出1人次，参加广州市妇女代表团赴西班牙、瑞士交流妇儿发展状况，为期10天。而内容为“交流两国妇女与儿童组织的基本发展情况，了解当地的妇女参政及受教育的权利维护状况及深入了解当地妇女保障与维权的政策”。众多市民对此表示不解，妇女发展问题与林园局有何关系呢？

日前，市林业和园林局有关负责人做出回应称，此次出访由广州市妇联组织，该局是作为市妇联执委成员单位派员随团出访。该团出访行程中包括考察儿童活动场所和儿童公园建设情况，市林业和园林局作为市公园主管部门，参与此次考察是工作需要。在出访期间，该局派出的工作人员着重考察了两国的儿童活动场所及儿童公园建设情况。据了解，目前该局正在进行新儿童公园后期选址工作，并已经逐步建立了全市儿童活动场所情况的数据库。①

多家媒体报道了这个新闻，并引起更多的转载和评论，包括打油诗配漫画：……公费出国要名头，“妇女开会”好理由。部门不对要啥紧，换个马甲就出游②。

很多评论都借此批评公费旅游，其实，只要超越就事论事地追究此次出访，这更是一个普及性别意识的机会。“妇女发展问题与林园局有何关系呢?”其实，二者是可以很有关系的，如园林的规划、设计和管理，如何考虑妇女和儿童的需求等；举一反三，任何涉及公共设施和公共资源的分配，都有其性别影响，都应在性别分析的基础上注意性别公正。如果有报道超越这样的直线式思维，避免狭隘地质疑“有何关系”，这可以成为媒体对“妇女的问题妇联化，政府职责一边丢”的积弊的破题之举。

---

① 实习生陈琦斐，记者何东霞：《广州41个部门统一发布2011年度财政决算报告　林园局出国考察“妇女发展”舆论大哗　有15个单位没有披露出国目的地》，《工人日报》2012年12月3日。

② 王铀（文）、焦海洋（图）：《换个马甲》，《信息日报》2012年11月28日。

4. 少数民族妇女参政

在本届全国人大699名女代表中，有168位是少数民族，占到了女代表总数的24%。从数字上看，少数民族女代表远远超出了她们在全国女性中的比例。

报道少数民族妇女参政的，大致有三种主要话语：欣赏/娱乐话语，文学话语和新闻联播式的正式政治话语。

在报道少数民族妇女参政中，人大、政协是最集中的新闻来源。这类报道往往集中在绚丽斑斓的民族服饰，常常要配上照片。如一则报道配了4幅彩色照片，但只有寥寥数语。

> 3月5日下午，广西代表团在驻地北京广西大厦举行第二次全体会议，审议温家宝总理在十一届全国人大五次会议开幕会上所作的政府工作报告。会场上，身着盛装的少数民族女代表成为一个又一个“靓”点。①

从标题到内文，从文字到图片，怎一个“靓”字了得！

也有报道着重写了少数民族女代表的参政议政故事，特别是《中国民族报》2013年3月8日第7版长达4582字的《从女土司到女代表：见证全国人民代表大会的成立与发展》，用文学性的笔调描写了两位女土司的经历。

而反映基层少数民族妇女参政的专题报道，更多是“新闻联播”式的正式政治话语，主要内容是数字，主语/叙述角度是党政部门，参政的主角“少数民族妇女”则成为一个抽象的符号而没有具体的形象、言论和作为。

> 都安讯　近年来，都安瑶族自治县将少数民族妇女工作摆在党的建设和领导干部队伍建设的突出位置来抓，使少数民族妇女参政议政权利得到充分保障，妇女的政治地位不断提高
>
> 据统计，2011年在该县依法选举产生市、县、乡级人大代表中，少

① 连波：《少数民族女代表为两会添“靓”点》，人民网广西频道，2012年3月5日，http：//news. xinmin. cn/rollnews/2012/03/05/13908015. html。2013年12月13日访问。

数民族妇女分别占代表总数35%、29%和27.36%。在该县248个行政村（社区）换届选举公推直选“两委”班子成员中，妇女干部有266名，占28.7%，比上届提高了5个百分点，每个村（社区）两委班子都有一名妇女成员（村委成员兼村妇女主任）达100%，少数民族妇女参政议政作用得到较好的发挥。

目前自治县党委工作部门配备少数民族妇女干部部门个数3个；政府工作部门配备少数民族妇女干部部门个数12个；乡镇党委班子配备少数民族妇女干部乡镇个数16个；乡镇政府班子配备少数民族妇女干部乡镇个数16个。

为提高少数民族妇女素质和能力，更好地发挥其参政议政的作用，该县通过举办培训班，选送到各级高校学习培训、到上级业务部门跟班学习，选派到县直单位和乡镇进行跟班学习或挂职锻炼等多种途径，分层次、分类别、多渠道培训广大少数民族妇女干部，使其成为懂业务、会管理、胜任本职工作的行家里手。

同时在少数民族妇女干部任用上，该县坚持把培养选拔少数民族妇女干部作为改善干部队伍结构的重要举措，积极为少数民族妇女提供施才平台，充分发挥她们的聪明才智，激发广大少数民族妇女干部工作热情。①

## 五　小结和对策建议

从概况描述和文本分析中可以看出，不同类型的媒体近两年来对妇女参政总体上无感，而一旦报道则基本持肯定的态度，大多是积极支持和促进取向（虽然其中也夹杂着性别陈规），个别是简单照搬信息来源的措辞和数据。

积极地看，这一阶段妇女参政报道体现以下特点。

1. 机关报动态性报道和评论较多，晚报/都市报的专题或综合性报道较

① 审国颂、唐炳锋：《瑶乡妇女顶起“半边天”》，《河池日报》2012年3月24日。

多。动态性报道指依托于具体新闻事件或具体新闻人物的简要报道，专题性/综合性报道指对妇女参政状况进行一定的梳理分析，并涉及影响因素，尤其是性别不平等这一根源。

2. 对妇女参政的不同侧面或多或少都有触及，如参与国家和地方的立法和党政事务，参与公共事务和进行监督，参与社区管理和社区事务，参与经济和企业管理。

3. 一些报道对性别陈规定型有所质疑并力图超越，不再采取双重标准评判参政妇女和妇女参政，并展示了从政妇女的多样风格。

4. 报道在一定程度上体现了全球本地时代的特色，和国际社会的共识即北京行动纲领的原则基本一致，并对促进妇女参政的国际实践有程度不同的关注和回应。

从增进妇女权利和性别平等的角度看，报道存在的不足和问题主要是以下几点。

1. 报道高层多，基层少。关注妇女参与人大和政府略多，关注非从政妇女的公共参与，涉及妇女参与企业管理、社会组织管理、全球治理少。国内和国际新闻都有这个现象。从政女性主要是国家元首、政府首脑、发言人、董事长、CEO，很少有地方和基层从政的女性。

2. 先进模范型报道多，打动人（体现生命历程和从政经历）的报道少。不少报道中人物形象只有好人好事或先进干部这样的单一维度，缺乏呈现其作为女性在参与公共事务和决策中的个性化经历和观点。

3. 双重标准。画蛇添足式的关注参政女性服饰、外表的做法积习甚深；陈陈相因的报道术语营造的倒果为因、重复和强化性别陈规的做法仍然普遍。无论是对服饰、外表的褒扬，还是对其“中看不中用”的贬抑，却仅针对参政妇女，而不适用于参政男性，如所谓“花瓶式参政”，其实是为男权政治将女性参政当点缀、用剥削性的赏赐褫夺妇女参政的主体性的做法开脱，让受制者担责，并让妇女贴上“花瓶”的标签。

4. 表现一般性呼吁多，讨论策略措施少；泛论障碍多，具体对策少；倡导妇女参政的视角，尤其是对怀疑和阻碍的观点/社会现实具有说服力的报道少。而对甚为影响妇女参政的一些障碍，诸如性骚扰对女性参政的影响，无论是从个案的角度，还是从系统性考察的角度，未见提及；酒桌文化，仅有两篇谈到（其中一篇被较为广泛刊载），其他问题几乎是报道的盲区，仅有妇女媒体从间接的角度来谈论（如“美女怀疑症”当治）。

5. 性别盲视，导致错失传播机会。对广州林园局去西班牙、瑞士考察妇女儿童工作的新闻，刊载和评论的媒体甚多。这个新闻由头，本可以是一次性别意识纳入主流传播的机会，但实际上对妇女代表团到底该包括哪些部门、出国考察需要学习什么等，没有媒体刊发相关的言论，阐述各个政府部门对妇女和性别议题的职责。

媒体在妇女参政方面的改善空间还体现在以下几点。

2013 年，新一届全国人大代表已经按城乡比例相等的方法产生，打破了半个多世纪的城乡差异性制度安排。这个突破可以给妇女参政报道带来新的灵感，如今后报道涉及固定比例、配额制、制度保障等观点时，可以出现按人口的性别比例产生男女人大代表的探讨。

1995 年联合国第四次世界妇女大会在北京通过的《行动纲领》为促进妇女参政制定了两项战略目标：一是采取措施确保妇女平等进入并充分参加权力结构和决策，为此，必要时要采取积极行动（即一般所说的倾斜性政策）；二是提高妇女参加决策和领导的能力。而妇女在立法和行政职位上达到 30% 的量化指标，也在《行动纲领》中明文出现。

《中国妇女发展纲要（2011 ~ 2020 年）》提出了“妇女参与决策和管理”的 8 个主要目标①，并据此提出了 9 项策略措施。

媒体报道妇女参政时，应了解或参照上述文件。各地媒体上都全文刊载过《中国妇女发展纲要》和各省、市依据纲要制定的本地的妇女发展规划，媒体也报道过国家和民间组织对妇女进行的参与决策和领导的能力建设。但是报道还需要超越简单的反映性的叙述，不要满足于介绍“30%”或 1/3 这个妇女参政的量化目标，以及简单传播现有做法，而应对这些做法进一步阐述和探究——这些“应当”足够明确、可遵循、符合国际共识和趋势么？是否有恰当的机制和操作方案以及配套资源确保这些“应当”变成现实？现有措施是否能有效促进国家宪法规定的平等原则的实现？是否和政府所承诺的《北京

① 国务院：《中国妇女发展纲要（2011 ~ 2020 年）》，中国政府网，http：//www.gov.cn/zwgk/2011 - 08/08/content_ 1920457.htm，2013 年 11 月 20 日访问。

行动纲领》以及《中国妇女发展纲要》的目标及行动/策略措施吻合？如果这些措施的意义和力度不足，或者有所缺失，可以如何弥补或增强？这些做法是对症下药么？即使是对症下药，是否能标本兼治？

总之，根据宪法第48条关于男女平等的规定、《妇女权益保障法》，以及1995年世界妇女大会通过的《行动纲领》和《中国妇女发展纲要（2011～2020年）》，需要从主张妇女权利和性别公正的视角呈现妇女参政进展，而不是仅仅宣传成绩的“正面报道”；分析问题或探讨对策时能看到结构性的社会性别因素；不使用性别歧视和性别陈规的语言，描绘人物时能超越或挑战性别角色和性别特征的陈规定型。

改善媒体对妇女参政报道，需要妇女组织向媒体工作者提供有关支持和服务。比如有性别敏感的新闻报道能力建设。除了一线记者编辑外，媒体能力建设迫切需要延伸到新闻教育中，即新闻和传播院系开设的课程中，以及需要延伸到新闻从业人员的入职和在职的业务培训中。此外，可以各种方式建立和媒体负责人的对话和研讨机制。另外，通过媒体合作带入性别敏感。鼓励妇女组织、专家团队和媒体合作策划选题，提供报道线索、背景信息、性别分析和目标诉求。

结合一些新闻事件和某些重大契机，吸引媒体。如2012年、2013年揭示高校招生中的性别歧视的行动，配合调查数据、政策建议，有效地提升了有关性别问题的媒体能见度，凸显了这些问题的政策含义，促进了有关部门的回应和重视。在促进妇女参政的报道方面，也可以借鉴这类手法。

## 参考文献

[1] 陈琦斐，何东霞：《广州41个部门统一发布2011年度财政决算报告　林园局出国考察“妇女发展”舆论大哗　有15个单位没有披露出国目的地》，《工人日报》2012年12月3日。

[2] 侯鹏飞：《在家要温柔体贴，在外必须果断强硬》，《新快报》2013年3月6日。

[3] 李瑾：《2013：两会变·辩·辨》，《工人日报》2013年3月16日。

[4] 南姝：《从女土司到女代表：见证全国人民代表大会的成立与发展》，《中国民族报》2013年3月8日。

[5] 审国颂、唐炳锋：《瑶乡妇女顶起“半边天”》，《河池日报》2012 年 3 月 24 日。
[6] 王铀（文）、焦海洋（图）：《换个马甲》，《信息日报》2012 年 11 月 28 日。
[7] 吴珊：《性别平等：北欧模式的寓言》，《南方都市报》2013 年 4 月 26 日。
[8] 周文馨、李开南：《社会性别意识应逐步纳入立法过程》，《法制日报》2012 年 11 月 21 日。

# B.7

# 电视综艺节目中女性的形象塑造与媒介呈现

## ——以《奔跑吧兄弟》为例

刘君竹 *

摘　要：2014 年大型户外竞技真人秀《奔跑吧兄弟》登陆浙江卫视，《奔跑吧兄弟》七位主要嘉宾跑男团当中只有一位女性嘉宾 Angelababy（杨颖），本文以她为主要分析对象，包括其他临时女嘉宾，通过分析其中有代表性的几期《奔跑吧兄弟》的环节设置、语言分析等方面，分析她们的形象，呈现正面的特点；也对女性的刻板印象进行分析，寻找女性形象的突破点。

关键词：《奔跑吧兄弟》　女性形象　媒体呈现

作为浙江卫视联合韩国 SBS 电视台在 2014 年重点推出的大型户外竞技真人秀节目，《奔跑吧兄弟》自 2014 年 10 月 10 日开播以来一直深受大众的喜爱与热捧，不仅创下了连续十四期蝉联周五档综艺节目冠军的奇迹，[①] 还引发了观众竞相模仿节目中“指压板、撕名牌”等游戏环节的现象，为国产综艺节目开创了新的节目模式的同时也树立了新的标杆。

尽管从名称上来看，《奔跑吧兄弟》是一档男性为主的节目，七个固定参

---

* 刘君竹，就读于北京大学新闻与传播学院，学术研究生，新闻学专业，主要关注媒体尤其是电视等传统媒体，同时包括女性主义的相关理论。

① CSM50 收视率盘点，www. tvtv. hk [DB/OL]。

演嘉宾中有六位是男性，但节目也包含少数的女性嘉宾，包括固定参演嘉宾Angelababy（杨颖），也包括临时的女性嘉宾马苏、古力娜扎、唐艺昕、谢依霖、张蓝心、王丽坤、伊一、熊黛林、吴映洁、赵丽颖和白百合。这些女性参演嘉宾特别是固定参演嘉宾Angelababy在节目中扮演了何种角色，如何被呈现，与男性参演嘉宾的合作方式如何，男性参演嘉宾对其评价如何以及受观众认可程度如何，是本文所探讨的重点。透过对十五期节目的观察，本文从社会性别的视角出发，分析解读《奔跑吧兄弟》中的女性嘉宾的形象塑造和媒体呈现，并进而对电视真人秀这类综艺节目中的女性形象进行梳理，归纳抽绎其中的特点、规律及其与性别身份和角色之关系。

## 一 女性嘉宾形象塑造的多元表达

一言以蔽之，性感美丽的女神与勇敢智慧女汉子在同一个女性身上的完美组合是该节目女性形象的典型特征。

Angelababy（杨颖）作为主要的女嘉宾，对于她的形象的塑造，成为这档节目中女性形象的研究对象。杨颖是香港模特、演员，一向以美丽、性感形象示人，与杨幂、刘诗诗、倪妮一起被封为“新生代四小花旦”。① 从事的影视角色主要也是给人以清新、漂亮的形象，大多是被保护的对象，虽然在电影《太极》中扮演太极拳传人陈玉娘，但是人们关注她的焦点依然主要是她的美艳。

在《奔跑吧兄弟》节目的海报中，对于杨颖的描绘是“待我长发及腰，一起奔跑可好”，而形象则是杨颖侧躺着，画面中出现了玫瑰花，而其他男性嘉宾则围在她周围，表情各异。这样的形象其实并没有摆脱刻板印象的影子。人们普遍认为女性是被欣赏的对象，尤其是女性的形体，因此海报中依然展现了杨颖的骄人身材。长发作为女性的一种象征，长发及腰就是女性的一贯形象，所以这种形象很容易让人联想到“女神”这个词语。

杨颖在《奔跑吧兄弟》当中的形象反映了传统文化与社会性别建构的根深蒂固。美丽性感、温婉贤淑的女性是荧屏及其节目背后创作者选择的首要标

① 曾明辉、张燕、杨蓓蓓、邱致理、吴笑丛、蒋梦谣：《南都娱乐周刊》2013年1月。

准，也是观众和社会一致的价值认同。尽管该节目有许多现代的元素和设计以及当下的文化新意，但是，女性在节目当中被描绘为客体身份的形象角色仍未改变，女性形象的刻画凸显了传统的性别关系与性别秩序和角色。正如斯冈茨尼所思考的："美的性别的文化反映出'古老'的建立在两性不平等和根本差异上的思想。男性拥有的是权力和理性，属于女性的则只是脆弱的心灵和美丽的身体。"①

节目当中的杨颖也同时展现了女性的另一面特质。在节目中，由于加入了更多的顽皮、智慧的因素，杨颖的形象更加丰富，虽然杨颖是节目中唯一固定的女性参演嘉宾，但她成为这一季的最强王者。在整个十五期节目中，杨颖不仅展现了女性的特点与优势，也有与众不同的表现，"女汉子""军师"也是对杨颖的称呼，这些词语往往是对男性的表达，因此在节目中她不仅展现了女性的优势，也将力量、智慧的另一面展现给大家。杨颖独立完成任务的坚韧、顽强与坚守，特别是与男性合作和交流中所保持的独立性，反映了女性形象的多元表达与呈现，也传递了挑战男权象征秩序的意味。

## 二　女性嘉宾性别特征的正面呈现

分析发现之一是女性的特点和优势在节目中有较多的呈现。

按照一般人的观点和印象，通常来说女性的特点和优势体现于如下四个方面。

第一，直觉方面，母性的天性使女性具有高度的敏感性和观察力，往往能捕捉到男性感觉不到的信息，甚至是下意识的信息。女性的直觉也就是"第六感"实验证明是存在的，而在节目当中杨颖也展现了女性的这种特点。在节目当中，杨颖总是最早发现其中奥秘的人，虽然在撕名牌环节并不占有优势，却能够分析出如何以巧制敌。

第二，在语言方面，女性具有较好的天赋，运用语言词汇的能力强于男性，能更加自如恰当地表达自己的思想。语言方面杨颖的确比其他男生更胜一

① 〔美〕丽莎·斯冈茨尼、约翰·斯冈茨尼：《角色变迁中的男性与女性》，潘建国等译，浙江人民出版社，1988，第30页。

筹，《奔跑吧兄弟》中主要负责阅读任务卡的是杨颖，并且分析形势时她可以更好地组织语言。比如在第三至第五期的“韩囧”中，杨颖一直负责阅读任务卡和问路，虽然在韩国人生地不熟，但是也可以很好地完成任务。并且在去机场的大巴上，杨颖还展现了自己的歌技，展现了丰富的语言能力。

第三，在耐力方面，长期处于弱势的地位使女性养成了坚忍的好习惯，用更合适的语言来形容就是蓄势待发。《奔跑吧兄弟》的主要嘉宾都为男性，杨颖不能在竞技中与男生直接比拼，因此就需要更大的忍耐度。以至于最后的最强王者的获得，也在于她的那股韧劲，得到了男生们的敬佩。这种坚忍不拔的性格，在第二期的撕名牌环节中，面对着跆拳道冠军，杨颖采取了躺在地上的策略，最后通过坚持最终赢得了比赛。而在第十一期，攻守交换撕名牌环节中杨颖在面对被淘汰的情况下，通过唱歌、扮可爱等方式，不仅自己几次逃脱了被撕名牌，而且还帮助了队友避免淘汰。

第四，在行为方式上，女性更倾向于“间接方式”，她们往往能超越狭隘的价值底线，在“关系”中发现价值。在节目当中杨颖会通过其他男生的帮助来完成任务，在直接对抗并不占优的情况下，利用一切资源进行竞争。撕名牌环节中杨颖会和男生们合作，郑凯就是主要的护花使者，15 期节目中郑凯主要任务就是保护杨颖。而杨颖也能够利用自身的优势，帮助男队友逃出困境。第六期逃出秀山岛中，杨颖在腹背受敌时，郑凯会放弃寻找线索，最终保护杨颖。而在第五期中韩撕名牌大战中，杨颖受到韩国跑男的喜爱，因此并未对她下手。因此杨颖也利用这种优势，先是与对方交好，在对方放松的情况下，最后将名牌撕下，并且留到了比赛的最后。

建构主义理论认为，世界是客观存在的，但是对于世界的理解和赋予的意义却由每个人决定。男性和女性“是按照自己社会的关于每一性别角色的行为规范去学会成为男性或女性的”①。从这个角度来说，女性的客体形象既源自于男性审美定势的塑造，也与自身角色定位与价值认同相关联。而《奔跑吧兄弟》女性形象的性别呈现，亦可以看作女性审美重构的女性主体形象。尽管许多女性主义学者认为，女性化个体的存在，女性特质的彰显，是在接受

① 〔美〕丽莎·斯冈茨尼、约翰·斯冈茨尼：《角色变迁中的男性与女性》，潘建国等译，浙江人民出版社，1988，第21页。

一连串的樊篱枷锁。比如，美国学者苏珊·布朗米勒在《女性特质》一书中就坚定地认为，在这个世界里，强权的赞美建立在对柔弱无力的赞美上，但是如果女性不接纳自己的任何女性特质，就势必会陷入一种悖论当中，势必会阻碍女性成为一个真正优秀的个体。因此，尽管女性特质的形成是建构而来，利用女性特质彰显女性优势也是一种生存与发展的选择。

分析发现之二是女性的性别弱势向性别优势进行了一系列的转化。

透过对节目的观察分析不难发现，尽管在力量方面女嘉宾不如男性，但是在几次撕名牌大战中，杨颖都能够成为胜者。那是因为她创造了一种躺在地上防止被撕名牌的方式，然后再伺机而动，在对方不备之时进行反击，用此招数，她曾经打败了跆拳道冠军张蓝心，也多次将王祖蓝淘汰出局。在第九期大漠公主争夺战中，杨颖在比赛中将力量与柔软性巧妙结合，尤其在最后的撕名牌环节中，先是打败了谢依霖，最后与熊黛林的决战中，杨颖展现了自己灵活的身躯，并且秉持了不服输的精神，虽然最后失败了，却表现了女性的另一面。可以用“女汉子”这个词形容杨颖在 15 期中霸气的表现，她一改之前乖乖女的形象，使得自身的形象更加丰富和立体。

在智慧方面，作为唯一一名女嘉宾，杨颖充分展现了美貌与智慧并重的特点。她多次在节目中扮演军师的角色，常常成为寻找线索的主力人物。在第十三期寻找神秘人的第二个项目中，演员要从集装箱逃脱，通过得到的线索，杨颖是第一个分析正确的人。其他队友在得到拼图时，也都会交给杨颖处理，表示了对杨颖智力的充分信任。在韩国之旅寻找油霸的过程中，杨颖通过得到的线索进行了迅速的分析，最终凭借对这些线索的分析完成了任务。

因此，总体看来，对于杨颖等女嘉宾人物的塑造，即有复制又有突破，并且在一定程度上打破了旧有形象的羁绊和束缚，女嘉宾利用自身的优点以及各种潜能向我们展示了更为丰满与多元的女性形象。

## 三　女性嘉宾“刻板印象”的复制与再现

刻板印象是指人们对某一社会群体的特征所做的归纳、概括和总结。它往往不以直接经验为依据，也不以事实材料为基础，也不考虑个体的差异，而是存在于人们头脑中的一些固定的看法。

通过对15期节目的梳理发现，《奔跑吧兄弟》中对女性特征的描绘，在许多方面依然延续了传统意义上的女性形象，从而存在着刻板印象的情况。

在描绘种族、性别、年龄等方面，往往会产生刻板印象，而尤以性别的刻板印象最为明显。所谓性别刻板印象，是指社会成员公认的适合于男性或女性的动机、价值行为方式和性格特征等。典型的刻板印象通常有，对于男性而言，人们一般会冠之以理性、力量等标签，认为男性应该具有坚强、勇敢、独立、果断、豪放等特征；而对于女性来说，人们通常认为女性比较感性，具有细心、整洁、温柔、脆弱等特征，而且这些特征还决定了女性是需要受到男性保护的性别。①

性别的刻板印象有四个不同的方面，② 包括外表形象，比如女性娇小优雅而男性则高大魁梧；人格特征，比如女性情绪化而男性较为理性；角色行为，比如女性照顾孩子、照顾家，而男性修整房屋、挣钱养家；职业选择，女性做护士、幼儿园老师，这些需要细心照顾的职业，而男性从事科学、建筑等需要思想、需要力量的职业。因为这些刻板印象的存在，所以在电视节目中的女性也有较为固化的形象，对于女性角色的描述和塑造，会给人带来更大的误解。

电视节目中对女性的刻画使得刻板印象这一现象扩大化，因为电视作为大众传播的媒体，传播的范围广、速度快。电视剧和电影中的女性角色，一般都是贤妻良母，而反派的角色则大多是娇艳妩媚。不仅在于角色，也表现在性格特点上，女性大多温柔、可爱，依附于男性。因此，这使得刻板印象通过剧情和角色的塑造更加强化也更加深入人心。影视创作更多的是编剧和导演对于形象的自我理解，而电视真人秀节目，则更能够通过明星或者普通人真实的表现，呈现刻板印象的自然表达。而这种表达方式更具有传播效果，也具有更多的传播力，因而也是我们需要特别关注的现象。

比如在《奔跑吧兄弟》中杨颖会经常展现美貌、身材或者是采用撒娇等示弱或需要男性同情或怜悯的做法。第四期踢毽子比赛中，杨颖就采用在摄像师面前做甩长发的动作，还亲自给摄像师喂食物，展现自己妩媚的一面以博取

---

① 许艳婷、吴威：《性别刻板印象对学校教育的影响及对策研究》，《漳州职业技术学校学报》2011年第2期。

② 王宇：《女性新概念》，北京大学出版社，2007。

摄像师的好感，游说和感动摄像师加入团队。第十期楚汉之争，疯狂躲球环节，杨颖以学猫叫的方式，表现自己可爱的一面。杨颖作为七分之一的队员，也是作为唯一的女性，常常被其他男嘉宾被保护。《奔跑吧兄弟》第一季，杨颖取得了最后的胜利，成为夺冠之人，主要是由于男队员对女性的照顾，而非出于实力取胜。

## 四　电视真人秀节目中女性形象的固守与超越

透过分析《奔跑吧兄弟》中对杨颖的形象塑造，我们要对整个真人秀节目进行反思。近几年电视真人秀的节目正值流行鼎盛，从歌曲类的《我是歌手》《中国好声音》，亲情类的《爸爸去哪儿》和《爸爸回来了》，到竞技类节目《男生女生向前冲》和《奔跑吧兄弟》等，女性在节目当中一直在出现也发挥越来越重要的作用。特别是其中还有一些主打女性题材的节目，比如《非诚勿扰》交友类节目会对女性进行刻板印象的刻画，每个女嘉宾都会有一个身份定位，而这些定位就预示着她们能够成功。一部分的女性是乖巧、甜美型，这类人物更有吸引力；另一部分女性则比较泼辣，爱慕虚荣，而她们大多会成为话题，并且得到众人一致的讨伐。

还有一些女性题材的节目，主打化妆、美容、服装，比如《女神的新衣》，这档节目就是为女性明星制作服装的真人秀节目。主要的几位女性，包括模特熊黛林、女神张馨予，还有韩国的 Nana 等，都是传统意义上的女性的形象。而服装也多以裙装为主，并没有大的突破。实质上，观众更多关注的是衣服以及服装设计师，女性却成了配角。

真人秀节目以真实著称，女性的参与对于展现真实多元的女性特质与女性形象，以及呈现多元的性别关系，都会有很大推动作用。当然，从另一个方面说，刻板印象依然没能完全被打破。《奔跑吧兄弟》给了我们思考、分析与研究的依据之一，当然同时给予我们从另一个视角来看待女性的权利。也就是说，女性不仅可以美丽、可爱，也可以有力量和智慧。正如美国传播学者沃尔特·李普曼曾经说过的，大众传媒的内容是一种营造“拟态环境”的活动，即大众媒介通过对象征性的事件或信息进行选择和加工，重新加以结构化以后向人们提示的环境，其不仅制约着人们的认知和行为，而且通过制约人们的认知和行为来对客观的现实环境产生影响。① 因此，如何突破大众传媒对女性刻画的模式化和简单化，需要更多的节目挖掘女性不为人知的另一面，现实的生活中女性也应该努力彰显和展现自己各个特点，使得女性形象更加丰富，角色更多元，女性价值的认同度更好。

## 参考文献


[1]〔美〕丽莎·斯冈茨尼、约翰·斯冈茨尼：《角色变迁中的男性与女性》，潘建国等译，浙江人民出版社，1988。

[2] 王宇：《女性新概念》，北京大学出版社，2007。

[3] 罗慧：《传媒中的女性形象建构及其对女性生存发展的影响》，《山东女子学院学报》2012 年第 1 期。

[4]〔美〕朱丽亚·T. 伍德：《性别化的人生：传播、性别与文化》，徐俊、尚文鹏译，暨南大学出版社，2005。

[5] 李东：《影视文化的性别批评》，中国戏剧出版社，2012。

[6] 刘利群、唐觐英：《中国媒介与女性发展报告》，社会科学文献出版社，2013。


① 罗慧：《传媒中的女性形象建构及其对女性生存发展的影响》，《山东女子学院学报》2012 年第 1 期。

# 媒介与女性发展篇

Media and Women's Development

## B.8

# 从社会性别视角看当前中国妇女广场舞的群体行为

骆晓戈*

摘　要：本文运用个案跟踪与问卷调查分析相结合的研究方法，对当前中国妇女广场舞兴起进行实证研究。中国广场舞是以妇女为主体的群体行动，与以往公共空间发生的群体行动相比，它具有鲜明的性别特征；具有非政府，自下而上，得到家庭成员和邻里相互支持的特征；具有个体自愿并主动要求成为集体行动的社会性特征。由此广场舞也可以看成中国社会转型期女性自觉发挥主体性自我充权的民间行动。广场舞现象尤其为传播学、文艺学、社会学和妇女学提供了本土鲜活生动的案例。引入社会性别视角分析，将妇女写入历史，还需

* 骆晓戈，湖南商学院汉语言文学院二级教授，作家，主要研究方向为女性学、当代文学。本课题组成员有易惠霞、鲁雪儿、丁璐、刘伟、李盼、赵菁、陆祝玲、张楚怡、周克勤。

要对此做进一步的跨学科研究。

关键词： 社会性别 中国妇女 广场舞 群体行为

在2013年11月12日《中国青年报》发表一篇题为《“广场舞”不应模糊公私域界限》① 的文章，尽管作者从批评的立场出发，对此行动颇有微词，但是文章也肯定了一点——广场舞跳出“国际影响力”。这篇综合报道还提到中国至少有1亿广场舞舞者，主体是大妈们。《华尔街日报》不仅仅对中国广场舞大妈在国内影响力有详细报道，甚至关注中国广场舞大妈在海外也大显身手。《华尔街日报》在报道中创造了“Dama”（大妈）这个词；英国的《经济学人》杂志一篇关于中国休闲文化的报道也蹦出了新单词“Guangchangwu”(广场舞)②，这些都让抱怨国人缺乏创造力的网民们惊讶不已。

笔者于2015年4月5日百度“广场舞”，找到1亿个相关结果。1亿条信息中主要是广场舞视频和MP3以及媒体报道。同时，笔者在中国知网检索关键词“广场舞”。文献检索显示有252个结果：在2009年，标题中有关键词“广场舞”的论文仅1篇，而到2015年4月5日止检索显示的相关论文为30篇。广场舞正进入学者视野，主要与群众体育、文化活动、心理健康、中老年妇女健康等相关联。从性别社会视角分析的文献尚不多见，但是论文作者几乎都认可广场舞是中国妇女，尤其是中国的中老年妇女的群体行为。

广场舞文化现象在国内颇有争议，反对者的理由是：噪声扰民。一名家住北京昌平区的男子因广场舞噪声过大，交涉无果后拿猎枪朝天鸣枪恐吓，并将自己饲养的三只藏獒放出来驱赶跳舞者，最终因涉嫌非法持有枪支罪而被批捕；还有从楼上朝广场舞人群泼粪的恶搞。广场舞也得到不少网民的支持。广场舞是非功过，有人爱，有人恨，无论怎么评说，它确实成为中国大妈们喜爱

① 中国青年报：《“广场舞”不应模糊公私域界限》，http：//www. chinanews. com/gn/2013/11 - 12/5490079. shtml，2013年11月12日。

② 中国青年报：《“广场舞”不应模糊公私域界限》，http：//www. chinanews. com/gn/2013/11 - 12/5490079. shtml，2013年11月12日。

的文化现象。

引入社会性别视角，便于我们从一个崭新的视角来观察这一文化现象。我们课题组在社会调查中认识到广场舞是中国妇女在中国城镇化过程中，重组社区友善人际关系的积极探索，是一种传承中国文化和民间妇女自我充权的社区组织形式的创造。

## 一　对中国妇女广场舞的个案及问卷实证分析

2012 年 8 月笔者在美国的麻省理工学院做访问学者，了解到当地健身舞蹈班一小时的费用为 20 美元；回到中国的长沙，了解到所居住的社区广场舞参加者半年的费用是 20 元人民币。笔者作为课题研究主持人，2012 年 10 月至 2015 年 1 月，在湖南省长沙市参加社区广场舞活动。2012 年正式交费参加社区广场舞蹈队。

如此之低的社会成本，就将社区的妇女组织起来，难怪媒体要惊呼中国广场舞跳出“国际影响力”。笔者作为妇女学的研究者，跟踪长沙社区广场舞蹈队两年多时间，这几乎就是对一个民间草根妇女团体的参与并追踪实证研究的过程。

### （一）一支广场舞蹈队的案例概况

我们的舞蹈队所处社区是长沙城北的城乡接合部，是 2010 年前后居民相继入住的新社区，这里是一所大学的教职工宿舍社区，也有几乎一半房屋是商品房。居住者多而复杂，既有大学教师，也有不少城区工人和郊区农村的拆迁户；既有长沙本地的拆迁户，也有湖南各地区随着孩子来长沙的人员。舞蹈队有 30 多人，年纪在 45 岁以上，最大的 75 岁，全部是小区的妇女，其中有职业女性，也有家庭妇女；有退休女教师、女职工，也有近年从湖南的邵阳、常德、益阳等地来到长沙帮子女带孩子的奶奶娭毑①。

舞蹈队在社区范围内有三个活动场地，全部是免费的公共场所，一个是小区的广场；还有两个是高层住宅的一楼架空层，一处是没有围墙的架空层，一处是有四壁的架空层。这样舞蹈队一年四季，甚至雨雪天气都有活动空间。

① 娭毑：长沙方言，对老年女性的称呼。

舞蹈队的活动时间是每天早晚各一小时。有的一天早晚两次参加舞蹈队活动的，也有只参加早上或者晚上舞蹈队活动的。人们可根据自己的时间灵活安排。

舞蹈队有账簿，登记三年来的收入和支出；有三台播音设备。资金除了购买 U 盘、电池，给教师买点礼物，每年略有节余，因此有些隔三岔五来舞蹈队客串“玩玩”的不交费，大家也不计较，觉得人多热闹，舞蹈队风光。

广场舞，在新建的社区，是唯一能够让邻里之间沟通交流的一个愉快温馨的人文空间。去年一位老队员跳舞的时候眩晕，大家背的背，打电话的打电话，及时将她送到医院抢救。医院诊断是脑溢血，幸亏送得及时，保住了一条性命。广场舞也是妇女们环保、有机、低碳生活的信息与物质交流场所，东家孩子的小衣服小鞋子，转个手送西家孩子接着穿；你家我家阳台或者屋顶种的青菜萝卜也互相赠送；大家相邀结伴步行去菜场商场；自制的酵素、泡菜、炒面也是交流的品种。其他如交流治病防病的偏方，互相帮忙看孩子带孙子的。舞蹈队有个奶奶常常带着一岁多的孙女来，小娃娃成了舞蹈队的铁杆小粉丝，每天音乐一响，就看到她舞动小手，逗得大家直乐和。也有老伴偏瘫了，每天推着轮椅来的。

所以我们舞蹈队里有人说，不仅仅是来学跳舞，而是一天在家中闷得慌，出来跟邻居说说话、散散心、交流信息、排遣寂寞。所以有人这样说，小区刚刚搬进几户人家，超市还没有开张，大妈们的广场舞就开张了。

舞蹈队队长姓 W，极有威信，哪一天她没有到场，很可能会乱了阵脚，只有她记得住几乎所有舞曲的动作，被大家称为舞蹈队的“电脑”。她是某单位下岗女工，原来做会计，记忆力特别好。W 队长还被众队员描述为一根“黄藤根筋”，意思是人瘦，像根枯黄藤、干豆角，但精神好，舞蹈激情随时点燃。W 队长的组织能力是非凡的，她自己也担任教练，几届教舞蹈的老师都多亏她热情邀请。

W 队长保存着舞蹈队三年以来的活动照片，以及舞蹈队的近百种舞蹈视频，现代的、民族的，迪斯科舞曲、广场舞曲、印度舞曲都有。摄影录制人也多是舞蹈队的成员。

三年来，舞蹈队的发展不仅仅因为有队长一人，还有几位骨干和高参。比如帮大家购买服装的，组织春游秋游的，选舞曲的；还有队长来不了的时候，负责音响设备的……这些骨干在跳广场舞的时候一般站在第一排领舞，便于带动，也是方便管理。

## （二）广场舞的问卷调查分析

我们对广场舞的问卷调查分为面对面问卷发放和网上填写问卷两种形式，我们的问卷上传于问卷星网站以及麓山枫网站的网上调查时间从 2014 年 9 月 28 日开始，结束时间为 2015 年 2 月 5 日。

面对面发放问卷的调查，分别在湖南省的三个地点采样：长沙烈士公园、湘潭县中路铺镇石潭坝乡和湘潭县中路铺镇菱角村。

### 1. 报告1

采样地点：长沙烈士公园，数据分析摘要如下。

2014 年 9 月，在长沙烈士公园，广场舞人群。为了统计的方便，这一批问卷全部输入了问卷星，通过问卷星统计生成了调查报告，简称报告 1。

问卷的第 1 ~ 7 题是填表人的个人信息，从统计分析得出，城市广场舞成员首先以企业退休和下岗的女职工占主体，其次是退休教师，最后是在职女性。农村妇女进城帮子女带孩子、做家务的占一定比例，她们由于文化较低，还有没有填写此表，只是口头叙述。60 岁以上女性占 56%；在城市居住了 5 年以上以及长期居住的女性占 55%；本地人占 73. 91%，本省农村进城务工人员占 17. 39%；针对“你是怎样参加广场舞的”这一问题，选择本人自愿的占 73. 91%，选择“朋友引见”的占 26. 09%。

8 ~ 15 题数据统计如下。

8. 你多久有一次家人或朋友的聚会？（多选题）

**图 1　参加朋友聚会的频率**

9. 你参加广场舞的时间是：

| 选项 | 比例(%) | 选项 | 比例(%) |
|---|---|---|---|
| 每天早晚 | 4.35 | 一周四五次 | 13.04 |
| 每天一次 | 52.17 | 偶尔 | 21.74 |
| 一周两三次 | 8.7 | | |

**图2　参加广场舞的频率**

从图1与图2不难看出当下社区女性的社会交际范围和人群特征，家人相聚见面少，而广场舞提供了社区交友的高频率场所和机会。

10. 你对广场舞的组织者的评价是：

选项为：1）满意，86.9%；2）较满意，13.04%；3）很满意为0%；4）不满意为0%。

对广场舞的组织者满意度非常高，在当今中国一般民众对公共事务组织者满意度普遍偏低的情况下，广场舞的组织者从民间产生，服务于民间文化活动，获得了参与成员的信赖和爱戴。

11. 你的闲暇时间用来做什么？

占用时间最多的首先是“家务”，其次是看电视，这两项都是在家庭空间活动，由此可见，广场舞是社区居民十分需要的公共社区社交活动和健身活动。

12. 你对广场舞的评价是：

| 选项 | 比例(%) | 选项 | 比例(%) |
|---|---|---|---|
| 扰民 | 4.35 | 减少夫妻矛盾冲突 | 8.7 |
| 锻炼身体 | 100 | 活跃小区文化生活 | 52.17 |
| 交友、互助 | 69.57 | 妇女参加社区活动 | 47.83 |
| 有组织、集体活动 | 39.13 | | |

**图3　对广场舞的评价**

13. 你认为自己参加广场舞的目的是：

| 选项 | 比例(%) | 选项 | 比例(%) |
|---|---|---|---|
| 自娱自乐 | 91.3 | 学习 | 26.09 |
| 公众场合表演 | 26.09 | 放松、排遣寂寞 | 39.13 |
| 了解社区信息 | 17.39 | 释放压力 | 34.78 |
| 了解购物信息 | 0 | 实现自我价值 | 17.39 |
| 社交 | 60.87 | | |

**图4　参加广场舞的动机**

14. 你是否同时参加其他缴费的文体社交健身活动？

仅有2人选择参加过健身俱乐部活动，2人选择游泳，占86%的问卷填写者选择“其他”。调查者询问“其他”的含义，他们回答不是自己缴费，是亲朋好友赠送或单位组织的活动。

15. 认同广场舞的附加值如下：

| 选项 | 比例(%) | 选项 | 比例(%) |
|---|---|---|---|
| 认识邻居 | 69.57 | 平等议事 | 39.13 |
| 探视病友 | 13.04 | 传承民族文化 | 43.48 |
| 姐妹情义 | 78.26 | | |

**图5　广场舞的附加值**

从题12～15的数据分析，不难得出100%的参与者认为参加广场舞是为了锻炼身体，认同广场舞能够起到认识邻居。扩大社交圈子的也占到将近70%，91%的成员认为它是一种自娱自乐的健身活动。

2. 报告2

采样于湖南省湘潭县中路铺镇石潭坝乡与地处该乡镇的菱角村，数据分析摘要如下。

2014 年 11 月，我们在湖南省湘潭县中路铺镇石潭坝乡与地处该乡镇的菱角村做调查，形成报告 2。

我们调查两个地方。一个是湘潭县中路铺镇的集市，另一个是湘潭县晓霞山文艺村的宣传队，两个地方我们都发放了调查问卷并对广场舞的组织者进行了访谈。集市是人流聚集地，且是城市的前身，调查结果兼具城市、乡村的两种特征，而晓霞山文艺村的宣传队，虽与大众看到的广场舞有些许差别，但从广义上来说，也可以看作广场舞在乡村的另一种表现形式。

我们的调查问卷主要针对广场舞的参与人群，两个地方回收调查问卷共 50 份，我们对其进行了数据统计。从回收的问卷来看，两个地方的问卷在许多方面都显示出一致性。如：从参与者性别来看，两者显示 99% 以上的广场舞参与者为女性；从参与时间来看，半数以上的人都已经有 5 年以上的广场舞参与经验。

由此可见，群众性广场舞的兴起及发展已经有一定的时间。集市广场舞蹈队成员基本为当地邻里乡亲，是集市上的居民和开店铺的生意人。她们参与广场舞（宣传队）都是为了锻炼身体。在对湘潭菱角村宣传队的问卷调查中，我们了解到她们也同意广场舞有活跃乡村文化的作用。

我们在湘潭中路铺集市现场采访了几位广场舞骨干，一名 H 女士是两个孩子的妈妈，小儿子上大学了，大儿子已经结婚成家，丈夫因车祸肇事被判刑入狱 10 年了，平时只有她一人在家中。H 女士看上去满面红光，健康开朗，我们不是因为访谈几乎看不出她经历了这样的家庭悲剧。还有一名 W 女士较为年轻，自称 38 岁了，在广州打过工，在广州打工时就参加广场舞，现在因为生孩子，在老家带孩子，老公在外地打工。她觉得在老家能够有人组织广场舞，每天参加锻炼，心情愉快。她接受采访的时候告诉我们，她的孩子也在现场，每天总是跟着她一起来，她跳广场舞，孩子找小伙伴玩耍。

95% 以上的参与者都对广场舞的组织者表示十分满意。在中路铺镇，我们通过对广场舞参与者的访问、对广场舞组织者的访谈了解到，这支已经有 5 年历史的集市广场舞蹈队是以一个家庭为核心地，这家的女主人是舞蹈队的队长。作为强有力的组织者，她能够召集多个活跃的广场舞骨干一起来商量、组织舞蹈队活动。队长为广场舞提供家门口的场地、灯光，甚至提供更衣室、电脑、宽带，让众多姐妹通过优酷、土豆等视频网站学习广场舞。组织者往往率先学习，然后再转授给其他参与者。我们亲眼看见广场舞组织者的丈夫在协助组织者（队长）管理音响设备。我们访谈这位男士，他爽朗地说，为了老婆高兴，自己也高兴，他自愿当义工。服装则是大家自费，统一购买。

在湘潭县菱角村，文艺宣传队是以一家文艺世家为核心组织起来的。此家的一对老夫妻是湘潭县文艺界退休人员，儿女也在湘潭县文化部门工作，由于他们一家与村委会的共同努力，菱角村被授予“湖南省文艺村”。因为其具有政府支持，经常参加一些群众文艺表演活动，能够获得一些经费支持。宣传队的花销如购买服装等需要自己垫资。在“家人是否支持其参加广场舞”这一选项中，大部分人选择了“十分支持”。在对宣传队队长进行访问时，她也谈到由于农村住户十分分散，在排练时，许多参与者是由丈夫骑摩托车送到集合地点的。

另外，我们也发现了所选取的两个点的不同。从参与者年龄来看，对集市的调查问卷显示了明显的年龄分布不均的特征。集市的广场舞参与者40～50岁的最多，60～70岁的最少，其他年龄各有分布，而在晓霞山文艺村，我们却发现其参与者大多分布在50～60岁这一年龄阶段。

### （三）三地广场舞成员比较分析

长沙市的广场舞参与者多为已经退休赋闲在家的50～70岁年龄阶段的女性；湘潭县中路铺集市这支广场舞队伍只有二十几个人，以30～40岁女性为主，年龄最大的50岁。许多50～60岁的集市妇女在接受访谈时说自己不会跳，怕丢丑。而晓霞山文艺村的宣传队，由于带着政府扶持地方花鼓戏文艺传承的性质，老一辈的妇女是中坚力量。从三地共同点看，中国广场舞基本是以中老年妇女为主体的群体行为。

阻力和困境：由于广场舞多是自发组织，也就会存在组织的阻力和困境，主要归为场地的问题和管理问题等。在调查过程中，被调查者几乎都提到因为场地与周边居民发生矛盾。在长沙城北社区，笔者参加的广场舞蹈队，曾经有社区居民投诉并报警，反映广场舞的音响影响居民生活，经过警方对噪声进行测试没有超标，风波才平息。在湘潭县中路铺集市调查时，也看到她们的场地非常狭小，广场舞就在两排居民房屋的中间空地进行，这样非常不利于更多人加入到广场舞活动中来。而在广场舞的管理方面，对于民主议事有较高呼声，苦于没有很好的议事规则，往往妥协和事，矛盾得不到有效解决。在对乡村宣传队的采访中，她们也提到了文化断代这一问题，即作为一种农村文艺现象，由于农村的青年外出打工，地方戏剧小曲等乡土文化很有可能无人继承。

## 二　广场舞：中国转型时期妇女的集体创造

广场舞作为妇女群体行为有几个特征。其一，组织形式属于非正式群体，夏季、冬季时间的变更，节假日的放假都由集体约定；其二，成员主要为50～75岁的妇女；其三，它是一个开放型的群体，随时有新成员参与，可以迟到早退，可以带着孙儿或者推着坐在轮椅上的老伴一起来活动；其四，从社会作用看，它基本为本社区的一种健身活动形式，主要骨干有较持久的舞蹈爱好并能够与其他社区交流；其五，活动规模少则3～5人，多则30～40人。广场舞的群体功能是：既能满足群体成员的社会交往心理需求，更是为了健身娱乐的群体行为。从这种民间自发的群体信任中产生的骨干分子、积极分子、队长和舞蹈教练能够自觉担任组织协调工作。

在长沙城北的广场舞队，有4位年龄为68～75的老年女性。她们对广场舞的活动非常热心，学习舞蹈和太极拳非常守时、专心。笔者曾经对她们进行访谈，了解到她们均为老年丧偶，与儿女住在一起，照顾孙子和操持家务。其中两位有退休金，一位是乡村小学教师退休，一位是县级某事业单位退休，原工作单位和居住地都不在长沙市，是随儿女来到城北社区居住。另有一位H奶奶说，她从18岁生育，带孩子，到现在已经带大第四代重孙女；她说辛苦了一辈子，却都在用别人的钱，意思是她没有做过有报酬的劳动。她参加广场舞的目的，也是找点乐子，儿孙都带大了，中午常常是一个人在家中，连说话的伴儿都没有。这位一辈子做全职家庭主妇的老年妇女，希望自己在广场舞蹈队学习一些保健知识，交朋友，锻炼身体，不要成为儿女的拖累。值得注意的，是老年男性丧偶之后，往往选择找老伴，而老年女性多数选择和已经成家的儿女住在一起，帮着操持家务。

访谈老年妇女，也不难看到老年女性群体社会支持的资源稀缺。她们往往将参加广场舞当成一天家务劳动之后的放松，“属于自己支配的时间”，是“放松和关爱自己的娱乐”；她们往往是最遵守广场舞作息时间、最有集体观念的人群。

### （一）妇女抱团的新方式

广场舞的主体是中老年妇女，大多数成员是退休居家妇女，活动场地以城镇社区广场为主。这些在20世纪50～60年代出生的中国城镇妇女，以及进城务工的中年农村妇女有着如下共性。

1. 有居家结社的社会活动能力。居家结社是中国传统妇女的群体行为方式，在高彦颐的《闺塾师——明末清初江南的才女文化》和孙康宜的《从文学批评里的“经典化”看明清才女诗歌的经典化》都对明清时期的传统中国妇女因文化兴趣结社的状况进行了生动的描述和实证研究。在清末时期流传湖南江永地区的妇女文字——江永女书的流传同样是以母女，女性亲属，女性朋友，结拜姐妹来实现传承，是女性居家结社的社会组织形式。当今的中国广场舞兴起，可以说既是对中国民间妇女结社传统的承接，更是1949年新中国成立后妇女广泛参与社会建设的新传统发扬。我的一位高校教授朋友告诉我，在广场舞的团队中她找到童年时代的家人一般的温暖，在她临行去美国做一年访问学者时，为她送行的不是她的同事，而是左邻右舍社区广场舞蹈队的姐妹们。

2. 在计划生育人口政策影响下，她们多是独生子女的家长。在所谓4－2－1的家庭三代际结构中，传统的中国老人享受儿孙满堂的天伦之乐已经少见。空巢老人、独居老人特别需要社区交往，以克服孤独寂寞，放松心情。曾有研究追踪中老年更年期妇女抑郁症门诊病人，将一组参加广场舞与另一组没有参加广场舞的女性进行比较，发现参与广场舞的一组精神状态明显改善。

3. 低收入，下岗和退休妇女居多。这一人群普遍养老金低，医疗保险不健全，她们往往住在儿女家中，帮忙照看孙辈，退而未休，家务繁忙。

近年来，中国老年人的自杀率攀升，国家社科基金项目“农村老年人自杀的社会学研究”发现，自1990年以来农村老年人自杀率一直居高不下。与此同时，被专家将称为“诡异的现象”的是：中国妇女自杀率从90年代的世界最高位跌至世界最低位，尤其是农村妇女自杀率减少90%。

追究其原因，近年来的中国城市化进程为农村妇女外出务工提供了新的生机和流动机会，如果说以往面对种种困惑，农村妇女选择了自杀以求解脱，当今，更多的选择了进城务工。农村妇女进城务工解决了经济问题后，婚姻碎化，家庭成员的流动，对留守农村的老人与儿童牵挂，均给进城的农村妇女带来新的心理问题。因此，广场舞往往成为她们寻求工作之余的愉悦、交友和精神寄托的方式。有专家认为广场舞在释放心理压力方面，在降低农村妇女自杀率方面，在中国社会转型期的妇女群体健身健心方面，功不可没。

### （二）自我管理的新群体

近20年来，过于频繁的老城区拆迁导致频繁的居民搬迁，祖祖辈辈厮守的故土故园，以及“远亲不如近邻”“邻里相知”的居家方式，几经“革命”“改革”“拆迁”的折腾，几近断裂。当下，在新住宅区和城市公园等公共空间，源自市民的自发自觉和自愿的广场舞，尤其是社区的广场舞，更是市民在拥有自己的住房产权之后，对自身社交文化活动空间的拓展。广场舞具有私人生活自发自愿自动组织起来的再度集体化倾向，同时是妇女实行自我充权和自我管理的新型模式，这无疑是一种健康有益的社会行动，一种全新的尝试。在长沙天心区妇联实施社区零家庭暴力的项目时，社区管理者将非常有限的项目经费资助了社区妇女们的腰鼓队，发现从此前来社区管理部门投诉家庭暴力的女性大大减少，社区的妇女告诉妇联干部，参加了腰鼓队，男人不敢动手打老婆了，因为她们被男人看成是有组织的人，还是吃政府饭的人（排练期间社区提供免费的午餐）。

### （三）领导力的新含义

赫尔格森（Vicki S. Helgeson）是美国著名的卡内基梅隆大学的教授，他在《女性优势：妇女领导方式》一书中指出，女性领导注重沟通、协调、良好的人际关系和集体的成功。在后工业和全球化的时代，女性能够更加倚重其优势的特质，如注重情感交流、看重伦理关怀、发挥直觉的洞察力、不轻易冒险、坚韧稳健等。在妇女自发产生的广场舞群体行为中，究竟产生了怎样的中国女性领导者?《“广场舞大妈”成了“自治达人”》，2015年4月3日上海的《新民晚报》以此为题向我们介绍了这样一位具有领导力的女性：年近七旬的季月妹带领五六十人的社区广场舞团队，一小时 20 多个舞蹈，边组织指导边示范，有 38 年的广场舞“舞龄”。“她太厉害了，68 岁的人了，筋骨不要太好哦!”“我们这个团队，全靠她！她教我们跳舞，还很关心我们，是阿拉的老大姐。”

尤其感人的是三年前，街道癌症俱乐部的一些成员想学广场舞，慕名找到她，她一口答应了。当季月妹来到俱乐部的活动室时，被眼前的情景吓了一跳——十几个姐妹，六七个是“光头”。她暗暗想：一定要通过跳舞让她们身体变得好一些，人也开心一点。就这样，她每周跑去给她们上课，手把手地辅导她们，认真而耐心，且分文不取。“她比心理医生还要好。”成员们说。

《领导学》的作者哈格斯认为，领导艺术更加关注的是影响力，影响力的核心在于领导者和受众之间的相互渗透，是通过领导者的素质、魅力和品格，去影响下属和周围人，让他们自觉自愿地、愉快而兴奋地完成组织的目标。季月妹是这样的典型，从我们实地调研得到的数据看，广场舞参加人员对组织者的满意度非常高，这同样证实了广场舞群体行为正在产生一批具有领导力的女性典型。

### （四）文化传承的新载体

广场舞的舞曲音乐，以民族音乐为主打。正如《快乐广场》中的歌词：你的舞步跳出欢快，我的歌声唱出未来，唱起来跳起来，快乐就像花儿一样盛开，快乐广场大众舞台，自己的快乐自己安排，快乐在世界上得名牌。应该说在中国历史上从来没有过这样大规模的妇女群体行为——它传承的正是中国本土的语言、诗歌、音乐和舞蹈旋律。

广场舞的传播方式是值得关注的。广场舞传播首先利用的是社区广场，在广场集会，20 世纪 50 年代以来，一般为政府行为，而今天的广场舞是女性为主体的群众自发组织的非政府行为。其次的传播载体是互联网，例如，酷 6、优酷、土豆、爆米花网及爱奇艺，等等，都是广场舞样板舞蹈的传播网站。借助互联网新媒体，众多的广场舞工作室得以产生；这些工作室制作的广场舞视频，起到普及、示范、教学和推广作用，带动大江南北千家万户，遍及城乡的广场舞团队。女同胞们往往是在电脑屏幕前学习，甚至在手机上学习，通过广场上播放的录音录像学习。新媒体——互联网、电脑、手机和传统媒体——广场的互动，造就了浩浩荡荡的女性舞蹈者群体，同时造就了广场舞相关的众多文化产业。一些广场舞的知名团队成为舞蹈服装、舞蹈鞋、灯光、音响、摄影、视频制作等的文化产业品牌，甚至有不少的房地产业开发商主动为广场舞团队提供广告衫、比赛表演场地等赞助，同时邀请广场舞团队为房地产做广告宣传。

总之，中国广场舞是以妇女为主体的群体行动，与以往公共空间发生的群体行动相比，它具有鲜明的性别特征；具有非政府、自下而上、得到家庭成员和邻里支持的特征；具有个体自愿并主动要求成为集体行动的社会性特征。广场舞由此也可以看成中国社会转型期女性自觉发挥主体性自我充权的民间行动。广场舞现象尤其为传播学、文艺学、社会学和妇女学提供了本土鲜活生动的案例。引入社会性别视角分析，将妇女写入历史，还需要对此做进一步的跨学科研究。

## 参考文献


［1］恩格斯：《家庭、私有制和国家的起源》，《马克思恩格斯选集》（第四卷），人民出版社，1972。

［2］〔德〕奥古斯特·倍倍尔：《妇女与社会主义》，葛斯、朱霞译，中央编译出版社，1995。

［3］高彦颐：《闺塾师——明末清初江南的才女文化》，江苏人民出版社，2005。

［4］孙康宜：《从文学批评里的“经典化”看明清才女诗歌的经典化》，《耶鲁·性别·文化》，上海文艺出版社，2000。

［5］李洪涛、杨晖：《基层女性领导力培训手册》，全国妇联“推动中国妇女参政项目”教材，2011 年 3 月 1 日。

# B.9

# “受众商品”理论视角中的媒介“女性内容”生产

## ——兼论媒介与女性研究的创新问题

唐觐英 *

摘　要：本报告首先对传播政治经济学经典理论“受众商品”理论加以梳理、概括，该理论提出大众传媒的商品形式是“受众”，揭示了传媒—受众—广告商的内在关联，从而对大众传媒在社会系统中扮演的角色进行了更为深刻的、整体性的把握。论文运用“受众商品”理论透视当代大众传媒低俗女性内容、妇女媒体面临艰难困境等当代中国媒介与女性领域的重大问题，指出媒介“女性内容”生产中的市场逻辑是深层根源。本报告认为“受众商品”理论为我们更深入地认识大众传媒中的性别问题提供了富有解释力、洞察力、启发性的分析视角，对媒介与女性研究从媒介文本研究向媒介生产研究拓展，从而更好地推动研究与实践发展，具有十分有益的方法论层面的借鉴意义。

关键词：受众商品　大众传媒　内在倾向性　女性内容　妇女媒体

---

* 唐觐英，博士，中国传媒大学媒介与女性研究中心助理研究员，联合国教科文组织“媒介与女性”教席研究团队成员。主要研究方向：媒介与女性、女性/性别理论、舆论研究。本文是国家社科基金重大项目“男女平等价值观研究与相关理论探索”子课题“我国大众传媒与男女平等价值观的传播研究”（项目编号：12&ZD035）的阶段成果。

近年传媒中大量存在对女性的物化、贬抑现象，如“女性”常常被当作庸俗的八卦新闻的主角，“性感”被大肆渲染，女貌成为绝对的标准，在涉及女性受害人的犯罪案件的报道中猎奇大过对暴力、犯罪的明确反对。种种表现不一而足，最突出、最核心的表现是渲染“性感美丽”，建构女性的“性的消费对象”的角色和地位。这些符号定义建构着对女性的钳制性的权力关系，对女性发展、性别平等形成十分不利的文化舆论环境。此类现象花样不断翻新、层出不穷，也说明这远不是单个的问题，迫切要求我们去探究可能存在的结构性的发生机制。多年来媒介与女性研究领域持有的媒体从业人员性别意识存在不足解释框架越来越需要获得超越与发展，我们需要进一步探究：在媒体生产领域究竟还存在怎样的深层机制？

在传播学研究中，对媒体生产及其与所处社会系统的关联的聚焦是传播政治经济学大力主张的研究取向。传播政治经济学中关于媒体生产的一个经典理论是“受众商品”理论，它对于媒介与女性研究超越文本分析、文化批评，结构性、整体性地把握媒体“女性内容”生产的内在逻辑或可提供有益的理论视角。

## 一 “受众商品”理论的提出及其内涵

“受众商品”理论是于 20 世纪 70 年代由传播政治经济学奠基人达拉斯·斯迈思（Dallas W. Smythe）对其身处的资本主义社会媒体与社会的关系提出的一种理论概括。人们可能普遍持有的一种观点是“传媒生产的产品/商品是节目”，但是斯迈思揭示，在资本主义的传媒制度下，以广告收入为主要经济来源的媒体所生产的商品不是广播电视节目，而是受众这一特殊商品。节目只是提供给顾客的免费午餐，目的无非是将观众吸引到节目上来，再把观众的眼球注意力卖给广告商。这样，观众就实际上被当作商品卖给广告商。

达拉斯·斯迈思是针对 20 世纪 70 年代传播研究中的批判学派倚重传媒内容的研究、片面关注其所扮演的意识形态作用的状况而提出“受众商品”理论的。他提出这样的问题：大众传播的功能是什么？作为资本主义生产的一个部门，大众传媒被称为文化工业，那么它生产和出售的是什么？换言之，相对于一般意义上的商品生产，什么是大众传媒的商品形式？斯迈思重视对传播生产问题的研究，关注传媒业与资本主义生产关系的延续之间的关系。正如他所说："历史唯物主义者对大众传播体系提出的首要问题应该是，它们在服务于资本时发挥着什么样的经济功能，从而试图理解它们在资本主义生产关系的延续中扮演什么角色。"① "斯迈思主张，通过广告促销，商品的价值得以实现，亦即，通过传媒资本，其他的产业和商业资本得以实现其剩余价值，从而维持资本主义制度的延续。"② 这正是传媒业在资本主义社会中所起的关键性的经济作用。在这个意义上，斯迈思认为，"要来理解传媒的经济学意义，亦即'唯物'的意义，应该把受众而不是文本定位于传媒资本的'产品'"③。斯迈思阐述道："受众商品为买他们的广告商所做的工作就是学会购买商品，并相应地花掉他们的收入。"④

从"受众商品"这一关节点出发，该理论衍生出丰富的意涵：广告商首要看重的是消费者的购买力，它"天然地"青睐富裕阶层，而不是以某一群体的人数多寡作为自己的目标群体的筛选依据。这客观上形成数量巨大但是收入低的人群被排斥的过程。

这一理论观点打破了人们惯常的观点，从媒体与社会系统的视野中把握了媒体生产中的经济逻辑、市场逻辑，提出了"受众"的"商品"角色这一深刻的观点，揭示了政治经济结构性因素对传媒生产的内在决定作用。

受众商品理论有其西方社会的特定背景，在意识到中外历史—社会差异的前提下，科学借鉴这一理论视角的媒体生产与政治经济的互动关系的分析路径，对于传播研究有着积极意义。对于媒介与女性研究领域，"受众商品"理论有助于我们超越文本分析，深入到生产层面去认识中国媒介与女性领域的重

① Dallas W. Smythe，"Communications：Blindspot of Western Marxism"，曹晋、赵月枝主编《传播政治经济学英文读本（上册）》，复旦大学出版社，2007，第38页。

② 赵月枝：《传播与社会：政治经济与文化分析》，中国传媒大学出版社，2011，第12～13页。

③ Dallas W. Smythe，"Communications：Blindspot of Western Marxism"，曹晋、赵月枝主编《传播政治经济学英文读本（上册）》，复旦大学出版社，2007，第39页。

④〔加〕达拉斯·斯迈思：《论受众商品及其劳动》、〔英〕奥利弗·博伊德－巴雷特、克里斯·纽博尔德编《媒介研究的进路：经典文献读本》，汪凯、刘晓红译，新华出版社，2004，第273页。

点矛盾、问题，把握有关政治经济结构性因素对性别内容生产、女性的传播地位的深刻影响作用。

## 二 作为"理想"招徕工具的"女性内容"："优质受众—收视率—广告收入"体系的筛选

当今媒体"女性内容"的一个突出现象是其很多时候被用作吸引注意力、商业促销的工具，例如"女体盛"，还例如近些年愈演愈烈的车模、showgirl，还有以性感形象播报的女主播。新闻标题中突出"女"字，即便它并不是主体因素，根本上是为了注意力、点击率、收视率。尤其是在海量信息的互联网时代，媒体生产对点击率的重视更是达到非常高的程度，"女性内容"更是被用作吸睛利器。网络媒体的编辑需要时常关注点击率，如果某几天出现点击率下降的情况，主管就会指示上一点涉"性"的，以拉升点击率。女性在媒介空间中商业化的问题受到诟病。实际上，运用"受众商品"理论，可以看到商业化的背后，更是一种表现为"自然的"筛选过程的市场的内在结构性偏向。

为什么如今媒体如此看重点击率/收视率，甚至"唯点击率/收视率"？正如"受众商品"理论揭示的，媒体重视受众的背后是为了赢得广告商，赢得广告收入。媒体需要大的受众数、高的点击率/收视率。并且，对媒体来说，理想的受众要满足几方面的要求：有较强的消费能力和购买能力，在社会中处于较优势的地位/阶层，等等。媒体生产的节目或内容要服务于这个目标，因此，对节目与内容就有相应的选择标准：有较大的受众数、短时间内能产生的吸引力、有助于激发消费/购买欲望至少是营造消费氛围、能够流行（因为从让人们掏出钱包的着眼点来说，流行是一个重要的手段）。在这种选择框架下，"对女性的消费"成为理想的内容，它是人群在审美上的最大公约数（更何况媒体、广告商们的目标受众在性别上大多是男性），可以赢得最广泛的受众，其突出感官刺激的特点在注意力经济的层面上是有力的工具。由此，我们看到，"优质受众—收视率—广告收入"体系构成的市场逻辑与社会性别的因素结合了起来。所以媒体"女性内容"生产不是一个单纯的审美问题，不仅仅是媒体从业人员性别意识的问题。

自 20 世纪 70 年代末 80 年代初开始的深刻的经济社会变动中，中国妇女的生存与发展受到强烈的冲击，社会性别关系发生急剧的变化。国有企业的女工大量下岗，“城镇女职工下岗失业主要集中在制造业，在纺织、机械、轻工、财贸、交通、化工和电子行业中，一线女工下岗失业的比例更高。”① “1996～2000 年，只有 39% 的下岗女工重新找到工作，女性实现再就业的比例比男性低 24.9 个百分点。”② 在劳动力市场上女性由于其生育角色、家庭角色被视为劣质劳动力而难以获得就业岗位。人多地少和城乡居民生活水平的差异，使更多的农村劳动力向城镇转移，尤其是向东部及东南沿海地区，特别是珠江三角洲地区转移。“20 世纪 90 年代，中国境内的中外合资企业、外商独资企业和私营企业比 80 年代获得了更快的发展。有越来越多的外商和港台商人进入广东、福建、江苏、浙江等省的出口加工区开办劳动密集型企业。这些企业大量招募女工，使妇女劳动力迅速成为非公有制经济发展的重要力量。”③ 在这样的妇女经济政治状况剧烈变动的现实环境中，妇女的平等地位受到冲击，不平等的性别的权力关系在滋长。与此相交织，媒体在收视率、发行量的追求中，“女性”被利用为一个吸引眼球的工具，建构其作为消费对象的地位。

在市场化改革的媒体转型过程中，筛选“优质受众”非常突出。以省级卫视为例。从 20 世纪 90 年代后期开始，投身于市场竞争、广告竞争的省级卫视纷纷追求特色，改变原先的“综合性”频道，定位自身的目标受众群体，在这个过程中，不约而同将目标受众放在了“都市、青年”上，这充分体现了受众购买力指标的作用。对频道内容的定位，也聚集在“娱乐、时尚、美丽、情感”之类上（见表 1）。

在这个过程中，地处西北的青海卫视历经了多次定位、改版，颇能说明问题。2007 年年初，青海卫视与先锋传媒合作，频道开始定位为“青海卫视，青年先锋”。2009 年年初，青海卫视与新传体育合作，推出“壹体育”品牌，成为中国大陆继 CCTV－5 之后第二家全国播出的体育频道，提供中超联赛、CBA、欧冠联赛、NBA 的现场直播。2010 年 1 月 1 日，青海卫视零点换装，

① 顾秀莲主编《20 世纪中国妇女运动史（下卷）》，中国妇女出版社，2013，第 238 页。

② 顾秀莲主编《20 世纪中国妇女运动史（下卷）》，中国妇女出版社，2013，第 239 页。

③ 顾秀莲主编《20 世纪中国妇女运动史（下卷）》，中国妇女出版社，2013，第 243 页。

**表 1　我国省级卫视频道定位状况（不完全统计）**

| 省级卫视 | 频道定位 | 频道内容 |
|---|---|---|
| 东方卫视 | 2009 年 6 月东方卫视开始了近两年来最大力度的改版行动，频道依托世博会背景，新闻、综艺、影视剧三箭齐发，将黄金时段 18:00 ~ 23:00 自制新闻、综艺节目的播出比重提高到了 55% | 从 2011 年 1 月 1 日起全新改版，在晚间黄金档开辟两条综艺线，除了原先的 9 点档综艺之外，东方卫视将强势“杀”入晚间 10 点档，在各地卫视以电视剧打天下的深夜 10 点到 11 点，针对高端人群开辟全新的综艺节目线 |
| 江苏卫视 | “以新闻为旗帜，以情感为特色”（2004 年） | 自制主阵地节目《情感地带》，在晚间黄金时间播出，是一个包含《女人百分百》《欢乐伊甸园》《情感之旅》等七档节目的节目群 |
| 河北卫视 | 2006 年河北卫视定位为“新闻 + 文化”频道，推出十余档文化娱乐节目。2007 年 7 月，河北卫视提出“快乐家 + 家”的频道口号。2009 年 10 月 26 日，河北卫视推出国内首档以综艺形式包装的家政生活类节目《家政女皇》，同时将频道定位升级为“快乐家庭频道” | 2011 年 8 月 1 日，河北卫视全面出击、全新发力，提出“长城凝聚力量”的理念，推出人文综艺系列栏目《中国力量》、健康服务节目《爱健康》，以及大型电视系列活动《中国节》，着力打造长城台。2013 年河北卫视以百姓情怀关注天下，以民生诉求为媒体担当，本着“民生导向、百姓情怀、新闻特质、时尚乐观”的定位，聚集能量全力打造“第一民生卫视” |
| 广西卫视 | 2004 年提出打造全国首家“女性特色的综合频道”的理念。2010 年广西卫视全面升级，以“广西卫视　美丽天下”为定位，以“发现美、创造美、分享美”为频道核心价值诉求，凸显民族、时尚、东盟等独特资源，尽显文化、娱乐、健康等时尚元素，力争打造国内独具美丽特色的电视播出平台 | 2014 年着力打造音乐、公益、草根时尚、美丽剧场四大美丽资源 |

口号“大美青海，绿色中国”。2010 年 3 月 16 日，青海卫视与湖南经视联合举行第一季《花儿朵朵》，拉开了 2010 年中国选秀节目的序幕。湖南卫视在 2010 年同时启动的还有《快乐男声》。《快男》在湖南卫视平台播出，而 2010 年的《快女》则更名《花儿朵朵》在青海卫视播出。在广告收入的指挥棒下，媒体倾向于表达保守的、多数人的价值而不是进步的、少数人的价值，倾向于让受众跟从而不是保持理性。总体可以用“好看好玩”来概括。

湖南卫视“锁定年轻、锁定全国、锁定快乐”就是在这个背景下诞生的。娱乐化也是在这个背景下盛行起来的。在我国这样一个大国，在市场全面开放的情况下，竞争更为激烈，由此娱乐化的过度问题也更为严重。选秀节目遍地开花，“女性”被利用为“娱乐”的料，用“不雅照”、在性别问题上“出格”言论等来保持人们对节目的关注热度。在过度娱乐化的过程中，女性受害最深。“性骚扰”甚至“强奸”成为娱乐话题，而不是严肃的侵害女性基本的人身权的犯罪问题。

在影视生产领域，近些年题材越来越单一，家庭伦理剧在20世纪八九十年代占据重要比例，其中不乏在社会上引起很大反响者，如“农村三部曲”（《篱笆·女人和狗》《轱辘·女人和井》《古船·女人和网》）。但是近些年来，家庭伦理剧几乎没有聚焦“乡村”的了，完全被“都市”占据，而从年龄来说，“老年人”也在家庭伦理剧中边缘化了，很少获得关注，获得关注的是俊男靓女。家庭伦理剧的“偶像化”趋势非常明显。这同样是“受众商品”逻辑在影视剧生产领域的体现。影视生产领域也经历了一个市场化的过程，当今影视生产领域民营资本占的比例已相当高。投资方倾向于以（都市）年轻人为目标受众，影视剧题材的选取符合这个群体的口味。

在2015年中央电视台羊年春节联欢晚会上，第一个出场的语言类节目小品《喜乐街》中，作为流行词语的“女神”就登上了这个国家级的传媒空间，与近年另一个兴起的流行词语“女汉子”作为一组对照，并且“女神”自然被放在了标准、榜样的位置。节目中的建构，表现出非常简单化的处理方式，“女神”“女汉子”被放置在对立的两端，置于“容貌”的绝对性的衡量体系之下，十足体现从男性控制/支配视角出发的“女貌”导向的“女神”为优、胜的一端，“女汉子”为劣、败的一端，对不符合这种男权标准的“女汉子”进行全面的价值贬损。节目中男性角色的评价，女性角色对“女神”的认可，最终以“女汉子”看齐“女神”为结局，使这种极为单一的对女性外貌价值的宣扬、对女性气质的偏见式定义的女性价值建构发生得自然而然，并且在小品的逗笑元素的作用下带着观众的阵阵笑声，在喝彩的氛围中成为一种热烈感染与认同构建。这个突出“女貌”价值的节目内容是在媒体生产方明确反对低俗的背景下发生的。2014年10月30日，“央视新闻”官方微博透露央视台长提出羊年春晚保证三个“不用”：低俗庸俗的节目不用，格调不高的节目不用，有污点和道德瑕疵的演员不用。① 因此更应当引起深入的反思。

这一小品的性别歧视的嫌疑已受到性别研究者的广泛批评。而我们在批评小品、小品的直接制作者的性别意识之外，更需要关注媒体生产层面的市场逻辑问题，它导致了娱乐化，这也是“女神”话语登上央视春晚舞台的内在根源。媒介与女性领域的矛盾，一个深层根源是“受众商品”这种媒体生产机制。推动性别平等，不能不对这一深层根源进行反思。

## 三 妇女媒体之困：市场、资本的压力下，如何通往公共信息文化服务？

“受众商品”理论揭示了在商业化、市场化主导的生产机制下，以广告商资助为主要收入来源的媒体会以广告商青睐的具有较强购买力的人群作为目标受众提供媒体内容服务，而那些购买力弱（尽管在数量上可能非常巨大）的人群（比如工人、农民、妇女）则被边缘化，排斥在外。广告商不会选择以这些人群为服务对象的媒体进行资助，这样，这些媒体由于得不到广告收入，便会在一个看似“自然”淘汰的过程中萎缩。这一情况在当代我国妇女媒体领域也有所显露。

以妇女报刊来说，在20世纪70年代末80年代初，在经济社会领域变动中，家庭婚姻领域出现很多矛盾、问题，妇女需要沟通与交流。由此，各地妇联掀起了创办妇女报刊的热潮。1983～1985年，各地妇联共有16家报刊创刊。到1990年，全国公开发行的妇女报刊已达39种。②《中国妇女报》即创办于1984年。但是，经历十余年的繁荣之后，随着90年代报业市场化的推进，妇女报刊遇到很大的困境，发行量下降，收入不足。一些市场化的媒体看中了“妇女”这个领域，办以生活、消费为主导的妇女报刊，分流走了相当一部分读者。

与《人民日报》《工人日报》《农民日报》等其他几大机关报一样，妇女

① 《央视台长：春晚禁劣迹艺人禁三俗　少清明星》，新浪网，http：//ent. sina. com. cn/tv/zy/2014 - 10 - 30/doc - icczmvum9490817. shtml。

② 顾秀莲主编《20世纪中国妇女运动史（下卷）》，中国妇女出版社，2013，第182页。

报刊原来的发行渠道主要是邮发，由邮局代理。在销售上以公费订阅为主，指向公费市场。① 报业市场化的过程中，一些报纸纷纷采取了自办发行等方式，更多指向自费市场。指向自费的私人订阅也跟将读者更多视作消费者有关。在自办发行的过程中不惜投入大量成本，而这与广告商资助分不开。

在这个转变过程中，妇女报刊的发行量大为下降，令人担忧。这种萎缩的迹象引起全国妇联的高度重视，从20世纪90年代后期以来妇女报刊特别是全国妇联主办的“一报两刊”（即《中国妇女报》《中国妇女》《中国妇运》）的发行就成为一大议题。“自1997年以来，全国妇联年年召开宣传发行工作会议”②。妇联、妇女报刊为改变发行量的状况进行了种种努力，如各省市地区妇联组织承担发行任务，利用一些活动的契机进行妇女报刊的宣传，也采用赠送等方式。这些措施取得了一定成效，但是，从根本上来说，妇女报刊的宗旨使得其在发行上不能完全采用商业化媒体可能大力采用的推广方式。如《中国妇女报》前总编辑卢小飞女士在2007年一次接受采访时谈到的，“《中国妇女报》是一张定位于广大妇女的全国性日报，其引领和推动中国妇女进步发展的历史使命和关注妇女生命生活和生存的现实目标，在所有与妇女信息有关联的媒体中，《中国妇女报》的属性使其成为一张比较严肃的妇女日报，我们强调社会效益和经济效益的统一，甚至更重视社会效益。这种情况必然给妇女报的经营带来非常传统的色彩。在传统媒体里面，我们妇女报是处于弱势的，这使得我们随时都有发展的紧迫感”③。

其他机关报在市场化过程中也遇到类似问题，如《中国青年报》。“由于主流媒体承担着舆论导向的社会职能，无形中增大了它在市场上与非主流媒体竞争的成本，这是目前所有主流媒体共同面临的问题。而晚报、都市类报纸由于在市场中有市场化的促销手段，以亏损方式做发行，用很低的价格、很厚的产品、很多的增值服务、很完善的售后服务，分流走了相当一部分主流媒体的

---

① 于都：《我国报纸的发行状况和走势：访中国青年报副秘书长李忠》，《中华新闻报》2002年8月13日第005版。

② 《立足全局　与时俱进　努力做好妇女报刊宣传发行工作——华福周在全国妇联2003年度“一报两刊”宣传发行工作会议上的讲话（2002年7月12日）》，《中国妇运》2002年第9期。

③ 孙宝传：《我甘愿成为播火者：〈中国妇女报〉卢小飞总编辑访谈录》，《中国传媒科技》2007年第7期。

读者。因此，在报业市场竞争中，主流媒体处于不利的境地。"① 可见市场上所谓的"公平竞争"，实际上并不尽然。而且在这种成本—收益的衡量标尺导向下，媒体生产中，需要相当智力、时间、资金成本的媒介内容很可能让位于那些有关成本低的媒介内容。

妇女媒体发行量下降、收视率排名靠后，表面上是人们不爱看，更深层的原因不如说是市场化的媒体生产机制，冷落那些表达男女平等立场的内容。

在市场压力下妇女报刊中有一些进行了转型，以都市年轻女性为目标受众，在内容上突出"生活""时尚""情感"类（见表2）。

**表2 我国女性报刊状况（不完全统计）**

| 女性报刊 | 主办单位 | 内容特点 |
| --- | --- | --- |
| 《女报》 | 深圳市妇女联合会。深圳女报杂志社于1991年6月成立 | 社属下现有5本杂志，分别是《女报·生活纪实》、《女报·时尚》、《女报·魅力情感》、《新故事》红版、《新故事》绿版。深圳女报杂志社旗下消费杂志社有限公司主营产品《深圳消费周刊》是深圳市消委会主管、深圳女报杂志社主办的面向本土发行的城市生活周刊 |
| 《今日女报》 | 湖南省妇联。1956年报纸创刊，1982年复刊 | 自制主阵地节目《情感地带》，在晚间黄金时间播出，这是一个包含《女人百分百》《欢乐伊甸园》《情感之旅》等七档节目的节目群 |
| 《现代女报》 | 大连妇联。创刊于1984年10月 | 分为彩色版《现代女报·壹生活》和单色版《现代女报·家周刊》。2005年改版后的《现代女报·壹生活》更加时尚、活泼；文字清新，富于都市特点；视角更加新颖，关注30~40岁的女性人群的生活和情感状态 |
| 《新女报》 | 《重庆日报》下属报刊。创刊于2001年12月13日 | 以"女性生活介入者与美丽经济传释者"为角色定位，2002年，《新女报》首倡"美丽经济"概念，并利用自身定位优势和传播优势，大力助推美丽经济产业发展 |
| 《当代女报》 | 陕西省委宣传部主管、《陕西日报》传媒集团主办，西北地区唯一的时尚生活周报，2004年创立 | 读者以城市最具时尚、文化、生活消费能力的女性为主体。2012年借《陕西日报》传媒集团成立的东风，全新改版，分为《当代女报·LIFE》（生活）和《当代女报·VOGUE》（时尚）两叠 |

① 于都：《我国报纸的发行状况和走势：访中国青年报副秘书长李忠》，《中华新闻报》2002年8月13日第005版。

一些妇女报刊市场化转型程度日深，在经营期刊产品的同时，还积极探索媒体品牌运营的新思路。如《今日女报》社旗下拥有出租车公司、广告公司、合资房地产公司和女性服务有限责任公司。

转型后的妇女报刊在商业上或许可以摆脱之前的困境，但是其内容、价值立场可以说跟原来的“男女平等”立场相比发生了较大偏离。如 2006 年 12 月 19 日《今日女报》头版的图片新闻的标题是《这一周，长沙男人“摄”心大动——2006 长沙车博会拾趣》。图片再现了一大堆神形各异、“按捺不住”的男人簇拥着穿着暴露、身材性感、姿态迷人的洋车模拍照的情景。①

值得提及的是，2011 年，在国家实施的“政府购买服务”中，政府购买了 16 万份《中国妇女报》。《中国妇女报》经受的市场压力得到一定缓解。②

总之，我们必须反思和刷新对于市场的认识。在市场逻辑主导的情况下，媒体的传播资源配置会存在内在结构性倾向，而并不是中立的、人人平等的。这种结构性倾向也会在社会性别维度表现出来。这是当今传媒中“对女性的消费”、妇女报刊面临困境等重要问题的深层根源。

传媒在社会政治文化中具有特殊的重要地位，具有突出的公益性，不能等同于一般的商品生产行业，因此，不让市场逻辑、利润至上和消费主义等价值体系主宰大众传播是非常重要的。在 20 世纪 80 年代以来席卷欧美广播电视界的市场化改革浪潮越来越暴露出严重问题、面临深刻危机的背景下，国际传播学界前沿正在围绕相关主题进行大量的理论讨论与实践努力。

## 四　“受众商品”理论对媒介与女性研究的借鉴意义

媒介与女性研究从起步期开始就关注诸如“大众传媒中的妇女形象”的媒介“女性内容”的问题。媒介与女性研究比较常见的是剖析各种内容中的性别偏见，进行文化上的批评，呼吁媒体生产者社会性别意识的提升。但是有关现象仍在大量出现，甚至更加严重。这种状况对我们的解释提出更高要求，

① 李琦：《女性媒介的生存现状与发展困惑：社会性别视角的审视》，《湖南大学学报》2009 年第 6 期。

② 据《中国妇女报》前总编辑卢小飞女士在 2012 年 3 月 8 日联合国教科文组织“媒介与女性”教席主协的“三八节・妇女制作新闻”研讨活动中的发言。

我们不能停留在文化层面的批评，应该深入到媒体生产层面去探讨问题的根源。对此，传播政治经济学脉络中的“受众商品”理论能提供新的、有益的认识视角。

与我国学界更熟悉的其他传播理论不同，“受众商品”理论将“传媒—受众”这一组范畴置于社会系统下观照，揭示了深层实质。斯迈思是在与欧洲传媒政治经济学者的“盲点辩论”中阐明“受众商品理论”的。斯迈思认为，欧洲批判研究片面关注传媒内容在资本主义社会的再生产中所扮演的意识形态作用，因此忽略了传媒业在资本主义社会中所起的关键性的经济作用，忽略了垄断和消费资本主义阶段的大众媒体如何将受众制造成为商品，而这正是西方马克思主义传播学中的“盲点”。可以说，“受众商品”理论在方法论层面上拓展了传播研究。

“盲点辩论”中的另一方的代表默多克难以接受斯迈思“受众商品”学说，部分因为欧洲媒体的体制结构与美国之间的差异。当时，北美的媒体大多由广告商资助，商业化程度很高，但欧洲的媒体产业中公共广播电视占相当的比例。因此，默多克代表的欧洲同行难以认同对北美现实进行批判的斯迈思的主张。在他们看来，把受众而不是文本定位于传媒资本的产品似乎是“矫枉过正”。然而，自20世纪80年代末以来，随着公共部门与私营部门的区分日益模糊，在全球化的浪潮下美国式的传媒商业化在全世界范围内得到迅猛发展，那场“盲点辩论”争论也随着“受众商品”概念的被广泛接受而完成了其建设性的学术使命。① 可以说，在当代，“受众商品”理论在亚、非、拉国家和地区也有其现实针对性。

“受众商品”理论启发人们改变将关注点、批判对象单纯放在媒体生产的文本内容上的做法，这对于媒介与女性研究有重要的借鉴意义。我国媒介与女性研究界对于大众传媒与女性问题关注已久，聚焦了“刻板印象”“女性形象”等议题，但归结起来主要是在媒介文本层面讨论问题，而对于媒介生产层面的讨论很缺乏。我们应该积极推动媒介与女性研究进一步发展，扩大理论视野，使视角更为多元，分析更加深入。“受众商品”理论可以说为我们带来了新的、有益的分析工具，也带来方法论层面的启发意义。

---

① 赵月枝：《传播与社会：政治经济与文化分析》，中国传媒大学出版社，2011，第15页。

## 参考文献

[1] Dallas W. Smythe, "Communications: Blind spot of Western Marxism", 曹晋、赵月枝主编《传播政治经济学英文读本(上册)》, 复旦大学出版社, 2007。

[2]〔加〕达拉斯·斯迈思:《论受众商品及其劳动》,〔英〕奥利弗·博伊德-巴雷特、克里斯·纽博尔德编《媒介研究的进路:经典文献读本》, 汪凯、刘晓红译, 新华出版社, 2004。

[3] 裴闯:《全国妇联专家:"美女经济"愈演愈烈值得警觉》, 新华网, 2004年11月5日, http://www.he.xinhuanet.com/news/2004-11/05/content_3166444.htm。

[4] 苏红军:《危险的私通——反思美国第二波女权主义与新自由主义全球资本主义的关系》,《妇女研究论丛》2013年第3期。

[5] 顾秀莲主编《20世纪中国妇女运动史(下卷)》, 中国妇女出版社, 2013。

[6] 赵月枝、吴畅畅:《大众娱乐中的国家、市场与阶级——中国电视剧的政治经济分析》,《清华大学学报》(哲学社会科学版) 2014年第1期。

B.10

# 媒介热点性别新词分析

## ——以“直男癌”和“小鲜肉”为例

赵 津*

摘 要： 任何一个新词的产生都与社会发展息息相关。社会在发展，作为社会文化载体的语言也在相应发生变化。本文选取了几个2013～2014年度通过新媒体流行的性别新词作为研究对象，分析近些年社会两性价值观的发展变化。通过分析发现，不断发展的传播技术，在为女性创造更大话语空间的同时，由于商业利益和传统文化的驱使，也在加固着以男性为主导的传统两性价值观。因此若要通过传播媒介使男女平等价值观得到普及，不但需要女性自身的观念进步，也需要全社会的共同参与。本文在最后提出男女平等价值观和女性主义最终倡导的是男女两性的平等共存而不是二元对立，这也体现了一个文明社会应该具备的人与人之间和谐共存和尊重个体差异的价值观导向。

关键词： 性别 新词 新媒体 男女平等 发展 和谐共存

## 一 引言

任何一个新词的产生都与社会发展息息相关。社会在发展，作为社会文化

* 赵津，中国传媒大学媒介与女性研究中心助理研究员，联合国教科文组织“媒介与女性”教席研究团队成员。

载体的语言也在相应发生变化。百度百科对新词语的定义是："所谓新词语，是指内容新、形式新，原来的词汇系统中没有或虽有但内容是全新的词语。新词语是社会的一面镜子，它能直观迅速地反映社会的发展，历史上社会发展的时期往往也是新词语产生的高峰时期。"① 自2007年开始，国家语言资源监测与研究中心等机构对年度新词语进行评选并发布。2013年，"中央八项规定""棱镜门""H7N9禽流感""土豪""自贸试验区""单独二胎""中国大妈""光盘行动""女汉子""十面霾伏"入选年度10大新词语。我们注意到在2013年入选的10大新词里，与性别相关的就有两个，分别为"中国大妈"和"女汉子"。在2014年官方评出的10大新词里虽然没有与性别相关的，但2014年依然产生了许多与性别相关的新词并广泛流行，比如"小鲜肉""暖男""直男癌""女神"等。不管是否入选官方的评价体系，这些性别词语事实上的广泛流行依然能反映社会两性价值观的发展变化。据此，笔者将上述提到的性别词语划分为三类：第一类是以男权意识为主导的，比如"暖男""女神"；第二类是对传统两性关系进行反转的，比如"直男癌"和"小鲜肉"；最后一类是融合第一类和第二类的，比如"女汉子"。第一类和第三类已有许多学者进行过分析，因此本文将重点对第二类，即2013～2014年度媒体流行的对传统两性关系进行反转的性别新词语进行阐述。

## 二　传统两性关系的反转

在上述举出的所有词语中，笔者认为只有"直男癌"和"小鲜肉"这两个特指男性的词语是近年来出现的性别词汇中少有的对传统两性关系有所反转和颠覆的。

据百度百科解释，"'直男癌'这个新兴词语于2014年6月末出现于豆瓣与微博，源于网民们对活在自己的世界观、价值观、审美观里，时时向别人流露出对对方的不顺眼及不满，并略带大男子主义的人的一种讽刺。现引申为漠视女性价值，不尊重女性，并限制女性自由的男性行为。所谓直男，指在一般

① 百度百科，2015年3月10日，http：//baike.baidu.com/link？url = frpAFtMaiCaXm－F10flrODqFulhaEIGfYfUhNf5nldhfkPTEcG4jS2pfr_ wMcCLQtjVtfDtw_ yNm9kQJkRxuVq。

常态情况下性取向为喜欢女性的男性，这里引申为有大男子主义特征的异性恋男人”①。癌即为绝症，女性对“直男癌”患者甚至总结出了一套发病症状和治疗方法，比如“持有‘女人就是传宗接代的，你一个女孩子家，读那么多书干什么，做我老婆就该每天烧菜做家务，如果做不了就别和我结婚’等观点的人都被认为是直男癌患者。改变的总体方针是‘要坚决地和直男癌彻底做斗争，重新去建立一种新型的两性关系’”②。可以说“直男癌”这个词是近年出现的女性反击意识最强的一个词，表明女性不再只让男性给自己贴性别标签，也会对不受欢迎的男性进行集体批判和反击。

除了表现女性开始对男性进行反击，笔者认为“直男癌”这个词的出现还反映了两个逆转，首先逆转了传统两性之间男主动、女被动的关系；其次逆转了女性与女性之间相互倾轧和竞争的关系。在传统的两性价值观里，通常男性为中心，男性会对女性贴上具有男权意识的标签。这体现为有关于女性的词语不管褒义还是贬义绝大多数都是以性别本身出发，多数形容女性的外貌，比如风姿绰约、千娇百媚、婀娜多姿等。同样对女性带有贬损意味的词语也是如此，比如妇女在感情上不专一被形容为水性杨花，年华老去或被蹂躏遗弃的女子被形容为残花败柳。这些词都明显带有以男权意识为主导的两性价值观烙印，因为同样的意思如果放在男性身上则会被形容为“风流倜傥”“英俊潇洒”“钻石王老五”等。相较女性，形容男人的词语则多是以男人的能力出发，比如“神勇威武”“才高八斗”“坐怀不乱”等。这种对男女两性的不公正评价和判定从古延续至今，除了上述已流传多年的词语，依然不断有新的对女性带有贬损意思的词出现，比如“小三”“败犬”“腐女”“剩女”等。因此“直男癌”这个词的出现反映了女性自我意识的觉醒，并逐渐在传统两性关系中占据主动地位，与男性站在平等的立场上对男性进行批判。

“直男癌”这个词的出现逆转了女性与女性之间相互倾轧和竞争的关系，女性开始集体对男性进行反击。长久以来，使用对女性有贬损意思词的事实上

---

① 百度百科，2015 年 3 月 10 日，http：//baike. baidu. com/link？ url = 3KFMCAeZoABqW3ujPCTQxpdECwJCR5AZJGVGaSJ_ Pi2yU6lB4nOjiDBmJecAxPsUsYOvVY6LWaVxa9q04IpWLq。

② 百度百科，2015 年 3 月 10 日，http：//baike. baidu. com/link？ url = 3KFMCAeZoABqW3ujPCTQxpdECwJCR5AZJGVGaSJ_ Pi2yU6lB4nOjiDBmJecAxPsUsYOvVY6LWaVxa9q04IpWLq。

不只是男性，大多数女性自身也使用。这反映了在长久的男权制度下，女性已经接受了以男性为主导的两性规则，甚至认为是理所当然。在2015年新京报网《女权主义者的圆桌会议》中，有学者分析到："对女人性身份的污名大多数是被女人使用的，这应该说是一个长久以来的现象，它反映的是女性之间的倾轧关系，比如正房厌恶妾室、大家闺秀看不起青楼女子、老婆恶战小三、女汉子受不了绿茶婊……当我们在说、XX婊，的时候，只是大家闺秀看不起青楼女子的现代版，仍然没有逃出自古以来'贞妇'、'荡妇'战争的格局。为什么贞妇跟荡妇要战争？因为她们在彼此之间才能竞争资源，男人们的资源是男人的，女人抢不来，女人只能跟女人抢，抢男人分给女人的资源，或者抢仅有的属于女人的资源。'XX婊'、'黑木耳'，这样的词汇的再次崛起，对现代社会是非常可悲的，它显示男女的发展机会和资源之间仍然存在着性别鸿沟。"① 虽然女性主义提倡的是平等发展、和谐共存的两性关系，而不是男女两性的二元对立，但"直男癌"这个词的出现体现了女性的女性意识从觉醒到理性的过程。

第二个笔者认为对传统两性关系有所颠覆的是"小鲜肉"这个词。据百度百科解释，"'小鲜肉'用于形容男演员，指年轻、帅气、有肌肉的新生代男偶像。一般是指年龄在12岁至25岁之间，性格纯良，感情经历单纯，没有太多的情感经验，并且长相俊俏的男生。小，即指年轻有活力，平均年龄在15岁左右；鲜，就是情感方面经历少，没有太负面的花边新闻；肉，就是健硕的肌肉，给人很健康的感觉。'小鲜肉'还有一系列特征，首先他们的皮肤光滑细腻，鲜嫩洁白，甚至比女生的皮肤还好；其次要有健硕的肌肉；最后，要会卖萌，会耍帅"②。新晋当红小生鹿晗、吴亦凡、TFBoys、李易峰，还有韩国的李敏镐等都是"小鲜肉"的代表。性学者、社会学家李银河教授认为，"以前都是女人作为被观赏的对象，而'小鲜肉'体现了男人也可以作为观赏对象了。这是很大的进步"③。

---

① 《女权主义者的圆桌会议》，新京报网，2015年3月7日，http：//www. bjnews. com. cn/book/2015/03/07/355469. html。

② 百度百科，2015年3月10日，http：//baike. baidu. com/subview/13064890/15834128. htm。

③ 《女权主义者的圆桌会议》，新京报网，2015年3月7日，http：//www. bjnews. com. cn/book/2015/03/07/355469. html。

## 三 “直男癌”“小鲜肉”背后的社会文化分析

“直男癌”和“小鲜肉”这两个词一个是女性对男性的负面批判，一个是女性对男性的正面欣赏，但不管是负面还是正面，都体现了女性在与男性的互动关系中逐渐走向主动的位置。这一方面反映了女性对男性评判价值观的多元化改变，另一方面则体现了背后传统性别观念的变化。

### （一）女性对男性评判价值观的多元化改变

中国自古有“英雄救美”“大男人顶天立地”之说。其中折射的意思是女性是弱势的，需要男人的保护，长久以来，女性和男性也都视此为理所当然。荧屏上的许多硬汉形象，比如20世纪80年代电影《上海滩》中周润发扮演的许文强，90年代《男儿当自强》中李连杰扮演的黄飞鸿，都得到了万千女性的崇拜和追捧。这背后的心理因素还是女性对男性力量的仰望，并将自己幸福的寄托放在了男人身上。其实在那个年代不只中国，邻国韩国、日本也是一样。还记得令无数中国女性影迷沉醉的韩剧《星梦奇缘》，该剧是一部王子解救灰姑娘的现代版童话，剧中的女主角李涟漪是一个孤儿，她的性格柔顺又隐忍、坚强。男主角江民是一名军官的儿子，家庭富裕，性格狂妄不羁，但又对女主角一往情深。男女主角一开始的邂逅便是男主角英雄救美式地帮助女主角摆脱了流氓的纠缠，然后男主角逐渐爱上了女主角，并无数次在女主角处于艰难境地时给予帮助和保护。由此可见剧中的人物设定和剧情始终围绕着男高女低、男强女弱展开。后来很多影视剧的套路都如出一辙，比如《流星花园》和2013年流行的韩剧《继承者们》。这些受女性欢迎的男性角色共同的特点就是具有雄厚的经济地位和较高的社会地位。而这两个特点与现在流行的“小鲜肉”是有差别的，因为“小鲜肉”只要够帅、够嫩即可，“小鲜肉”可以不够传统意义上的“男人”的标准，但一定要会讨女人欢心，总而言之，“小鲜肉”是要围着女人转的，不像那些狂妄不羁的“大男人”们，“小鲜肉”是无害的。同样，这些顶着“小鲜肉”头衔的男星们也不用像20年前的小虎队那样要会唱歌会跳舞，而只需像传统上男性欣赏女性的角度一样，他们只要够美、够嫩、够可爱即可。但同时这些“小鲜肉”因为没有足够的内在修炼，所以没过多久就会被更加“鲜嫩欲滴”的“小鲜肉”取代，比如2013年走红的韩国“小鲜肉”李敏镐在2014年春晚过后没多久就被《来自星星的你》男主角金秀贤取而代之。因此有人说，现在进入了一个“男色”的时代。

### （二）传统性别观念发生了改变

“小鲜肉”和“直男癌”这两个词说明女性对男性欣赏角度的变化，那么这背后更深层次的原因则是社会传统的性别观念发生了多方面的裂变。随着社会的发展和女性经济地位的提升，大多数女性在社会中都与男性合作参与劳动，为自己、为家庭、为社会创造价值，因此许多女性不再仰望有传统“大男人”作风的强势男性，她们需要的是男女之间的平等对话与合作沟通。同时在当今社会中男女两性的性别特征也出现了多元化，女性不再都是“温柔”“贤惠”的，许多“干脆直爽”“作风硬朗”的女性形象也得到了大众的追捧和喜爱，比如许多年轻人的偶像李宇春。同样，“强壮”“威猛”也不再是男性独有的性别特征，许多“阴柔”“漂亮”的男性同样大受女性欢迎，比如“小鲜肉”们。更极端的，许多女性甚至会把具有大男子主义思想的男性归类为上述的“直男癌”患者，并对其进行批判。所有这些，都说明传统的“性别标签”已不再完全适用，性别观念呈现多元化的改变。

## 四　新媒体环境下的两性价值观解读

无论是“小鲜肉”“直男癌”，还是“女汉子”和“女神”，这些词还有一个共同特点即广泛传播的发源地和主要流行场所都是微博、微信等新媒体，可见新媒体已经成为新兴词语的传播阵地，同时新媒体也成为反映整体社会两性价值观的一面镜子和风向标。但是笔者通过分析发现，新媒体在为女性创造更多话语空间的同时，也为加固传统男权文化的传播创造了一个新的空间和渠道。

### （一）新媒体为女性创造了更多的话语权

新媒体由于开放性、公共性、交互性和兼容性等特点，为女性提供了更大的话语空间。女性可以通过微博、微信等社交媒体在网络公共空间表达自己对事物的看法和观点，从而产生一定的影响力。比如上文分析的“直男癌”一词就发源于豆瓣和微博。现在许多女权主义者也经常通过博客、微博等社交媒体表达自己的女性主义思想和观点。比如2014年李银河教授针对有人称其是女同性恋者的传言发布博客文章《对所谓拉拉身份曝光的回应》，在文章中李银河承认在丈夫王小波离世后自己有一位已相伴17年的伴侣，“他”生理上是女性，心理上是男性。文章发表后得到了很大的回响，截至目前，有三万多个点赞量，四万多人转发。有人谩骂，也有不少网友赞她坦诚，不畏世俗，敢于追求人性的自由。这个事件也引起社会对跨性别者和同性婚姻的关注。类似于李银河经常通过网络空间对公共领域发表观点和看法的女性还有很多，因为相较传统媒体的诸多限制，通过新媒体这个开放的平台，越来越多的女性可以自由地发出自己的声音。

新媒体不只为女性个人提供了更大、更开放的话语平台，也为一些以女性视角出发的公共网站提供了运作空间。目前在这方面较有影响力的是网易女人频道。网易女人频道是目前国内门户网站中唯一一个立足于女性视角的网站，网易女人频道不将话题局限于女性的情感、生活和消费等方面，也会对一些涉及女性的社会公共领域话题进行探讨，比如对一些社会各领域的女性精英进行采访和报道。除此以外，网易女人频道还会积极参与一些提倡性别平等的活动，比如2012年作为独家媒体参与由联合国妇女署、全国妇联、中德贸易可持续发展与企业行为规范项目共同主办的“性别平等和企业社会责任”国际会议；从2010年开始与联合国妇女署共同主办“女性传媒大奖”年度公益颁奖盛典，是国内首个以“社会性别平等”为主题的大型奖项；与联合国妇女署、红枫心理中心、反家暴网络等多家机构联手推出“橙色行动”，号召终止对妇女的暴力行为；等等。笔者相信，通过网易女人频道的示范力和影响力，会有更多的媒体将“性别平等”纳入其运作流程。

### （二）由于传统两性观念的根深蒂固和商业利益的驱使，新媒体为加固传统男权文化的传播创造了一个新的空间和渠道

在商品化环境下，新媒体一方面是重要的传播渠道，另一方面也成了当今重要的营销平台和商业市场。网站、网络杂志、视频网站等实际上在以另一种技术方式延续着传统媒体的许多特点。拿女性在新媒体中的形象呈现来说，作

为吸引眼球、获取利益的手段，女性在新媒体中依然多以“物化”和“商品化”的形象呈现，因为新媒体商业平台背后的实际操纵者依然是以男性为主导的。比如网络上到处充斥着某女星晒性感照、露点的置顶新闻标题，其中网站的目的是创造点击率，而这背后的影响则是女性的身体成了主要呈现对象，一次次加固着女性在审美活动中的附属地位。“在网络的渲染下，‘美’体现在女性身上，是一件有价商品，女性身体成为既有资本价值又有偶像价值的物品。它可以为女性带来机遇和成功，获得青睐与财富。‘美’成为女性的终极追求，强化了女性在审美活动中的附属地位，削弱了她们作为独立主体的自我价值的追求与实现。”① “对于女性而言，网络为她们提供了很好的情感支持与释放渠道，网络在一定程度上丰富了她们的情感体验。她们在网络表达上尽管多姿多彩，但依然没有摆脱‘被看’的角色。上传的美女图片，倾诉的情感故事等，其初衷也许是为了呼吁网民对女性现实生存的关注，但在客观传播效果上还是在告诉网络，女性是天生尤物，女性无法把握自己的命运，不具备独立的品质和力量，她依然是男性视角下的弱者。”②

从女性本身来讲，由于多年受以男性为主导的价值观影响，大多数女性，包括许多年轻女性，都跳不出男权文化的固有思维框架。在新媒体环境下则表现为女性关注的话题主要集中于个人情感、娱乐、美容美体和消费等“软新闻”和私人领域。相较于男性，对社会公共领域话题和“硬新闻”，比如政治、经济、科技、军事等的参与度并不高。这些实际上都体现着女性在社会公共领域的“失语”状态和社会从属地位。可见，新媒体犹如一把双刃剑，其相对开放性在为女性创造着更大话语空间的同时也使对女性的物化呈现不但没有削弱，反而得到了加强，这些都使男女价值观的天平再次严重失衡。

## 五 结语

不管是形容女性的“女汉子”和“女神”，还是形容男性的“直男癌”和“伪娘”，都体现了多元的生活方式、话语空间和价值观。我们要对这种多元

① 张文鸯：《新媒体语境下女性媒介话语权的缺失、异化及建构》，《新闻界》2014 年第 2 期。
② 张文鸯：《新媒体语境下女性媒介话语权的缺失、异化及建构》，《新闻界》2014 年第 2 期。

存在给予尊重的态度而不是相互批判。不论是男人对女人，还是女人对男人，我们倡导的是一种先进的性别文化，一种两性平等和谐的共存状态。正如联合国妇女亲善大使艾玛·沃森在2014年9月20日纽约联合国总部为“他为她”运动举行的特别活动上的演讲所说：“无论是男是女，我们都可以很感性，也可以很强大，是时候把性别问题看成是一件事而不是相对的两个概念。我们不能再互相定义我们是什么样的人（而不该是什么样的），而应该自己定义自己是谁，我们都可以从中获得自由，这也是HeForShe存在的意义，这是关乎自由的。我呼吁男性负起这份责任，让他们的女儿、姐妹和母亲们不再受到偏见的困扰，更让他们的儿子也有脆弱并且人性的一面。我们希望夺回他们遗弃的这部分，这样，他们才能展现最真实最完整的自己。”①

最后，如果要使男女平等价值观真正被纳入社会各个层面的运作体系，不只是媒体，社会各个领域都需要共同配合和努力。笔者认为需从以下几点出发：将性别平等纳入制度设计；将性别平等纳入教育内容；对社会各领域专业人士进行性别平等方面的培训；将性别平等纳入社会监督范畴；将性别平等纳入媒体机制。“从而构建以两性平等、和发展为目标的先进性别文化，即在承认和尊重两性生理、心理差异基础上的和谐文化，而不是男女绝对的等同，是在承认两性相互依存，相互促进基础上的和谐文化，而不是把男性作为女性的对立面。”② 应该让社会大众明确，女性主义倡导的是男女两性的平等共存而不是二元对立，这也体现着一个文明社会应该具备的人与人之间和谐共存与尊重个体差异的价值观导向。

① 《Emma Watson在联合国关于女权主义的讲话》，《百度文库》，2015年3月31日，http://wenku.baidu.com/link?url=nMr-qjrmSHA3OgpZETKQAQ6u1G5fAQQXMhsTp42zHRpXNJFOjEdIqjYLn5ORUduAClAQCV6e5Nd73T3QokTULx6TwUC0cbllDLEiX5Z0GjG。

② 谭林、姜季花：《社会主义文化发展繁荣与性别平等》，社会科学文献出版社，2013，第32页。

# B.11

# 女性角色在西方传媒业的发展历史与前景分析

麻　静*

摘　要：本文调研了女性雇员在西方国际媒体中的从业历史和现状，以及西方媒体在解决性别歧视等方面所面临的问题及一些积极的做法，且对女性媒体角色的潜在优势与发展机遇进行了简要分析。

关键词：媒体　妇女　西方媒体　妇女领导地位

在早期的欧美和亚洲媒体界，新闻广播与电视媒体基本由男性群体所主导，女性雇员在现代新闻传媒史中长期处于“缺位”状态。对于男女从业人员比例严重失衡的状况，西方媒体分析学家一直存在较大分歧。很多人认为，如果女性在传媒行业中拥有更多话语权，新闻内容和全球女性形象都将得到较大改善。笔者初步调研了女性雇员在西方国际媒体中的从业历史和现状，并对女性媒体角色的潜在优势与发展机遇进行了简要分析。

## 一　女性雇员在西方传媒界的发展历程

### 1. 19世纪早期

19 世纪 40 年代以前，女性从业者在新闻编辑室和现场中鲜有露面，即使

* 麻静，中国传媒大学国际传播专业在读博士生，现任中央电视台北美分台台长，2011 年 11 月赴任之前，曾担任中央电视台英语频道总监。

女性记者参加新闻报道，也很容易被分配到例如家庭、生活方式、时尚和艺术这类“软”话题中。而那些政治、经济领域的“硬”新闻，则更多地是由男性雇员在撰写和报道。即便如此，仍有很多女性记者在这个时代脱颖而出。例如二战时期最著名的美国女记者玛莎·盖尔霍恩（Martha Gellhorn），她为多家报纸杂志提供了包括20世纪30年代西班牙事件和1944年盟军诺曼底登陆在内的大量重大战时新闻报道；被著名广播节目主播爱德华.R.默罗（Edward R. Murrow）聘请加盟CBS广播网的第一位美国女性广播记者玛丽·马文·布雷肯里奇（Mary Marvin Breckinridge），虽然曾经在19世纪40年代伦敦和柏林的新闻报道中面临歧视，并被多次告知应关注生活文化类而非政治类题材，但她在柏林制作的时政报道仍然受到社会极大关注；在19世纪40年代晚期及50年代早期这段时间里，波琳·弗雷德里克（Pauline Frederick）作为有史以来第一位在电视上出镜的女性记者，在美国全国广播公司（NBC）新闻的晚间节目报道联合国和其他时政新闻；迪克·夏贝尔（Dickey Chapelle），作为一名女性摄影师、记者，曾多次报道在19世纪40年代发生的战争事件，并于1965年死于越南战场。

### 2. 19世纪中期

19世纪60、70年代，尽管男性仍然主宰着新闻传媒行业的报道、播出和管理工作，但是越南战争为包括《纽约时报》的格洛里亚·爱默生（Gloria Emerson）在内的女性战地记者提供了一个崭新的平台。与此同时，一些报道印度支那战争的英、法女性摄影记者的出色工作，也在一定程度上改变了大众对于女性记者固有的刻板印象。

### 3. 19世纪后期

从19世纪80、90年代开始，女性逐步进入英、美国家的电视媒体行业。包括英国主流媒体独立电视台（Independent Television）的安吉拉·里蓬（Angela Rippon）和BBC的安娜·福特（Anna Ford）在内的女性主播，都开始在所在电视台占据重要位置；尤为值得一提的是，在19世纪最后将近20年的时间里，凯特·阿迪（Kate Adie）一直作为BBC最知名的国际记者在媒体行业中占据一席之地。而在同一时期，戴安·索亚（Diane Sawyer）、莱斯利·斯塔尔（Leslie Stahl）、凯蒂·库里克（Katie Couric，在2006年接替丹拉瑟任CBS主播），以及宗毓华（Connie Chung）都得到了很高的出镜率。

## 二　女性雇员在西方传媒界的现状分析

### 1. 从业人数大为增加，逐渐撑起“半边天”

由于人们观念的逐步开放和妇女解放运动多年来的不懈努力，女性在新闻中遭受的性别歧视正在逐渐减少，越来越多的女性被推到传媒前沿。目前，传媒业中的女性已经成为人们密切关注的一支力量。

2013 年，NBC 打破常规任命了第一位电视网新闻部门女主管——伦敦 ITV 的黛博拉·特尼斯（Deborah Turness），而她的女上司帕特里夏·菲利-克鲁谢尔（Patricia Fili-Krushel）则是 NBC 环球新闻集团（NBC Universal News Group）的主席；2014 年，在美国全国广播公司新闻频道（NBC News）旗下的有线电视新闻频道（MSNBC）出镜人员中，女性雇员已占到 48%。CNN 的女记者和主播比例为 58%。而福克斯新闻频道（Fox News）的出镜记者中共有 52 名女性和 92 名男性。

目前，美国公共广播公司（PBS）是拥有女性决策者数量最多的公司，葆拉·柯杰（Paula Kerger）担任首席执行官，大量公共广播系统的主管和首席运营官也是女性；在 PBS 的新闻业务中，琳达·温斯洛（Linda Winslow）长期担任晚间节目“NEWS HOUR”高级制片人，这得益于 2012 年资深女主播格温·伊菲尔（Gwen Ifill）和朱迪·伍德拉夫（Judy Woodruff）担任核心主播职位时带来的转变，该节目 93% 的内容都由女性记者报道、编辑和播出。

### 2. 薪酬、岗位不甚理想，遭遇“玻璃天花板”

《华尔街日报》20 世纪 80 年代提出的“玻璃天花板”的说法，至今仍被广泛使用。女性在职场上仍然受到不公平的对待，导致大部分女性从业者很难进入高级管理层，大多数女性从事基础工种，相较于男性，晋升机会较少。全球范围内的调查显示，“玻璃天花板”问题对于新闻媒体行业的女性依然存在。

从行业人数看，在 2014 年至 2015 年，美国电视新闻出镜、编辑岗位中，男性与女性的平均比例约为 2∶1；从职业薪酬看，美国媒体同等职位的女性工资比男性要低；从工作岗位看，在新闻编辑室的低级别职位和推广、公共关系、市场、广告等岗位中，女性人数明显多于男性。而进入传媒决策层的人数仍然不多。除了屈指可数的几位女性高管，女性很少能在媒体圈拥有话语权。美国诸多顶尖媒体高层绝大多数为男性①（见表1）。

**表1 排名前10位的媒体公司中女性作为首席执行官和董事会成员的情况**

| 公司 | CEO性别 | 董事会成员人数(名) | 董事会主席性别 | 女性董事会成员人数(名) | 女性比例(%) |
|---|---|---|---|---|---|
| Time Warner Inc. | 男性 | 11 | 男性 | 2 | 18 |
| Walt Disney Company | 男性 | 10 | 男性 | 4 | 40 |
| Viacom Inc. | 男性 | 11 | 男性 | 2 | 18 |
| News Corporation | 男性 | 16 | 男性 | 2 | 13 |
| CBS Corporation | 男性 | 14 | 男性 | 2 | 14 |
| Cox Enterprises | 男性 | 10 | 男性 | 2 | 20 |
| NBC Universal | 男性 | 4 | 男性 | 0 | 0 |
| Gannett Company, Inc. | 女性 | 10 | 女性 | 3 | 30 |
| Clear Channel Communications, Inc. | 男性 | 12 | 男性 | 0 | 0 |
| Advance Publications, Inc. | 男性 | 2 | 男性 | 0 | 0 |
| 女性的平均比例 | | | | | 15.30 |

资料来源：科罗拉多女子学院。

全球范围内的调查显示，虽然女性在不同国家媒体中的地位有较大差异，但世界范围内的女性雇员都面临着美国评论员所说的“玻璃天花板”问题。

德国是唯一一个媒体业男女薪酬看上去均等的国家，“高级别”职位年薪平均6.7万美元。在美国，2013年高级职位男性平均工资为22.4万美元，而同等职位女性只拿到16.5万美元。

日本和韩国女性在媒体业担任核心岗位比例最低。一项调查显示，日本媒体业中处于核心岗位的男性比例高达98.6%，而女性只占1.4%；在韩国，几乎100%的媒体高层决策者均为男性②。

① “The Status of Women in the US Media 2014”, http://wmc.3cdn.net/6dd3de8ca65852dbd4_fjm6yck9o.pdf.

② The Global Report on the Status of Women in the News Media, http://www.iwmf.org/wp-content/uploads/213/09/IWMF-Global-Report-Summary.pdf.

在全球调查中，俄罗斯和爱沙尼亚媒体业女性高管人数多于男性。①

### 3. 传媒专业的女性毕业生主要选择在公关及广告行业工作

2012 年美国对新闻与大众传播专业毕业生的年度调查结果显示，媒体专业的女性毕业生中，较多人找到了全职工作，只是获得工作的速度稍低于男性。

来自佐治亚大学的国际大众传播培训和研究中心的信息表明，与男性相比，在这个时期中更多的女性都选择了与新闻报道无关的职位。

印第安纳大学新闻学院教授拉迪卡·帕拉满瓦伦（Radhika Parameswaran）认为，这一长期趋势源自多种因素，其中最主要的是新闻工作缺乏灵活性。"不可预知的工作时间，赶时效的新闻制作方式……从事这样的工作不能保证周末，也不能让你在夏季放慢步调、更灵活地安排工作时间。"他表示，"很多受到推崇的新闻工作者，工作模式都非常男性化，趋向于牺牲大量个人时间。因此，对于很多年轻女性来说，这是非常难以克服的"。

以下是美国媒体妇女研究中心的一些研究结果。②

36.3% 的女性和 25.2% 的男性毕业生寻求公共关系的工作。

32.5% 的女性和 27.5% 的男性寻求广告代理公司的工作。

23.6% 的女性和 33.6% 的男性寻求电视新闻编辑的工作。

16.5% 的女性和 26.4% 的男性寻求日报社的工作。

11.3% 的女性和 19.0% 的男性寻求电台的工作。

3.8% 的女性和 5.8% 的男性寻求新闻通讯社的工作。

而那些选择在广告和公关业工作的女性毕业生也发现自己处于劣势：2013 年的一项由《广告时代》（*Advertising Age*）杂志与国际营销机构埃培智集团所做的调查显示，广告公司有一半以上员工是女性，而 68% 的管理者是男性。研究人员写道："调查发现，在美国营销界，四分之三的女性工作人员表示，性别多样性在广告行业是一个问题，每 5 位被调查者中有 2 位认为这不仅仅是一个问题，而且是一个很大的问题。"③

---

① Global Media Survey of the IWMF.

② A United States Survey by WMC "Amplifying Women's Voices, Changing the Conversation".

③ "The Status of Women in the US Media 2014", http://wmc.3cdn.net/6dd3de8ca65852dbd4_fjm6yck9o.pdf.

## 三　女性媒体角色的潜在优势与发展前景

正如一些媒体分析专家所说：“互联网降低了女性进入媒体的门槛，互联网革命使得女性影响力获得提升。”

在美国和西欧，女性已成为社交媒体的主力军。2015 年，有 71% 的女性和 62% 的男性使用社交媒体。其中，58% 的 Facebook 用户和 62% 的 Twitter 用户为女性。部分网络新闻媒体的男女比例几乎持平。如网络新闻媒体的领头羊《赫芬顿邮报》（*The Huffington Post*），其创办者阿丽亚娜·赫芬顿（Ariana Huffington）曾被《福布斯》杂志评为全美 15 位最有影响力女性之一。而大量自由撰稿人的出现，也推动了女性比例的上升。目前，该杂志 52% 供稿者为男性，47% 为女性。①

2014 年，多名媒体从业人士再次出现在《福布斯》最具影响力女性排行榜上，如杂志、电视和电影界风云人物 Oprah Winfrey，《纽约时报》编辑部的首位女性掌门人 Jill Abramson 和 Disney/ABC 电视集团总裁 Anne Sweeney 是雄踞《福布斯》世界女性 100 强名单的媒体大亨，在这个名单上出现的都是娱乐界明星、政治家、活动家、商界大佬以及那些经常在媒体露面的名人。

在该名单中出现的其他媒体界重量级人物有：②

——ABC 世界新闻主播 Diane Sawyer

——Disney/ABC 电视集团总裁及迪士尼媒体网络共同主席 Anne Sweeney

——Facebook 首席营运官 Sheryl Sandberg

——Fox 新闻主播 Greta Van Susteren

——Google 高级副总裁 Susan Wojcicki（最近被任命为 YouTube 的首席执行官）

——HBO 娱乐集团总裁 Sue Naegle

——HSN 首席执行官 Mindy Grossman

——Huffington Post 创始人及主编 Arianna Huffington

---

① Global Media Survey of the IWMF.

② “The Status of Women in the US Media 2014”，http：//wmc. 3cdn. net/6dd3de8ca65852dbd4_fjm6yck9o. pdf.

——NBC 环球有线娱乐集团主席 Bonnie Hammer

——索尼电影娱乐公司联合主席 Amy Pascal

——*Vogue* 主编 Anna Wintour

## 四 媒体企业为促进业内性别平等采取的政策措施

目前，一些公司开始在招聘、留用和提拔等各环节中，有意识地考虑性别平衡。如人事管理专家苏珊·康威尔（Susan Conwell）所说："这不仅是正确的事情，而且是有利于提高机构效率和收益的做法。" Catalyst. org 的研究数据显示：财富 500 强公司中，董事会成员中有 3 名以上女性成员的公司，经济收益高于其他公司 53%。①

一些机构倡导媒体企业提供更多福利，以保证为更多女性工作者提供更有利的工作条件。同时，更多企业开始注意营造性别和谐的工作环境，包括提供儿童保育、生育津贴、女性互助网络小组等。

这些在性别平衡方面采取积极措施的企业，大多设置了妇女工作组，他们主张更好地了解妇女的需要和她们所最看重的东西。如果女性雇员离职，企业会主动了解原因，分析如何改变可使她们长期留在企业发展。查明原因后，通过改进措施和推行政策，以保证企业为女性工作者提供更好的工作环境，最大限度更发挥她们的创造性。

此外，对女性的指导和职场教育被认为非常重要。Facebook 首席运营官 Sarah Sandberg 在多个场合倡导女性工作者合理规划人生，并更加自信、积极、主动地参与工作，争取领导岗位。②

美国媒体妇女研究中心为各个领域的新闻机构、娱乐集团提供以下建议，以保证机构内部的性别平等，促进妇女创造力的发挥。③

---

① "No News Is Bad News: Women's Leadership Still Stalled in Corporate America", http://www.catalyst. org/media/no - news - bad - news - womens - leadership - still - stalled - corporate - america.

② Sarah Sandberg, "Lean In: Women, Work, and the Will to Lead", http://www.newrepublic.com/article/121249/sheryl - sandbergs - lean - feminsim - pust - women - issues - risk.

③ "The Status of Women in the US Media 2014", http://wmc. 3cdn. net/6dd3de8ca65852dbd4_fjm6yck9o. pdf.

1）进行人员性别结构审查；

企业一线员工、决策者、升职候选人的性别和民族构成是怎样的？

2）制定可实现的目标，以形成和维护能够反映当地人口结构多样性的员工组成；

3）招聘中采取主动措施；

4）以正式和非正式的方式，指导和鼓励年轻女性踏入媒体行业；

5）认真对待男性和女性所面临的工作和生活平衡问题；

6）灵活的工作时间、带薪产假/父母假/老年人照料休假是提高员工工作效率、激发奉献精神的良好途径，雇主需要为有各种生活需求的员工就如何、何时和何地完成自己的工作提供更多选择，以兼顾生活需求；

7）鼓励有关性别平等坦诚的对话；

8）鼓励任何人就性别平等等问题在公司内进行公开对话，宣传其重要性，并探讨如何实现这些目标；

9）告诉您的同事、上司、邻居和朋友，电影、电视、广播、报纸和网络行业的妇女和有色人种的比例偏少，同时她们对公司的受益程度、对社会的影响力都被低估了。

## 五　结语

在过去40年中，女性在西方传统媒体中的地位已取得长足进步，但仍然有很长的路要走。全球范围内的职场平等进程速度并不尽如人意。一系列研究表明，长久以来的模式依然存在："世界范围内，女记者更容易被分配'软'话题如家庭、生活方式、时尚和艺术。那些'硬'新闻、政治、经济更容易由男性报道和撰写。"

新媒体和互联网的发展带来一些新的迹象和机遇。全世界越来越多的媒体企业认识到，激发女性工作者的创造性，提升其决策参与度，可以为企业带来正面效应。因此，更多有利于女性发展的措施、制度和体系正在建立，其中很多做法值得中国媒体企业借鉴。如何采取适当的传播手段和管理战略，挖掘培养更具潜力和优势的女性传媒人才，仍然是全球媒体行业面临的共同课题。

# B.12
# 女性新媒介事件中新媒体和传统媒体角色分析

范琳琳*

摘　要：随着互联网的发展，新媒介事件传播机制得以形成。本文从女性视角出发，研究以女性为主体，和女性密切相关的女性新媒介事件——“厦门大学教授性侵女学生”，剖析新媒体和传统媒体在这一事件中的角色。本文利用百度指数将“厦门大学教授性侵女学生”舆情演变分为形成、扩散、爆发和终结四个阶段，并逐一分析四个阶段中，新媒体的动态变化和传统媒体新闻框架，发现新媒体和传统媒体在这一过程中重新界定了“性骚扰”内涵，明晰了其内涵边界和内在权力关系，促成事件由单一的、孤立的事件进入校园性骚扰集体讨论和对策实施阶段。

关键词：新媒介事件　性骚扰　新媒体　传统媒体

1992年，美国学者丹尼尔·戴扬和伊莱休·卡茨在著作《媒介事件：历史的现场直播》一书中提出“媒介事件”这一概念，强调以电视为核心的大众媒介在重大事件直播中起到凝聚民心、整合社会的作用。并将“媒介事件”分为“竞争”“征服”“加冕”三类，形象化将之描述为历史的现场直播。① 之后随着

---

* 范琳琳，中国传媒大学传播研究院传播学专业硕士研究生，研究方向：媒介与女性。

① 〔美〕丹尼尔·戴扬，〔美〕伊莱休·卡茨：《媒介事件历史的现场直播》，麻争旗译，北京广播学院出版社，2000，第4页。

社会进程的发展，戴扬和卡茨先后对这一概念进行补充。卡茨和利布斯在传统仪式性事件之外引入创伤性事件概念，他们认为，灾难、恐怖和战争以及抗争越来越多地占据电视时段。戴扬和普莱斯从内部挖掘出当下媒介事件呈现的“不可控性和争议性”，将冲突、脱轨和幻想破灭归为新媒介事件。也就是说，事件策划者不再能完全控制受众如何接受信息，花很大力气构建的媒体事件有时达不到效果，甚至起到反作用。①

“媒介事件”这一概念自20世纪90年代由西方引入中国，就被中国学者频繁使用，随着网络和手机等新媒体迅速兴起，学者在新媒介发展的基础上提出“新媒介事件”。新媒介事件是“以新兴网络媒体，包括互联网及手机网络为媒介，在传播内容、话语权、媒介系统内部体现出对底层人民赋权、事件不确定性增强、说服手段多样化及判断消息真伪日益困难等特点的事件”。令新媒体成为重大历史事件载体的社会组织不再是电视台、报社、广播台等传统媒体，而是贴吧、豆瓣、微博、微信、博客等服务机构。

华南虎事件、温州动车事件、郭美美事件等都让公众关注到新媒体在挑战垄断性话语中的作用，但是这种重构、颠覆与适应大多放在民主和专权的视角来审视，性别的不公的视角一直被忽视。有学者按照新媒介事件的发生和传播规律，将新媒介事件分为四种类型：权益抗争事件、文化冲突事件、反腐监督事件、道德丑闻事件。② 但是这四种分类都是以男性角度划分，女性的角色和地位没有被纳入范畴。从女性视角来看，近年来不断出现以女性为主体、争取女性权益的新媒介事件，比如，李阳家暴事件，万人抵制百合网征婚广告，北外女生“阴道独白”举牌活动。可是这类事件都没有引起学者注意，这一方面是因为争取性别权益的新媒介事件数量没有形成规模气候，另一方面是因为女性整体没有觉醒群体意识，因为性别而受到歧视的弱势群体还没有达成“想象的共同体”的界限概念。

本文从女性视角出发研究“厦门大学性骚扰女学生”，试图从新媒体和传

① 安平：《戴扬、卡茨的新媒介事件研究》，《内蒙古大学学报》2012年第5期。

② 方洁：《被裹挟与被规制：从新媒体与大众媒体的框架建构看新媒介事件的消解》，《国际新闻界》2014年第11期。

统媒体角色探讨中进一步呈现媒介和女性的关系，将女性权益的维护放入新媒体和传统媒体所形成的公共话语中研究。本文不是单纯围观冲突，而是用历史的眼光探究新媒体和传统媒体的关系，查看二者在促进女性自主意识觉醒，探索女性隐秘权利维护的新媒介事件中所起到的作用，从社会性别角度将表面上热闹非凡的“媒体政治”解剖。

## 一 以“吴春明”为关键词的百度指数

百度是全球最大的中文搜索引擎，2011 年中国互联网信息中心（CNNI）发布的《2011 年中国搜索引擎市场调查报告》显示，有 95.3% 的受访者将百度作为搜索引擎首选。百度指数是以百度海量网民行为数据为基础的数据分享平台，是当前互联网乃至整个数据时代最重要的统计分析平台之一。

利用百度指数整体趋势研究能够告诉用户：某个关键词在百度的搜索规模的大小，一段时间内的涨跌态势以及相关的新闻舆论变化。本文以“厦门大学教授性骚扰女学生”的主角“吴春明”为关键词，时间选择为从 2014 年 6 月到 2014 年 12 月，全国的用户关注度趋势分布如图 1。

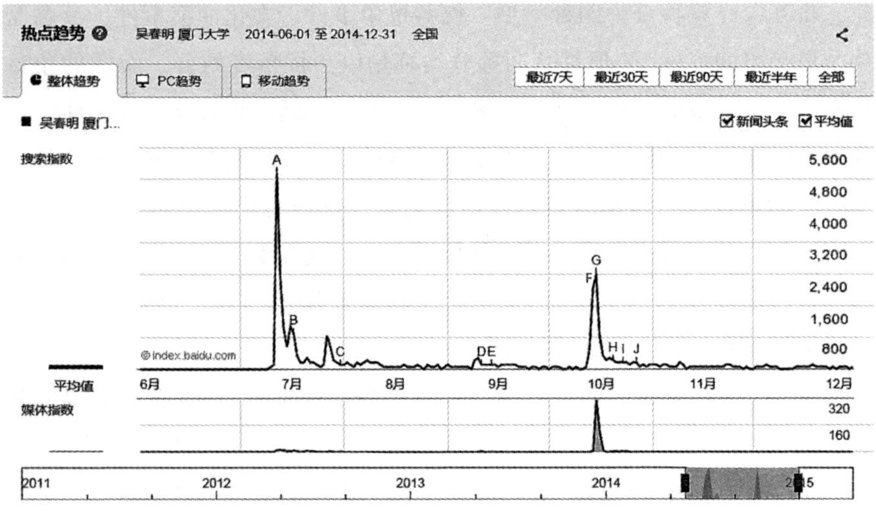


**图 1　“厦门大学教授性骚扰女学生”用户关注度趋势分布**

其中关注度高的节点所代表的时间分别是：A、7 月 12 日；B、7 月 17 日；C、7 月 31 日；D、9 月 11 日；E、9 月 14 日；F、10 月 14 日；G、10 月 15 日；H、10 月 20 日；I、10 月 23 日；G、10 月 27 日。

## 二　“厦门大学性骚扰女学生”的舆论阶段描述

新媒体事件的舆情生成、演变直至形成强大力量有其过程和界点①，这些界点是区分各阶段的信息点，也是各阶段的核心议题，将舆情形成过程分成若干阶段。有学者将群体性突发事件的舆情演变概括为形成、扩散、爆发和终结四个阶段，② 根据这一研究，分析“厦门大学教授性骚扰女学生”的舆情动态，可将此事件分为形成、扩散、爆发和终结四个阶段。另外，以“吴春明”为关键词的百度指数中的 A 点和 F 点、G 点关注度最高，符合舆情形成、爆发阶段高曝光率特征。因此，将 A 点和 F 点、G 点分别对应舆情形成阶段、舆情爆发阶段。这样，剩余的 B 点、C 点、D 点、E 点对应舆情扩散阶段，H 点、I 点、J 点测对应舆情终结阶段。

**表 1　“厦门大学性骚扰女学生”舆论阶段描述**

| | 时间 | 界点 | 具体内容 |
|---|---|---|---|
| 形成阶段（即百度指数对应的 A 点） | 6 月 18 日 ~ 7 月 14 日 | 举报厦门大学教授 | 6 月 18 日，网名为“汀洋”的网友发表微博“考古女学生防‘兽’必读”，暗示厦门大学某些教授利用指导论文、保研保博的机会，来“潜规则”女学生 |
| | | 点名指出吴春明 | 7 月 10 日，网名为“青春大篷车”发表博文表示“声援汀洋”，指明吴春明骚扰女学生，并晒出吴春明半裸上身在酒店熟睡的照片 |
| | | 厦门大学对吴春明停职调查 | 7 月 11 日，厦门大学官方微博发表声明，声称已收到有关吴春明师德师风问题的匿名举报，学校成立专门工作组展开调查 |

① 新媒体过程中，不断有事件推动舆情发展，本文将这些事件称为界点事件发展。

② 易承志：《群体性突发事件演变机制分析》，《情报杂志》2012 年第 12 期。

续表

| | 时间 | 界点 | 具体内容 |
|---|---|---|---|
| 扩散阶段（即百度指数对应的 B 点、C 点、D 点、E 点） | 7 月 14 日 ~ 10 月 12 日 | 122 名学生发联名信支持吴春明 | 7 月 14 日媒体报道厦门大学 122 名学生发联名信，该信反驳举报帖，称“汀洋”指控与事实不符，称赞吴春明老师治学严谨 |
| | | 76 名学生呼吁建立防范校园性侵联名信 | 7 月 24 日媒体报道厦门大学 08 级中文系校友李芙芯给厦门大学校长寄去了 76 名厦门大学学生和校友的防范校园性侵联名信，呼吁建立校园性骚扰防治规范 |
| | | 256 明学者参与联署公开信 | 9 月 9 日媒体报道，256 位来自国内外高校的教师、学者和学生参与联署的两封公开信寄给厦门大学校长和教育部部长，呼吁厦门大学彻查事件，以及以此为契机建立校园性骚扰防范机制 |
| | | 政府出台“红七条” | 10 月 9 日媒体报道教育部 9 日发布的《关于建立健全高校师德建设长效机制的意见》中明确划出对高校教师具有警示教育意义的师德禁行行为“红七条”并建立问责机制，其中就包括禁止对学生实施性骚扰或与学生发生不正当关系 |
| 爆发阶段（对应百度指数 F 点、G 点） | 10 月 13 日 ~ 10 月 19 日 | 第三名受害者拿出证据 | 10 月 13 日东方卫视《东方直播间》当事女生“青春大篷车”通过东方卫视首次接受外界采访。此外，第三名受害者“路法西”也浮出水面，“路法西”委托李莹律师现场公布了一系列证据，包括与吴春明的聊天记录、短信来往，直指吴春明性骚扰 |
| | | 厦门大学处理吴春明 | 10 月 14 日厦门大学官方微博发布《关于对吴春明处理情况的通报》。通报决定给予吴春明开除党籍、撤销教师资格处分 |
| 终结阶段（对应百度指数 H 点、I 点、J 点） | 10 月 20 日 ~ 12 月末 | 取消吴春明国家项目 | 据全国哲学社会科学规划办公室官网 10 月 20 日消息，厦门大学教授吴春明主持的国家社科基金重大项目做撤销处理 |

## 三　新媒体事件不同舆情阶段中新媒体和传统媒体的角色分析

观察“吴春明”的热点趋势和“厦门大学教授性骚扰女学生”舆情阶段，

就会发现，女性新媒体事件和新媒体、传统媒体的传播行为密切相关。新媒体产生自发的网络原生舆论，传统媒体产生自为的官方舆论，共同形成“扩展了的媒介生态体系”。新媒体为传统媒体提供信息源，传统媒体为新媒体的公众参与提供官方认可和呈现，二者相互促进、相互融合，共同推动舆论力量的形成和扩展、爆发。笔者通过慧科新闻搜索统计软件，以吴春明为关键词搜索2014年6月1日到2014年12月31日新闻报道，共发现7598篇新闻报道，其中纸媒报道有668篇，网站报道有6930篇。

（一）舆情形成阶段。“汀洋”和“青春大篷车”分别通过微博和博客爆料，利用新媒体的自由、便捷、匿名、互动的特点，将新媒体作为发声、辩论的战场，将学术上的“性骚扰”这一常常被忽视的议题放入媒体公众的议程范围，打破“把关人”控制。“汀洋”最初发声后并没有引发巨大关注，但是“青春大篷车”所发布的床照极大地刺激了公众敏感点，迅速将这一事件带入高潮。而在这一事件中，事件主角吴春明所在单位厦门大学也迅速做出回应，值得注意的是，厦门大学并不是直接接受媒体报道，而采用新媒体微博来直接发言，这也代表了新媒介事件相关人员和群体都选择新媒体来直接把控话语权和引导舆论走向。另外，新媒体平台的开放性降低了公共话语空间的门槛，网友能够借助新媒体广泛参与评论，每个参与者都能以自由、平等的方式参与传播，这一方面增加了事件的关注度，另一方面也实现了网民的自我赋权，消解了精英文化的绝对权威。

同时，利用慧科搜索发现舆论形成阶段共有579篇新闻报道。其中，纸媒报道有94篇，网站报道有485篇。对94篇纸媒报道研究发现，这一阶段的报道多从大学学术腐败入手，强调因为现代高校老师和学生的等级关系才会出现性骚扰事件，应该改变高校教师的绝对权力地位，树立良好的大学生价值观，其关注重点也放在“学术经费开房”等问题上，而忽视女性受害事实。譬如，《I时代报》的《锐评必须斩断教授们的“学术寻租”》、《法制日报》的《丑闻需廓清，价值观更需端正》、《河南商报》的《“诱奸”女学生背后是导师权力过大》。

舆情形成阶段，虽然传统媒体和新媒体上也有支持厦门大学女性受害者发言、同情女性受害者遭遇的言论，比如《南方都市报》的《大学丑闻面前，打破沉默很重要》。但是占据主流思想的仍然是“一个巴掌拍不响”，而这次举报是举报人权钱交易失败后恼羞成怒的报复。譬如@浙江陈哲伟发表微博“很多学生不专心读研，然后找老师开后门，于是，各取所需了”。除此之外，为了给“吴春明”开脱，福建师范大学社会历史学院教授、博士生导师高峻甚至在博客《厦门大学处理吴春明事件当慎之又慎》中，将“性骚扰”事件有意同“师生恋”等同，还将吴春明的学术成就作为开脱的条件。传统媒体报道中也或多或少都有归罪受害人的言论，传达的总体思想就是，举报人之所以有这类遭遇其实是因为自身价值观不正确。如《丑闻需廓清，价值观更需端正》中说学校风气不好，教师们相信潜规则，“即便一些学生有坚守的意识，他们在如此环境中也难免困惑、怀疑，甚至是异化、认同”。这就隐晦地转嫁了“性骚扰”事件中的责任，有意无意客观上巩固了不平等的性别观念，而这些正是导致很多性骚扰受害者沉默的控制力量。

（二）舆情扩散阶段。媒体报道的厦门大学 122 名学生发联名信推动了事件的发展。联名信一出来，就有网友以“厦门大学考古校友群”群内对话截图，证明并非全体考古学生都愿意签名；而当事人“汀洋”曾一一打电话询问认识的同学，不少同学表示并未签名。在这一互动过程中，新媒体产生了不同规模的对话系统，也不断塑造新型交往场景。“厦门大学教授性骚扰女学生”事件真相因为这一联名支持而更加扑朔迷离，新媒体中以“汀洋”为首的女性主义者和支持吴春明的网友之间的博弈渐趋白热化，而传统媒体在事件未明情况下大多吸取多方观点以达到报道公正、平衡。

除此之外，对“厦门大学教授性骚扰女学生”事件舆情扩散阶段其他事件进行分析，会发现 7 月 14 日到 10 月 13 日，事件本身调查情况并没有实质性进展，反而，围绕学术“性骚扰”这一行为的防治措施讨论进入舆论主流。在这一舆情阶段，“76 名学生呼吁建立防范校园性侵联名信”，“256 名学者参与联署公开信，呼吁出台校园性骚扰管理办法”；“政府出台‘红七条’”这三个事件不仅使得“厦门大学教授性骚扰女学生”这一话题热度居高不下，事件影响范围越来越大，也使得厦门大学因为舆论力量经受越来越大的压力。这就使得“厦门大学教授性骚扰女学生”事件并没有如一般网络事件短时间内形成舆论高潮后关注度明显下降，留下长尾，随着时间逐渐消失。反而，“厦门大学教授性骚扰女学生”因为线上线下的互动，整个社会关注起学术“性骚扰”话题，受害者摆脱孤立的个体身份，以群体行动防止类似事件的发生。

这一阶段，新媒体上群体性质和群体意识不断得到塑造和强调，集体认同在行动过程中不断构建，想象的虚拟共同体也得以实现。比如，微博、豆瓣、天涯上对@汀洋的支持，一直是把此事件看作是对女性的整体威胁，而非针对吴春明的个案愤怒，@大海无垠－China－SH发表微博表示，希望这一事件能“帮助全中国女学生减少潜在受害几率”。女性群体利益表达也是群体权利意义构建过程，新媒介事件将事件放入讨论和交流中，就为该事件文化基调增加了附属意义和价值，从而更能引起公众舆论和政府组织的重视。

利用慧科搜索发现舆论形成阶段共有2483篇新闻报道。其中，纸媒有270篇，网站有2213篇。对舆情扩展阶段的纸媒报道进行分析，发现传统媒体新闻报道逐渐转向支持受害者的媒介框架。对这一阶段的新闻报道进行分析，可以发现4个媒介框架。

（1）掺杂了权力意味的师生恋偏离爱情太远，比如《香港商报》的文章《扭曲的师生恋与权力滥用》；

（2）为防止性骚扰，很多国家禁止师生恋，比如《中国民航报》的文章《教授的权力同样需要关进笼子里》；

（3）性骚扰不仅是道德问题，也涉及犯罪问题，比如《上海法制报》的文章《诱奸学生不仅是道德问题》；

（4）应建立校园性骚扰防范机制，比如《天津日报》的文章《杜绝学术腐败唯有健全制度法规》。

这4个媒介框架都从整体情况出发探讨“校园性骚扰”的定义、对策，而不是孤立看待“厦门大学性骚扰”事件，这说明舆情扩散阶段新媒介事件从孤立事件进入文化反思和措施借鉴阶段。

（三）舆情爆发阶段。东方卫视《东方直播间》给出了“青春大篷车”和第三名受害者“路法西”的证据，而就在第二天，厦门大学就在微博中给出了吴春明的处理结果。细数近年来知名度较高的新媒介事件，网民总结出社会矛盾解决的非制度形式：新媒体上冲突发生——网络舆论氛围形成和升级——传统媒体深入报道和专家分析——政府介入解决问题，但是“厦门大学教授性骚扰女学生”事件中，政府介入的痕迹并不明显，只是在事件进展中为了缓解政府压力，减少社会冲突，出台了“红七条”以避免类似事件的发生，但是政府并不是新媒介事件的直接解决者。在这一事件中并没有相关的部门介入事件调查，领导事件走向，相反，“厦门大学教授性骚扰女学生”这一事件完全由新媒体和传统媒体主导，传播赋权成为事件唯一控制力量。

利用慧科搜索发现在舆论爆发阶段共有3355篇新闻报道，其中报刊有214篇，网站有3141篇。传统媒体在214篇新闻报道中也表现出了对吴春明处理结果的不满，比如《今日女报》的文章《博导诱奸女生仅开除党籍还不够》，《新京报》的文章《逾八成受访者：应直接将“诱奸门”厦门大学博导开除》。同时，更多媒体将矛头指向了厦门大学，谴责厦门大学拖了三个月才给出结果，举报人指出的吴春明“开房以课题费报销”问题和“是否有其他受害人”问题都没有回答。@汀洋也再次发表微博对结果表示不满，指出吴春明仍保留公职和教授职称级别。

（四）舆情尾声阶段。吴春明国家课题的取消又引起一波反响，但这一阶段新媒体和传统媒体的言论都已渐趋一致，且其言论大多是前三个阶段舆情的重复，这里就不再研究。

## 四　传统媒体和新媒体赋予女性新媒介事件文化内涵——界定“性骚扰”内涵

在这一新媒介事件中，新媒体和传统媒体重新定义了“性骚扰”的含义和本质。“汀洋”用“兽”来形容吴春明的行为，“青春大篷车”则用“诱奸”来描述自己的遭遇，女性受害者在措辞上的不一致足以表明“性骚扰”这一行为并没有获得公众的认同，甚至连受害者对侵害行为本身都模糊不清。正如凯瑟琳·麦金农所言：“直到1976年之前，都没有适当的名词能够言说性骚扰这一行为，以至于社会无以形成普遍、有共识的定义。但无以名不等于不存在。沉默往往意味着其带来的痛苦与屈辱是无以复加的。”①

但正因为“厦门大学教授性骚扰女学生”这一新媒介事件，“性骚扰”这一话题在短时间内吸引了大量目光，登上了报纸、网站的头条。公众在关注和

① http://edu.cyol.com/content/2014-10/13/content_10769929.htm.

讨论中逐渐明晰性骚扰的边界和定义。从话语模糊到清晰是公众对“性骚扰”定义建立共识的过程，也是女性权利被侵害的意义清晰化路径，更是“性骚扰”这一行为构建普遍性存在的渠道。当词语匮乏或者不一致的时候，性骚扰的不得体就有可能弱化，而把它统一之后，公众才有讨论和对抗的目标，也才能获得改进制度的机会。

在“厦门大学教授性骚扰女学生”这一新媒介事件中，从@汀洋和“青春大篷车”檄文，以及通过东方卫视爆料的第三个受害者“路法西”的陈述，公众可以看到厦门大学教授吴春明是性骚扰学生的惯犯，且其采取的措施也具有共通性。这起学术性骚扰事件中，骚扰者利用自己的学术身份形成的影响力和光环威吓、利诱女生，并直接利用自己的学术资源和人际网络作为逼迫女生的筹码，将发表文章、毕业找工作或保研保博这些本应凭学术能力争取的机会作为性骚扰的途径。这些都足以说明学术“性骚扰”中存在强烈权力关系，骚扰者利用学术权力来逼迫受害者。但是在很多人看来，尤其是在前文提到的持归罪受害者观点的公众看来，只要当事人妥协，那么其在道德上就失去了制高点，连受害人的身份也得不到，只能成为共谋者，性骚扰事件也变为性交易事件。很明显，骚扰者正是利用这样的想法才肆无忌惮施虐。譬如，在@汀洋的论述中，骚扰者吴春明在性骚扰受害者前反复确认“你是自愿的，不是我逼迫的”，以此转嫁责任。

从女性主义角度来看，将性骚扰与性交易挂钩实际上忽视了性骚扰过程中的四个条件：一是提出者是骚扰者；二是性关系违背受害者意愿；三是骚扰者要挟受害者的筹码是受害者本就应该得到的机会；四是这一过程中二者并不是平等关系。在公共讨论中，这起学术性骚扰事件背后的权力关系逐渐得到彰显，学术关系中隐秘的要挟本质逐渐得到辨析，被污名的受害者逐渐得到公众的谅解和同情，被免除了污名化标签。

## 五　结论与讨论

在女性新媒介事件中，传统媒体和新媒体既有合作又有博弈。传统媒体利用自身采访权，追踪事实真相，邀请相关人员评论，是推动事件的官方力量，也是政府认可的事件的追踪者和调查者。新媒体则颠覆受众被动角色，受众通过参与话语来“拼凑”事实，推动自身权益的保护，与事件一起构成“奇观/表演”受众范式。总之，传统媒体和新媒体一起形成女性新媒介事件的舆情力量，促进女性整体意识觉醒，维护女性整体权益。

未来，要想真正实现“男女平等”国策，保护女性权益，不仅要进一步采取法律制度措施保护公民的表达权，保障民意充分表达，还要普及女性新媒体知识，让更多女性能够使用新媒体参与国家事务。另外，传统媒体从业人员应该具备客观报道能力和女性性别视角，推动社会性别意识主流化，关注和女性相关的话题，在涉及女性权益的话题中避免性别歧视和刻板印象，从女性视角出发剖析事件本质，并借鉴先进经验推动女性保护机制的建立。

## 参考文献

[1] 蒋建国：《新媒体事件：话语权重构与公共治理的转型》，《国际新闻界》2009年第2期。

[2] 李阳：《新媒体环境下的传媒公共性理想与现实》，《东南传播》2014年第7期。

[3] 孙藜：《转化性建构：媒介事件与权力结构转变——新媒体语境下对媒介事件研究的再回顾》，《新闻记者》2013年第9期。

[4] 赵桂华：《新媒体事件的传媒公共性》，《新闻爱好者》2010年第9期。

B.13

# 被建构的焦虑：男权意识形态的迷思

## ——以2008～2012年“男孩危机”的相关报道为例

高音子*

摘 要： 伴随女性受教育程度的提高，“男孩危机”的说法甚嚣尘上。本文针对男孩危机论，采用社会性别视角，首先通过内容分析法，以中国重要报纸数据库2008～2012年男孩危机为主题的报道为样本，客观系统地描述媒介如何呈现“男孩危机”。再运用罗兰·巴特的符号学思想进行定性分析，检视“男孩危机”的媒介再现。研究发现，“男孩危机”的媒介话语生产包含外延和内涵两个符号系统，外延系统把男孩学业、气质等方面的变化，再现成名词“男孩危机”并成为内涵系统的能指，男权意识形态融入了内涵系统的所指，最终建构了男孩面临危机的迷思。

关键词： 男孩危机 男权意识形态 内涵 外延 迷思

20世纪90年代末，哈佛大学一名学者出版了《真正的男孩》一书，认为男孩正变得胆小懦弱、缺乏自信。男孩危机论开始出现在国内媒体上。2009年孙云晓等合著了《拯救男孩》一书，认为“男孩危机”集中体现在学业危机、体质危机、心理危机和社会危机上。2012年上海市教育发展基金会理事长王荣华在两会上呼吁关注教育中的“男孩危机”，并建议因性施教，男孩危机论一度成为媒体青睐的焦点。“男孩成绩普遍不如女孩”“男孩越来越娘娘

* 高音子，中国传媒大学传播学硕士研究生，研究方向：媒介与女性。

腔”的话题频繁出现在新闻报道中。媒体把男孩在学业、气质等方面的变化，称为“男孩危机”，呼吁“拯救男孩”。

诸多领域的现代性变迁，动摇了森严的性别秩序。当女孩走出闺房和厨房，试图与男孩分享教育资源和就业机会时（哪怕真正的性别平等并未实现），男孩危机论作为传统男权社会的反弹，经过大众传媒的再现，就有了一定市场。

“报刊总是带有它所属社会和政治结构的形式和色彩”①。因此，媒介并不是客观、中立、被动的现实镜像，而是既有社会结构的捍卫者和主流话语的意义生产商。本文以媒介作为研究场域，针对男孩危机论，主要探讨的话题有：媒介对男孩危机的报道数量、立场、议题有哪些特点？媒介话语生产怎样体现并维护传统的主流性别框架？报道修辞的符号有哪些象征意义？媒体为何认为“男孩危机”关系到国家富强和民族未来？

## 一　内容分析：“男孩危机”的媒介呈现

### （一）研究猜想

鉴于本研究的第一步要揭示议题“男孩危机”的显性特征，因此，首先使用内容分析法客观呈现研究结果。根据前期的积累和观察，提出以下猜想。

1. 近年来，媒体对“男孩危机”的报道数量呈增长趋势。

2. 媒体在报道“男孩危机”时，多数肯定了“男孩危机”的存在。

3. “男孩危机”的报道议题集中在“男孩成绩不如女孩”“男孩越来越女性化”上。

以下将通过样本采集与数据分析，对这三个研究猜想进行检验。

### （二）样本采集与分析单位

#### 1. 研究对象

中国知网的重要报纸全文数据库 CNND，收录了自 2000 年以来 500 多份国内重要报纸所刊载的学术性、资料性报道。本文以重要报纸数据库所检索出

---

① 〔美〕韦尔伯·斯拉姆等：《报刊的四种理论》，新华出版社，1980，第 1 页。

的近五年来具有“男孩危机”主题的38份报纸为研究对象。

2. 时间范围

将报道的时间期限定为2008年1月1日至2012年12月30日，考虑到五年时间能较准确地描述数据的变化趋势和走向，并且可以采集到足够数量的样本。

3. 抽样单元与分析单元

以“男孩危机”为主题的报道，一般认为其标题中含有“男孩危机”的关键词，或以“男孩危机”为最主要的议题。仅在报道中提及“男孩危机”的字眼而并非以此为主题，则不在样本范围内。考虑到少数报道使用“男孩问题”“拯救男孩”的说法，将检索的关键词定为以下三个：男孩危机、男孩问题、拯救男孩。剔除其中重复的以及与主题无关的结果，有效检索结果即样本总量为87篇。由于样本总量并不大，因此在此免去抽样环节，直接对87篇样本总体进行研究。以每一篇新闻报道作为一个分析单元。

## （三）类目建构

在建立分析类目之前，本文选取了《光明日报》2009年12月9日第011版的《“男孩危机”：一个亟须关注的教育现象》和《人民政协报》2012年8月22日第C02版的《让人揪心的中国男孩》进行初步分析，总结出这两篇报道的一般共性与特点，制定以下类目：报道的年度分布及数量变化；报道立场；议题框架。详细分析见下一节。

## （四）材料分析

1. 报道的年度分布及数量变化

2008年1月1日至2012年12月30日以“男孩危机”为主题的报道数量分布及变化趋势如下表所示（见表1）。

**表1　2008年1月1日至2012年12月30日“男孩危机”为主题的报道数量分布**

| 年份 | 2008 | 2009 | 2010 | 2011 | 2012 | 总数 |
|---|---|---|---|---|---|---|
| 数量（篇） | 4 | 8 | 27 | 10 | 38 | 87 |
| 百分比（%） | 4.6 | 9.2 | 31.0 | 11.5 | 43.7 | 100 |

如表 1 所示，从总体报道数量来看，2008～2012 年关于“男孩危机”的报道分别为 4 篇、8 篇、27 篇、10 篇和 38 篇。总体上报道数量呈上升趋势。

五年内，报道数量的峰值出现在 2012 年，这可能是因为 2012 年两会期间，教育发展基金会理事长王荣华在两会上呼吁关注教育中的“男孩危机”，并建议“因性施教”，他的言论刺激媒体聚焦“男孩危机”。并且在 2012 年 3 月，北京大学教授吴必虎在微博上发表观点，建议“错龄入学”，即男孩比女孩晚入学，此微博被迅速转发。

戈夫曼认为，“片段”（strip）就是“流动事件的随意的切片”，在新闻媒体的议程程序下，作为“片段”的“偶发的事件”（occurrence）就成了“公众事件”（public event）①。根据表 1，在 2008 年，媒体对“男孩危机”的报道停留在零散的“片段”上，没有系统性和组织性，到了 2012 年，在媒体的议程设置下，“片段”变成了“事件”。“男孩危机”的相关话题也逐步进入了媒体的议程。

### 2. 报道立场

从表 2 可以看到，在关于“男孩危机”的报道中，共有 61 篇报道认同男孩危机的说法，占总数的 70.11%。由此可见，大多数媒体认为男孩危机是存在的。

对男孩危机是否存在持否定看法的报道仅占总数的 12.64%。在这 11 篇持否认男孩危机的存在的报道中，共有 10 篇来自《中国妇女报》。可见，少数如《中国妇女报》等持女性主义立场、呼吁性别平等的媒体，在其他媒体的强势报道下，发出的声音非常微弱。

**表 2　报道立场（是否认同“男孩危机”的存在）分布**

| 立场 | 2008 | 2009 | 2010 | 2011 | 2012 | 总数 |
|---|---|---|---|---|---|---|
| 认同 | 4 | 7 | 18 | 7 | 25 | 61 |
| 否认 | 0 | 1 | 4 | 3 | 3 | 11 |
| 中立 | 0 | 0 | 2 | 0 | 3 | 5 |
| 不明确 | 0 | 0 | 3 | 0 | 7 | 10 |

① 〔美〕盖伊·塔奇曼：《做新闻》，麻争旗、刘笑盈、徐杨译，华夏出版社，2008，第 183 页。

### 3. 议题框架

戈夫曼认为，框架是“约束着我们主观参与的事件（至少是社会事件）的组织原则。框架将生活世界的片段组织起来”。① 而新闻的框架就是选择那些事件和片段的原则，即刻意强调的、阐释的和呈现的符码。② 有了框架，单纯的事件便被赋予了公共性。

表3为议题细分情况表。从报道议题来看，在媒体逐渐增加的报道力度下，“男孩危机”有了一个完整的逻辑演变过程：探讨“男孩危机”是否存在—男孩的分类（学业危机和气质危机）—男孩危机的成因—“男孩危机”的对策—“男孩危机”的影响（国家、民族）。由于一篇报道中可能含有多个新闻框架，因此在统计时数据有一定的重叠。

**表3　议题分布**

| | 含义 | 出现频次(次) | 百分比(%) |
|---|---|---|---|
| 是否存在“男孩危机” | 辨析“男孩危机”概念，讨论危机是否存在 | 23 | 12.0 |
| 男孩学业危机 | 男孩成绩不如女孩，“阴盛阳衰” | 38 | 19.8 |
| 男孩气质危机 | 男孩越来越“娘娘腔” | 56 | 29.2 |
| “男孩危机”的原因 | 1. 家庭：①独生子女家庭，溺爱孩子；②家庭结构呈现“女权”特点，父爱缺失<br>2. 学校：①应试教育抹杀男孩天性；②男教师少，缺乏榜样力量<br>3. 社会：①娱乐节目的不良影响；②审美趋势中性化 | 28 | 14.6 |
| “男孩危机”的对策 | 1. 性别隔离：①建立男子中学；②男女错龄入学<br>2. 培养男子汉气概<br>3. 父亲要承担家庭教育责任 | 32 | 16.7 |
| “男孩危机”与民族主义 | ①男孩学业危机影响国家富强和创新能力<br>②男孩气质危机威胁国家竞争力 | 15 | 7.8 |

① 〔美〕盖伊·塔奇曼：《做新闻》，麻争旗、刘笑盈、徐杨译，华夏出版社，2008，第181页。

② 〔美〕盖伊·塔奇曼：《做新闻》，麻争旗、刘笑盈、徐杨译，华夏出版社，2008，第2页。

媒体所建构的“男孩危机”主要包括学业危机和气质危机，出现的频次分别是38次和56次。报道中探讨“男孩危机”的成因和对策的议题频次分别为28次和32次。在讨论原因时，多数媒体认为应试教育抹杀了男孩的天性。在探讨“男孩危机”的对策时，有媒体支持建立男子中学、错龄入学、男女分班等性别隔离措施，认为教师应更加重视男孩。此外，有报道将“男孩危机”与国家、民族相构连，出现频次为15次。

### （五）内容分析法的结论

根据对媒介文本的内容分析，可归纳出“男孩危机”的报道所呈现的特征。

1. 五年来关于“男孩危机”的报道数量增多，由“片段”转化为“事件”，具有了组织性和公共性。

2. 在87篇关于“男孩危机”的报道中，约70.1%的认同“男孩危机”的存在。《中国妇女报》等持女性主义立场的媒体的声音十分微弱。

3. 报道议题集中在是否存在“男孩危机”、男孩的气质危机、男孩的学业危机、危机原因、危机对策、危机与民族主义上。

综上，内容分析法得出的研究结论与此前提出的三个猜想基本符合，不同之处在于，报道议题除了探讨男孩成绩和气质外，还分析了“男孩危机”的原因和对策，并且将“男孩危机”提升到国家、民族未来的高度。

## 二　符号学分析：“男孩危机”的媒介再现

### （一）罗兰·巴特的符号学思想

内容分析能够比较准确地描述研究对象，然而它“聚焦于明显而表层的传播内容，研究者无法解读传播内容字里行间潜藏的深层意涵”①。

符号学不仅研究文本意义，还研究发送者的意图意义和意义的深层结构，能够对文本的认识论、价值论和本体论进行剖析。符号学家、语言学家雅各布

① 〔荷〕凡·祖仑：《女性主义媒介研究》，曹晋、曹茂译，广西师范大学出版社，2007，第92页。

森、艾柯、瑞恰慈和叶尔莫斯列夫等，都认为意义必须被拆分为两部分：直接意义和深层内涵①。

罗兰·巴特也发展了符号学。在《神话学：大众文化诠释》中，巴特以“迷思”（myth）这一概念来称谓符号背后的意识形态运作机制。他认为“迷思”是一个二次序记号体系②，也就是说，符号有两个意指系统，第一个系统是外延系统，属于语言学体系，外延系统的符号在第二个系统即内涵系统中充当能指，在其后又重叠一个新的所指，这时候，内涵系统就诞生了。内涵系统的所指并不是固定的，它复杂多变，与所处时代的意识形态勾连。用图表示为：

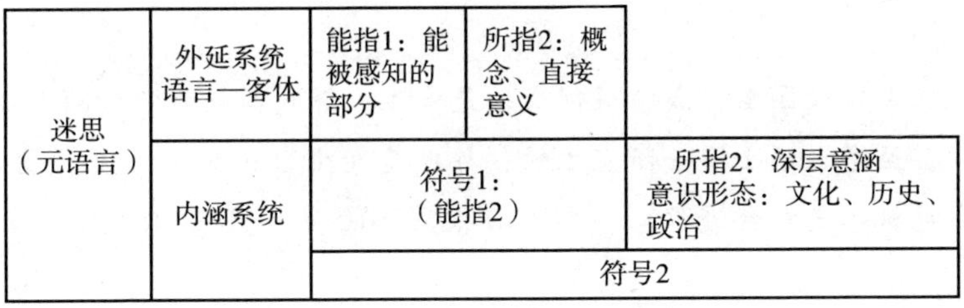


**图1　迷思的运作**

罗兰·巴特认为，迷思“给予历史意图自然正当化”③，他说“我讨厌目睹自然和历史在每个环节中的混淆视听，我要一路追踪，在每个‘想当然耳’的情节之中，锁定意识形态的滥用”。巴特用“解神话”一词来拆解意识形态生产机制，以清醒的思考破除“常识”“共识”背后意识形态密码。本文借助罗兰·巴特的迷思之说，对前文内容分析法的量化结果进行阐释分析。

## （二）男权意识形态的再现

由于内涵系统的所指并不固定，它是社会背景、意识形态等元素在符号中

① 赵毅衡：《符号学原理与推演》，南京大学出版社，2011，第50页。

② 〔法〕罗兰·巴特：《神话：大众文化诠释》，许蔷蔷译，上海人民出版社，1999，第173页。

③ 〔法〕罗兰·巴特：《神话：大众文化诠释》，许蔷蔷译，上海人民出版社，1999，第202页。

的映射。因此，文本中的迷思也是复杂多变的。

在媒体关于“男孩危机”的报道中，可以清晰看出意识形态运作的轨迹，为了证明这一点，接来下将从以上五个层面来解读迷思。

**1. 迷思一：命题“男孩危机”的诞生与话语霸权**

媒介作为意识形态国家机器的一部分，它向受众输送特定的意识形态。中国男权社会已有数千年历史，大众传媒也成为男权制的捍卫者。媒体对“男孩危机”这一说法的认可比例达 70.11%。男权制的话语霸权支配手段体现在报道对行为主体和客体的“反转”与“错置”上。

将一组互动关系中两方的结构关系对调，原先弱势者反转为强势者，或者强势者反转为弱势者，这就是意识形态运作中的“反转”策略①。

> 在大学校园里，成绩最优秀的是女生，得到各类奖学金的也以女生居多，甚至考上硕士博士研究生的往往也是女生占多数……（《男孩危机：社会危机还是社会进步》，《解放日报》2010 年 4 月 23 日）

上文中，互动关系的双方是男生和女生，作者举了奖学金、考研的例子证明女生在互动关系中居强势地位，挤占了男生的资源。

在媒体报道的外延系统中，女生在学业、就业上不断进步本是正常的社会现象，但是在男权制话语霸权的支配下，媒体在内涵系统中将依然处于强势地位的男生，反转成弱势者，制造出男孩面临危机的迷思。

“错置”（displacement）是在论述层次的归罪过程中，将另一行动者置放于肇因者的位置，或以抽象性的代名词代表，使真正的肇因者得以隐形②。在报道中，“错置”具体体现在将男孩置于唯一受害者的地位，女孩的受害情况被忽略，真正的肇因者“应试教育”却被隐藏了。

> 男孩的体重增加明显失控，营养不良、肥胖、超重发生率持续走高。

① 林芳玫：《师大强暴“疑案”报纸报道之分析：谁是加害者？谁是受害者?》，《新闻学研究》1995 年第 51 集。

② 林芳玫：《师大强暴“疑案”报纸报道之分析：谁是加害者？谁是受害者?》，《新闻学研究》1995 年第 51 集。

> 健康持续恶化……（《专家疾呼“拯救男孩”》，《中国体育报》2010 年 6 月 15 日）

内涵系统把男孩在体质上的退步再现成“男孩危机”，其实在应试教育唯分数论的背景下，女孩也面临体质衰退和健康恶化。应试教育的恶果是不分性别的。但在男权制意识形态运作中，男孩是唯一的受害者，女孩消匿无踪，“男孩危机”这一命题诞生了。

**2. 迷思二：学业危机与“男强女弱”的性别秩序**

中国的传统性别观念里，在社会地位上是“男女有别，男尊女卑”，在劳动生产上是“男主外、女主内”，在知识文化领域里是“女子无才便是德”，在两性气质上，则要求男要有阳刚之气，女要有阴柔之美……性别规训无处不在。

直到现在，也常有“学得好不如嫁得好”的说法。传统的“男强女弱”的性别秩序仍牢牢地镶嵌在中国文化中。当阳盛阴衰变成阴阳平衡，或者在某些领域“阴”略胜一筹时，人们就开始焦虑了。

> 最近 10 多年，高考状元“女升男降”的趋势也很明显，已从 1999 年的 34.78% 上升至 2008 年的 60%……到底是什么原因造成阴盛阳衰的趋势，在校园和职场日趋明显？（《男孩，你危机了没》，《浙江日报》2012 年 4 月 12 日）

上文的新闻报道使用了“阴盛阳衰”一词。用高考女状元所占比例增至 60% 等数据来证明“阴盛阳衰”的存在，然而 60% 的比例完全没有达到失衡的地步。

在外延系统中，“阴盛阳衰”的所指 1 是“女生比男生强”，但是，在内涵系统里“阴盛阳衰”这一符号变成能指，原本的直接意义被名词化，而这时候所指 2 加入了“男强女弱”的传统性别秩序，于是，它的深层意涵不是停留在“女生比男生强”上，而是“女生不应该超过男生”“阳盛阴衰才是合理的”。

**3. 迷思三：气质危机——霸权的男性气质**

罗伯特 · 康奈尔在其著作《社会性别与权力》中，使用了“霸权的男性气质”一词。“霸权的男性气质”的核心是“刚强”二字，由刚强演绎出硬汉、强者、健壮、粗犷、勇敢、事业成功等概念①“霸权的男性气质”一方面表现在要求男性凌驾于女性之上，同时还表现在对另类的男性气质的压迫上，比如跨性别者“娘娘腔”“女性化”等。在媒体对“男孩危机”的报道中“气质危机”是出现频次最多的一个议题，共56次。比如：

有些男孩娇滴滴的，行动扭扭捏捏，比女孩还要胆小怕事……现在的大学男孩中，衣着文静、满脸秀气的多了，粗犷野性的少了，阴柔有余而阳刚不足成为不少男生的通病。（《谁来拯救男孩们的“阳刚危机”》，《新华日报》2011年5月6日）

在外延系统中，“阴柔”等符号的所指1是男孩变得文静等现象，然而在媒介文本里，用“胆小怕事”“扭扭捏捏”来形容“阴柔”，这就意味着在媒体的话语系统里，阴柔是被矮化的。这时，“霸权的男性气质”进入了内涵系统中的所指2，“阴柔”不是单纯的形容词，而是对女性气质的贬低。

4. 迷思四：归因与对策——强化父亲的权威

士绅—家族—父权制是中国传统社会的基本结构。父权制（patriarchal），指以父亲为家长的权力体系。到了现代，父权制遭到了女性主义者的强烈批判，但它并未被推翻，而是以一种更为隐蔽的方式继续潜伏在社会文化里。例如默认父亲是家长，有更大决策权。媒体认为“男孩危机”的重要原因是家庭教育中母亲居于主导地位，男孩缺少了学习男子气概的榜样。

隔代教育以及母亲的溺爱，是勇敢、坚强、独立、宽容、大度、负责、有爱心等男子气质形成的天敌。如果在成长过程中缺少正确的男性榜样，将会给男孩带来灾难性的打击。在女人圈里长大的男孩将终身“缺钙”，甚至中性化、女性化、边缘化。（《谁来拯救男孩们的“阳刚危机”》，《新华日报》2011年5月6日）

① 方刚：《男性气质多元化与拯救男孩》，《中国青年研究》2010年第11期。

“母亲的溺爱，是勇敢、坚强、独立、宽容、大度、负责、有爱心等男子气质形成的天敌”，这个论述中正确的一面在于溺爱的确是优秀品质的天敌，但把溺爱归罪于母亲，就暗示母亲的教育是失败的。此时，“父亲要积极参与男孩们的教育”并不是要让父亲替母亲分担家教的担子，当父权制意识形态进入了内涵系统，这些报道的深层含义就成了“母亲无法给男孩良好的教育”“应强化父亲的权威”。

5. 迷思五：“男孩危机”与民族主义

民族主义是维持统治和政权稳定的思想控制手段。中国的大众传媒作为意识形态国家机器，其话语实践中亦有浓郁的民族主义色彩，并且在媒体对男性的再现时，有时也清晰体现了这一情结，例如抗日主题的电视剧中宣扬好男儿应当保家卫国，金庸武侠剧认为“侠之大者，为国为民”，等等。具体到对“男孩危机”的报道，则是将“男孩危机”融入国家发展、民族未来的宏大叙事里。

> 在我们当今这个以男性承担更多责任的社会中，男孩是未来家庭社会的脊梁，男孩的不给力，男子汉气概的缺失，不能不说是一件忧国忧民的大事。(《让人揪心的中国男孩》,《人民政协报》2012 年 8 月 22 日)

以上文报道为例，文中直接说，在中国由男性来承担更多的社会责任，男孩是脊梁，男孩危机是“忧国忧民的大事”。这篇报道暗示这样一个信息：男孩在国家和民族中扮演着更为重要的角色。

所以在最后一个迷思中，“男孩危机”不再是男孩在学业、气质等方面的变化，民族主义和男权主义已经完美地结合，它们潜伏在内涵系统的所指 2 里，这时候，甚至已经是整个国家、民族都面临危机了。

## 三　总结：男权意识形态——看不见的手

无论国内外，女权运动之火从未熄灭。女性在政治权利和文化观念上孜孜不倦地与性别歧视进行抗争。一方面，这种不懈的努力动摇了森严的父权制社会结构。越来越多的女性在学业上取得优异成绩，在职业上也绽放出耀眼的光芒。另一方面，女性的个人发展使其在公共领域中拥有了越来越多的社会资源，这就使父权制的既得利益者深感不安。本文所探讨的男孩危机论，实质是传统的“男强女弱”意识形态指挥着大众传媒对女性个人发展的绞杀，以维持男性对社会资源的强势占有。

从正文的内容分析和符号学分析中可以看出，在媒体的议程设置下，对男孩危机的报道从松散的片段变成了具有系统性、公共性和组织性的事件。而且，男权意识形态建构的五个迷思分别渗透到了议题演变的逻辑结构中的各个环节。

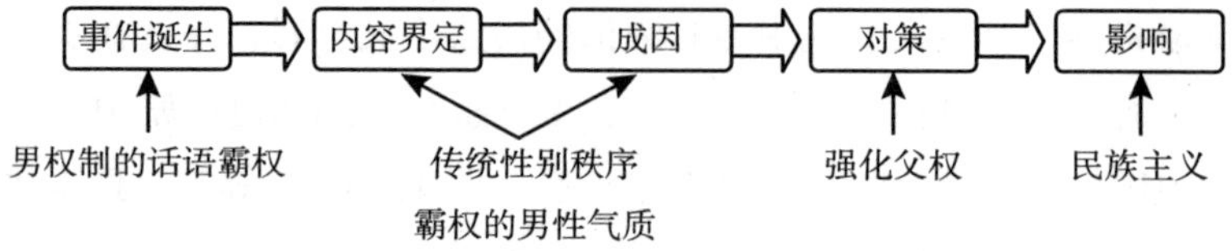


**图 2　议题演变与男权意识形态**

上图显示：男孩危机论在诞生之初就受到了男权意识形态的影响，男权制的话语霸权将变化再现为“危机”，使其进入公众的视野；在第二个环节中“男强女弱”的性别秩序和霸权的男性气质对“男孩危机”进行了界定；在第三、第四个环节分析原因并提出解决方案时，“强化父权”的需求被嵌入其中；在最后一个环节，媒体分析“男孩危机”将会带来哪些不利影响时，男权与民族主义结合，将危机不断放大。因此可以看出，男权意识形态控制是无处不在的，报道本身是推动一个媒体事件“看得见的手”，而其背后潜藏的男权意识形态是控制事件走向的“看不见的手”。

关注女性个人发展的喜人之势的同时，也应监测男权意识形态这只“看不见的手”如何借大众传媒进行阻挠。不断破解男权意识形态的运作密码，方能对女性发展之路进行消毒。

**参考文献**

［1］曹晋：《媒介与社会性别研究：理论与实例》，上海三联书店，2008。

［2］〔法〕罗兰·巴特：《神话：大众文化诠释》，许蔷蔷译，上海人民出版社，

## 一　问题的提出

家庭暴力的概念源自西方，1995 年第四次世界妇女大会后逐渐为国人了解。过去，我们习惯把家庭暴力称为“打老婆”或者“夫妻打架”，公众对家庭暴力问题的认识也非常模糊，常常会把夫妻之间的相互摩擦甚至是暴力行为看成家务事，殊不知家庭暴力问题应该是一个值得关注的公共领域的核心问题。加之家庭暴力发生的过程带有一定的隐蔽性，一般不太容易被发现，家暴发生后举证也比较困难，因此家庭暴力常常会给妇女和儿童的健康发展带来非常严重的危害。

本文以发生在 2011 年 8 月 ~2013 年 2 月的李阳家暴案为例，通过收集在李阳家暴案发生、发展、法院宣判的整个过程中公众微博互动的相关数据，并辅之相应的小型社会调查，试图探讨这个从私领域的一般家庭问题走向公众视野的家庭暴力如何成为案件，以及随着其发展过程的变化，人们对“家暴”问题认知的变化情况。

## 二　李阳家暴案中的受众互动情况分析

在新浪微博中，我们使用高级搜索方式输入关键词“李阳家暴”，得到相关微博数 180 多万条，在新浪微博开启的 API 端口①上，经过 IT 技术员采用爬虫工具抓取相关数据进行分析。检索时间段设定为：2011 年 8 月 31 日至 2013 年 2 月 28 日，得到的实际数据是从 2011 年 9 月 4 日到 2013 年 2 月 28 日（2011 年 8 月 31 日至 9 月 3 日没有数据显示），该次检索一共抽样抓取到了 21458 人的微博（其中有人不止评论一条或转发了一条微博），共得到 33851 条评论、62071 条转发。分析这些数据可以看出李阳家暴案的微博互动有以下特征。

① Application Programming Interface，应用程序编程接口，是操作系统留给应用程序的一个调用接口，应用程序通过调用操作系统的 API 而使操作系统去执行应用程序的命令或动作。微博 API 就是一个基于新浪微博系统的开放的信息订阅、分享与交流平台。通过微博 API 抓取数据，可以获得海量的微博信息、粉丝关系以及随时随地发生的信息裂变式传播渠道。

### （一）从时间轴分布看，李阳家暴案的发展关节点也是受众评论的活跃点

按时间轴分布分析所抓取的微博数据（见图1），所有关于李阳家暴案的相关微博中，每一次事件发展的关键节点处都呈现一定的公众活跃度。

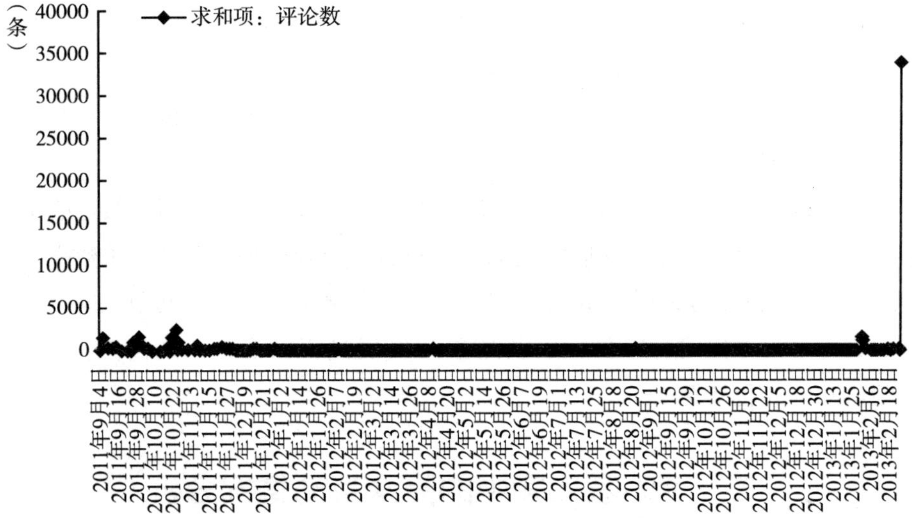


**图1　李阳家暴案受众活跃度新浪微博数据抓取情况（按时间轴分布）**

2011年9月5日，即李阳的美国妻子李金（Kim）在微博上曝光了一系列丈夫向她施暴的图片和文字后，对李阳家暴事件的评论数占微博当日总评论数的4.9%，2011年9月6日评论数占总评论数的4.7%。在这两个时间点后，李阳承认自己有家庭暴力行为，公开道歉，公众的反应在图中显示同样也是较为活跃的。

2011年9月24日至30日，李阳与李金（Kim）发生第二次冲突，此时李阳离家出走，28日、29日两天，公众评论的活跃度又达到了一个高潮。2011年10月21日至2011年10月25日，李金（Kim）对李阳正式提起了诉讼，再次引发公众的关注。从数据发掘中可以发现，随着李阳家暴案的每一次开庭，公众关注度都会有一次明显的起伏，这显示人们对名人家暴问题的关注度很

高，舆论的效力是十分强劲的。在四次开庭时段中，对不涉及家庭暴力事件的内容公众关注度并不高，证明公众会选择敏感的社会信息进行关注，对信息的选择有一定的自主性。

公众对李阳家暴案的微博关注掀起的第三次舆论热议是在其案件宣判的时刻，2013 年 2 月 3 日、4 日，微博的评论数达到了 1548 条和 1139 条。体现出公众对家庭暴力案如何结局非常关注，同时更关心法律将如何裁决这一家暴案问题。

### （二）从地域关注分布看，文化、经济越发达的地区对家庭暴力问题的关心程度越高

从不同地域的人如何关注李阳家暴案的分布情况看（见图 2），北京地区的关注度最高，无论是评论量还是转发数都远远高于其他省市，评论数占评论总数的 43. 2%，转发数占转发总数的 60. 6%。其他关注度较高的地区是广东、上海、海外、浙江，都有 1000 条以上评论数和转发数。研究发现，文化、经济越发达的地区接触新媒体的公众越多，对家庭暴力问题的关心程度越高，欠发达地区对家庭暴力问题的关心程度远远低于发展较好的地区。

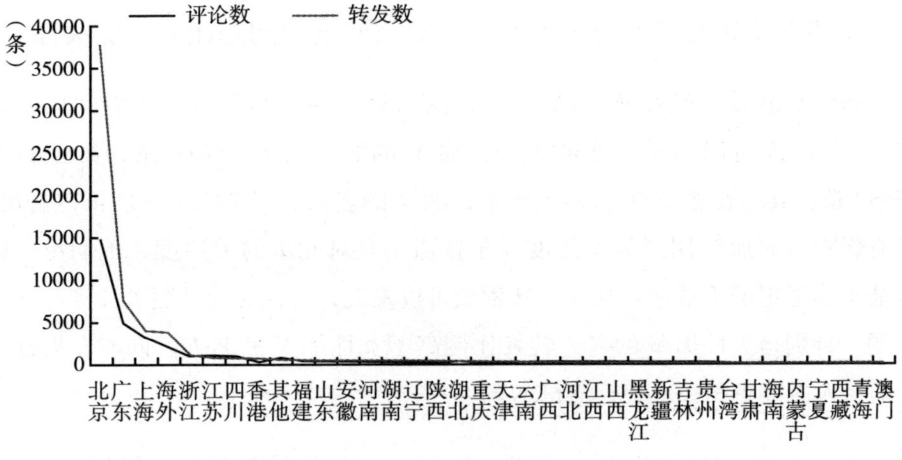


**图 2　李阳家暴案受众活跃度新浪微博数据抓取（按地域关注分布）**

### （三）从用户情况分布看，男性话语权略高于女性

从图 3 中我们可以明显看出，参与李阳家暴案微博互动的用户 21458 人次，女性 11832 人，加 V 的女性 814 人，男性 9626 人，加 V 的男性 1347 人。从数据分析中可以看出，虽然男性用户总量少，但具有影响力的发言人多于女性，他们的观点更易受到普通用户的关注，因此男性的话语权威略高于女性。

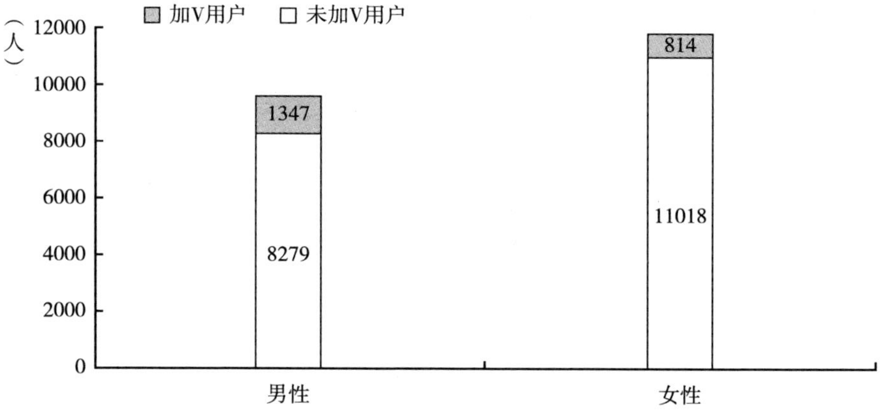


**图 3　参与李阳家暴案微博互动的用户性别情况分布（新浪微博用户）**

### （四）从转发情况分布看，男性对家庭暴力问题比女性更关注

从转发情况分布看（见图 4），转发微博数共 62071 条，其中女性转发 25032 条，普通用户转发 13413 条，加 V 的名人转发 11619 条；男性转发 37039 条，其中普通用户转发 7825 条，加 V 的名人转发 29214 条。可以看出，具有影响力的加 V 用户的关注度高于普通用户对此事的关注度，他们更了解传播正确思想的重要性。从这个转发数可以发现，男性比女性更关注家庭暴力问题，特别是男性加 V 的名人转发比例高于女性加 V 的名人，同时，男性加 V 的名人能够更积极地表达自己的观点。

### （五）从评论情况看，男性加 V 用户的话语权更占主导地位

从图 5 中可以看出，在抓取的数据中，新浪微博评论数共 33851 条，女性

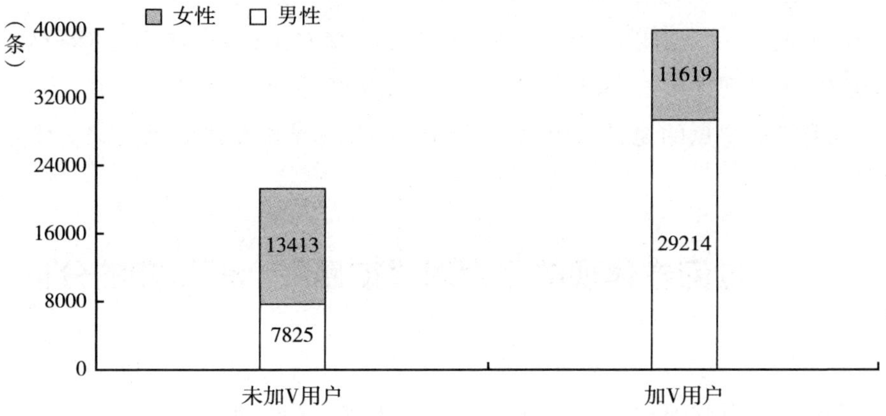


**图 4　李阳家暴案微博转发用户分布情况（新浪微博用户）**

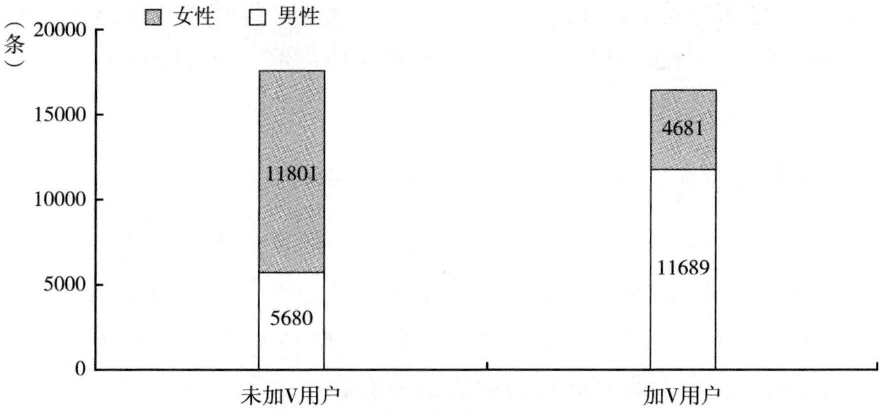


**图 5　新浪微博用户对李阳家暴案微博的评论情况（从性别差异角度看）**

评论共有 16482 条，其中加 V 女性评论占 4681 条，男性评论共有 17369 条，加 V 男性评论占 11689 条。女性加 V 用户和普通用户对此事的评论度相差较大，普通用户只关注不评论。女性加 V 的名人对这一家暴案的评论数是普通用户的四倍。与女性相比，男性之间的差别更加明显，从评论数和人数的比较上来看，男性普通用户有一些只看或者只转发，但没有加入评论，加 V 的男性用户的评论量是人数的 10 倍左右，从此可以看出，男性加 V 用户的话语权更占主导地位。

“互动”一词在媒介融合的今天很常见，互动的过程表现是在信息传递与反馈中形成了一个封闭的回路，最终能使互动双方在思路、想法、运行效果、市场效益上实现螺旋式上升”，其实质是思想的交换①。微博的存在，使受众有了发表自己观点的途径。有效的互动，对实现媒介传播效果的最优化是有益的。

## 三　通过问卷体现的受众对“家暴”问题认知的分析

为了进一步了解受众对家暴等问题的认知情况，我们采用抽样调查的方式发放了问卷。首先通过对 5 个城市、共 30 人进行初步实验调查，并经过内部一致性信度分析、鉴别度分析、结构效度分析，最终确定了正式的问卷。采用滚雪球抽样的方法，针对一线、四线城市中已经参加工作的具有大学本科学历、研究生学历的受众，在线上和线下发放问卷②。共发放的问卷有 300 份，回收问卷 265 份，有效问卷 258 份，其中男性 129 份，女性 129 份。下面结合研究问题与被访者的性别和年龄进行交叉分析。

### （一）对李阳家暴案中“家暴”问题的认知分析

调查显示，不同的年龄段听说过家庭暴力的被调查者占到了本年龄段的 80% 以上，结果显示家暴问题的普遍性。在 31 岁 ~40 岁年龄阶段，比例达到 90%，在 41 ~50 岁年龄段，比例高达 60% 左右。家暴问题的凸显，值得认真反思。这说明家庭暴力问题普遍存在，甚至就在我们的身边（见图 6）。

从数据可以看出，男性偶尔见到别人家庭暴力的要高于女性，占 47.24%，女性偶尔见到别人家庭暴力的是 27.91%。可以推测，男性身边有暴力倾向的人高于女性（见图 7）。

调查结果显示，在 31 ~40 岁、41 ~50 岁这两个年龄段都有二分之一的被

① 韩潇：《“书房”与“客厅”的互动——浅谈网络时代的媒介融合》，《当代电视》2010 年第 4 期。

② 由于研究条件的限制，我们无法像专业调研公司一样，在一线到四线城市招募足够样本量，所以本文中的样本招募只针对一线、四线城市，这是本研究的不足。

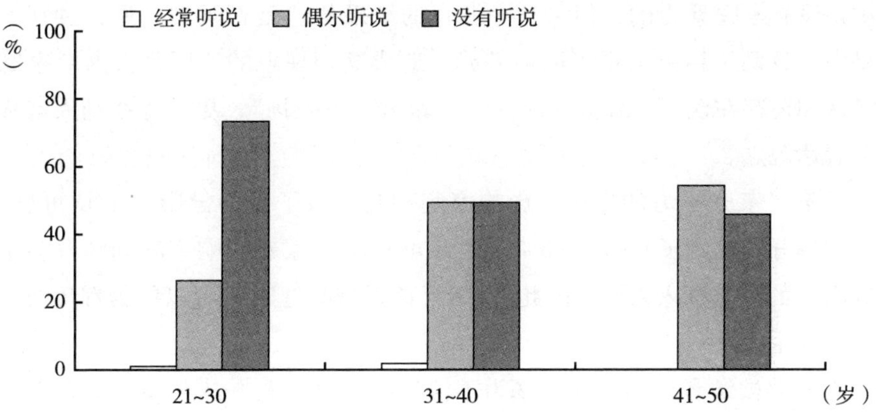


**图6　是否听说过别人家庭暴力（从不同年龄段区分）**

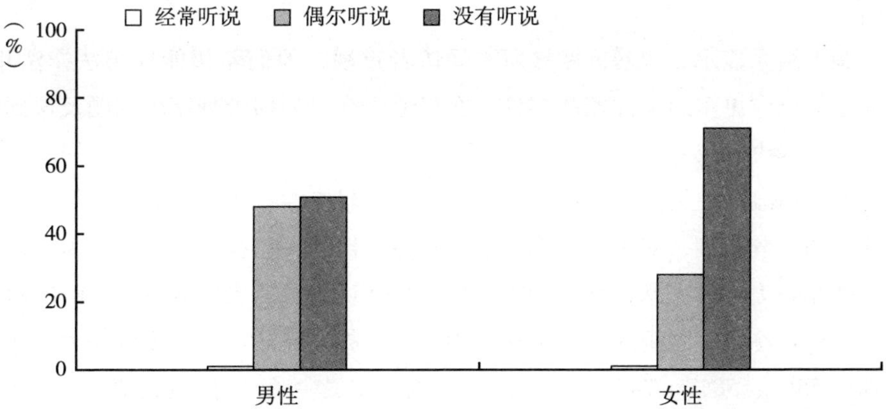


**图7　是否见到过别人家庭暴力（从不同性别区分）**

访者见过别人家庭暴力，其中 31～40 岁年龄段中有 1.64% 的被访者见到别人家庭暴力。这些数据表明，我们的身边就存在家庭暴力，并不是大多数人所认为的离生活很遥远。

为了进一步了解公众对于家暴问题的认识，我们从态度语句与性别交叉角度针对“暴力认知”进行了小型调查问卷，具体数据分析如下。

### 1. 从性别角度出发，男女对“何为家暴”的理解存在较大差异

调查结果显示，对“一般家庭生活中都有不同程度的家庭暴力事件的发生”这一观点表示认同的男女比例分别是：34%、36%，大部分被访者觉得家

庭中是没有家庭暴力的，但是这个调查的结果与“是否听到、见到过别人家庭暴力”这两个结果出现了明显差异。造成这一现象的原因是大家对家庭暴力的认知还存在误区，部分受众认为“家丑不可外扬”，更愿意在别人家暴问题上表达观点。

对于“家庭暴力的发生，影响家庭和睦、孩子身心健康”的认可度中，男女比例分别达到了95%、96%，由此可看出“家暴影响家庭和睦及孩子身心健康”的观念深入人心，因此，“为了孩子身心健康”可以作为宣传防止家暴发生的主题之一。

大多数被访者认为，家庭暴力不能解决家庭问题。从男女比例来看，男性被访者中88%表示同意此观点，女性被访者中95%表示同意此观点。此结果显示，女性和大部分男性倾向沟通，但男性产生家庭暴力的倾向性较强。

调查结果显示，家暴问题被所有受访者重视，他们希望能完善法律法规，认为媒体也应更多地关注家暴事件，在报道中突出如何处理家庭问题及遇到家暴时如何解决的议题。

调查还显示，男女对不同行为是否属于家暴存在认识上的差异。男性对家暴的认知比较模糊，对家暴概念的意识较差。比如：精神暴力、冷暴力、性暴力、肢体暴力均属家暴，然而调查发现，男性认为辱骂家庭成员、长时间对家庭成员冷言冷语、强迫对方发生性行为、动手打家庭成员属于家庭暴力的比例分别是55%、58%、74%、83%，仍有约二分之一的男性被访者认为辱骂、长时间冷言冷语不属于家庭暴力的范畴。男性受访者容易忽视精神暴力和冷暴力是家暴的具体表现，这个问题需要在反家暴传播中进行详细解释。四分之一的男性受访者还认为强迫性行为、动手打家庭成员不属于家暴。从女性被访者看，对以上问题的认知比例分别是62%、78%、85%、95%，相比男性要高，但仍有部分女性认为辱骂、冷言冷语不属于家庭暴力范畴（见图8）。以上调查说明，减少家庭暴力，仍需从传播家暴基本常识及认知做起，其中针对男性“老公可以打老婆”“冷暴力”这种所谓的传统观念，媒介需要在报道家暴事件中起到更重要的引导作用。

在调查研究中，有项调查结果很有意思，67%的男性和82%的女性认为李阳家暴属于违法行为，但有33%的男性和18%的女性认为李阳家暴不属于违法行为。由此可见，中国“家务事”的传统思想仍然根深蒂固，其中对男性的影响更大。

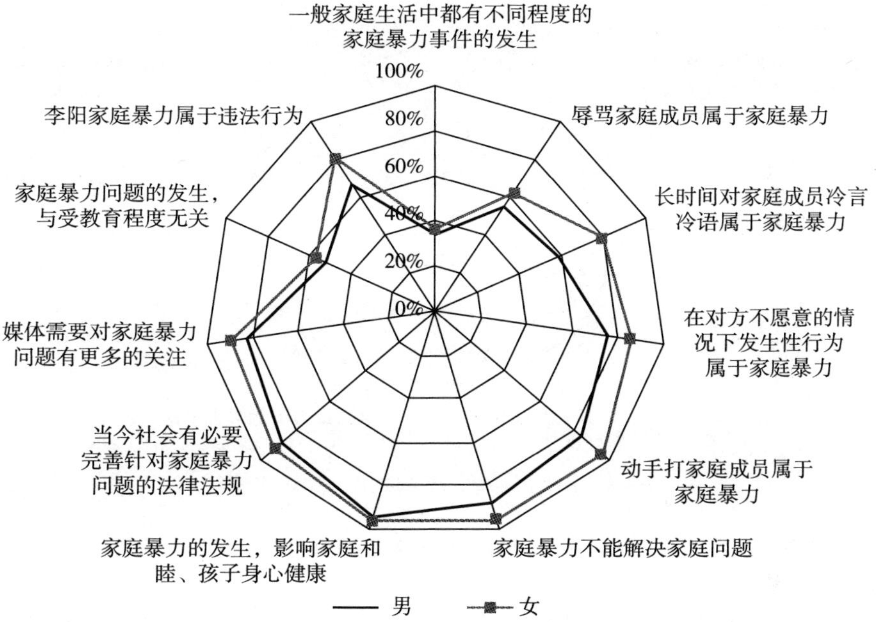


**图8　从对“暴力的认知”分析人们对家庭暴力的态度（从性别区分看）**

### 2. 从年龄角度出发，不同年龄层被访者对家暴认知差异较大

从态度语句与年龄交叉角度对“暴力认知”进行的分析显示（见图9），对“长时间对家庭成员冷言冷语属于家庭暴力”的观点年龄越大的被访者认同度越低，年龄越轻的被访者认同度越高，可以看出，年轻人更不能承受家庭“冷暴力”和“精神暴力”，更多希望以沟通交流方式解决家庭矛盾。

关于强迫对方性行为是否属于家庭暴力，有七成以上被访者表示认同，其中31～40岁年龄层的被访者认同比例高达87%。结果显示，夫妻间彼此尊重，不过度强迫对方的观念较为普遍，但部分被访者的传统“控制”思想仍需值得警惕。

调查显示，几乎所有被访者都认为“社会有必要完善针对家庭暴力问题的法律法规”，31～40岁年龄层的被访者对此问题认同比例更高达93%，可见

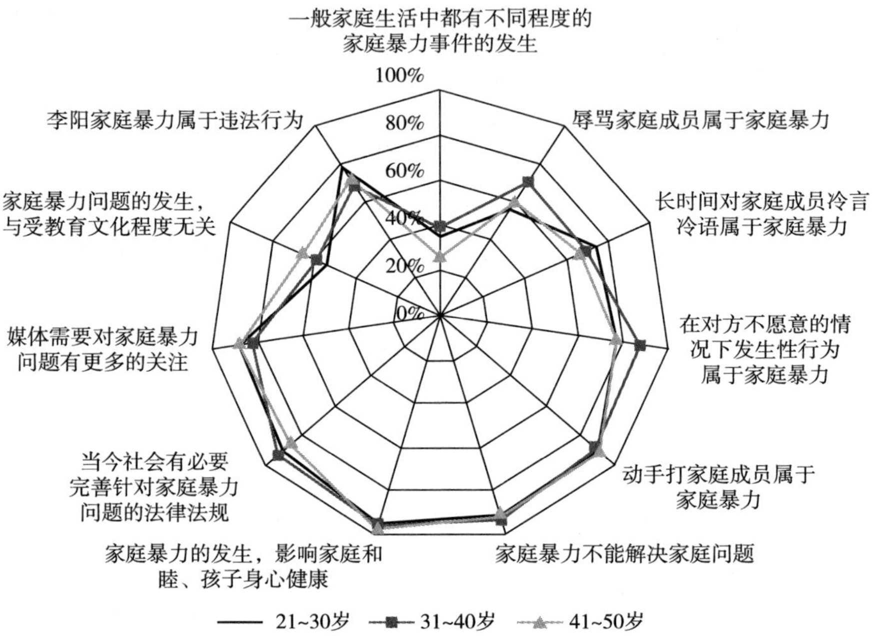


**图9　从对“暴力的认知”分析人们对家庭暴力的态度（从年龄区分看）**

家庭幸福与社会和谐是需要相关法律法规加以保护的。因为无论从性别角度，还是从年龄角度，均有部分被访者对家暴认知较模糊，甚至有“家暴可以解决家庭问题”的可怕观点的存在。对家庭责任感的缺失和对家暴认知的误解，是此观点存在的深层次原因，所以强化相关法律法规的约束刻不容缓，社会对针对家庭暴力法律法规的需要是十分迫切的。

调查显示，有近二分之一的年轻被访者认为家暴与文化教育程度息息相关，值得关注的问题是年龄较大的被访者对此观点认同程度较低，其中，41～50岁年龄层被访者认同仅占三成。李阳家暴案中，作为知识分子的李阳受过较好的教育，文化程度很高，但家暴情节十分严重，由此可见，受教育程度并非和是否家暴有直接联系。相关调查显示，越有文化、社会地位越高的人，反倒容易发生家暴事件，这与低收入、低教育人群易发生家暴的刻板印象形成了鲜明的对比。

年轻的被访者法律意识较强，30岁以下的被访者，有八成认为李阳家暴是违法行为，而30岁以上的被访者认同比例仅有七成，由此可见，“家务事”思想在社会中仍然不同程度地存在，其中年龄越大，这种思想越明显。

## （二）公众对家庭暴力的态度是否受媒体影响的分析

### 1. 不同性别的公众对家庭暴力的态度会受媒体宣传产生不同影响

调查显示（见图10），有大约60%的被访者认为家庭调解类节目对调节社会家庭矛盾问题有帮助，从男女比例看来，男性占60%，女性占57%，由此可以看出，家庭调解类节目对人们日常生活是有一定的引导性作用的。

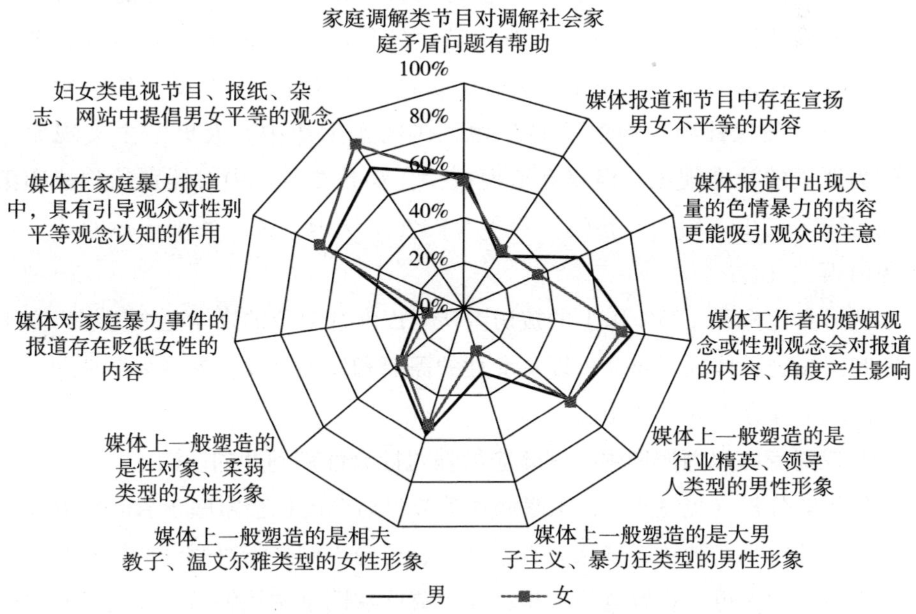


**图10　对家庭暴力的态度是否受媒体影响的分析（从不同性别的角度区分）**

调查显示，约有四分之三的男女被访者对媒介报道和节目宣扬的男女不平等内容是不认同的，而约八成的被访者认为，媒介对家暴事件的报道不存在贬低女性的内容，由此可见，媒介在关于家暴问题的报道中对男女形象的构建是较为公正客观的。

调查显示，媒介中出现大量的色情暴力内容更能吸引男性观众的眼球，只有小部分女性被访者表示会被色情暴力内容吸引。由此可见，性别的社会建构影响媒介传播内容的选择。媒体向受众传播信息时，不用过度考虑色情暴力可以吸引眼球，而色情暴力信息的过度传播，可能会对受众产生影响，造成传播学中的“暴力假说”，并被人所模仿。

调查显示，有74%的男性和69%的女性被访者表示，媒体工作者的婚姻观念或性别观念会对报道的内容、角度产生影响，此结论证实了福柯“话语即是权力”的观点，大卫·岗特莱特（David Gauntlett）从福柯“话语即是权力”的观点说明性别与认同话语是强势权力之一[①]。因此，探究在主流文化中寻求为弱势群体说话的路径，是十分必要的。

对媒介向受众传播男女社会形象的调查发现，有60%以上的被访者认为，媒介中传播的男性形象是行业精英、领导人；有50%以上的被访者认为，媒介中传播的女性形象是相夫教子。这样的媒介内容是受一般日常事务影响，是“父权社会”观念下的产物。在现实生活中，大男子主义现象也是较为严重的社会现象，但媒介呈现较少。媒介在节目中对性别的刻板印象表现得较为突出，给受众传达了不平等的性别认识，关注性别传播的话语权问题值得关注。

从男女比例看，75%以上的被访者认为以女性定位的媒体更加提倡男女平等的观点，这正体现了媒介可以从女性的需要和发展出发，方当为女性朋友说话，体现了媒介引导的作用。

### 2. 在对家庭暴力报道中，媒体应加强对社会性别问题的认知

从年龄分析（见图11），家庭调解类节目对调解社会家庭矛盾问题有没有帮助？年龄越大的被访者越认为有帮助，这也与不同年龄对媒介的接触习惯有关，年龄大的人更喜欢看电视，年轻人更喜欢从网络中接触新鲜实物。同时也与不同年龄的生活经历有关，年龄越大的人生活阅历越丰富。笔者询问身边不同年龄层的受众，发现40~60岁的受众更喜欢看家庭调解类节目。从这个结果可以发现，家庭调解类节目对社会、家庭和谐可以起到一定的帮助。

从不同年龄视角分析，年龄越大的受访者越认同媒体报道中存在宣扬男女不平等的内容，年轻人只有29%认同。这个结果让我们发现，传统的男女形象在当今受众的心目中已经有了固定的形象；同时现在媒体在传播男女形象的时候报道更加公正客观，更加注意社会性别的存在，减少对男女不平等内容的宣扬。

---

① 曹晋：《媒介与社会性别研究：理论与实例》，上海三联书店，2008。

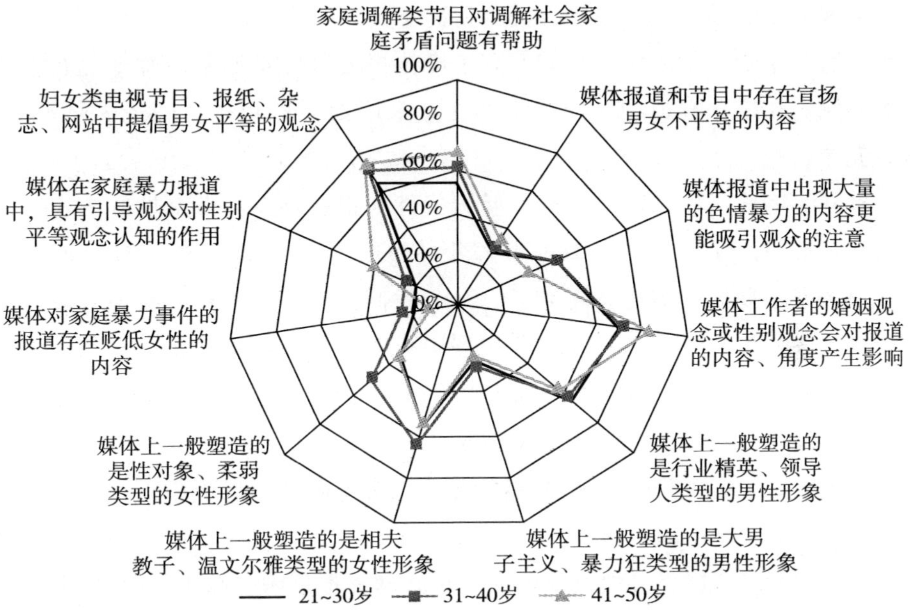


**图 11　对家庭暴力的态度是否受媒体影响的分析（从年龄区分看）**

对媒介报道中出现大量的色情暴力的内容更能吸引观众眼球的观点，年龄越大的受访者认同度越少，结果显示，年轻受众对色情暴力内容更感兴趣。

年龄越轻的受访者认同度越大对媒体工作者的婚姻观念或性别观念会对报道的内容、角度有影响的调查显示，年龄越大的被访者这个结论证实了“话语即是权利”。有调查显示，媒体工作者中女性在领导层较为缺失，男性更具有话语权，男性在媒体工作者决策层中占的比例较大，这可能会导致男权主义掌控话语权。

从年龄视角分析，不同的年龄段对媒体上一般塑造的男女媒介形象的认知存在差异，对于男性行业精英、领导人的形象以及女性相夫教子、温文尔雅的形象较为认同，对于男性大男子主义、暴力狂的形象以及女性为性对象、柔弱的形象认同的较少。从此调查中发现，31～40岁这个年龄段的被访者表现的意见比较跳跃。在对媒介传播的男性形象具有大男子主义、暴力狂的认同上，比其他两个年龄段分别高5%；在媒介一般塑造的女性形象中，对相夫教子、温文尔雅的形象的认同，比其他两个年龄段分别高10%；在对女性为性对象、柔弱的形象的认同上，高于其他两个年龄段16%与15%。从中年人这个年龄段的表现，我们看到了媒体报道对男女形象的塑造仍存在较大的问题，在媒介报道中，应当更加注意采用社会性别视角塑造人物形象、减少偏差。

不同的年龄，对“媒体对家庭暴力事件的报道存在贬低女性的内容”的观念表现不同，31～40岁比21～30岁年龄阶段的被访者高7%，31～40岁比41～50岁年龄阶段的被访者高14%，从而我们可以看出，31～40岁年龄段对此观点的认同度最高，41～50岁年龄段对此观点的认同度最低，说明大多数被访者是认同媒介在家暴事件的报道中的态度的，可能有少部分媒体在报道中存在贬低女性的内容，使部分受众不满。

调查显示，越年轻的被访者越不认同“媒体在家暴报道中，具有引导观众对性别平等观念认识的作用”，年龄大的人虽认同度高于年轻人，但认同度也只占到五分之二以下，说明媒体在对家庭暴力报道中，缺少社会性别认知，缺少客观的报道视角，用报道者自身的性别视角分析整个事件，缺少深入的调查与取证，过分追求报道效果和噱头，为提高点击率造成媒介工作者责任缺失。妇女类节目更受年龄大的受众关注，年轻的受众接触的女性类节目更多的是以时尚为主题的内容，年龄大的受众更加关注生活类的女性节目。因此，女性类节目在以后的发展中，更深入各个年龄层，为推进社会性别认识平等而做出贡献。

从以上认知和态度的调查结果来看，媒体要加强家庭暴力和社会性别平等的舆论引导。在这些被访者中，仍有很多人对家庭暴力的认知和态度存在明显偏差。加强对报道中有关社会性别意识内容的辨别能力，主动屏蔽不良信息，培养人们正确的价值观，利用媒介传播的正确观念与防范措施保护自己，促进社会更加和谐稳定，公众的生活幸福指数才会真正提高。

## 参考文献

［1］刘利群：《社会性别与媒介传播》，中国传媒大学出版社，2004。

［2］卜卫：《媒介与女性》，江苏人民出版社，2001。

[3] 张敬婕：《性别与传播——文化研究的理路与视野》，中国传媒大学出版社，2009。

[4] 李琦：《传媒与性别——女性媒介的传播社会学阐释》，湖南师范大学出版社，2008。

[5] 周安平：《性别与法律——性别平等的法律进路》，法律出版社，2007。

[6] 卜卫、张祺：《消除家庭暴力与媒介倡导：研究、见证与实践》，中国社会科学出版社，2011。

[7] 刘利群、辛格：《性别传播的研究与行动》，中国传媒大学出版社，2012。

[8] 〔荷〕凡·祖仑：《女性主义媒介研究》，曹晋、曹茂译，广西师范大学出版社，2007。

[9] 〔美〕马克斯韦尔·麦库姆斯：《议程设置——大众媒介与舆论》，郭镇之、徐培喜译，北京大学出版社，2008。

[10] 郭艳秋、蔡一平：《消除家庭暴力，新闻媒介如何警钟长鸣》，中国妇女出版社，2001。

[11] 李静：《我国报纸媒体的家庭暴力报道研究》，上海大学出版社，2008。

[12] 张祺：《法制类报纸中性暴力案件报道的“强暴迷思”研究》，选自卜卫、张祺《消除家庭暴力与媒介倡导：研究见证与实践》中国社会科学院，2005。

[13] 孟伟：《从“李阳家暴”事件看我国的反家暴立法》，《商品与质量》2011 年第 10 期。

[14] 蔡敏：《社会性别理论在传媒实践中的困惑》，《新闻记者》2010 年第 6 期。

[15] 张田：《媒介女性形象刻板印象之成因探微》，《学术交流》2009 年第 5 期。

[16] 陈泽：《公共危机事件中媒体介入的问题研究》，《湖北经济学院学报》2012 年第 6 期。

B.15

# 女性时尚杂志的受众分析

## ——以《时尚·cosmo》为例

贾 静*

摘 要：本文以受众为切入点对时尚杂志的性别价值问题进行研究，选取了《时尚·cosmo》杂志的读者作为对象进行受众分析，主要应用了质化研究的深度访谈法。通过与受访者进行深入的访谈，分析他们接收媒介信息的特定传播情境，了解他们对媒介内容的解读意义，理解他们对不同传播情境的反应。在了解清楚读者的阅读事实的前提下，本文意在挖掘《时尚·cosmo》读者自身的性别意识，并与杂志形成观照，在此基础上更好地把握时尚杂志的性别价值问题。

关键词：受众分析 解读 性别意识

## 前 言

20世纪90年代中期，女性时尚类杂志开始在中国期刊市场起步，2000年以来出现了强劲发展的势头，以前卫、流行的理念和精美材质吸引年轻的读者特别是有一定经济地位的城市女性。期刊作为一种平面媒体，在刊登文章的篇幅、内容所具有的深度等方面都有其特点，再加上出版周期相对较长，因此杂志比其他类型的媒介形式更能够反映所处社会所具有的一般社会

* 贾静，中国社会科学院新闻学博士，中国传媒大学远程与继续教育学院教师，主要研究领域为媒介与女性、新闻报道创新、中外广播电视节目等。

现象和主流的社会价值观，包括有关于性别价值的观点。而女性杂志不仅能够反映和呈现政府或民间的性别价值观，还具有建构社会和受众的性别价值观的作用。

关于女性时尚杂志在性别价值观方面的构建，之前的研究以内容分析、文本分析等形式再现的比较多，这种呈现方式可以看出杂志中蕴含的有关女性角色的意识形态，里面包含了关于世界是什么样的和应该是什么样的强有力的假设。但如果仅停留在这个角度，还并不足以解释为什么有那么多女性追捧时尚杂志，这种女性意识为什么能在全球那么多国家和地区流行。文化研究的理论认为，研究媒介的影响和效果不能仅仅停留在媒介内容的方面，这是对媒介信息的接收者——受众——的不尊重，是站在精英的立场去主观推断意识形态和价值规范，没有办法很好地说明受众为什么乐意消费这些杂志，对于读者和受众的阅读和解释几乎是看不见的。大众传媒通过向受众提供社会价值规范来影响受众，但是影响受众价值观念形成的却不仅仅是媒介这一个因素。在复杂的社会环境下，社会任何宏观或微观方面的力量变化都会影响受众的社会化进程，进而影响他们的观念认识。因此，受众对媒介内容的解读与他们对社会价值规范的认识之间表现出复杂的关系。女性主义媒介研究不仅应该重视媒介意义的生产和流通，也应该重视媒介意义的消费。因此，探究时尚杂志的受众群体的特点以及她们对媒介所塑造的性别价值观的看法也就成为时尚杂志研究的一项重要任务。

## 一　问题的提出

笔者选取了《时尚·cosmo》作为主要研究对象。《时尚》是内地最早的一批时尚杂志的代表，她创刊于1993年8月8日。在创刊时就开始学习国外高档生活消费类期刊的运作方式，采用国际开本、铜版纸全彩印刷，开创了国内女性时尚杂志一代风气。1998年，和美国赫斯特出版集团旗下最著名的女性杂志*Cosmopolitan*进行版权合作，更名为《时尚·cosmo》。版权合作使《时尚·cosmo》杂志的整体设计风格显露出国际大刊的风采，在外观和内部结构上都焕然一新，韵味突出，迅速树立了自己的品牌。在百花齐放的女性时尚期刊市场中，《时尚·cosmo》杂志无论是知名度、发行量还是广告经营额都始终名列前茅。可以说这本杂志充分代表了当代社会中彻底商品化的、吸收了国际版权股份的、生活消费类和时尚类的女性杂志。如今，《时尚·cosmo》的发展已经进入产业化、集团化的经营时代，时尚传媒集团也成为中国期刊界独特的代表。

女性时尚杂志必然对女性形象做出了再现，然而这并不是本文关注的重点。本文试图探讨的问题是：中国的女性受众又是如何回应这些女性形象的？就本项研究来说，探讨《时尚·cosmo》的消费者根据自身的经验如何解读杂志中的女性形象和女性意识？通过对媒体意义的诠释，她们自身的意识和行动发生了怎样的变化？二者之间有什么样的关联？

## 二　研究方法

本文对受众研究的方法主要应用了质化研究的深度访谈法。通过与受访者进行深入的访谈，分析他们接收媒介信息的特定传播情境，了解他们对媒介内容的解读意义，然后决定他们对不同传播情境的反应究竟是什么。

访谈在2014年3~4月进行，共采访了17名《时尚·cosmo》的女性读者。她们当中大部分是北京CBD核心区的写字楼白领，剩下的部分是大学生、媒体从业人员、其他事业单位工作人员、私营企业主以及自由职业者等。访谈的地点主要在受访者方便接待的写字楼大堂、餐厅、咖啡厅、学生宿舍以及邮政报刊零售点等，每次访问1~2人，持续时间约60分钟至90分钟不等。

本研究在选择受访者时主要考虑时尚杂志的目标受众，以城市白领为主要受访者，也兼顾其他职业、年龄、收入、教育程度、婚姻状态等变量。意在探索《时尚·cosmo》的目标读者和潜在读者对这本杂志的女性角色的解读，了解受众的性别价值判断与这本杂志的性别意识形态是否相对应。为了弄清楚这一问题，笔者认为可以从两个方面去考察：一是考察读者对杂志的接触动机和内容偏好，这是浅层次的事实把握；二是考察读者对《时尚·cosmo》所传达的性别意识的解读，这是深层次的意义把握。在了解清楚读者的阅读事实的前提下，深入挖掘读者自身的性别意识，并与杂志形成观照，在此基础上我们能对时尚杂志的性别价值问题有更好的把握。

## 三　受众的解读

文化研究学者霍尔（Stuart Hall）在其著名的“编码/解码理论”中提出，任何文本都不止单一的意义，编码和解码之间没有必然的一致性，不同的受众以不同的方式解读文本。[①] 费斯克也认为“意义”是由身处社会的读者和文本相结合而产生的，并不仅仅是由文本自身决定的。[②] 由此可见，文本的意义是由传播者与受众通过对文本意义的预设和诠释共同完成的。读者对文本的诠释及解读方式与传播效果的实现及意识形态的再生产密不可分。对于时尚杂志来说，读者是有独立意识和主动诠释文本内容的个体，她们从自己的经验出发，带着日常生活中形成的女性意识观来阅读和解释时尚杂志，同时，她们也通过阅读时尚杂志来塑造或改变自己的女性意识观，二者是互为因果、相辅相成的关系。

霍尔将受众的解码方式分为三种，即“支配性解读”“协商式解读”“对抗性解读”。[③] 根据之前笔者对时尚杂志的内容和文本分析可知[④]，以《时尚·cosmo》为代表的时尚杂志，其中心议题就是从三个方面塑造、建构现代白领女性的性别技术：1. 将女人作为被男人观看的客体，表现女性的性感美丽，这是女性的身体技术；2. 将女性作为男性的附属物，谈论两性关系或爱情，

---

① 〔英〕斯图亚特·霍尔：《编码，解码》，罗钢、刘象愚主编《文化研究读本》，中国社会科学出版社，2000，第295～302页。

② 鲁哲：《意义的生产和流通——费斯克〈电视文化〉述评》，《新闻与传播研究》1998年第4期，第78页。

③ “支配性解读”即受众的解码立场与传者的编码立场完全一致，受众认同和接受传播的支配性意识形态。“协商式解读”是受众的解码立场既不完全同意，又不完全否定传者的编码立场。受众与支配意识形态始终处于一种充满矛盾的协商过程。“对抗式解读”则是受众虽能理解话语赋予的字面意义和隐含意义，但对此置之不理，而以自己的诠释方式解读，使解码的结果与编码者所欲传达的意义完全背道而驰。受众的对抗式解读必将导致编码者的传播意图的颠覆。霍尔对受众的解读方式是建立在社会——文本——受众三位一体的基础上的，即受众对文本采取对抗性解读的话，受众不认同文本所反映的主流价值观，但事实上对文本的抗拒并不必然意味着对社会主流意识形态的抗拒，抗拒文本的人不见得抗拒社会，而抗拒社会的人不一定抗拒文本。因此霍尔“对抗性解读”的说法有待进一步讨论。

④ 参见《社会性别视角下的女性时尚杂志研究——以〈时尚·COSMOPOLITAN〉为个案》，贾静，中国社会科学院研究生院2011年博士学位论文。

这是女性的情感角色；3. 前述两个方面的展现都是建立在消费的基础上进行的，这是女性的物质人格。笔者对访谈资料总结后发现，对上述意识形态全部采取支配式解读的受众几乎没有，而全部采取批判性解读的受众也没有。对于第一项和第二项，即杂志对于女性外貌等身体技术的训练和对于女性情感角色的定位，几乎所有的受访者采取的都是协商式解读，即既接受杂志的观点，又不完全赞同传播者编码的立场；而对于第三项消费的态度，几乎所有受访者都表示“女人一定要有自己的工作，花自己挣的钱才硬气”，这表现出了对杂志文本的支配式解读。

1. “女性的性感美丽”——协商式诠释

大部分受访者认为，《时尚·cosmo》杂志所展现的女性姣好的身材、美丽的容貌和精致的服装等很好看，她们更愿意浏览杂志的图片而不是阅读文字，她们认为展现明星模特的图片非常精美，即使是广告也颇具观赏性，甚至是艺术性。她们在阅读杂志时通常先注意图片，会花一定时间将整本杂志的图片包括广告浏览一番，然后在时间允许的情况下再看文字内容。

大多数受访者非常在意自己的外形气质，对杂志中展现出来的高品质生活感到羡慕和渴望。她们对杂志中的时装、美容健康、生活方式等内容非常感兴趣，并且承认这些内容对自己的生活产生了影响。她们认为通过杂志了解高端商品和品牌，以及国内外流行趋势，会显得自己很时尚，很入流。外企职员Claire说：“时尚杂志对流行趋势抓得很准，我主要是冲着这一点去买的，它（杂志）上面介绍的服装款式、风格、搭配技巧，还有美容护肤、化妆瘦身的小窍门，都挺实用的。”媒体从业者吕女士说：“每次出门前我必须化好妆，自己感觉穿着打扮得体了才有自信。”私企职员小茜认为，女人就应该打扮得光鲜靓丽，以良好的形象示人；同时她对明星的身材非常羡慕，偶尔也会对自己平庸的身材相貌感到灰心。在谈到理想的女性气质时，很多人也把“苗条”作为首列的条件，然后是“有魅力”，而经研究者进一步探询发现，这个有魅力首先而且更多指向外貌吸引人。大多数受访者的业余时间用来运动、聚会或逛街购物，而在阅读《时尚·cosmo》之后，在美容、购物、外出休闲等方面活动有所增加，可见杂志在管理女性身体甚至生活方式方面的主导影响。

尽管如此，大多数读者对杂志所教导的身体管理的技术并不真正在意，在评价自己的外表时，多数人认为自己感觉良好就是美丽，基本不受杂志的影响。外企职员张小姐说："明星模特是职业，她们的工作就是装扮自己给人看，她们的苗条漂亮只能说明她们敬业；我又不是模特，我可没有那么多时间也没有那些精力在脸上身上鼓捣那些瓶瓶罐罐。"外企主管 Sharry 说，"杂志上说的那些减肥方法，什么星座减肥啊，周期减肥啊，我看都是瞎掰；只有节食加运动是最管用的，可这也不用杂志说，人人都知道。关键是有多少人能长期坚持呢?"对杂志所介绍的消费品及推荐的品牌，大部分读者也表示并不会直接采取购买行为，而更多地会参考周围用过的人的意见。

由上述可见，就女性的身体技术这个方面，读者经由对杂志的解读过程，产生了一定的自我观照的能力。

2. 两性关系——协商式诠释

之前在对杂志的文本分析中曾经提到，《时尚·cosmo》的"两性关系"话题表现出的两性关系的情况比较复杂和矛盾，这种矛盾体现在女性的"主动"与"被动"立场之间的摇摆和模糊之中。杂志一方面鼓励女性平等地和男人进行交流，另一方面又极尽能事地展现女性对爱情研习的技巧，无论是女性主动地捕猎爱情，还是被动地等待男人追捕，都体现了"女性是情感动物"的性别陈规。

在访谈中笔者发现，大多数受访者都持有"女人为爱情而活，男人为事业而活"的观点，她们中的很多人将"温柔、体贴"作为理想女性气质的标签，认为"爱情""家庭""孩子"是女人一生中最重要的内容。几乎所有的受访者都同意"男主外、女主内"的两性分工模式。在面对"如果为了家庭的需要牺牲一方的事业，一般是谁?你愿意牺牲自己吗?"这类问题时，几乎所有受访者都表示自己愿意为了家庭而牺牲事业。当谈到美满生活的问题时，大多数受访者认为首先是有幸福的婚姻家庭；而当笔者继续追问何为幸福的婚姻家庭时，读者的回答大同小异，都是男人事业成功、女人温柔美丽——这正是时尚杂志中所呈现的模式。这些观点非常典型地体现出了传统的性别价值以及男强女弱的宿命观。

然而在谈到两性关系的处理时，大多数读者都表示自己不太会参考杂志中这类内容的意见，不愿表示自己从杂志中学习人际互动的模式。当涉及对自身的评价时，大部分读者表示不愿意做家庭主妇，认为自己是"心态平衡、独立自信"的现代女性，还有人将自强独立、事业有成看作理想女性气质的标准。同样是回答女人一生中最重要的内容，34 岁的外企部门经理孟女士的答案是“有成就感，这个成就感更多地来自事业而不仅仅是成为妻子和母亲”。在面临“如果丈夫有钱足够养家，你是否还工作?”的问题上，所有受访者都一致回答是，认为“无论赚钱多少，女人一定要有自己的工作，这样才有独立的资本”，“女人最重要的还是独立”。在面对需要牺牲一人的事业来成全家庭的问题上，外企职员岳女士表示“看谁的事业发展前途小就牺牲谁，如果他事业比我有发展我愿意，反过来也行”。

笔者在访问中发现一个有意思的现象，在问到夫妻关系的维系时，所有受访者都认为夫妻之间应该忠贞不渝；当对方出现外遇时，一部分人表示以保住家庭为最先，自己会尽量利用家庭的温暖留住他；这体现了传统的性别价值观的支配。但是也有一些人表示会注重打扮、增加性吸引力来挽回丈夫，这种观点表现出与杂志的身体管理立场的趋同。只有个别受访者对“外遇”的理解比较前卫，认为“偶尔的身体出轨不算外遇”，“想要破坏婚姻的外遇才叫外遇”，但持这种观点的人很少。可见，女性在对爱情和两性关系的立场上呈现多元的状态，大部分受众持有传统的性别价值观念，也有一些人保留着对传统女性角色的适度协商与反叛。

### 3. 消费——支配式解读

时尚杂志的意识形态体系的中心是消费主义①，杂志对物质和消费的渲染直接导致了受众以为真正的幸福是对物的占有。在与受访者进行交谈的过程中，笔者发现女性在消费的问题上，几乎全部是对文本的顺从式阅读；并且笔者深深地感到读者对杂志所营造的消费文化的普遍认同，以及为时尚杂志的物质推介所浸淫已深的认知。

几乎所有的受访者都认为女性的独立首先是经济上的独立，自己挣钱自己花，“这样才有独立的资本”；而能够显示女性解放和独立的最好的方式就是“不在物质上依赖男人，自己有自主赚钱和消费的能力”，这样男女才能真正平等。24 岁的果果谈到这个问题时激动地说：“我自己挣的钱，想怎么花就怎么花，想买什么就买什么，这多自由!”读者对消费的热爱还体现在“心情不

① 参见《社会性别视角下的女性时尚杂志研究——以〈时尚 · COSMOPOLITAN〉为个案》，贾静，中国社会科学院研究生院 2011 年博士学位论文。

好或者压力很大的时候，去疯狂采购一圈，就会有释放的感觉”，“钱花出去了，整个人就轻松多了”；或者像私营老板金小姐所言，“如果赶上某一段时间工作特别忙，没白天没黑夜地加班，那等忙完这段之后就出去 shopping 一下，买点自己喜欢的东西好好犒劳一下自己”。

很多受访者把“享受生活”看成女人一生中最重要的内容之一，在谈到与另一半进行购物方面的分工时，所有女性读者的答案都惊人地一致：在各种需要购置的商品中，服装和化妆品、珠宝的购买一定是由妻子/女朋友决定，而电子产品和汽车、房子、保险等的购买，妻子/女朋友也拥有了越来越多的决策权力。

时尚杂志引导高品位和高价位的生活享受。尽管很多受访者表示，杂志中所倡导的生活方式与她们的现实生活相距较远，但反过来这也正是她们阅读杂志的动机——暂时逃离平庸的现实，追逐杂志所营造的梦幻世界。她们羡慕那些富有、独立、生活方式浪漫新颖的成功女性。可见，注重物质享受是杂志受众群体的一个显著特征。难怪著名经济学家史清琪在中国妇女第九次全国代表大会上提出“女性经济”的概念，而国际广告协会主席卡波尔到中国讲学时，也提出了一个重要观点：“以男性为主的消费主义正在向以女性为中心的消费主义平衡。”① 女性和消费，在现代社会似乎建立了强烈的关联，彼此是难以分割的参照对象。

由此可见，无论是时尚杂志的渲染，还是受众自身的经验使然，消费社会所带来的消费文化已经、正在而且还将要更加广泛地渗透到人们特别是女性的观念当中，不可避免地造成受众对大众媒介中消费和物质符号的支配式解读。

## 四　对受众性别意识的再诠释

笔者在进行上述访谈时，将自己的立场放在一边，首先保证融洽的谈话氛围，在此基础上，尽量让受访者多说而自己少发表观点。而当笔者对谈话内容做分析时，又参照笔者本人的看法，对受众的解读再次进行比较和评

① 吴廷俊、郑用：《电视广告中女性刻板印象解析》，《当代传播》2004 年第 5 期。

价，对读者的访谈结果进行了再诠释。综合上述结果笔者发现，时尚杂志的受众群体表现为多元性和复杂性，她们的思想既有传统女性的特质，又有女性主义思想；她们的身上既表现出女性的卓越性，又反映着女性的落后性，而这些看似矛盾的特点交织杂糅在一起，以消费的外壳包装出来。现代女性看似独立自主，但是其内心深处仍然无法逃脱男权话语所设定“性别刻板印象”的藩篱。

### （一）意识与行动的分离

在访谈中，几乎所有的受访者都认为自己是自信独立的现代女性，她们认同的也是独立的女性榜样，然而通过调查笔者发现，大部分受访者的自我认识评价和具体的行为做法并不一致，有主观意识却很少采取真正的行动。几千年来以私有制为基础的父权中心社会已将父权文化传播的价值观内化为女性的“集体无意识”，潜移默化地左右着女性的思维意识和行动趋向。女性的职责是为家人提供无私的爱和无微不至的照顾，而女性自身却很少得到照顾和呵护。于是女性投到时尚杂志等大众媒介中，去寻找浪漫的爱情、温柔的男性、被呵护的美丽、被尊重的个性，在使用媒介的过程中获得一种日常生活得不到被宠爱的替代性满足。

另外，女性对媒介文化的接受是受到现实生活中多种因素的影响的，且不谈现实中是否有俊美、富有、温柔又事业成功的适龄男性，即使真的遇到这样的男性，她们也会犹豫、迟疑而不敢轻易做出决定。相比起来，她们更愿意相信自己努力挣钱，经济独立。同时，当谈到能否成为杂志中的理想人物的现实版本时，受访者表示这种可能性很小，现实很残酷。在工作中，相比较男性，她们的机会并不多，尤其是在职场上升迁更困难，因此在高档写字楼里穿梭的白领丽人大都是 20 多岁，除了企业高管，很少能见到 40 岁以上的女性职员。但是相比较女大学生糟糕的就业状况，受访者们又平衡了。正是现实生活中自我实现的艰难、平淡无奇的婚姻，使得女性想要摆脱枯燥单调的生活，赢得多姿多彩的道路，而这种补偿性的满足只有在阅读时尚杂志时才会出现。这就不难理解为什么女性会对肥皂剧、女性杂志上瘾，也可以解释为什么女性受访者口头上宣称她是独立自信的，却较少落实在行动上。

事实上，要改变女性这种意识与行动相分离的异化状态，必须重建女性的主体意识，即女性作为主体对自己在客观世界中的作用、地位和价值的自觉意识。[①] 主体意识的建构是一个复杂的动态的过程：意识形态建构了主体，而主体又体现了意识形态的功能。并且意识形态对人的控制是隐蔽的，潜移默化地以所有人共有的方式“自然而然”的存在。

## （二）消费与女性的建构

从前面受众对《时尚 · cosmo》的解读上看，尽管受访者之间存在着一定的年龄、收入、受教育程度等的不同而导致的解读差异，但从《时尚 · cosmo》的总体来看主要是顺从式阅读。时尚杂志作为大众文化的载体，彻底地贯彻了大众文化对人们日常生活和自然欲望的关怀。[②] 大众文化与生俱来地带有消费性的烙印，这种文化以隐蔽的方式在不知不觉中把女性推到消费者的角色，而大部分女性对此鲜有敏感和抗拒的意识。消费梦想和奢侈追求越来越为女性所接受并逐渐成为现代女性日常生活的基础。而且，由于时尚杂志的目标受众是白领阶层，这使杂志更加注重介绍日常生活中的个人身体管理方法和生活方式，更重视对生活质量和品位的提升。时尚杂志中的日常生活是以一种审美的形态存在着的，尽管高于现实中的日常生活，但“至少铺就了一条赏心悦目的通道，能够借此去见识高品质的生活，了解精彩的世界，这也是一种享受”。[③] 除此之外，还可以“提高自己对高品味的美的鉴赏能力，让自己感到身心愉悦。”[④]

的确，时尚杂志令女性感到赏心悦目，然而这种愉悦是受到商业逻辑的控制的，其背后反映的是消费主义的意识形态。商品消费或许可以暂时让女性从贤妻良母的奉献者身份解脱出来，但是它终究不是实现女性解放的根本途径。对女性生活中存在的种种欠缺，时尚杂志只能以拜金主义、物质主义的形式予以弥补，这是由其商业利润的目的决定的，它不会也无法真正地唤醒女性自觉

① 魏国英：《女性学概论》，北京大学出版社，2000，第 90 页。

② 参见《社会性别视角下的女性时尚杂志研究——以〈时尚 · COSMOPOLITAN〉为个案》，贾静，中国社会科学院研究生院 2011 年博士学位论文。

③ 受访者之一，公司职员 HJ 的谈话。

④ 受访者之一，外企部门经理孟女士的谈话。

反抗男权制度的意识。事实上，它依然是男权制意识形态运作的结果，是一种主流的传统性别论述不断被维持、被强化以及不断发展的过程，在这个过程中，甚至女性本身也已经不自觉地成为再生产不平等权利关系的行动者。可见，男权主义的意识形态作为一种潜在的隐蔽的社会集体无意识是影响女性角色塑造的重要因素。

我们更应该看到，时尚杂志所影响的不仅仅是作为目标受众的所谓的白领们，还有除此之外更广大的人群。有学者言：所谓时尚的追求者，除了真正的白领阶层、小资之外，其实还有一大批梦想成为白领的人，她们对时尚的渴望从某种程度上恐怕还超过了真正的白领阶层①。对于这部分不是白领但比白领更广大的人群来说，如果时尚杂志只引导人们关心世俗的物质享受和个人的日常生活，以物质消费来消解人们对信仰、政治和社会事务的参与意识，则会使大多数人陷入政治冷漠、文化断根和信仰迷失的境况当中。很难想象，被抹杀了个性追求和精神自由，缺失了主体意识的现代女性，能够真正地实现自身的解放。正如大部分受访者所说，对时尚杂志的接触使她们本人在自我认同的问题上产生并增加了焦虑，所以对其开始厌倦。因此，从一个角度看，无论面貌如何时尚新潮，时尚杂志仍然传递着既有的文化传统和意识形态，其功能是延续传统、稳定变迁；另外也说明，以消费的手段来抗拒社会主流意识形态，其结果仍然不能提供位卑者逃避与对抗的资源。

## 参考文献


［1］张锦华：《媒介文化、意识形态与女性：理论与实例》，台湾正中书局，1994。

［2］林芳玫：《女性与媒体再现》，台湾巨流图书公司，1999。

［3］卜卫：《媒介与性别》，江苏人民出版社，2001。

［4］李银河：《女性权力的崛起》，文化艺术出版社，2003。

［5］朱易安、柏桦：《女性与社会性别》，上海教育出版社，2003。

［6］〔法〕西蒙娜·德·波伏娃：《第二性》，陶铁柱译，中国书籍出版社，1997。

［7］〔荷〕祖伦：《女性主义媒介研究》，张锦华、刘容玫译，台北远流出版事业股


① 参见岚子《〈时尚〉模式——10 年打造一个期刊品牌》，《传媒》2003 年第 8 期。

份公司，2001。
[8]〔美〕苏·卡利·詹森：《批判的传播理论：权力、媒介、社会性别和科技》，复旦大学出版社，2008。
[9]〔英〕卡特、〔美〕斯泰纳编《批判性读本：媒介与性别》，北京大学出版社，2008。
[10]〔英〕伯顿：《媒体与社会批判的视角》，史安斌译，清华大学出版社，2007。

# B.16

# 作为支持工具的新媒体：新手妈妈与祖辈关于母婴健康分歧的沟通

曹 昂*

**摘 要：** 在婴幼儿抚养过程中，祖辈经常与新手妈妈发生母婴健康观念的冲突。由于年轻的妈妈经常使用新媒体上的母婴健康资源，因此在解决代际分歧上也会受到新媒体的影响。研究者结合社会支持理论和“使用与满足”理论，提出新媒体是一种支持工具的概念，以解释新手妈妈如何使用新媒体作为满足需求，支持自我的工具，主要研究新媒体在新手妈妈与祖辈就不同健康观念进行沟通中的作用。通过访谈 14 名婴幼儿妈妈，研究者发现新手妈妈使用新媒体塑造了自己的育儿观念，且在处理代际分歧的过程中，强化了自我观点，并影响了祖辈的观念。

**关键词：** 健康传播 母婴健康 社会支持 新媒体

## 一 前言

在中国大陆有约半数的家庭都是隔代教养家庭，即祖辈承担着照顾婴幼儿

* 曹昂，中国社会科学院新闻与传播研究所博士生，主要研究方向为健康传播与性别研究。

的责任①②③，因而祖辈的角色直接或间接影响到与健康和疾病有关的决定。一方面，祖辈参与婴幼儿的抚养，会减轻年轻父母的负担。另一方面，由于部分祖辈的受教育程度不高，在育儿和母婴健康方面多是基于传统经验，加上计划生育政策使得很多祖辈只能生育一胎，抚养孩子的经验不足，因而往往在育儿观念上有很多误区④⑤，这些非科学的甚至错误的观念可能会对母婴健康带来负面的影响⑥⑦。

与祖辈相比，年轻的新妈妈文化水平普遍较高，对新事物的接受力较强，更多依赖网络获取母婴健康信息，对非科学的观念和行为有较强辨别能力⑧。因此在对待母婴健康问题上，祖辈和新手妈妈之间可能会出现代际冲突⑨。本文研究涉及三个角色概念，祖辈、新手妈妈和婴幼儿，这里祖辈指的是婴幼儿的祖父母和外祖父母，也就是妈妈的父母和公婆；新手妈妈指的是首次分娩，并已经开始哺育婴儿的母亲；婴幼儿即已经出生的 0～3 岁的儿童。对刚生育第一胎的新手妈妈来说，由于没有与祖辈共同抚养小孩的经历，所以在育儿方面与祖辈的矛盾可能会更加突出。因而什么样的母婴健康观念是科学正确的，如何化解与祖辈的观念分歧和在家庭中掌握母婴健康管理的主导权是新手妈妈普遍面临的问题。

---

① 章依文、吴虹、马骏、陆静尘、黄娟娟：《上海市青浦城乡家庭育儿知识获取途径研究》，《临床儿科杂志》2005 年第 12 期，第 871～874 页。

② 李洪曾：《祖辈主要教养人的特点与隔代教育》，《上海教育科研》2006 年第 11 期，第 27～30 页。

③ 段飞艳、李静：《近十年国内外隔代教养研究综述》，《上海教育科研》2012 年第 4 期，第 13～16 页。

④ 沈卫华：《论祖孙关系在幼儿家庭教育中的作用》，《湖州师范学院学报》2001 年第 5 期，第 82～87 页。

⑤ 王萍、张丽娜、郑晓岩：《社区婴幼儿早期教育的现状与对策研究》，《沈阳教育学院学报》2010 年第 3 期，第 41～43 页。

⑥ 蒋竞雄、夏秀兰、崔绍珍、宋琴素、袁全莲：《三代同堂家庭中祖辈对幼儿饮食行为的影响》，《中国儿童保健杂志》2006 年第 1 期，第 46～48 页。

⑦ 张依、刘贵敏、陈周唤、舒睿、杨雅：《社会因素和祖辈口腔健康行为对儿童龋病发生的影响》，《中国妇幼保健》2009 年第 21 期，第 2950～2952 页。

⑧ 郝玉章：《已婚独生子女父母角色的实证研究》，《内蒙古社会科学》（汉文版）2007 年第 6 期，第 127～132 页。

⑨ 耿岚：《南京婴儿父母育儿压力、育儿参与调查及其相关性研究》，硕士学位论文，南京医科大学，2009。

## 二　新媒体育儿资源在母婴健康领域的发展

在新媒体高速发展的时代，大部分网络育儿资源的用户是30～35岁的初次生养的父母①，这意味着越来越多的新手妈妈们使用互联网和手机来寻求母婴健康信息。所谓母婴健康信息，即“健康科学的孕育，抚养婴幼儿的信息”②。年轻的妈妈们可以获得母婴健康信息的新媒体渠道主要有，使用网络搜索工具，网络母婴社区，手机应用，短信平台和电商服务等③。近年来网络和智能手机不断发展变化，网络上的母婴资源凸显出全媒体、社交化的特点。首先，一些垂直型的母婴社交网站，如宝宝树、摇篮网、丫丫网和育儿网等，已经成为集新闻、咨询、商城、博客、论坛等为一体全媒体SNS平台④；其次，妈妈帮、辣妈帮、快乐孕期等母婴手机App的出现，进一步方便了信息交流。

研究显示，新媒体母婴资源不仅支撑着新手妈妈日常的育儿生活和交流需求，还影响着他们的育儿理念、育儿手段、购买决策以及交流圈子⑤。在新手妈妈与祖辈之间频频发生母婴健康观念分歧的情况下⑥，新媒体在其中发挥了怎样的作用，扮演了何种角色，将在下文进行探讨。

## 三　文献综述

### （一）祖辈和新媒体对新手妈妈的社会支持

社会支持理论常用于研究新手妈妈们的社会支持网络对其角色转变的影

① Plantin, L., & Daneback, K. “Parenthood, information and support on the internet: A literature review of research on parents and professionals online”, *BMC Family Practice*, 10 (34), (2009), 12/06/2014, Retrieved from http://www.biomedcentral.com/1471－2296/10/34.

② 于震：《2012辽宁省丹东市母婴健康信息的受众媒介接触行为研究》，硕士学位论文，辽宁大学，2012。

③ 陈靖：《网络育儿资源及其用户分析与研究》，《情报探索》2010年第3期，第60～62页。

④ 明君、崔文花、孙珺：《宝宝树全媒体家庭类SNS的营销进化》，《成功营销》2012年第9期，第84～97页。

⑤ 朱聪：《母婴群体跨入新媒体时代，年轻父母育儿依赖网络》，《中国妇女报》2012年10月30日第B03版。

⑥ 李洪曾：《隔代教育的利弊分析》，《山东教育》2002年第33期，第42～43页。

响。所谓社会支持，Gottlieb（1983）将其定义为：由亲近的人提供或从他们的陪伴中感知到的，口头的或非口头的信息或建议、切实的帮助和行动，使接受者获得情感或行为上的益处①。社会支持的功能主要有5种：物质支持、情感支持、尊重支持、信息支持和友伴支持②。

祖辈对新手妈妈提供的支持主要在于信息上和物质上③。信息支持方面，新手妈妈经常会通过咨询祖辈来获取大量的育儿知识，但是，阿布都热西提·基力力和王霞（2013）认为新手妈妈从祖辈和医务人员那里获取的信息不能满足自己的需求，一方面医务人员提供的信息量少，另一方面祖辈与医务人员的育儿信息经常发生冲突。在物质方面，祖辈和丈夫提供了最多的物质和财政的支持④。在情感支持方面，包括祖辈在内的传统社会网络支持能帮助妈妈减轻育儿的压力，提高自我效能，感到有能力胜任母亲的角色⑤⑥。

由于新媒体的便利快捷，加上年轻妈妈们由于育儿带来的社会孤立感，越来越多的人到网上去寻求现实社会里不能满足的社会支持⑦。从社会资本的角度来说，网络提供的尽管是一个弱关系网络⑧，但妈妈依然能获得有意义的支

① Su, C., & Hynie, M. "Effects of life stress, social support, and cultural norms on parenting styles among mainland Chinese, European Canadian, and Chinese Canadian immigrant mothers", *Journal of Cross-Cultural Psychology*, 42 (6), (2011), 944-962.

② 邱文彬：《社会支持因应效果的回顾与展望》，《国家科学委员会研究汇刊：人文与社会科学》（台北）2001年第4期，第311~330页。

③ Aubel, J., & Sihalathavong, D. "Participatory communication to strengthen the role of grandmothers in child health", *Journal of International Communication*, 7 (2), (2001), 76-97.

④ 牛丽琴：《在读研究生妈妈的早期育儿体验研究——以三名全日制研究生为例》，硕士学位论文，浙江师范大学，2013。

⑤ Benin, M. & Keith, V. M. "The social support of employed African American and Anglo mothers", *Journal of Family Issues*, 16 (3), (1995), 275-297.

⑥ Suzuki, S. "The effects of marital support, social network support, and parenting stress on parenting: Self-efficacy among mothers of young children in Japan", *Journal of Early Childhood Research*, 8 (1), (2010), 40-66.

⑦ Valtchanov, B. L., Parry, D. C., Glover, T. D., & Mulcahy, C. M. "Neighborhood at your fingertips: Transforming community online through a Canadian social networking site for mothers", *Gender Technology and Development*, 18 (2), (2014), 187-217.

⑧ Bartholomew, M. K., Schoppe - Sullivan, S. J., Glassman, M., Kamp Dush, C. M. & Sullivan, S. J. "New parents' Facebook use at the transition to parenthood", *Family Relations*, 61, (2012), 455-469.

持。新媒体主要给新生儿妈妈提供了信息支持、情感支持、友伴支持和尊重支持①，物质的支持较少②。

首先，获取信息支持，是妈妈们使用新媒体最主要、最核心的需求。《第二届中国家庭育儿方式调查报告》显示，80 后父母已经成为绝对主力③。而年轻父母中，有 80% 以上的人都使用过互联网获取母婴健康信息④，新手妈妈不再满足于科普性的育儿知识，她们需要更多妈妈之间的经验分享。其次，社交媒体扩大了新妈妈的社会网络，提供了友伴和情感的支持，让新手妈妈获得了群体的归属感⑤。最后，网络空间可以为新手妈妈讨论她们关心的问题提供一个支持的、非评判的尊重支持，使其获得“社会威信和满足感”⑥。可见，新媒体扩展了获取社会支持的途径，弥补了新手妈妈在实际生活中无法获得的社会支持。

### （二）新媒体健康传播作为支持工具

“使用与满足”理论同样可以被用来解释新妈妈对新媒体育儿资源的使用，可以反映受众积极主动的一面，为探索行为动机和观念转变的深层原因提供有效的解释路径。张苡萱（2013）从孕期和新妈妈对手机育儿 SNS 的使用与满足角度出发，认为新妈妈使用育儿 SNS 的动机有 5 种，一是获取信息和建议，二是广泛社交的需求，三是获得社会威信和满足感，四是作为休憩的方法，五是商业目的。其中前三个需求分别对应了社会支持理论的信息支持、友伴支持、情感支持三个方面，也是其他研究⑦⑧普遍得出的结论。

---

① Plantin & Daneback，Retrieved from http：//www. biomedcentral. com/1471 - 2296/10/34.

② 阿布都热西提·基力力、王霞：《新手妈妈社会支持网络的多元化：一个文献综述》，《兰州学刊》2013 年第 9 期，第 76 ~ 80 页。

③ 宝宝树网站：《第二届中国家庭育儿方式调查报告》（2010），检索于 http：//www. babytree. com/survey/#11。

④ 于震：《2012 辽宁省丹东市母婴健康信息的受众媒介接触行为研究》，硕士学位论文，辽宁大学，2012。

⑤ 梦瑾：《社区网，不可替代的归属感》，《父母必读》2013 年第 4 期，第 132 ~ 133 页。何菲：《妈妈社区的生意经》，《IT 经理世界》2013 年第 5 期，第 61 ~ 63 页。

⑥ 张苡萱：《育儿 SNS 用户的“使用与满足”研究——以 IOS 平台“辣妈帮”APP 为例》，硕士学位论文，南京大学，2013。

⑦ 陈靖：《网络育儿资源及其用户分析与研究》，《情报探索》2010 年第 3 期，第 60 ~ 62 页。

⑧ 汪亮：《儿童网站内容与盈利路径研究》，硕士学位论文，陕西师范大学，2013。

社会支持理论过于强调媒介对受众的给予，然而从受众中心论的角度出发，借鉴“使用与满足”理论，个人使用媒介的行为是一个满足需求、实现目的、表达和支持自我的方式，因此媒介不再被认为是强大的支持提供者，而是被受众主动利用的“支持工具”。在社会支持理论中，早已有工具性支持（instrumental support）概念，即直接提供给受者的实际的、有形的帮助，例如经济和物质支持①。但此概念不同于本文的支持工具概念。在本文中，所谓新媒体作为支持工具指的是，新媒体是个人用来满足需求、支持自我的工具。工具性支持概念与社会支持理论的关系在于，首先，在不改变原有支持功能和类型的情况下，强调媒介工具使用者的主体意识、能动意识；其次，鉴于社会支持理论具有情境化的特点②，代际分歧情境也是一种压力情境③，因此试图使用工具性支持概念对特定情境进行深入的探讨。

Madge 和 O'Connor（2006）认为，在网络的影响下，女性的育儿活动被重新协商了，也就意味着新手妈妈与祖辈之间的沟通受到了新媒体的影响④。因此本文结合社会支持理论和“使用与满足”理论，尝试从新媒体作为支持工具的观点出发，来研究新手妈妈育儿过程中如何使用新媒体来塑造自己的育儿观念；通过展示新手妈妈处理与祖辈的母婴健康观念分歧的沟通过程，来挖掘新媒体在其中发挥的作用；探讨其是否支持了新妈妈获得了沟通协商中的优势地位和母婴健康管理的主导权。

## 四　研究方法

本文的研究方法采用访谈法，通过设计的半结构访谈提纲，内容主要围绕3个部分展开：①新手妈妈在怀孕和产后通过新媒体来寻求母婴健康信息的行为，使用新媒体满足了哪些支持需求；②与祖辈在母婴健康观念和行为上的冲

① Turney, K. & Harknett, K. “Neighborhood disadvantage, residential stability, and perceptions of instrumental support among new mothers”, *Journal of Family Issues*, 31 (4), (2010), 499 – 524.

② 邱文彬：《社会支持因应效果的回顾与展望》，《国家科学委员会研究汇刊：人文及社会科学》（台北）2001 年第 4 期，第 311 ~ 330 页。

③ 宫宇轩：《社会支持与健康的关系研究概述》，《心理学动态》1994 年第 2 期，第 34 ~ 39 页。

④ Madge, C., & O'Connor, H. “Parenting gone wired: Empowerment of new mothers on the Internet?”, *Social and Cultural Geography*, 7, (2006), 199 – 220.

突，以及新媒体在化解代际冲突和健康观念沟通过程中发挥了什么作用；③评价传统的社会支持网络和新媒体对自己抚养孩子方面的作用。有 14 位新手妈妈参与了访谈，时间在 2014 年 5 月到 2014 年 6 月之间。样本采用便利方法获得，由研究者从身边的朋友关系网络中寻找 0 ~ 3 岁的初次生产的婴幼儿妈妈。

访谈资料的分析采用类别分析的方法。按照研究问题和变量设置，将所有的材料进行归类；再次分析资料，归纳总结出可以解释研究问题的分类框架和概念；选取合适的材料登陆进框架内，最后确立框架和概念的特点和相互联系，并寻找和发现解释模式。

由人口统计学资料可以得出，本次访谈的 14 位妈妈，年龄在 27 岁到 35 岁之间，孩子的年龄在 3 个月到 35 个月之间。在学业上，有 13 人是本科以上学历，除了 2 名妈妈专攻医学卫生方面，其他的妈妈都就读于文科类专业。在家庭月收入上，只有 2 人在 5000 元以下，其余都在 5000 元以上。同样只有 2 人是全职妈妈，其余都是需要工作的妈妈。本次研究中涉及的祖辈年龄都在 50 ~ 60 岁，且背景以农民居多。地域上，本次被访者来自于中国大陆的 8 个省市（河南、浙江、广东、山东、山西、河北、北京、福建），所有人都在县级市以上的行政区域居住，没有城镇和农村的样本。

## 五　研究结果

对访谈资料进行整理和分析之后，可以将研究结果分成三个阶段来讨论，即隔代分歧产生之前、分歧沟通过程和分歧处理之后。在分歧产生之前，新手妈妈主要通过新媒体来获取信息和积累知识，在第二个阶段，妈妈们利用新媒体来沟通分歧，在分歧处理之后，新媒体依然对新手妈妈起到支持作用。

### （一）分歧产生之前——塑造育儿观念的工具

本次访谈得出，新手妈妈主要使用的新媒体的育儿资源有：搜索引擎、育儿网站、社区论坛、网络应用、手机应用、QQ 和微信的妈妈群。一些妈妈反映，新媒体上的知识和信息，可以帮助自己形成一个整体的育儿概念架构，自己再根据需求来细致地去搜索，这表明网络已经成为妈妈们“自我教育”的有力工具。在分歧产生之前，新媒体作为支持工具体现在，新手妈妈会使用新媒体上的育儿资源来满足自己的信息需求，从而塑造自己的育儿观念，培养抚养孩子的能力。具体来讲，新手妈妈通过新媒体获取信息是为了：首先，储备知识，做好预防工作；其次，与医生进行交流时作为背景知识；再次，作为信息搜索的第一途径。

## （二）分歧沟通的过程

被访者或多或少都与祖辈有着母婴健康观念上的分歧，妈妈们都一致认为，老一辈是非常有经验的，并且尊重他们的想法，但是经验的不等于科学的，如果是不科学的经验，她们就会反对那么做。宝宝树网站的《中国家庭育儿方式研究报告》（2009）显示，"有88%的妈妈在育儿方式上与老人发生过冲突，只有2%的妈妈表示，愿意按照老人的方式做，表示坚持按照自己方法做的妈妈占42%。当然年轻妈妈还是讲道理的，与老人协商的比率占44%"①。表1总结了妈妈们提到最多的10个母婴健康分歧话题。

**表1　有分歧的母婴健康话题**

| | 祖辈 | 新手妈妈 |
|---|---|---|
| 1 | 主张给婴幼儿把屎把尿，可以打断孩子的睡眠让他们上厕所 | 不主张把屎把尿，对小孩的髋骨发育不好 |
| 2 | 主张给婴幼儿使用尿布 | 主张使用尿不湿 |
| 3 | 想让婴幼儿早点学说话、学走路 | 顺其自然，到了学习的阶段就自然学习了 |
| 4 | 反对婴幼儿练习爬行 | 鼓励练习爬行 |
| 5 | 主张在婴幼儿的食物中多添加调味品，让婴幼儿吃得有滋有味，"吃盐有劲儿" | 不主张过早添加调味品，即使添加，也必须清淡 |
| 6 | 饮食上，让孩子多吃肉 | 饮食上，让孩子多吃水果蔬菜，均衡营养 |
| 7 | 自己咀嚼食物喂给孩子 | 反对咀嚼喂食 |
| 8 | 主张给婴幼儿穿较厚的衣服，怕冻着 | 孩子不能穿得太多 |
| 9 | 生病立刻送医院 | 不主张立刻送医院，先使用物理治疗 |
| 10 | 用药：生病就立刻吃药；凭经验用药治疗；加大用药剂量可以好得快 | 用药：生病时先采取物理治疗，能不吃药尽量不吃；主张接医生的处方用药 |

① 宝宝树网站：《中国家庭育儿方式研究报告》（2009），http：//www. babytree. com/survey/2009/#。

遇到分歧之后，新手妈妈们有的认为这些都是小事情，不算是自己育儿过程遇到的困难。相反，有的人觉得代际观念分歧处理起来十分棘手，甚至可能演化成家庭冲突。所有的妈妈都认同在与祖辈有分歧的时候，沟通交流很重要，但是由于每个家庭的情况不同，因此沟通协商的方式也不同。总体来说，她们与祖辈在处理母婴健康问题的分歧时，有图 1 所展现的过程。

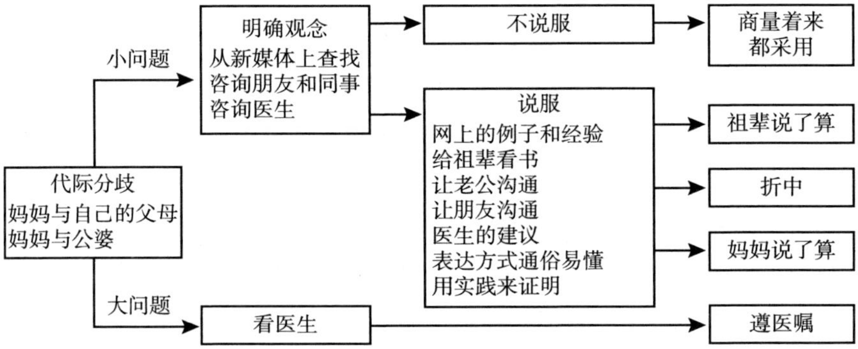


**图 1　新手妈妈与祖辈在母婴健康观念分歧上的沟通过程**

1. 分歧产生的过程

从图 1 中可以看出，需要沟通的分歧一般都产生在母婴健康的小问题上，在大问题的处理上，所有的妈妈都选择直接去看医生，因为妈妈们普遍根据问题的大小和紧急程度来判断是否应当将婴幼儿送去医院。但是不同的妈妈对于紧急情况的定义有着不同的观点，如在婴幼儿拉肚子的问题上，有人认为这个问题可以先观察，或者上网查查怎么治疗孩子拉肚子的问题，然后再去看医生。与此相反，一些妈妈强调拉肚子就是严重的问题，没有商量的余地，一定要去医院看。

从访谈中了解到，妈妈与婆婆的分歧最多，这是受到社会文化影响的结果。传统社会，婆婆有着长者的威严，媳妇在家庭中地位卑微，尽管现代社会婆媳关系发生了很大变化，“但婆媳关系中固有的敏感和微妙的状态仍然存在”①。

① 李桂梅：《冲突与融合：中国传统家庭伦理的现代转向及现代价值》，中南大学出版社，2002，第 293 页。

### 2. 观点明确的过程

在产生分歧之后，如果是小问题，妈妈们会去搜集资料进一步确认自己的观点，她们收集的渠道有三种，一是在网络上求助，二是咨询有经验的朋友和同事，三是咨询医生。也有妈妈不去强化自己的观念，因为她们更相信祖辈的经验，并自愿以此作为解决问题的首选方式。

### 3. 分歧沟通的过程

多数情况下，新手妈妈希望能够就分歧进行沟通，努力让祖辈采用自己的育儿方式。在沟通交流的过程中，妈妈们认为直接提出自己的看法，或者“下命令”的方式没有效果，她们都会选择采用一些沟通方法，来促进互相理解。这些方法有：①举网上的例子和经验；②给祖辈看书，或念给他们听；③让老公出面沟通；④让其他妈妈与祖辈沟通；⑤提出医生的建议；⑥用通俗易懂的语言慢慢解释；⑦用实践来证明自己观点的正确性。

### 4. 沟通结果

通过沟通交流，新手妈妈和祖辈在究竟采用谁的建议上会出现三种结果：首先，听从父母建议的新妈妈往往惧怕祖辈的权威，沟通无果后，怕与祖辈引起冲突而迁就她们的做法。

其次，采用折中办法的家庭，有着复杂的原因：①自己的方法不管用的时候，就用祖辈的办法；②如果自己要上班，只能让祖辈用他们的方式去带孩子；③认为孩子慢慢长大了，老观念的负面影响会减小；④出于感恩的原因，主张彼此迁就。

最后，新手妈妈自己说了算的家庭有着以下的特点：就新手妈妈自己来说，她们有的学历较高或有医学背景，能够在原则上坚持，或者全职在家照顾孩子；从祖辈的角度来说，这种家庭的祖辈，有着较高的文化水平，带孩子经验不足，信任年轻人的做事方式，对新事物理解能力快，甚至自己也能主动使用互联网来获取母婴健康信息。

## （三）新媒体作为支持工具的作用

在分歧产生、发酵、沟通和解决的过程中，新媒体健康传播活动在“明确观点”和“说服”这两个阶段发挥了作用，扮演了支持新手妈妈的工具角色。由此看出，新手妈妈使用新媒体的目的有二，强化自己的观点，影响和说服祖辈。

1. 强化自己的观点

当遇到母婴健康观念分歧的时候，新手妈妈往往无法确认自己的观点是否是百分之百正确的，尽管在之前有过知识积累，但只形成了一个模糊的概念，因此需要一个便捷的工具来明确自己的观点，以迅速认识新的问题或回顾已有的知识，帮助自己做出决定①。在分歧问题上，如果是新手妈妈的观念更加科学的话，通过这种方式，妈妈们能够进一步明确和强化已有的观念。

2. 说服他人的证据

在跟祖辈沟通交流分歧的时候，妈妈们可以采取的方式多种多样，一部分的人都会使用网上的科普信息和妈妈经验作为佐证自己观点的证据。通过让祖辈了解这个观点不是妈妈自己随意提出的，而是被专家证明的、被其他妈妈尝试的、受到广泛推荐的，来让祖辈转变原有的观念，认同新手妈妈的建议。在具体说服方式上，有的妈妈选择直接举例，有的妈妈会找到网上的资料给父母看。

但是这种证明手段并不适用于所有的新手妈妈，原因有三：一是祖辈太强势了，只相信自己的经验，认为新手妈妈没有经验；二是祖辈只听医生的，不信任网络的信息；三是祖辈不懂得网络是什么，没有办法理解。在这些情况下，举网上的经验和例子的沟通方式就行不通了。

### （四）分歧过后——表达情感的工具

对于一些新手妈妈来说，与祖辈的分歧如果没有良好解决，往往会演化成长期的矛盾。如果妈妈们缺乏足够的社会支持，会引起诸如抑郁症等心理问题②，特别是在负面情感无法得到发泄的时候。上文提到新媒体可以给妈妈们带来育儿情感上的支持，因此在解决代际分歧矛盾的情境下，新媒体也成为新

① McCann, A. D. & McCulloch, J. E. "Establishing an online and social media presence for your IBCLC practice", *Journal of Human Lactation*, 28 (4), (2012), 450-454.

② Meadows, S. O. "Is it there when you need it? Mismatch in perception of future availability and subsequent receipt of instrumental social support", *Journal of Family Issues*, 30 (8), (2009), 1070-1097.

手妈妈寻求情感支持的工具。这表现在，很多妈妈在网络上发表“控诉贴”。研究者发现婆媳关系不好的妈妈，会倾向于在 SNS 上发牢骚①。因此本研究认为新手妈妈在社交媒体上通过“吐槽”和聊天的交流形式来发泄分歧造成的负面情绪，希望获得其他妈妈的理解和支持。

在分歧不严重的家庭，新手妈妈不太愿意在网上去宣泄自己负面的情感，一方面她们认为这根本谈不上冲突，顶多是观念上的不一致，很快就能解决，没有必要去说这些小事。同时，祖辈帮自己带孩子也很辛苦，一些妈妈在情感上不愿意去争执和抱怨。另一方面由于网络匿名化的特点，妈妈们不愿意跟网络上的陌生人聊起家里的私事。她们更喜欢通过在实际生活中交流，或以写日记等其他方式来倾吐。

虽然不在社交媒体上“吐槽”或“发牢骚”，但是一些新手妈妈也会在网络论坛中浏览一下别人的帖子和经验。有的是闲来无事，看看“花边新闻”；有的是为了借鉴一下处理办法，来应对未来可能出现的冲突。

## 六　讨论

### （一）新媒体作为支持工具需要具体问题具体分析

特别要注意的是，以上研究结果所呈现的是新媒体在支持新手妈妈上表现出的积极一面，也是新手妈妈自己使用其作为支持工具的正面效能。访谈中，并不是所有的妈妈都能使用新媒体都获得以上所有的支持，取得有效的沟通效果。首先，每个妈妈对新媒体的使用习惯和功能都有差别，比如对于较多用百度搜索知识的妈妈来说，可能信息上的支持要大过情感上的支持，而使用社交媒体较多的妈妈可能获得了大量的情感支持和友伴支持。其次，妈妈们对待新媒体上的信息的态度也有很大不同。有些妈妈非常信任网络育儿资源，或者信赖其他妈妈的经验，相反，一些妈妈对新媒体抱有强烈的戒备心。最后，不是所有的妈妈都能使用新媒体来支持自己。一方面对于有些妈妈来说，新媒体并

① 张苡萱：《育儿 SNS 用户的“使用与满足”研究——以 IOS 平台“辣妈帮”APP 为例》，硕士学位论文，南京大学，2013。

不是其主要的支持工具，依赖书籍、医生、父母和朋友的妈妈很多；另一方面这与祖辈自身的文化水平和性格有关，一些祖辈不了解新媒体，举网上例子和经验的沟通方式不是说服最好的手段。

## （二）新媒体是否成为妈妈们的赋权工具

从本研究可以看出，新手妈妈所关心的母婴健康问题几乎都与婴幼儿有关，她们对自己的健康关注非常少。此外，一些新手妈妈也反映对角色转变的不适应，心理健康问题仍普遍存在，这与使用网络育儿资源的多少并无关联。正如 Bartholomew 等（2012）的研究所得出的，更多使用 Facebook 并没有与更好的角色调整相关，反而显现更大的育儿压力，这可能是因为压力大的妈妈会更多地上网寻求帮助①。本研究也发现，新媒体在化解妈妈自身压力上没有差异，反而与祖辈的关系是压力的来源之一，这与其他研究②结论一致。这表明，与祖辈关系和睦的妈妈对角色转变的适应能力较强，压力也比较小；而无论是否在母婴健康问题上把握主导权，只要矛盾冲突激烈化，新手妈妈就会普遍感到育儿压力。

一方面，新手妈妈使用了新媒体满足了需求，获得了支持，另一方面，新媒体在帮助妈妈获得育儿满足感上发挥的作用非常有限，究竟新媒体是否赋权了妈妈，这是长久以来学界争论的焦点③。Song 等（2012）认为互联网的使用塑造了婴儿妈妈对“好妈妈”和“知情病人”角色的期望，网络重建了生物医学范式的权威，而不是鼓励妈妈去反抗该范式④。于震（2012）的研究结论

---

① Bartholomew，M. K.，Schoppe-Sullivan，S. J.，Glassman，M.，Kamp Dush，C. M. & Sullivan，S. J. “New parents' Facebook use at the transition to parenthood”，*Family Relations*，61，(2012)，455－469.

② 赵梅、邓世英、郑日昌、周霞：《从祖父母到代理双亲：当代西方关于祖父母角色的研究综述》，《心理发展与教育》2004 年第 4 期，第 94～96 页。石秀梅、高健、王英：《中日两国母亲哺育期育儿压力影响因素的比较研究》，《中国妇幼保健》2008 年第 26 期，第 3747～3751 页。

③ Madge，C.，& O' Connor，H. “Parenting gone wired：Empowerment of new mothers on the Internet?”，*Social and Cultural Geography*，7（2006），199－220.

④ Song，F. W.，West，J. E.，Lundy，L. & Dahmen，N. S. “Women，pregnancy，and health information online：The making of informed patients and ideal mothers”，*Gender & Society*，26（5），(2012)，773－798.

也说明虽然互联网的影响日益突出，但在中国，传统依旧占据主流位置，网络对母婴观念的指导作用依旧次于医疗机构和祖辈相传①。此外，网络信息还强加给妈妈太多进行对比的标准，刺激妈妈间的竞争②。

相反，Madge 和 O'Connor（2006）认为新媒体对妈妈的赋权体现在妈妈的非正式知识在网络交谈中得到传播和扩散，打破了专家的科学叙事，证明了妈妈的技术和知识的有效性③。曲闯（2009）强调由于现代化技术和网络的使用，“育儿知识与技能已经打破了自上而下的传播方式，请教老人已经不是年轻父辈育儿知识获得的主要渠道”④。Valtchanov 等（2014）更明确地指出妈妈们参与网络社区是一个赋权的经历，使得网络女性主义（cyberfeminism）的转变成为可能⑤。

本研究倾向于对新媒体赋权持乐观的态度，认为新媒体支持在化解代际冲突问题上赋权了新手妈妈。这主要体现在，首先，新手妈妈能够在育儿方面形成自己的观念，更多地依靠内力而不是外力去解决母婴健康问题；其次，新手妈妈用新媒体支持自己，说服祖辈，证明自己的育儿能力，在母婴健康管理上获得了主导权。正如 Choudhury（2009）所说，虽然不能下结论是否赋权女性，但是网络正在慢慢唤起女性的自我，刺激她们并展示给她们通向自我赋权的途径⑥。因而越来越多的年轻妈妈将新媒体作为支持工具来表达和证明自我，这同样会影响越来越多的下一代，使她们在育儿过程中采用自己的方式，打破一些被文化禁锢的、代代相传的、权威控制的不科学的育儿观念。

新媒体健康传播作为支持工具的观点，也可以用在除母婴健康领域以外的其他方面，研究者假设癌症病人可以通过新媒体来获取更多的医疗信息，支持

① 于震：《2012 辽宁省丹东市母婴健康信息的受众媒介接触行为研究》，辽宁大学硕士论文，2012 年，辽宁大学。

② Chae, J. “‘Am I a better mother than you?’ Media and 21st – century motherhood in the context of the social comparison theory”, *Communication Research*, (2014), 1 – 23.

③ Madge, C., & O' Connor, H. “Parenting gone wired: Empowerment of new mothers on the Internet?”, *Social and Cultural Geography*, 7 (2006), 199 – 220.

④ 曲闯：《城市婴幼儿家庭育儿环境的当代特征研究——以上海市接受公立早教中心指导的家庭为例》，硕士学位论文，华东师范大学，2009。

⑤ Valtchanov et al., 187 – 217.

⑥ Choudhury, N. “The question of empowerment: Women's perspective on their Internet use”, *Gender, Technology and Development*, 13 (3), (2009), 341 – 363.

自己进行医疗措施的选择，实现管理自己的健康的目的；此外艾滋病病人也可以使用新媒体作为反对歧视，支持自己争取权利的工具；等等。新媒体健康传播作为支持工具的观点，是从个人能动性的角度来解释媒介带来的社会支持，试图深入探索个人在特定情境下的媒介使用行为和支持需求的满足。

## 参考文献


[1] Aubel, J. , & Sihalathavong, D. "Participatory communication to strengthen the role of grandmothers in child health", *Journal of International Communication*, 7 (2), (2001), 76 - 97.

[2] Bartholomew, M. K. , Schoppe - Sullivan, S. J. , Glassman, M. , Kamp Dush, C. M. & Sullivan, S. J. "New parents' Facebook use at the transition to parenthood", *Family Relations*, 61, (2012), 455 - 469.

[3] Benin, M. & Keith, V. M. "The social support of employed African American and Anglo mothers", *Journal of Family Issues*, 16 (3), (1995), 275 - 297.

[4] Chae, J. "'Am I a better mother than you?' Media and 21st - century motherhood in the context of the social comparison theory", *Communication Research*, (2014), 1 - 23.

[5] Choudhury, N. "The question of empowerment: Women's perspective on their Internet use", *Gender, Technology and Development*, 13 (3), (2009), 341 - 363.

[6] Madge, C. , & O' Connor, H. "Parenting gone wired: Empowerment of new mothers on the Internet?", *Social and Cultural Geography*, 7, (2006), 199 - 220.

[7] McCann, A. D. & McCulloch, J. E. "Establishing an online and social media presence for your IBCLC practice", *Journal of Human Lactation*, 28 (4), (2012), 450 - 454.

[8] Meadows, S. O. "Is it there when you need it? Mismatch in perception of future availability and subsequent receipt of instrumental social support", *Journal of Family Issues*, 30 (8), (2009), 1070 - 1097.

[9] Plantin, L. , & Daneback, K. "Parenthood, information and support on the internet: A literature review of research on parents and professionals online", *BMC Family Practice*, 10 (34), (2009), 12/06/2014, Retrieved from http: //www. biomedcentral. com/1471 - 2296/10/34.

[10] Song, F. W. , West, J. E. , Lundy, L. &Dahmen, N. S. "Women, pregnancy, and health information online: The making of informed patients and ideal mothers",

*Gender & Society*, 26（5），(2012), 773－798.

[11] Su, C., & Hynie, M. "Effects of life stress, social support, and cultural norms on parenting styles among mainland Chinese, European Canadian, and Chinese Canadian immigrant mothers", *Journal of Cross-Cultural Psychology*, 42（6）, (2011), 944－962.

[12] Suzuki, S. "The effects of marital support, social network support, and parenting stress on parenting: Self－efficacy among mothers of young children in Japan", *Journal of Early Childhood Research*, 8（1）, (2010), 40－66.

[13] Turney, K. & Harknett, K. "Neighborhood disadvantage, residential stability, and perceptions of instrumental support among new mothers", *Journal of Family Issues*, 31 (4), (2010), 499－524.

[14] Valtchanov, B. L., Parry, D. C., Glover, T. D., & Mulcahy, C. M. "Neighborhood at your fingertips: Transforming community online through a Canadian social networking site for mothers", *Gender Technology and Development*, 18 (2), (2014), 187－217.

[15] 阿布都热西提・基力力、王霞：《新手妈妈社会支持网络的多元化：一个文献综述》，《兰州学刊》2013 年第 9 期，第 76～80 页。

[16] 陈靖：《网络育儿资源及其用户分析与研究》，《情报探索》2010 年第 3 期，第60～62 页。

[17] 段飞艳、李静：《近十年国内外隔代教养研究综述》，《上海教育科研》2012 年第 4 期，第 13～16 页。

[18] 耿岚：《南京婴儿父母育儿压力、育儿参与调查及其相关性研究》，硕士学位论文，南京医科大学，2009。

[19] 宫宇轩：《社会支持与健康的关系研究概述》，《心理学动态》1994 年第 2 期，第 34～39 页。

[20] 郝玉章：《已婚独生子女父母角色的实证研究》，《内蒙古社会科学》（汉文版）2007 年第 6 期，第 127～132 页。

[21] 何菲：《妈妈社区的生意经》，《IT 经理世界》2013 年第 5 期，第 61～63 页。

[22] 蒋竞雄、夏秀兰、崔绍珍、宋琴素、袁全莲：《三代同堂家庭中祖辈对幼儿饮食行为的影响》，《中国儿童保健杂志》2006 年第 1 期，第 46～48 页。

[23] 李桂梅：《冲突与融合：中国传统家庭伦理的现代转向及现代价值》，中南大学出版社，2002，第 293 页。

[24] 李洪曾：《隔代教育的利弊分析》，《山东教育》2002 年第 33 期，第 42～43 页。

[25] 李洪曾：《祖辈主要教养人的特点与隔代教育》，《上海教育科研》2006 年第 11 期，第 27～30 页。

[26] 梦瑾：《社区网，不可替代的归属感》，《父母必须》2013 年第 4 期，第 132～

133 页。
[27] 明君、崔文花、孙珺：《宝宝树全媒体家庭类 SNS 的营销进化》，《成功营销》2012 年第 9 期，第 84 ~ 97 页。
[28] 牛丽琴：《在读研究生妈妈的早期育儿体验研究——以三名全日制研究生为例》，硕士学位论文，浙江师范大学，2013。
[29] 邱文彬：《社会支持因应效果的回顾与展望》，《国家科学委员会研究汇刊：人文及社会科学》（台北）2001 年第 4 期，第 311 ~ 330 页。
[30] 曲闯：《城市婴幼儿家庭育儿环境的当代特征研究——以上海市接受公立早教中心指导的家庭为例》，硕士学位论文，华东师范大学，2009。
[31] 沈卫华：《论祖孙关系在幼儿家庭教育中的作用》，《湖州师范学院学报》2001 年第 5 期，第 82 ~ 87 页。
[32] 汪亮：《儿童网站内容与盈利路径研究》，硕士学位论文，陕西师范大学，2013。
[33] 王萍、张丽娜、郑晓岩：《社区婴幼儿早期教育的现状与对策研究》，《沈阳教育学院学报》2010 年第 3 期，第 41 ~ 43 页。
[34] 于震：《2012 辽宁省丹东市母婴健康信息的受众媒介接触行为研究》，硕士学位论文，辽宁大学，2012。
[35] 张依、刘贵敏、陈周唤、舒睿、杨雅：《社会因素和祖辈口腔健康行为对儿童龋病发生的影响》，《中国妇幼保健》2009 年第 21 期，第 2950 ~ 2952 页。
[36] 张苡萱：《育儿 SNS 用户的“使用与满足”研究——以 IOS 平台“辣妈帮”APP 为例》，硕士学位论文，南京大学，2013。
[37] 章依文、吴虹、马骏、陆静尘、黄娟娟：《上海市青浦城乡家庭育儿知识获取途径研究》，《临床儿科杂志》2005 年第 12 期，第 871 ~ 874 页。
[38] 赵梅、邓世英、郑日昌、周霞：《从祖父母到代理双亲：当代西方关于祖父母角色的研究综述》，《心理发展与教育》2004 年第 4 期，第 94 ~ 96 页。
[39] 石秀梅、高健、王英：《中日两国母亲哺育期育儿压力影响因素的比较研究》，《中国妇幼保健》2008 年第 26 期。
[40] 朱聪：《母婴群体跨入新媒体时代，年轻父母育儿依赖网络》，《中国妇女报》2012 年 10 月 30 日。

B.17

# 性别视角下北京高校学生微信使用情况分析：以北京5所高校为案例

龚兰兰*

摘　要：使用微信进行即时通信、了解信息、社交已经成为高校学生必不可少的生活环节。本研究以北京高校学生为研究对象，从性别视角考察其微信使用基本行为、微信中人际交往的方式、微信使用带来的影响方面的差异，对男女使用微信的习惯以及在微信中扮演的角色进行细致分析。研究发现，微信在高校学生中较为普及，但其碎片化使用特点比较明显；女生微信浏览习惯更为多样化，但在微信中的角色相对低调；男女生好友构成基本是对生活中原有人际关系的复制，但对陌生人际关系信任度又不同；男生在维护线上关系的同时，多选择能隐藏情绪的联系方式；微信在高校学生生活中扮演重要角色但给男女生带来的困惑不同；女生沉浸于微信使用，但对陌生人际关系发展持负面态度。

关键词：微信　使用行为　人际交往　社会影响

2011年1月21日腾讯推出微信，2012年3月，微信用户量突破1亿，2013年1月15日微信注册用户达到3亿①。一方面，微信依托QQ庞大的用户

* 龚兰兰，中国传媒大学传播学方向硕士研究生，研究方向：性别传播。

① 中国互联网络信息中心：《孟蕊：微信让你欢喜让你忧》，中国互联网络信息中心，2013年3月，http：//www. cnnic. cn/hlwfzyj/fxszl/fxswz/201303/t20130305_ 38903. htm。

群，起点较其他即时通信软件高；另一方面，微信在完善用户体验的基础上自身功能日益完善。数据表明，微信是智能手机中社交软件下载量最高、安装最为普及的应用之一，是网络社交必不可少的应用。微信因其较少的流量消耗、较高的兼容性和较为新颖的信息传播模式，在更深层次上把握住了用户的社交需求，受到越来越多的人，尤其是大学生群体的追捧①。近年来不少学者对微信做了大量研究，这些研究主要集中在微信相关概念的研究、微信的应用研究以及微信的影响研究上，在理论和实证上都有较大的进展。本文在已有的研究基础上，从社会性别角度出发，对北京高校学生使用微信的行为特点和使用风格进行解读，对比分析男女学生在社交软件中对于人际关系的态度，考察过度使用微信对高校学生的影响，力求在完整阐释问卷数据的同时有所创新。

## 一 研究方法

### 1. 抽样设计原则

在抽样设计时，为了能够尽可能准确地用样本推及总体，且在短时间内提高研究的可操作性，我们遵循了以下三个原则：第一，抽样设计整体方案采用严格的概率抽样，保证样本的多样性和代表性；第二，抽样方案保证具有较高的效率，即在相同的样本量条件下，方案设计应使抽样误差尽可能小；第三，方案有较强的操作性，在人力资源和时间都比较有限的情况，提高研究操作的可行性。

### 2. 调查目标总体和样本量的确定

本研究将此次对微信使用的调查总体界定为北京地区高校学生（仅指本科生和研究生）。根据6%的最大允许误差，在90%的置信度下，确定最小样本量为189。考虑到本次抽样调查预计有效回答率为80%，则样本量 n = 189/0. 80 = 236. 25，根据公式计算初步确定抽取236 个样本。

### 3. 抽样方法

本研究采用多阶段分层抽样的抽样方法。抽样过程主要分为两个阶段，第

① 温如燕：《微信对大学生人际交往的影响研究——以呼和浩特市 3 所高校的大学生为例》，硕士学位论文，兰州大学，2014。

一阶段采取分层抽样的方法，抽样单元为学校；第二阶段也采取分层抽样的方法，抽样单元为学生。

考虑到方便执行和可推及总体，确定本次调查抽取的学校数量为5个。根据不同类型院校数量所占总体比例确定了各层学校需要抽取的数量：综合类院校应抽取1个，偏理工类院校应该抽取2个，偏文史类院校应该抽取2个。以此为依据，按照简单随机抽样的方法抽取出具体的院校，抽取结果如下（见图1）：

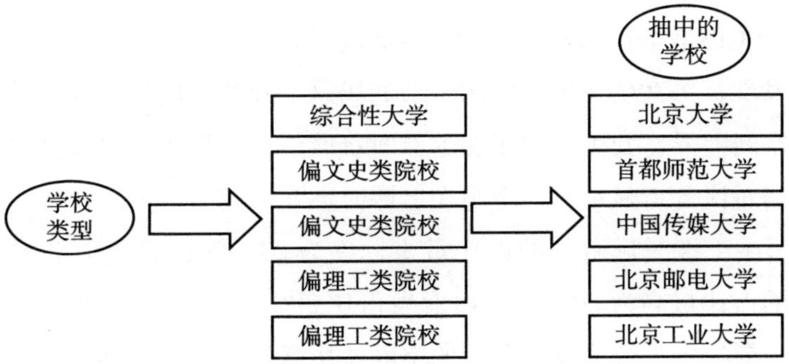


**图1　调查抽取院校结果**

在第二阶段分层抽样中，根据要抽取学校的学生人数规模和总体需要的样本量，来分布每一个学校应该抽取的学生人数，但是实际上收到的问卷共有220份，剔除6份无效问卷，一共有214份有效问卷。

## 二　北京高校学生微信使用状况分性别分析

本研究从社会性别视角出发，从微信使用总体情况、使用微信进行人际交往、微信的影响这三个方面，对214份问卷进行了分性别的数据分析。

### （一）微信使用基本行为的性别差异

#### 1. 微信在高校学生中较为普及，但女生使用微信的时间和频率超过了男生

微信作为一个半私密传播的社交软件在年轻人中的普及率较高，无论男女

生使用微信的时间都比较久。问卷分析显示，在与男生对比中，女生使用微信1~2年的比例较高，达到了74.7%，而使用时间在2年以上的也达到了69.8%；男生中30.2%的人使用微信时间达到了2年以上。

对比分析研究发现，女生比男生使用微信的频率更高，更为沉浸于社交软件中。数据对比分析显示，首先高校女生使用微信的次数明显多过男生，尤其是“随时随地”去浏览微信的女生远远超过男生，比例高达78.9%，而男生仅为21.1%；其次浏览微信“平均每天5次以上”的女生比例为63.0%，而男生的比例为37.0%，女生远远高于男生。

2. 在浏览微信场景选择上，女生更倾向于隐秘空间

研究发现，男女生在每天使用微信的场景上碎片化的特点均比较明显，但有一定的空间差异，女生倾向于在上课时玩微信，而男生多在乘坐交通工具的时候。数据对比分析显示，女生中在上课时喜欢使用微信的占比最高，达到了77.0%，男生上课时玩微信的占比最少，仅为23.0%；男生乘坐交通工具时候玩微信的占比最高为30.2%，而女生占比最少为69.8%。进一步的分析表明，女生主要集中在较隐秘或私人的空间使用微信，而男生则倾向于在较为开放的空间使用（见图2）。

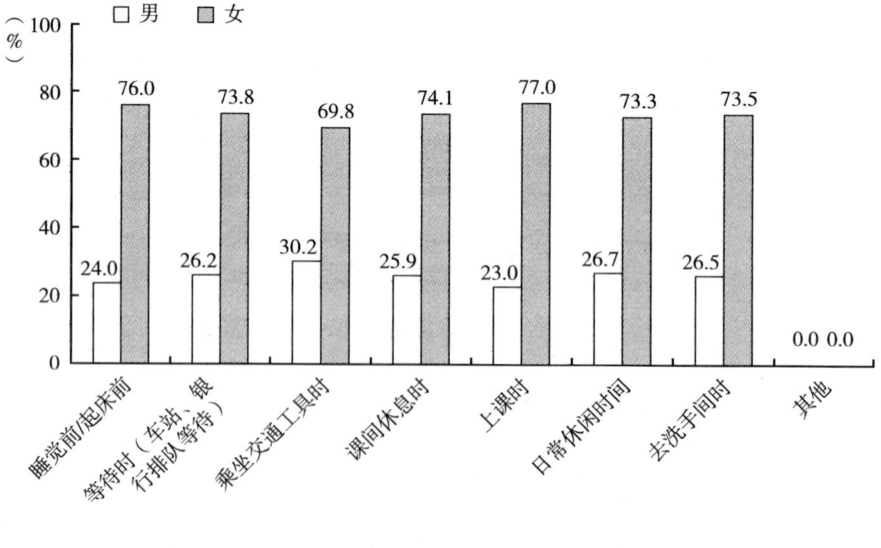


图2 浏览微信的场景

### 3. 男生除关注微信即时通信功能，还注重其娱乐功能

研究发现，微信的聊天功能、朋友圈、收发 QQ 离线消息成为男女生常使用的功能，但是二者常使用的功能也有差异，男生对于微信除即时通信使用外，还注重于娱乐休闲功能，女生反而更大胆地进行陌生人际关系尝试。

数据对比分析显示，在文字、语音、视频聊天、朋友圈功能使用方面男生占比均达到了 28.0% 以上，相对来说还是比较高的；在游戏中心功能使用方面男女差异最大，女生中没有人体验微信游戏功能；女生经常使用收藏功能的占比高达 87.0%，收藏功能一方面彰显了自我的兴趣又兼顾了隐私，女生较偏向于运用此功能；在支付功能使用上男女生差异较小，其中男生占比为 35.0%，表明微信安全便捷的支付功能较受高校学生喜爱。

### 4. 女生微信浏览习惯多样化，同时兼顾人际关系的维护

研究发现，女生浏览微信的习惯更为多样化，她们更关注公众账号推送内容和微信维系人际关系的功能，但是没有固定浏览习惯的占比最高，多元化特点较为明显，而男生的浏览习惯相对比较单一。数据对比分析显示，二者的微信浏览习惯既有共同点也有差异，相同的地方首先是，男女生都会主动浏览微信中的热点新闻；其次是在“如果没有消息提示不会主动浏览”上，男生和女生的比例都较高。存在差异最大的是，首先是女生相对男生而言没有固定的浏览习惯，比例高达 84.8%；其次是相对于男生而言，女生更为关注公共账号推送的内容以及朋友圈的好友动态，高出男生近 40 多个百分点（见图 3）。

### 5. 男女生发布朋友圈的内容区分明显

在朋友圈发布的内容上，男女生发布的内容软硬区分明显，男生发布的内容多以分享信息和观点为主的硬性消息，而女生多以兴趣一类的软消息为主。数据对比分析显示，男生在朋友圈中发布学术文章的比例为 40.3%，在各项与女生对比中占比最高；男生对于网上购物消息和录制微视频也比较感兴趣，占比分别为 36.4% 和 33.3%；女生对于公众账号推送的内容和消遣娱乐信息比较关注，占比分别为 75.5% 和 74.6%（见图 4）。

### 6. 女生在微信使用中扮演的角色相对更为低调

从微信使用的角色来看，女生比男生更喜欢潜水围观，朋友圈中处于相对低调的角色。数据对比分析显示，男生“随时发表或转发内容”的相对较多，

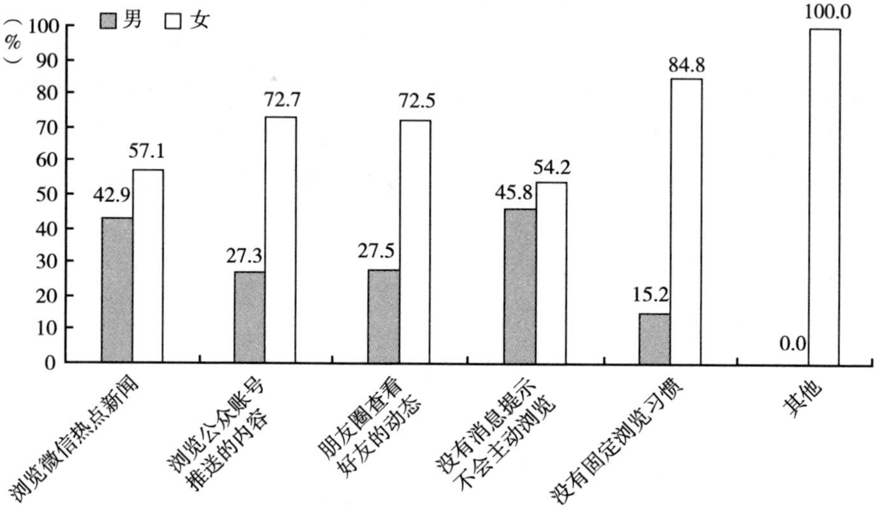


**图3 微信使用习惯**

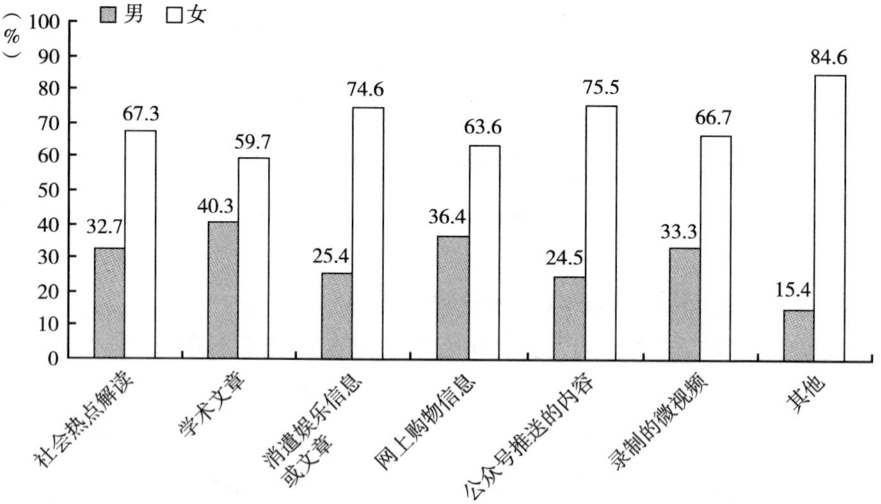


**图4 朋友圈内容分布**

占比达到了34.8%；并且“自己不发，但点赞和评论的次数较多”的达到了29.4%，表明男生积极参与微信好友互动；女生中“只接收信息，很少关注朋友圈”和“处于围观状态”的较多，占比高达75.0%和74.7%（见图5）。

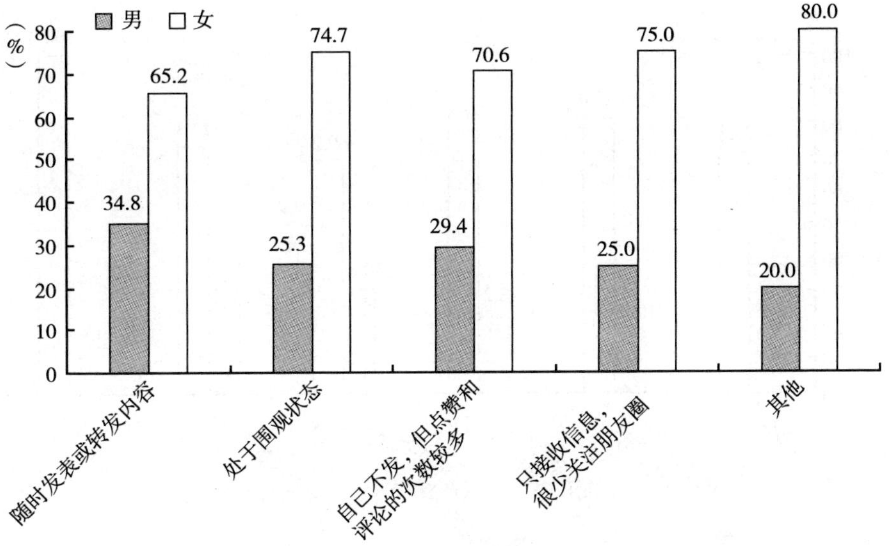


图5　微信使用中的角色

## （二）通过微信进行人际交往的性别差异

### 1. 男生首次接触微信多由兴趣驱使，女生则来自群体压力

从接触微信的原因来看，男生多是受兴趣推动，而女生多是出于被动。不过，节省话费和流量成为他们首次接触微信的共同原因之一，这也充分体现了高校学生这一群体的特色。

数据对比分析显示，出于节省话费和流量的目的，女生占比为73.3%，男生为26.7%。女生中除选其他选项的，因智能手机里自带微信就顺便用的占比最高，达到了81.0%；女生中因为一些重要的事情在微信中通知，不得已才用的占比也非常高，达到了77.8%，被动因素凸显。男生在好奇心的驱使下使用微信的达到了30.8%；出于身边的人都在用的原因占比达到了29.7%。因此男生在第一次接触微信的时候既有好奇心的驱动也有来自首属群体即同龄人的压力，而女生这方面的因素更为凸显（见图6）。

### 2. 男生对陌生人际关系的信任度远高于女生

从微信好友特征来看，男女生的好友来源均较多元化。不过，男生对陌生人际关系的信任度远高于女生，而女生的好友构成来源中来自现实的熟人关系

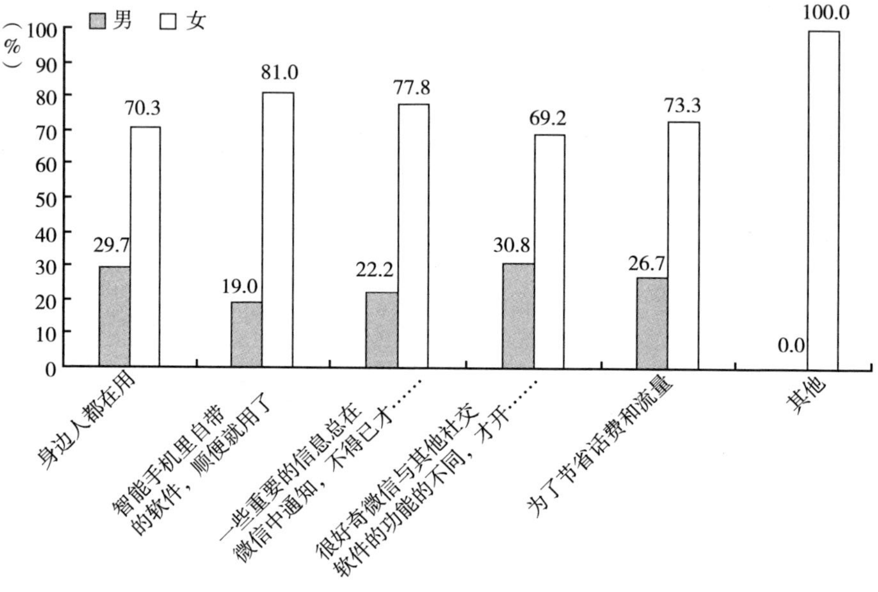


**图 6　第一次接触微信的原因**

特征明显。数据对比分析显示，女生的微信好友主要来源于 QQ、手机通讯录等，基本是生活中原有的人际关系的复制，而男生通过“附近人”加好友的占比高达 60%，这在一定程度上表明，男生更愿意建立新的人际关系。

此外，男女生好友来源构成中朋友、父母和同学是人数最多的群体。数据对比分析显示，在女生中，首先是客户等业务关系的好友占比最高，达到了 80.0%，其次是父母或其他亲人，占比为 72.2%；在男生中，首先是老师或领导的占比最多，达到了 34.0%，其次是普通同学或同事，占比为 29.5%（见图 7）。

### 3. 男生倾向于选择能隐藏个人情绪的好友联络方式

语音聊天较为便捷，但是也能从声音中感知对方的情绪，文字聊天则相对能隐藏人的一部分情绪。在常与好友联系的方式中，男生最喜欢用文字聊天，女生则喜欢语音聊天。数据对比分析显示，在男生中，首先有 28.2% 的喜欢通过文字来与好友聊天，其次是朋友圈和视频聊天，占比均为 25.0%；而女生最为青睐的与好友联系的方式为语音聊天，占比达到了 79.5%，而喜欢文字聊天的占比为 71.8%（见图 8）。

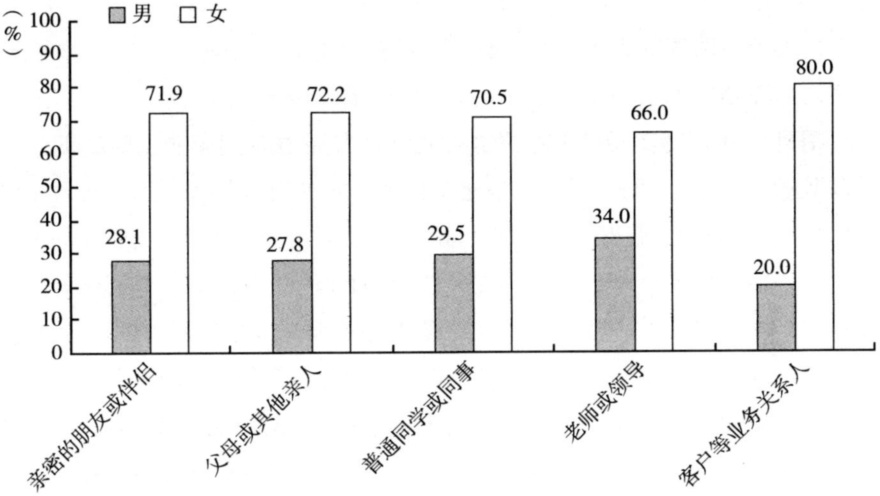


**图7　朋友圈好友来源构成**

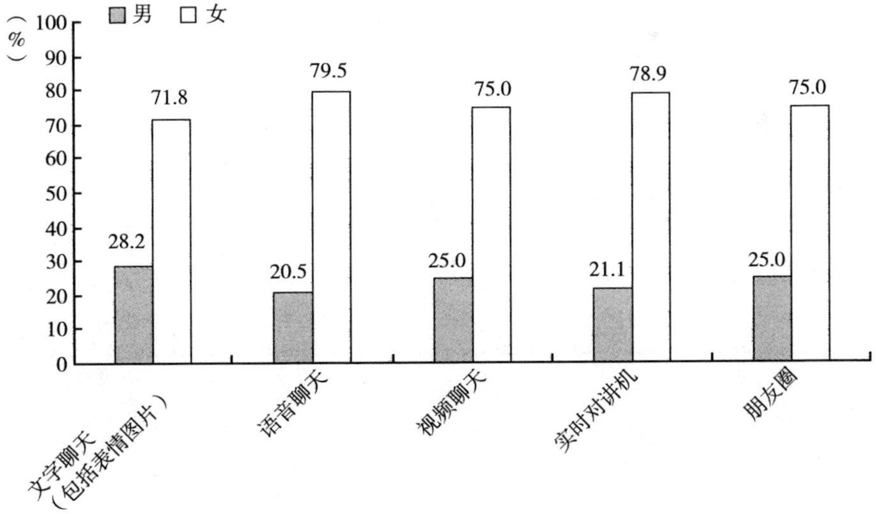


**图8　与微信好友联络方式**

### 4. 男生在回复信息的积极性上略逊于女生

是否立即回复信息可间接反映两个问题，一是研究对象对微信的依赖程度，二是对于维护人际关系表现的主动性。研究结果显示，男生回复信息的积极性略低于女生。数据对比分析表明，男生中在接到微信信息后立即回复的占比为26.7%，低于不会回复的近5个百分点；女生中立即回复信息的占比为73.3%，高于不回复的人约5个百分点。不过从总体上来看，二者的差异并不大，这说明在是否回微信信息这个问题上需要依具体情况定。

5. 得到认同和充实微信内容是男女生在朋友圈发布消息的主要动机

数据显示，女生发朋友圈更多是充实自己的朋友圈和获得自我认同的一种方式，而男生更多是为了获得关注和打发时间。数据对比分析表明，女生在下图各项原因中，占比均在65.0%以上，但是在“转发和评论朋友圈是否为了充实自己朋友圈内容”这一问题上，男女的回答差异相对较大，持肯定回答的女生占比为76.2%。经过进一步了解，不少女生受访者表示“通过一个人的朋友圈能间接地反映出一个人的兴趣喜好和性格，自己转发内容一方面也是体现自己、表达声音的一个渠道”；在“是否为了得到更多关注”这一问题上，男女的差异在这几个选项中是最小的，这足以表明，男女在微信使用中都是为了一定的心理满足（见图9）。

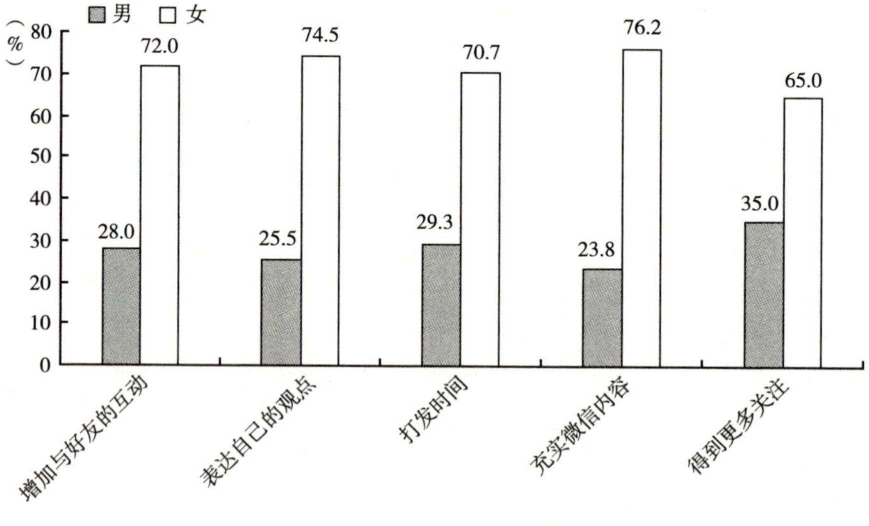


**图9　不同性别的高校学生发布和转发朋友圈的原因**

## （三）微信使用带来影响的性别差异

### 1. 微信给女生带来的困惑多于男生

微信给高校学生带来便利的同时，也给他们带来了一些困惑。调查发现，微信给女生带来的困惑远远超过了男生。数据对比分析显示，83.1%的女生认为微信不知不觉中造成了时间的浪费，微信上信息的不真实和个人隐私泄露也给她们带来了困惑，占比分别为83.0%和82.9%。在诸多困惑中，有28.6%的男生认为，使用微信可能会恶化或解除现实中部分熟人关系（见图10）。

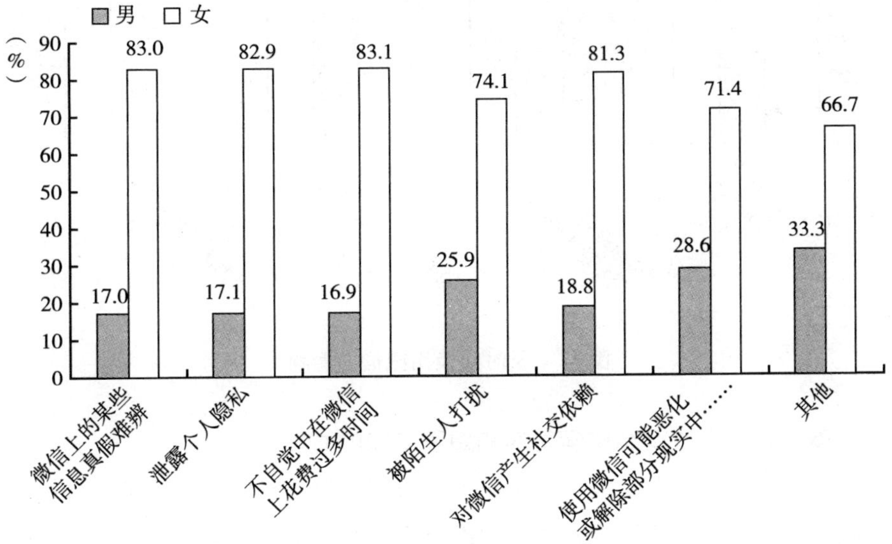


**图10　微信使用带来的困惑**

### 2. 在微信对于新、旧人际关系影响上，男女生持截然相反的态度

在对过度使用微信带来的影响调查上，女生对微信促进陌生人际关系的作用持负面态度的较多高达92.3%，但对微信维护熟人关系方面的作用持正面态度的达73.1%，与男生的态度截然相反（见图11）。

数据对比分析显示，认同“微信不利于认识更多新朋友”的，女生占比高达92.3%，男生仅有7.7%；进一步分析表明，针对“微信是否能利于认识更多的新朋友”这一问题，男生的态度相对来说比女生更积极。女生在对“长时间使用微信更能与老朋友亲密联系”这一问题的认同上持有积极的态度，占比高达73.1%，这从一个侧面说明，相对于陌生人际关系来说，女生更倾向于维护熟人关系。此外，认为微信对现实中的联系具有负面影响的男女受访者都不少，这也说明受访者能够较好地区分媒介虚拟环境和现实环境之间的差异。

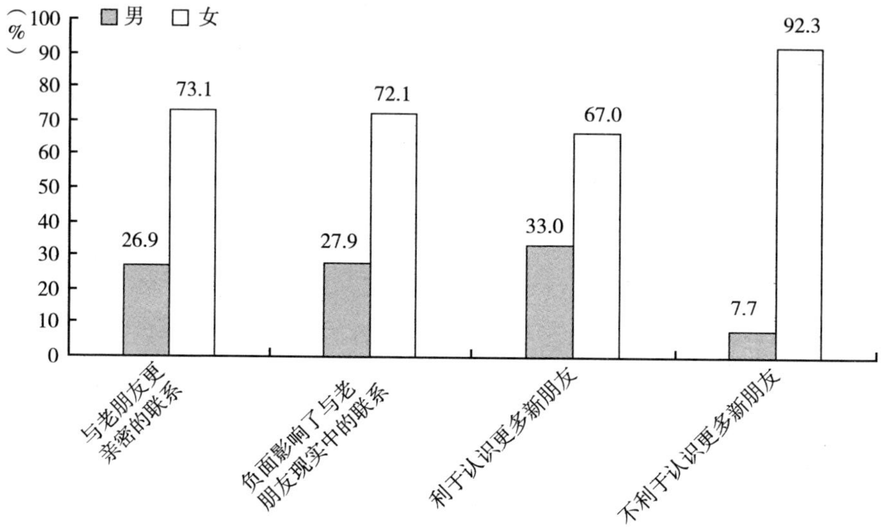


**图 11　长时间使用微信的影响**

### 3. 微信并没有改变高校学生通知重要事情的方式

微信虽然给高校学生带来了交流上的便利，但重要事情出现时，高校学生还是倾向于选择相对传统的方式。如果遇到重要的事情，75.0% 的男生倾向于采用电子邮件的方式，73.3% 的女生倾向于选择电话。除此之外，70.6% 的女生和 29.4% 的男生都选择短信通知。在手机短信、电话、微信这三种方式中，男生选择微信的比例更高（31.3%），电话反而成为他们最后考虑的告知方式（26.7%）。

### 4. 男生个人信息暴露的真实度低于女生

个人对信息公开程度的态度，表明他/她对社交环境开放程度的认识。调查发现，在“个人信息真实与否”的调查中，男生中个人信息完全不真实的占多数，而女生中部分真实的较多。数据对比分析显示，男女生选择部分真实的差异最大，女生达到了 74.5%，高于男生近 50 个百分点；男女生个人信息完全不真实的情况差异最小，男生占比为 45.5%，女生占比为 54.5%（见图 12）。

### 5. 女生更在意微信人际关系的维护

是否定期整理微信通讯录，在一定程度上说明微信使用者对微信人际关系维护的重视程度。研究发现，虽然大多数高校学生都不会清理联系人，但是女

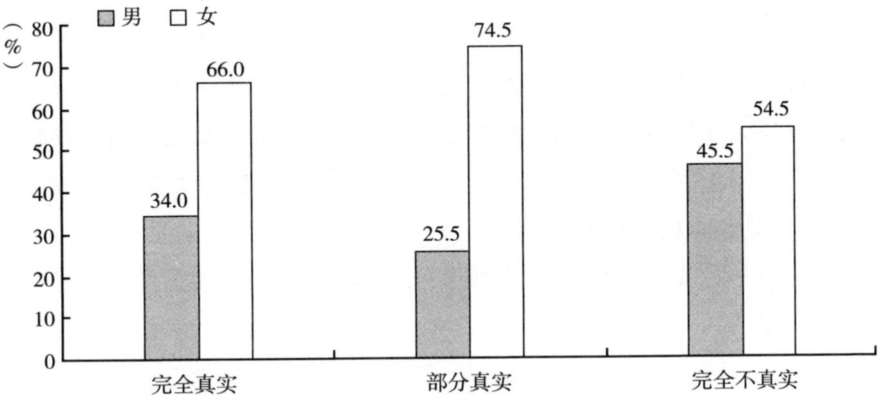


**图 12　不同性别的北京高校学生个人信息真实情况**

生中定期清理联系人的比例略高。数据对比分析显示，在男生中定期清理联系人的占比为 23.9%，女生中定期删除联系人的占比为 31.0%。从与部分研究对象的访谈中发现，女生经常删除几乎不与自己说话也没有互动的好友，这在一定程度上显示，女生更在意线上的微妙关系。

### 6. 更换图像成为男女生社交或彰显兴趣的需要

调查发现，在更换头像原因方面，高校学生体现了较大的性别差异。75.0% 的男生更换头像的原因是为了吸引别人注意，高于女生 50 个百分点。86.0% 的女生觉得有趣好玩。此外，认为新的图像能代表自己想法的男生相对也比较多，占比为 21.3%，这说明在社交软件的应用上，更换图像成为一种较为隐蔽的展现情绪的方式。

## 三　基本结论

### 1. 微信在高校学生中较为普及，但碎片化使用特点比较明显

微信在高校学生的普及率较高，数据表明有 97.2% 的受访者正在使用微信，并且使用微信的时间较长，使用时间在 1～2 年或者 2 年以上的较多；但是在微信使用中，受访者随时随地去浏览微信并且每次浏览耗费的时间较短的居多；在其使用微信的场景中，睡觉前后和休闲时间的较多，碎片化使用的特

点比较明显，微信已作为一个重要的伴随角色侵入其生活中。

2. 女生微信浏览习惯更为多样化，但在微信中的角色相对低调

在微信浏览习惯差异方面，女生喜欢关注公众账号推送内容和微信维系人际关系的功能，但是同时没有固定浏览习惯的占比最高，凸显其浏览习惯的多元化，而男生的浏览习惯相对比较单一。同时研究发现，在微信使用中女生比男生更喜欢潜水围观，在朋友圈中处于相对低调的角色，女生中“只接收信息很少关注朋友圈”和“处于围观状态”的较多，占比分别高达75%和74.7%。

3. 男女生好友来源熟人链条明显，但对陌生人际关系信任度不同

在受访者好友构成中，首属群体像朋友、父母和同学较多，在女生中，父母或其他亲人，占比为72.2%；在男生中，首先是老师或领导的占比最高，达到了34.0%，其次是普通同学或同事，占比为29.5%。但在好友来源中，女生的好友主要来自于QQ、手机通讯录等，是对原有的人际关系的复制，而男生通过“附近人”加好友的占比高达60%，足以表明男生更愿意对陌生人际关系进行尝试。

4. 男生在维护线上关系的同时，多选择能隐藏情绪的联系方式

男生在微信人际关系维护中处于积极的状态，相对而言也会及时回复信息，但是在选择与好友联系的方式方面，由于使用视频或语音聊天会让自己的情绪直接暴露在对方的注视下，男生大多数采用文字聊天和朋友圈等即时参与感较弱的好友联络方式，避免情绪过于显露而不利于线上人际关系的发展。

5. 微信在生活中扮演重要角色但给男女生带来的困惑不同

微信在高校学生生活中扮演着重要角色，对于使用微信给人带来影响，男女生持正面态度的较多，多数认为其在维系人际关系方面具有正面的效应，仅有6.1%的受访者认为长时间使用微信“不利于认识更多的朋友”，但是微信占用其生活中的零碎时间，导致其随时去浏览微信，不知不觉在其中花费了太多时间进而产生社交依赖，这种行为在不同程度上给受访者带来困惑和烦恼，这种情况的占比竟高达67.0%，其中在微信使用中“不知不觉浪费了许多时间”成为女生的主要困惑，而使用微信恶化原有的熟人关系是造成男生困惑的主要原因。

### 6. 女生沉浸于微信使用，但对陌生人际关系发展持负面态度

虽男女生均喜欢每天多次浏览微信，但女生比男生使用微信的频率更高，更为沉浸于社交软件中，尤其是“随时随地”去浏览微信的女生远远超过男生，比例高达78.9%，同时女生虽在意微信维系人际关系的功能，但在陌生人际关系处理上，男生比女生表现出更积极应对的态度，女生对微信促进陌生人际关系的维护上持有负面态度的居多。

## 参考文献

[1] 中国互联网络信息中心：《孟蕊：微信让你欢喜让你忧》，中国互联网络信息中心，2013 年 3 月，http：//www. cnnic. cn/hlwfzyj/fxszl/fxswz/201303/t20130305_38903. html。

[2] 方兴东、石现升：《微信传播机制与治理问题研究》，《现代传播》2013 年第 6 期。

[3] 孔令国：《微信的使用对大学生社会资本的影响——以天津高校的抽样调查为例》，硕士学位论文，天津师范大学，2014。

[4] 温如燕：《微信对大学生人际交往的影响研究——以呼和浩特市 3 所高校的大学生为例》，硕士学位论文，兰州大学，2014。

[5] 王怡红：《关系传播理论的逻辑解释——兼论人际交流研究的主要对象问题》，《新闻与传播研究》2006 年第 2 期。

[6] 王欢、祝阳：《人际沟通视阈下的微信传播解读》，《现代情报》2013 年第7 期。

[7] 翟臻：《浅谈微信对大学生社交的影响》，《无线互联科技》2013 年第 8 期。

[8] 周兴生：《大学生网络使用的性别差异》，《青年探索》2014 年第 1 期。

# 媒介性别监测篇

Gender Monitoring on Media

## B.18

# 男女平等价值观传播视角下电视新闻节目监测报告：以中国大陆地区五个新闻节目为案例

"我国大众传媒与男女平等价值观的传播研究"课题组*

**摘　要：** 本报告以联合国教科文组织《媒体性别敏感指标》中新闻报道的相关指标为基础，结合大众媒体对男女平等价值观的传播的研究重点，设定监测的指标体系，对中国大陆地区五个新闻节目——江苏卫视的《江苏新时空》、广东卫视的《午间新闻》、天津卫视的《12点报道》、安徽卫视的《每日新闻报》、青海卫视的《午间360度》进行了监测。监测发现，电视媒体的新闻内容中对于传播男女平等的意识从总体上而

* 本文是国家社科基金重大项目"男女平等价值观研究与相关理论探索"子课题"我国大众传媒与男女平等价值观的传播研究"（项目编号：12&ZD035）的阶段成果，参与监测及报告写作的成员包括刘利群、王琴、陈志娟、张敬婕、唐觐英、高音子、范琳琳、李夷白、高倩、张郁文、张镱琼、龚兰兰、黄维、于倩倩。

言比较淡薄，对男女平等传播主题的呈现还停留在表面和单一的层次上。媒体需要重视自身在传播男女平等价值观方面的责任与影响力，提升性别意识和性别敏感，以更好地传播男女平等价值观。

关键词： 大众传媒　男女平等　价值观　传播

## 引　言

价值观指个人或社会对待事物价值的认知、判断和看法。[①] 男女平等价值观“意味着正视、承认和尊重作为自然存在物的男女两性的性别差异与相互依存；意味着作为社会存在物的男女两性在社会和家庭生活各领域的权利、机会、责任的平等；作为精神存在物的男女两性人格、尊严、价值的平等，作为‘大写的人’挺立其主体性”[②]。

男女平等价值观是主张男女两性在社会和家庭生活中平等相待、和谐相处、良性互动、共同发展，主张男女两性平等依法行使民主权利、平等参与经济社会发展、平等享有改革发展成果的价值观，符合社会主义核心价值观的要求。中国大众传媒的基本定位一直是党和国家的喉舌，担负着提供信息、引导舆论的职责。“男女平等”文明进步的价值观念，只有通过有效的传播才能被大众普遍理解、掌握和认同，才能转化为推动社会文明进步的自觉行动。

当今社会，男女平等观念仍然面临诸多挑战，媒体内容充斥贬损妇女形象、侵害妇女人权、歧视妇女的报道，媒体报道中性别意识的缺失使我们感到，争取把男女平等纳入监管部门的监测内容和监测系统是当前媒体发展的重要内容，最大限度发挥传媒监测功能，才能有利于男女平等和妇女发展的舆论氛围。大众传媒应当担负更多传播男女平等价值观的责任。

① 丁娟：《男女平等价值观的概念解析及主流化》，《妇女研究论丛》2014 年第 3 期。

② 刘晓辉：《男女平等价值观的理论内涵和建构》，《妇女研究论丛》2014 年第 3 期。

## 一 监测对象与监测方法

本监测旨在考察当前中国大陆地区的电视媒体传播男女平等价值观相关信息的现状，从传播内容中考察节目是否体现了男女平等的价值观，并探索如何基于当前的传媒现实，通过强化媒体的责任和议程设置，更好地推动大众传媒对男女平等价值观的传播。

### （一）监测对象

课题组对中国大陆地区五个新闻节目——江苏卫视的《江苏新时空》、广东卫视的《午间新闻》、天津卫视的《12 点报道》、安徽卫视的《每日新闻报》、青海卫视的《午间 360 度》自 2013 年 1 月 1 日至 2013 年 12 月 31 日分层随机抽取的各 14 期节目、共 1010 条新闻进行了性别监测，这五档新闻节目分别呈现中国大陆地区东部、南部、北部、中部、西部的新闻节目的特征。

这五档电视新闻节目的特点如下。

1. 江苏卫视《江苏新时空》是江苏省最权威的时政新闻发布平台，自 2002 年 7 月 22 日开播至今已有 12 年。《江苏新时空》播出时间为周一至周日 18：30，播出时间 20 分钟，以大信息量、快节奏、广覆盖、深挖掘为特点，以重宣传、重效用、客观、全面、权威、深刻为追求的目标，逐渐形成一套成熟的新闻报道风格。在创办仅一年后就获得“首届中国电视十佳新闻栏目”殊荣，并获中国广电新闻奖二等奖、江苏新闻一等奖等多个奖项。因此，《江苏新时空》在东部经济较发达地区的新闻节目中具有一定的代表性。

2. 广东卫视的《午间新闻》是涵盖时政、经济、社会、国际、体育、天气等内容的直播类综合新闻资讯类节目，节目视野开阔，国际和国内热点事件都涵盖其中。除了对一些热点事件的深度报道外，国内新闻部分还包括简略的图说新闻和新闻快讯。图说新闻部分，广东卫视重在提供生活服务资讯，更多体现服务功能。广东卫视还强调新闻的接近性，国内新闻重点放在广州、深圳等区域。

3. 天津卫视的《12 点报道》是天津电视台的一档名牌新闻节目，同时也是目前天津电视台唯一的一档每日直播的新闻节目。天津卫视的频道定位是基于天津人乐观开朗的性格和知性快乐的天性及积极阳光的本质特征，提出“快乐生活”的定位，它是以“看天津卫视，过快乐生活”为口号，以“捕捉身边快乐，享受百姓生活”为内容，以“高品位的快乐，零压力的生活”为目标，反映百姓的快乐生活，享受生活中的快乐，同时注重报道的互动性、话题性、参与性。

4. 安徽卫视的《每日新闻报》是一档全媒体时代的电视新闻杂志，时长30分钟。自2011年12月12日起在安徽卫视每晚18：00首播，是一档晚间黄金时段的新闻节目。安徽卫视现已实现全国地级以上城市100%覆盖，并在台湾、香港、澳门地区落地入网。安徽卫视在国内属于具有强势传播优势的一家卫视。

5. 青海卫视的《午间360度》是青海卫视一档午间新闻节目，时长20分钟。从全国卫视的格局来看，青海卫视在同级卫视中虽不具有强大的竞争优势，但在对青海卫视的受众调查中发现，在收视条件大为改善的基础上，电视还是该省居民获取信息的主要渠道，当地人仍把青海卫视作为收视的首选。

### （二）分析指标

本报告以联合国教科文组织《媒体性别敏感指标》为基础，结合大众媒体对男女平等价值观的传播的相关研究重点，设定了本次监测的指标体系。

监测指标体系将男女平等价值观的传播分解为三个基础层次，即男女均衡存在状况、男女平等描绘状况、对女性发展的关注及倡导状况。其中，“传媒内容中的男女均衡存在状况”着重监测新闻报道中出现的人物（包括主播、出镜记者、信源、受害者）的性别比例；“传媒内容中的男女平等描绘状况”重点对报道议题、报道语言、报道场景、报道立场、报道画面中男女平等状况进行监测；“传媒内容对女性发展的关注和倡导状况”监测的侧重点则在于考察传媒内容的制作和播出环节是否具有男女平等价值观的主导意识，具体体现在三个层面，即是否主要或专门关注女性和/或女性相关话题的报道（是否进入新闻提要）、是否提供了有关女性权益的正面信息、是否有挑战/反对性别刻板印象的内容。

具体而言，本报告采用的监测指标体系具体包括3个一级指标，13个二级指标（见表1）。

表 1　本研究采用的监测指标体系

| 一级 | 二级 |
|---|---|
| 传媒内容中的男女均衡存在状况 | 1. 主播的性别比例<br>2. 出镜记者的性别比例<br>3. 新闻人物的性别比例<br>4. 新闻信息和意见来源者的性别比例<br>5. 作为犯罪、暴力/暴行、冲突、灾难、贫困等事件报道受害者的男女人数 |
| 传媒内容中的男女平等描绘状况 | 1. 是否关注女性和/或女性相关话题的报道<br>2. 特征明显的歧视性内容<br>3. 男女两性的活动场所<br>4. 描述女性人群的态度(对立、平等)<br>5. 是否有男女刻板印象 |
| 传媒内容对女性发展的关注和倡导状况 | 1. 是否主要或专门关注女性和/或女性相关话题的报道(是否进入新闻提要)<br>2. 是否提供了有关女性权益的正面信息<br>3. 是否有挑战/反对性别刻板印象的内容 |

### （三）抽样方法

样本总体为所选定的节目 2013 年 1 月 1 日至 2013 年 12 月 31 日全年播出的期数。运用构造周抽样法，对每个节目全年播出的总体抽取 2 个构造周（共 14 期）的样本，即对每个节目随机抽取星期日至星期一播出节目各 2 期，例如，在其全年 52 期星期日播出的节目中随机抽取 2 期，在其全年 52 期星期一播出的节目中随机抽取 2 期，以此类推。随机抽样的具体操作方式为运用随机数字表。

## 二　监测发现

### （一）传媒内容中的男女均衡存在状况：男女平等传播权利的考察

1995 年第四次世界妇女大会通过的《行动纲领》在重大关切领域“媒体与女性”下，开列了两项战略目标，包括“应促使女性更多地参与媒体和利用媒体表达意见并参与决策”；“促进媒体对女性作出均衡和非陈规定型的描绘”。考察“传媒内容中男女均衡存在的状况”，正是对第二项战略目标的回应。对传媒内容中男女均衡存在状况进行统计，主要涉及在媒介中出现的人物（包括主播、出镜记者、信源、受害者）的性别比例，这些数据不仅是媒介与性别研究非常关注的内容，也是在行动中对媒体做出男女平等价值观倡导的关键内容。

在考量“传媒内容中男女均衡存在状况”这个指标时，从监测数据中有如下发现。

#### 1. 主播的性别比例

在监测的五档节目的新闻报道中，女性主播共出现634次，男性主播共出现352次。这一现象可以归因于更多女性加入到媒体工作中，总体上来看，女主播在单纯的新闻播报中占有一定优势，但这些主播主要播报新闻以及节目中穿插的天气预报，更多是起到一个“传声筒”的作用，没有对新闻内容进行更多的评论。文化和社会相关报道更倾向于使用女性播报，而经济科技等相关报道更倾向于使用男性播报员。这些女主播在年龄和形象上，都是年轻、形象好和气质佳的女性，加上造型师的包装，的确成为节目中一道亮丽的风景，也成了抓住观众眼球的吸睛点。总之，一方面，从数量上看，女主播占绝对的主导地位，女性在工作中参与的数量也是衡量男女平等的一个指标；另一方面，这些主播在整个节目中更多是一种“花瓶”的角色。

#### 2. 出镜记者的性别比例

在所有新闻报道中，女性出镜记者共出现134次，男性出镜记者共出现28次，我们不难看出在出镜记者的男女比例中，女记者占绝对优势。这是不是代表男女记者采访的内容不再有性别区隔？虽然新闻题材主要是社会新闻，但我们也不难发现，出镜男记者主要采访的是施工工地、鱼塘捕捞、火灾模拟等偏劳动和危险的社会新闻。因此，尽管出镜女记者在数量上远远超过了男记者，具体分析，我们还是看到新闻采访中存在着根深蒂固的性别区隔。

#### 3. 新闻人物的性别比例

第一，新闻中的男性和女性身份分析。根据新闻中经常出现的新闻人物的社会身份，确定了学生、党政机关事业单位领导干部、党政机关事业单位一般职员、企业/公司管理者、企业/公司一般职员、专业技术人员、商业服务业职工、制造生产型企业工人、个体户/自由职业者、农村外出务工人员、农林牧渔劳动者、退休人员、无业/下岗/失业人员、不好判断和其他 15 种身份指标。

在 1010 条新闻报道中，男性和女性的社会身份的百分比分布情况见图 1。

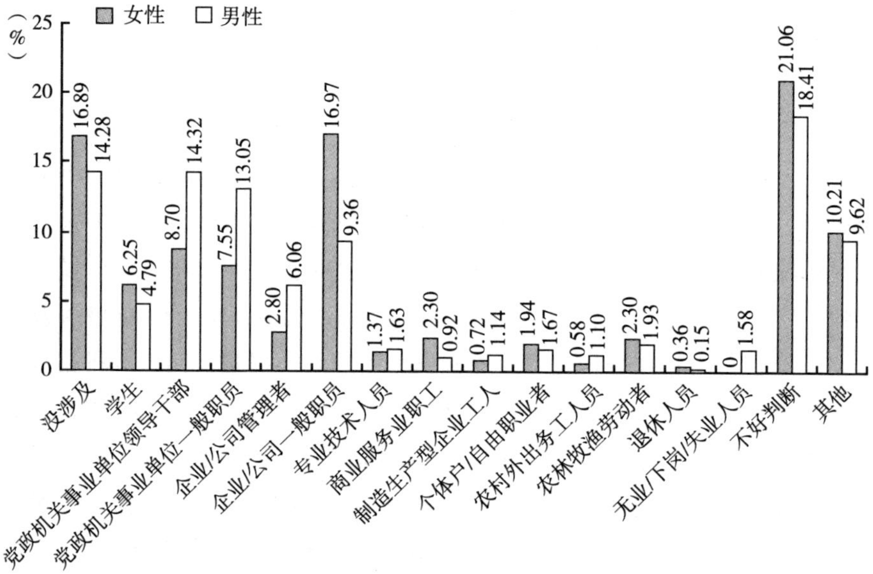


**图 1　新闻节目中男性和女性的社会身份占比**

可以很明显地看出，男性在高端行业中出现的几率比女性高，比如党政机关事业单位领导干部和企业/公司管理者出现的比例远远高于女性。而且女性不好判断身份的比例为 21.06%，要比男性不好判断身份的比例 18.41% 高。女性的职业和身份没有得到重视，而职业是判断一个人社会地位的主要因素。实际上这说明女性社会地位没有得到媒体足够认可。她们的身份被认为和新闻没有关系，女性很多时候作为花瓶或背景出现在新闻中，而男性常以其社会身份出现在新闻中。

男性党政机关事业单位领导干部（14.32%）远远高于女性党政机关事业单位领导部（8.70%）。男性企业/公司管理者（6.06%）是女性企业/公司管理者（2.80%）的两倍。事实是女性在管理层被边缘化了，现实中女性仍受到“玻璃天花板”的阻挠，而媒体报道中，管理层女性的专业性仍受到质疑。

第二，新闻中的男性和女性年龄分析。在1010条新闻报道中，处于童年的男性占3.21%，处于少年的男性占2.50%，处于青年的男性占48.51%，处于中年的男性占36.07%，处于老年的男性占4.04%，难以判断年龄的男性占4.48%。

没有涉及年龄的女性为2.95%，处于童年的女性占2.73%，处于少年的女性占3.52%，处于青年的女性占52.12%，处于中年的女性占30.27%，处于老年的女性占5.03%，难以判断年龄的女性占3.38%。

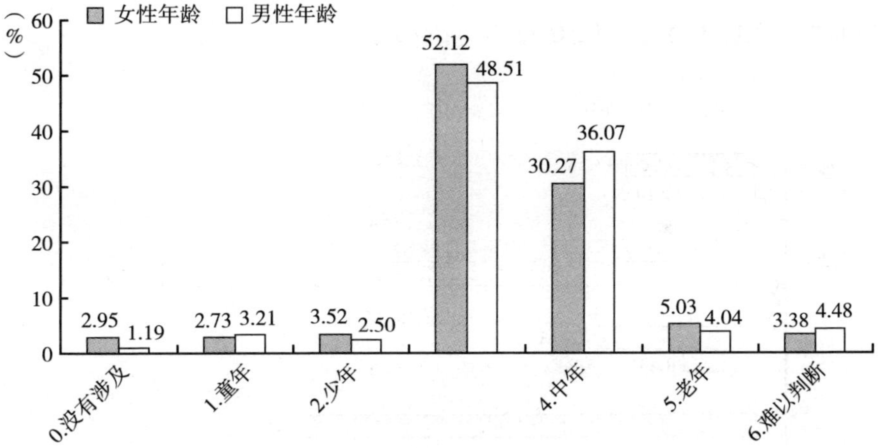


**图2　新闻中的年龄分布**

可以明显看出青年男性（48.51%）要比青年女性（52.12%）少，即青年女性在屏幕中更受欢迎。

### 4. 新闻中的信息和意见来源

新闻中信息和意见来源指新闻中被直接采访或引用的人。新闻发言人是代表他人或某个群体、某个组织发表意见的人。也有一些人提出专家意见，即从一定的专业知识或技能的角度提供信息、意见或评论。还有人作为普通公民提供关于事件的大众看法。其他人提供个人经历或目击者的描述，作为新闻事件的当事人提供自己的看法。

对共1010条新闻进行分析，发现新闻中信息或意见来源者所占比例为

71.88%，除了31.33%没有涉及意见来源和4.09%不好判断意见来源外，男性占到信息和意见来源者总数的47.43%，女性仅占到17.15%。

和女性相比，表达意见的男性更多以专家和发言人的身份出现。在男性意见来源者中，41.47%的男性作为发言人身份出现在新闻里，16.33%的男性作为专家身份出现在新闻里，28.62%的男性作为普通人身份出现在新闻里，还有13.58%的以其他身份在新闻里提供自己的意见。

而女性更多以普通公民身份陈述大众意见或表达个人观点，52.79%的女性以普通人身份出现在新闻中，而只有8.63%的女性以专家身份出现在新闻中。另外，29.44%的女性以发言人身份出现在新闻中，还有9.14%的女性作为新闻当事人提供意见（见图3）。

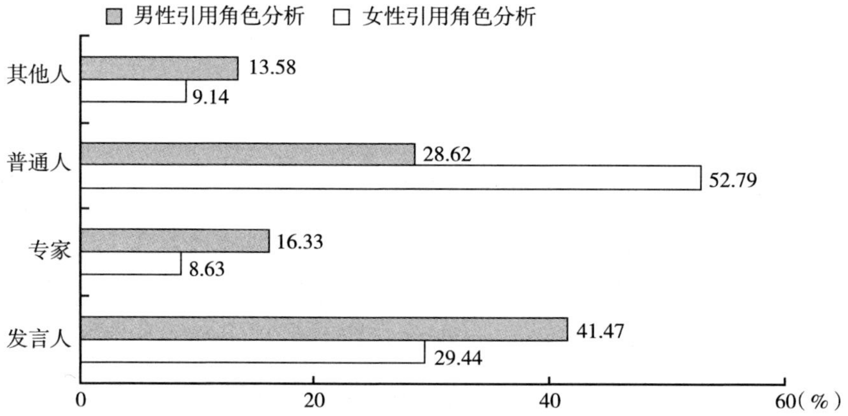


**图3　引用观点的新闻人物的性别比**

## （二）传媒内容中的男女平等描绘状况：男女平等传播主题的考察

对传媒内容中男女平等描绘状况进行监测，是从另外一个角度考察当前中国媒体对《行动纲领》中“促进媒体对女性作出均衡和非陈规定型的描绘”这一战略目标的执行情况。这部分监测的主要内容包括对报道议题、报道语言、报道场景、报道立场、报道画面中男女平等状况的评估。

在考量“媒体内容中的男女平等描绘状况”这个指标时，监测数据有以下发现。

### 1. 关注女性和/或女性相关话题的报道情况

“是否关注女性、是否是与女性相关的话题”，是节目的传播内容监测中考量男女平等价值观的重要指标之一。本监测指标设定中，与女性有关的话题类型被分为以下 13 种：女性政策和法律；女性权益；女性个人奋斗及成就；女性与健康、医疗；女性与犯罪；女性与教育；女性与家庭、婚姻；女性与消费；女性参与政治；女性就业及职业发展；女性的美德及事迹；女性与灾难、事故；其他。

经统计，在所收集到的共 1010 条新闻报道中，有 923 条报道（占总数的 91.4%）未涉及女性及女性相关话题，仅有 87 条（占总数的 8.6%）涉及女性及女性相关话题。由此可以看出，在五家电视台的新闻报道中，女性及女性相关话题处于边缘位置。

将与女性有关的 87 条报道按照上文的 13 种类别进行分类统计，女性与犯罪，包括女性自身犯罪，有遭受性别暴力等的报道所占比例最高，为 20%；不被列入以上类别的“主流”女性相关话题，如情感纠葛、猎奇行为等所占的比例次之，为 17%；女性和家庭、婚姻位居第三，占 14%；女性个人奋斗及成就、女性美德及事迹占同样比例，为 12%（见图 4）。

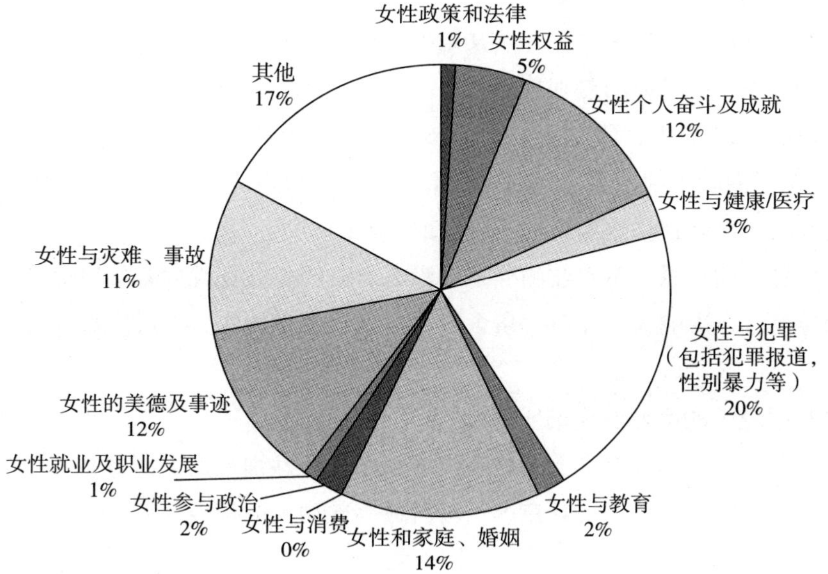


**图 4　与女性有关的话题类型**

女性与犯罪的报道数量之所以占据最高比例，可能与新闻操作的市场化与娱乐化的倾向有关。一方面，为了吸引受众，在制作新闻时，一些具有刺激性、煽情性的题材往往更受欢迎；另一方面，媒体更多将女性定位于社会的弱势群体，她们在社会灾难性事件中相比男性更缺乏积极性，这也是由于传统的社会性别分工将女性定位于更劣势的地位。

女性与婚姻、家庭位居第三，这可能是因为在传统的“男主外，女主内”的性别文化中，女性往往与婚姻、家庭等捆绑在一起。她们的婚姻和家庭情况受到了更多的关注。

女性个人奋斗及成就、女性的美德及事迹并列第四的情况，则凸显了“新闻为宣传服务”的功能——对女性个人奋斗及成就的报道是为了体现中国经济的飞速发展带动女性事业的腾飞，而对女性美德及事迹的报道则是为了弘扬“拾金不昧”“勤俭持家”等主流价值观。

女性就业及职业发展、女性与健康/医疗、女性与教育、女性参与政治、女性政策和法律等直接关系女性发展的议题极少受到关注。

### 2. 特征明显的歧视性内容

所谓“性别歧视”，是指在关于性别上存在的偏见，指一种性别成员对另一种性别成员的不平等对待，尤其是男性对女性的不平等对待，也可用来指称任何因为性别所造成的差别待遇①。

在监测过程中，研究者将“明显的、直接的性别攻击或辱骂”编码为“特征明显的歧视性内容”。统计数据显示，在1010条新闻中，没有发现含有对女性的明显歧视性内容。

尽管总体来看，本次监测样本中没有含有明显歧视性内容的报道，但电视新闻传播广、影响大，任何一条含有明显的歧视性内容，都可能造成较为严重的后果，应该予以重视。

### 3. 报道中的两性出现场所分布

场所不仅是物理意义上的地理位置，在社会性别视角下，男女两性在不同的场所呈现不同的性别关系意涵，场所成为建构人的社会关系的重要条件，它

① 〔法〕R. A. 巴伦，D. 伯恩：《社会心理学》，黄敏儿、王飞雪等译，华东师范大学出版社，2004。

能够生产、强化、再生产各种权力关系。因此，监测电视新闻中两性出现的场所，可以管窥特定的文化与两性价值观。

在监测量表中，场所被划分为以下四种：1. 家庭；2. 工作场所；3. 商业休闲场所；4. 社会公共场所。

在监测到的有效数据中，男性和女性出现在商业休闲场所的频次大致相当，女性为 30 次，男性为 26 次；差异较大的是男女出现在家庭、工作场所和社会公共场所的频次（见图 5）。

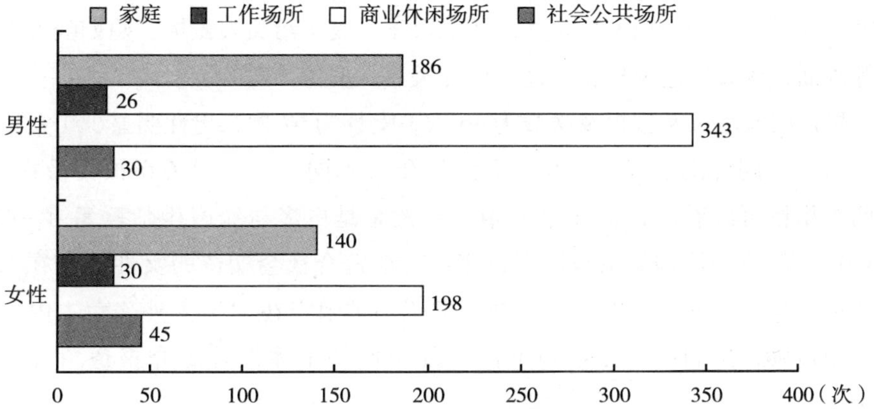


**图 5　两性出现场所情况**

男性出现在工作场所的频次为 343 次（占总量的 63%），女性为 198 次（占总量的 37%）。由此可见，新闻报道中，男性更多地出现在工作场所，男性常见的办公地点是办公室、会议室、企业生产车间，等等；女性尽管也有 198 次出现在了工作场所，但是监测发现，女性的办公地点通常是在菜市场、超市、酒店、公共交通工具等服务行业。

由于监测的五个节目都以时政新闻为主，因此总体来看，报道中新闻人物出现在家庭中的次数较少，女性出现在家庭中的频次为 45 次（占总量的 60%），男性为 30 次（占总量的 40%）。从数据来看，虽然只相差 15 次，但是考虑到女性在新闻报道中总体出现的次数较少，而家庭是这 4 个场所（家庭、工作场所、商业休闲场所、社会公共场所）中，女性出现次数明显多于男性的，因此这样的差距仍需予以高度关注。

新闻报道通过将不同性别呈现在不同场所，再现并建构了这样的性别秩序：男性更多地参与经济生产和社会公共生活，对国家和社会的发展具有直接的贡献，他们每天都在从事关于“国计民生”的生产，其劳动与价值是不可替代的；而女性，即使出现在工作场所，也是居于相对“软性”的服务类行业，她们那些“庸碌琐碎”的工作，其价值似乎是可有可无的。

此外，研究者监测了新闻报道中不同性别家庭关系被提及的次数。“家庭关系被提及”具体在电视新闻中，指的是通过镜头、解说词描绘了新闻人物的家庭关系，例如呈现了母亲接送孩子上学、妻子给丈夫做饭、媳妇喂婆婆吃药等画面，或者通过画外音讲述了代际关系、婆媳矛盾等。

男性的家庭关系被提及次数为46次，女性为67次，男性明显少于女性。

从“不同性别出现在家庭的次数”和“不同性别家庭关系被提及次数”这两个指标可以看出，新闻报道中，女性总是更多与家庭生活联系在一起，这再现了传统的性别关系与性别秩序：一个符合社会期待的女性应该在家中做贤妻、良母、孝媳。女性的媒介形象仍旧被限定在“男主外、女主内”的性别角色中，她们作为独立的个体以及她们的主体性被媒介报道象征性歼灭了。

### 4. 报道中描述女性人群的态度

在编码过程中，研究者将报道描述女性人群的态度分为以下三种：一是对立描述；二是平等（常态化）描述；三是介于两者之间的描述。

监测发现，在1010条新闻中，仅有安徽卫视《每日新闻报》11月30日的“奇葩女司机，遇见请绕行”这一条新闻，对女性群体有明显的对立描述。例如对女司机使用了“奇葩”等调侃性、侮辱性词语，并且语句带有明显的讥讽意义。

1∶1010的结果显示，在“男女平等”这一基本国策下，大多数电视媒体在媒介内容的制作和传播中比较注意避免对女性的直接性歧视。在大多数的常态化报道中，通常延续的是社会中已存在的、固有的性别角色定位和性别秩序，尽管几乎没有报道刻意地抹黑、辱骂女性人群，但是大多数报道也并没真正地去突破现有的性别秩序、挑战性别刻板印象，这种常态化描述在客观上反而强化了当下的性别权力关系。

### 5. 是否有男女刻板印象

本次监测中所使用的“刻板印象”指标之一，主要是指将男性和女性的性别特征固化归类的做法。如“男主外，女主内”，“男性阳刚，女性阴柔”，“男性理性，女性感性”，“男性独立主动，女性依赖被动”，“男性的价值在于财（才），女性的价值在于外貌和生育功能”等。

性别刻板印象和性别歧视的不同在于，它更加间接、隐蔽、不易察觉，也更容易使人信服，它既是传统性别观念在当代社会中的传承与体现，同时也会对当下的主流性别观念产生不可估量的影响。

在1010条新闻中，共有97条涉及性别刻板印象的新闻，这个比例大约占调查总量的十分之一。也就是说，大约每期20～30分钟长的新闻节目中，平均有2条新闻可能涉及性别刻板印象。其中，广东卫视、江苏卫视和天津卫视所涉及的性别刻板印象较多，分别为32条、24条和23条。而青海卫视和安徽卫视则相对较少，分别为5条、13条。

比较常见的性别刻板印象是，男性居于主导地位，女性居于从属地位。例如女性多为服务员、礼仪队员、啦啦队队员、售票员、护士、小学老师等，男性则通常是视察工作的领导人、企业的管理层、科技工作者等。出现在新闻报道中的女性通常社会地位较低，男性社会地位较高。

## （三）传媒内容对女性发展的关注和倡导状况

男女平等价值观是主张男女两性在社会和家庭生活中平等相待、和谐相处、良性互动、共同发展，主张男女两性平等依法行使民主权利、平等参与经济社会发展、平等享有改革发展成果的价值观，符合社会主义核心价值观的要求。大众传媒是否关注和倡导男女平等，在很大程度上体现了大众传媒的社会性别意识和对男女平等价值观的传播状况。在考量媒体内容对女性发展的关注和倡导中，监测发现分为以下几类。

### 1. 是否主要或专门关注女性和/或女性相关话题的报道（是否进入新闻提要）

根据议程设置理论，媒体能够在一定程度上设置受众的议程，媒体通过有意图地组织议题，影响直接接触媒体的受众群体的议程，这些受众群体中的意见领袖通过二级传播或者多级传播影响没有直接接触媒体的受众群体，这样在受众群中就形成了讨论该议题的信息环境。由于受众不能直接接触社会真实、了解信息环境，媒体便通过建构社会现实，为受众精心营造了一个“真实的”信息环境，受众以此作为认知外界的基石。这样媒体是否传达性别观念，以及传达什么样的性别观念，就决定了受众是否关注和讨论以及以什么样的认知和态度来关注和讨论性别话题。通过长期的、潜移默化的“教养过程”，这就造成了媒体对受众的涵化。媒体通过象征性事物的选择、加工、记录和表达，向人们提供关于性别认知的信息和观念。总之，媒体暗示的性别观念对受众的价值观产生重要的影响，在不知不觉中制约人们的世界观，创造了共识，使不同社会背景的人在观念上趋于一致，构建了人们关于性别的共同认识。

在直接监测的1010个新闻节目中，很少有主要或专门关注女性或与女性相关话题的报道。其中仅有66条新闻是关注女性和女性相关的话题。从统计数字可以看到，女性议题的相关报道屈指可数，如“北京摔婴案”“房姐龚爱爱案”等，这些事件都曾是社会和舆论关注的焦点，引起了人们很大的关注。而这些新闻节目没有进入节目的新闻提要，节目只对这些事件的发生、发展和结果等进行了简单的描述，并没有对事件进行深度解析，也没有给广大观众提供可借鉴和引发思考的内容。

66条女性新闻并没有在新闻节目的议程设置中被放到重要的位置。从五档新闻节目的新闻提要来看，在被重点推介的新闻提要中，没有一则内容是和女性相关的。

2. 是否关注女性权益的正面信息

整体看来，新闻节目的报道中对于女性权益缺少关注，这是很普遍的现象。尽管这也可以看作一种客观中立、不偏不倚的“常态化描述”，没有有意地突出女性，但是，这样的常态化描述中，也潜藏对于女性的间接歧视。

当前中国性别文化仍未走出“男尊女卑”“男强女弱”“男主外女主内”等传统性别秩序，针对妇女的刻板印象、人格歧视和性别暴力仍然屡见不鲜。对这样的性别文化保持客观中立、不偏不倚的态度，就恰恰在结果上造成了间接歧视。

间接歧视（也称“实质性歧视”）是指没有歧视意图但是有歧视“效果”的行动，即指某项规定、标准或做法看似中立，对所有人使用同样的条件、待遇和要求，没有区别对待任何人或群体，但由于有关人员的生活环境和个人特点，可以在事实上导致非常不平等的结果。

监测发现，电视新闻报道基本没有对女性的直接歧视与侮辱，但也几乎没有有意识地关注性别相关法律政策和改善的措施。在监测的 70 期节目、1010 条新闻中，共有 66 条女性相关的新闻，共有 8 条新闻涉及和女性相关的法律和政策，此外没有一条提供国际或国内赋权女性的先进经验或促进女性权益的正面信息，对女性面临的困难也缺乏关注。

### 3. 是否有挑战／反对性别刻板印象的内容

刻板印象指社会上对某一群体的特征所做的归纳、概括和总结。而性别刻板印象是指人们对男性和女性在行为、个性特征等方面予以的归纳、概括和总结。①

男女平等的价值观要求“将社会中的男女两性作为平等的人予以尊重，反对任何基于性别的偏见和歧视”，“将女性看成是与男性平等的人，认为女性应该与男性享有平等的权利，包括平等地参与社会生活的各个领域和家庭生活的各个方面”。② 而在以往的新闻报道中，往往存在着“男主外，女主内”“男强女弱”“男尊女卑”“夫荣妻贵”等刻板印象。1998 年的一项研究显示我国的主流媒介中“社会性角色以男性为主、家庭性角色以女性为主；权威性角色男性垄断，女性滞留在传统性辅助性角色中”。③

从 5 个新闻节目监测数据的分析来看，虽然新闻报道中男性与女性的呈现有差异，但可以看出，在新闻报道中男女承担的社会角色种类差异有所减小；与 20 世纪 90 年代相比，当前女性从事工作和进入社会生活，一定程度上已成为常态，反映到新闻报道中，女性不再更多地作为家庭性的角色而被描述。

虽然总体来看，报道中的歧视性内容或涉及刻板印象的内容似乎很稀少，但这并不意味着该节目就较好地传递了男女平等的价值观。1010 条报道中，

① 马锦华：《性别刻板印象与性别教育》，《教育评论》2000 年第 6 期。

② 谭琳：《男女平等的理论内涵与社会推动：基于中国现实的讨论》，《妇女研究论丛》2002 年第 11 期。

③ 冯媛：《女性在新闻中的存在——关于八家主导报纸新闻版新闻的研究报告》，《浙江学刊》1998 年第 2 期。

74%（共752条）的内容并不涉及相关问题，没有性别歧视和刻板印象的内容占到25%（共254条）。另外，没有涉及“挑战/反对性别刻板印象的内容”的报道。

## 三 结论与建议

通过对节目进行性别监测，可以发现当前中国大陆地区的电视媒体播报的新闻节目在进行议程设置时，普遍存在一种现象，那就是节目的制作者并没有有意识地进行男女平等价值观的信息处理。媒体呈现出来的传播内容，更多是一种“性别无意识”。这种“性别无意识”并不等于客观、中立、公正，恰恰相反，这种“性别无意识”是对新闻专业主义精神的伤害。因为它回避了对先进的性别观念的传播，浪费了媒体倡导先进性别文化的媒介资源。

通过对传媒内容中男女均衡存在状况、男女平等描绘状况、对女性发展的关注与倡导状况的调查，可以发现当前电视媒体的新闻内容对于男女平等传播的意识比较淡薄，主要表现在忽视女性的社会价值与社会贡献，低估女性的能力，将女性的外貌作为衡量其价值的最重要指标。在新闻节目中，女性的话语权没有得到充分的展现，女性作为信源和意见来源的比例远远低于男性。

同时，当前电视媒体的新闻内容对男女平等传播主题的呈现还停留在表面和单一的层次上，主要表现在对女性或与女性相关的话题涉及较少，对男女两性角色的呈现仍旧复制着“男性的价值在于社会贡献，参与公共生产；女性的价值在于家庭，从事相夫教子、服侍老人的工作”。“母亲接送孩子上学，妻子给丈夫做饭，媳妇喂婆婆吃药”等，电视新闻通过这样的镜头语言，将女性的媒介角色窄化为只在家庭中有所奉献的这一类“贤妻良母”。事实上，女性的社会角色远远大于媒介塑造和呈现的角色。这也就意味着，媒介呈现的女性角色与女性的实际社会角色之间脱节了，媒介产品并不能全面反映女性受众的实际生活，当然相应地也不能呈现女性受众的困惑与需求。

大众媒介和相关的研究者需要反思的是：是女性受众远离新闻，对新闻缺乏兴趣，还是新闻没有关注到女性受众的趣味与需求以致女性受众远离新闻？

在1010条新闻中，只有66条新闻与女性或女性话题相关。但是这些新闻均未进入节目的新闻提要，只对事件的发生、发展和结果进行了简单描述。此外，66条新闻中，只有8条新闻涉及和女性相关的法律和政策，此外没有一条国际或国内赋权女性的经验或信息。也就是说，新闻媒体在为女性提供相关帮助或者提供女性相关话题方面，是无所作为的。其实，媒体在这方面并非无能为力，出现这样的情况最直接的原因在于传媒的制播者自身的性别意识还有待加强。

基于当前的传媒现实，媒体需要重视自身在传播男女平等价值观方面的责任与影响力，努力做到以下几点：首先，加强媒介管理者、制播者的性别意识与性别敏感度；其次，加强媒介内容中对性别议题的议程设置，提升性别议题在新闻报道中的重要度和呈现率；最后，消除媒介内容中对男女角色的陈规定型，凸显男女两性的社会贡献，尤其是消除男高女低的刻板印象，肯定女性的能力与影响力。

## 参考文献


[1] 丁娟：《男女平等价值观的概念解析及主流化》，《妇女研究论丛》2014年第3期。

[2] 刘晓辉：《男女平等价值观的理论内涵和建构》，《妇女研究论丛》2014年第3期。

[3]〔法〕R. A. 巴伦、D. 伯恩：《社会心理学》，黄敏儿、王飞雪等译，华东师范大学出版社，2004。

[4] 马锦华：《性别刻板印象与性别教育》，《教育评论》2000年第6期。

[5] 谭琳：《男女平等的理论内涵与社会推动：基于中国现实的讨论》，《妇女研究论丛》2002年第11期。

[6] 冯媛：《女性在新闻中的存在——关于八家主导报纸新闻版新闻的研究报告》，《浙江学刊》1998年第2期。

# B.19

# 中央人民广播电台音乐之声全天商业广告“性别敏感指标”监测报告

王睿智　白　岩*

**摘　要：** 本报告以联合国教科文组织2012年发布的“媒体性别敏感指标”（GSIM）为研究工具，对中国最权威的音乐类广播频率——中央人民广播电台音乐之声2014年6月6日全天播出的商业广告进行监测。并从“样本中男女声所占比例”、“广告样本中表现出坚定自信的男女声比例”“样本中扮演不同角色的性别比例”“自然性别刻板化”等四个方面对样本进行定量分析，并对结论进行了详细阐述。除此之外，对全天时段的广告中男女声比例失衡和性别刻板化呈现进行了定性研究。

**关键词：** 音乐之声　性别敏感指标　广播　商业广告

## 一　研究背景

本报告以中央人民广播电台音乐之声2014年6月6日全天播出的商业广告为分析样本，以女权主义与社会性别理论为基本理论，以定性和定量分析为基本研究方法，以联合国教科文组织2012年发布的“媒体性别敏感指标”（GSIM）为研究工具，对中央人民广播电台音乐之声2014年6月6日全天刊

---

* 王睿智，中国传媒大学播音主持艺术学院广播电视艺术学硕士研究生，主要研究方向为广播电视语言艺术。白岩，中国传媒大学播音主持艺术学院广播电视艺术学硕士研究生，主要研究方向为广播电视语言艺术。

播的商业广告进行性别敏感指标的监测。鉴于广播本身的媒介特性，笔者将从“媒体性别敏感指标”（GSIM）中有选择性地选出部分指标对样本进行监测分析。并将监测结果所反映的问题进行阐释。

## （一）样本概述

### 1. 样本的选择

中央人民广播电台音乐之声是唯一一家全面覆盖中国52座城市和地区的文艺类广播。作为国家级媒体，它的受众超过3.4亿人，受众主要是20岁到40岁的具有高学历、高收入、高消费特征的人群。其定位是做全球最专业的华语流行音乐电台。所以选择音乐之声全天播出广告作为监测样本具有一定的典型性和代表性。

### 2. 样本的数量

本报告以2014年6月6日中央人民广播电台音乐之声全天（6：00～24：00）播放的商业广告（不含公益广告和新歌推荐）为监测对象，共采集广告样本318条（包含重复），全部广告累计时长（包含重复）为4944秒（1小时22分24秒）。①

其中由男声配音的广告为55条，若将重复计算在内为195条，重复累计时长为3105秒（51分钟45秒）；由女声配音的广告为30条，若将重复计算在内为96条，重复累计时长为1199秒（19分钟59秒）；由男女声配合配音的广告为27条（包含重复），累计时长为640秒（10分40秒）。

为确保样本的权威性和代表性，笔者选取了中国最具影响力的国家音乐电台：中央人民广播电台音乐之声。同时为力求样本的全面，笔者特选取了6月6日全天播出的商业广告作为监测对象。

## （二）基本理论与研究方法

### 1. 基本理论：女权主义与社会性别理论

社会文化构建起来一套强加于男女的不同看法，由此所形成的“刻板印

① 实际广告播出时长有时会与标准广告时长有小于1秒钟的误差，如标准时长为15秒的广告，实际播出时长有可能是14.4秒，两个累加后可能为28.8秒，不为30秒。考虑到这种误差较微小且难以精确计算，本报告均以标准时长来计算累计时长。

象”束缚着个体的发展。在女权主义与社会性别的理论框架中，强化社会性别意识、弱化模式化的性别观念是其重要的实践方向。在当代的社会性别意识构建中，媒介对此有着重要的作用。因此，媒介的性别敏感度尤为重要，用一定的指数加以衡量可以对此加以量化，从而更好地监测媒介的性别敏感意识。

2. 研究方法：定量分析与定性分析

定量研究主要基于对全天广播时段出现的广告配音中男女声音的统计，着重从数据量化分析男女性别比例，以及各自承担的性别角色所占的比重，并进行统计归纳。

定性分析建立在定量分析的基础之上，利用媒介性别敏感指数对数据进行更有方向性的分析，并提出问题。

在本报告中，我们将对具体的样本数据进行定量研究。而对于定量研究反映的一些有代表性的问题和现象，我们将结合具体案例进行定性研究。

3. 研究工具：“媒体性别敏感指标”

本报告使用的研究工具是联合国教科文组织 2012 年发布的“媒体性别敏感指标”（GSIM），中国传媒大学媒介与女性研究中心 2013 年将其译为中文并于 2014 年 4 月正式发布。“媒体性别敏感指标”是联合国教科文组织与国际新闻工作者联合会以及其他合作伙伴合作详细制定的旨在衡量媒体运行和媒体内容中性别敏感程度的指标框架。“这些性别指标的一个最根本的意图就是使所有自由和独立的媒体有效地评估自身性别敏感响应能力。”①

该指标分为两大类，类别 A：促进媒介组织内部性别平等的行动；类别 B：媒介内容中的性别描绘。其中，B 类指标分为两类，B1 新闻与时事，B2 广告。“对于性别敏感指标这个工具的运用最重要的是要根据情况而定”②。本报告的研究对象为广播广告中的性别描绘，因此主要依据 B2 类指标对样本进行监测。

在本次的研究中，结合中央人民广播电台音乐之声广播的商业广告的实际特点，本报告选择以下几个指标进行分析（见表 1）。

① http：//unesdoc. unesco. org/images/0021/002178/217831C. pdf.

② http：//unesdoc. unesco. org/images/0021/002178/217831C. pdf.

表1　本报告监测的媒体性别敏感指标

| 编号 | 性别敏感指标 |
|---|---|
| 1 | 广告中的男女比例(声音) |
| 2 | 广告中表现出坚定自信而不是被动消极的男女比例(声音) |
| 3 | 广告中分别扮演以下角色的男女比例:专家/顾问,消息灵通的/聪明的/清醒的/谨慎的消费者,无知的/轻信的/顺从的消费者,装饰性的道具(此指标的计算方法为男声/女声表现出坚定自信的广告数量分别除以男声/女声配音总的广告数量,得出的百分比) |
| 4 | 将自然的性别角色刻板化的、不同类别产品广告中的男女比例[例如,与烹饪和清洁相联系的家庭产品,食物,饮料(含酒精的/不含酒精的),美容和保健产品,儿童产品,电子产品,汽车,运动装备/配件]等 |
| 5 | 将性别角色刻板化,或者将性别角色自然化的服务或活动广告类型中的男女比例(例如旅行或休闲、酒店、教育、健康、育儿、电信、银行或投资、房地产、体育赛事) |
| 6 | 描绘微妙刻板印象的广告比例(即那些强调传统“女性气质”/“男性气概”的特性和男性/女性角色的刻板印象,它们使这些特性显得正常和不可避免) |
| 7 | 包含对男性和女性的多维表现/描绘的广告的比例(这是对性别刻板印象和其他形式的性别歧视表现的创造性挑战和反对) |

鉴于广播媒介独有的特性，以上列出的这些分析指标，在下文的定量分析中我们将涉及一部分，而剩余指标在定性分析中会有所提及。

## 二　样本定量研究

鉴于广播媒介的特性，以下笔者将从“媒体性别敏感指标”（GSIM）中选择“广告中男女声音的比例”“广告中表现出坚定自信而不是被动消极的男女比例”“广告中扮演不同角色的性别比例”“将对自然性别角色进行刻板化表现”这四个指标来对样本进行考察。因为部分广告存在重复播出的情况，所以我们在做数据统计时，对重复播出和不重复播出均会做相应的统计。

### （一）广告中男女声音的比例

#### 1. 描述指标

广告中男声配音和女声配音的比例。

2. 指标分析

中央人民广播电台音乐之声 2014 年 6 月 6 日 6：00 到 24：00，共计播放商业广告 96 条，其中男声配音员 55 条，女声配音员 30 条，男女声配音员合配 11 条。男女声配音员所占比例如图 1 所示。

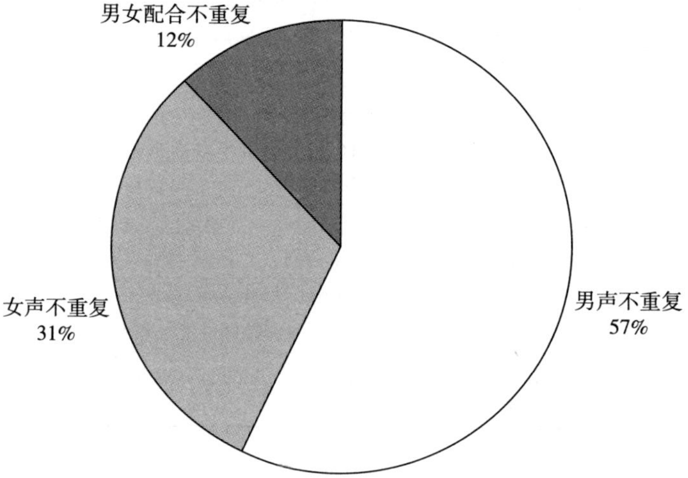


**图 1　男女声配音广告数量占全天广告总数量比例（不含重复）**

如果包含重复的广告，6：00 到 24：00 全天时段的广告共计 318 条，其中男声配音员 195 条，女声 96 条，男女声配音员合配 27 条。在包含重复播出广告的情况下，男女声在全天广告中所占的比例如图 2 所示。

每则广告的播出时间和相应的播出次数相乘，可得出全天商业广告的播出时长为 4944 秒。其中男声配音员的时长为 3105 秒，女声配音员的时长为 1199 秒，男女声配音员合作的商业广告时长为 640 秒。三者分别所占的比例如图 3 所示。

为了反映在线性时间广告传播过程中，男声女声所占比例的变化和走向，我们选取了广告比较密集的早高峰（6：00～9：00）和晚高峰（16：00～19：00）时段，对广告中男女声的比例进行了分析比较，见图 4、图 5。

通过以上数据不难看出，在中央人民广播电台音乐之声 6：00 到 24：00 的全天广告时段中，无论是从数量（包括重复和不重复）、整体的时长，还是

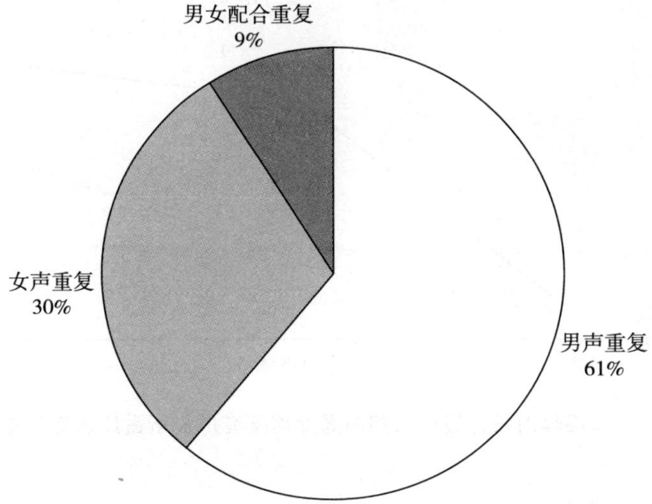


**图 2　男女声配音广告数量占全天广告总数量比例（包含重复）**

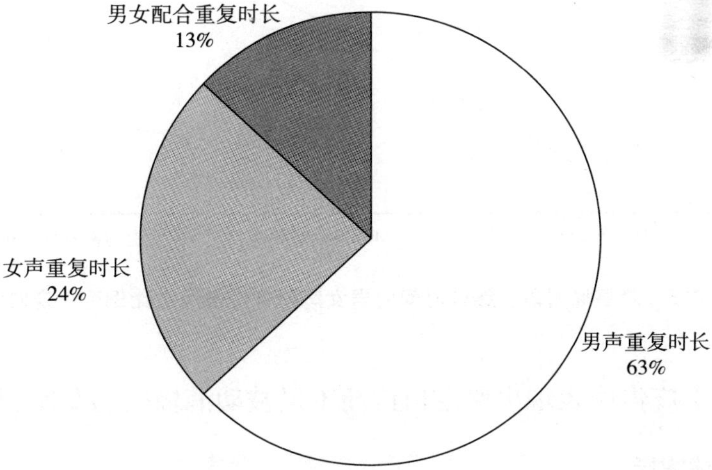


**图 3　男女声配音广告时长所占全天广告总时长比例（包含重复）**

从早晚高峰的线性时间变化上，男性的声音要远远多于女性的声音。由此可见中央人民广播电台音乐之声在广告声音的呈现上存在性别失衡，且男性声音约为女性声音的 2 倍。

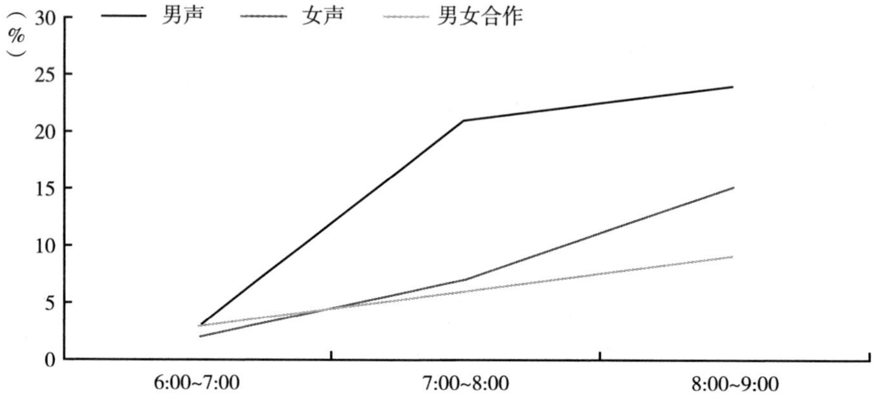


**图 4　早高峰时段，线性时间内男女声配音广告所占比例变化走向**

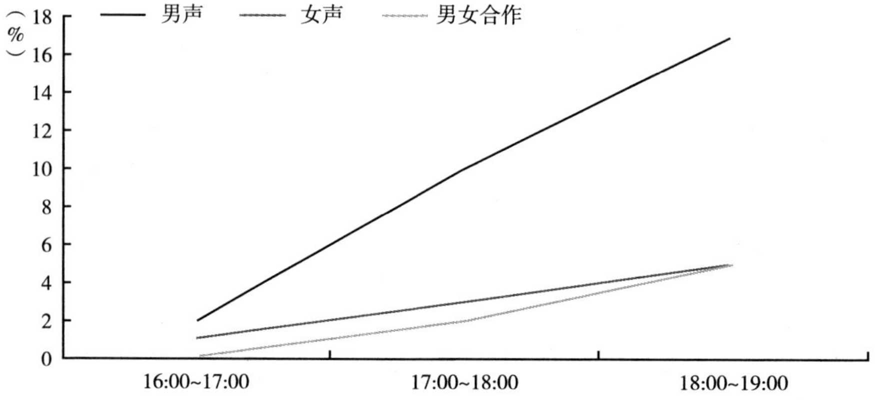


**图 5　晚高峰时段，线性时间内男女声配音广告所占比例变化走向**

## （二）广告中表现出坚定自信而不是被动消极的男女比例

### 1. 描述指标

广告中，不同角色的外在性格体现有所不同，这取决于声音角色本身的内容以及语气的差异，该指标侧重分析坚定自信的声音比例，用以分析广播广告的声音对性别气质的描绘。

### 2. 指标分析

通过对研究样本进行筛选，其中男性在广告中表现出的自信坚定的广告为

15 条，女性为 11 条；如果把重复播出的广告也计算在内，男性表现出的自信坚定的广告共计 63 条，女性为 40 条。我们把广告中男性表现出坚定自信的广告数量除以男声配音的广告总数量，进而得出相应的男性坚定自信指数。同样的方法可以计算出女性的坚定自信指数，见图 6。

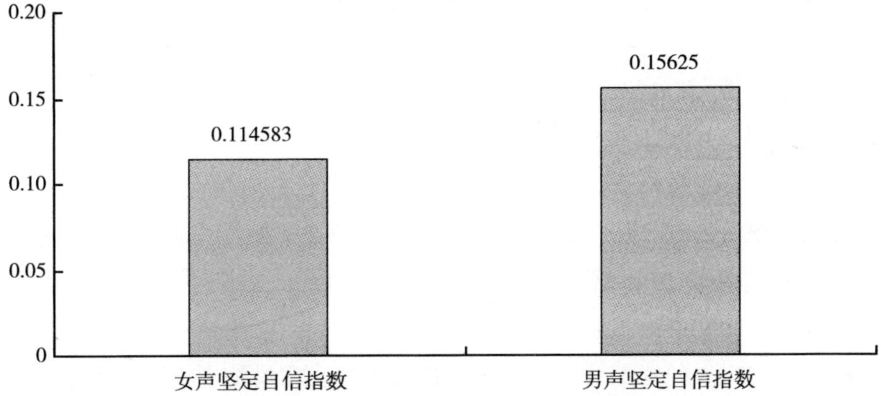


**图 6　全天广告中男女声坚定自信指数比较**

如果包含重复，男女声坚定自信指数的比较如图 7 所示。

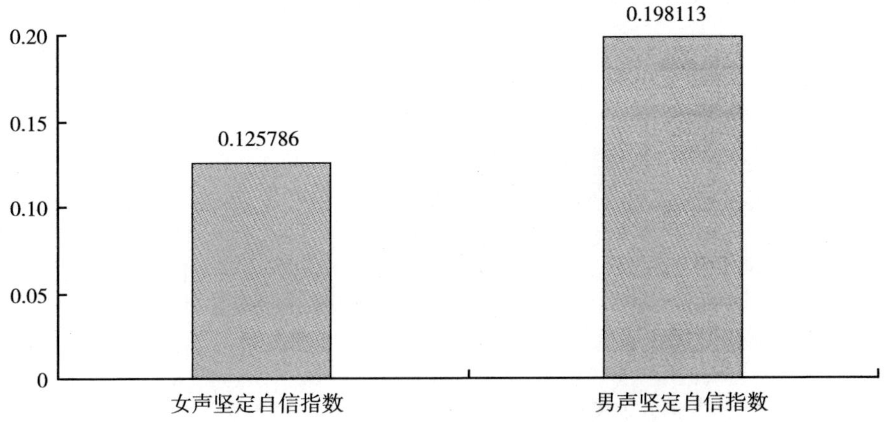


**图 7　全天广告中男女声坚定自信指数比较**

从图 6、图 7 可以看出，在全天的广告时段中，无论是否计算重复播出的广告，男性所呈现出的坚定自信的指数均要高于女性。

### （三）广告中扮演不同角色的性别比例

1. 描述指标

该指标着重从广告中分别扮演以下三个角色的男女比例入手：专家/顾问；消息灵通的/聪明的/清醒的/谨慎的消费者；无知的/轻信的/顺从的消费者。

2. 指标分析

（1）扮演专家顾问角色男女比例

通过对样本进行筛选，男性扮演专家/顾问角色的有 10 条，若把重复播出的广告计算在内为 34 条；女性在全天的商业广告中扮演专家/顾问角色的有 11 条，若将重复播出的广告计算在内有 31 条。为了进一步分析男性和女性在全天的商业广告中扮演专家顾问角色的比例，我们将在广告中表现出专家顾问角色的男女声广告的样本分别提取出来进行统计。将扮演专家顾问角色的女声配音广告的样本数量除以女声配音的总广告数量，得出相应百分比，为女性扮演专家顾问的比例。用同样的方法计算出广告中男性扮演专家顾问角色的比例。如图 8、图 9 所示。

若包含重复播出，得出的数据如图 10 和图 11 所示。

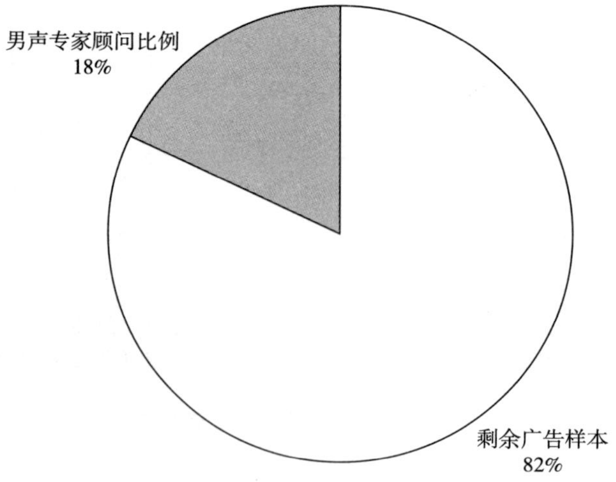


**图 8　全天广告中扮演专家顾问角色的男性比例（不包含重复）**

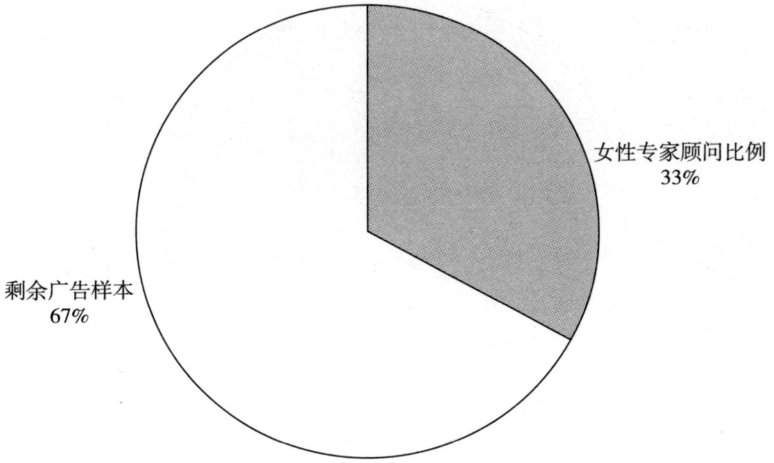


**图9　全天广告中扮演专家顾问角色的女性比例（不包含重复）**

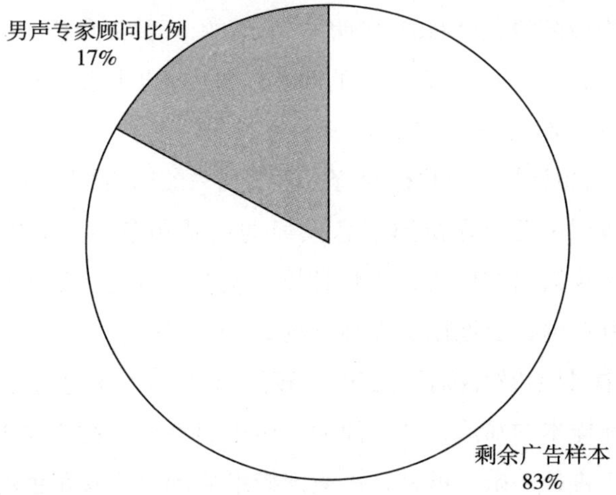


**图10　全天广告中扮演专家顾问角色的男性比例（包含重复）**

从总的广告样本中抽取出来的男性和女性在扮演专家顾问角色的广告数量上几乎持平。我们通过具体分析男性和女性扮演专家顾问角色分别在相应的男声和女声配音总的广告数量中所占的比例，发现无论是包含重复还是不包含重复，女性扮演专家顾问角色的比例几乎高出男性的一倍左右。由此可见，广告

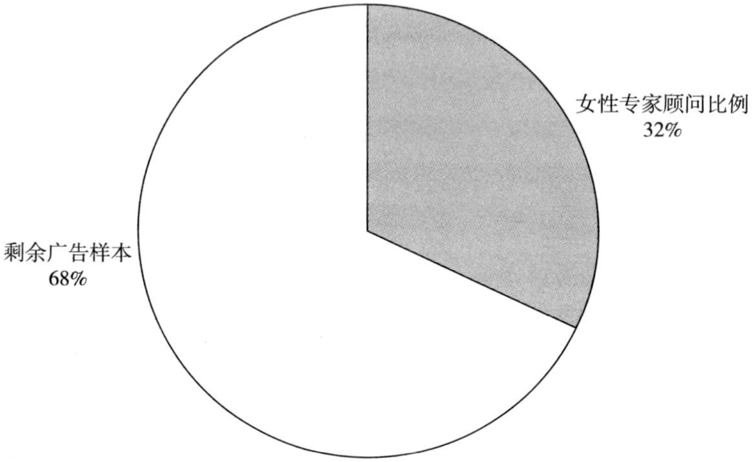


**图 11　全天广告中扮演专家顾问角色的女性比例（包含重复）**

商更喜欢用女性来扮演广告中的专家顾问角色。

（2）广告中扮演消息灵通的/聪明的/清醒的/谨慎的角色的男女比例

通过对目标样本的筛选，在全天的商业广告中，男性扮演以上角色的广告共有 17 条，包含重复播出的广告共计 86 条；女性扮演以上角色的广告共有 6 条，若将重复播出的广告也计算在内共有 24 条。两者所占的比例如图 12 至图 15 所示。

通过上述数据可看出在扮演消息灵通的消费角色时，男性比女性的比例高。若不包含重复播出的广告，男性比女性高出约 11 个百分点，若把重复播出的广告也计算在内，男性比女性高出约 20 个百分点。

（3）广告中男性和女性对于无知的/轻信的/顺从的角色的扮演指数分析

通过对目标样本的筛选，全天商业广告中男性和女性扮演无知的/轻信的/顺从的角色的广告各 2 条。可见，扮演消极形象的男、女角色均较少，且比例较为均衡。

## （四）将自然的性别角色刻板化的考察

### 1. 描述指标

对于广告中存在的对于社会性别角色的刻板印象进行分析，以观察广播中所存在的性别刻板印象。

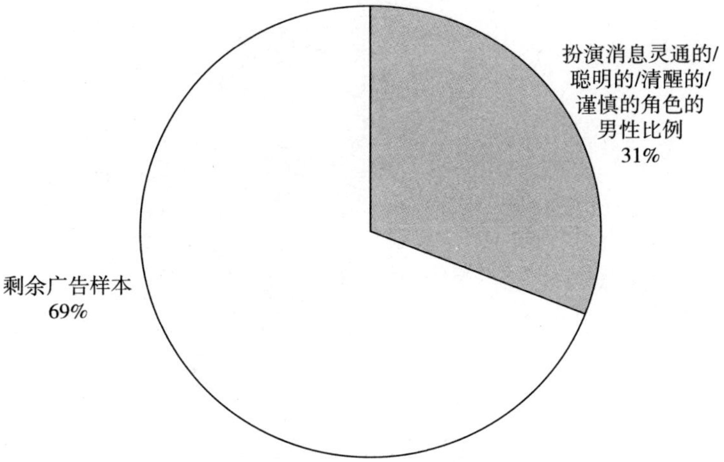


**图 12　全天广告中扮演消息灵通的/聪明的/清醒的/谨慎的角色的男性比例（不包含重复）**

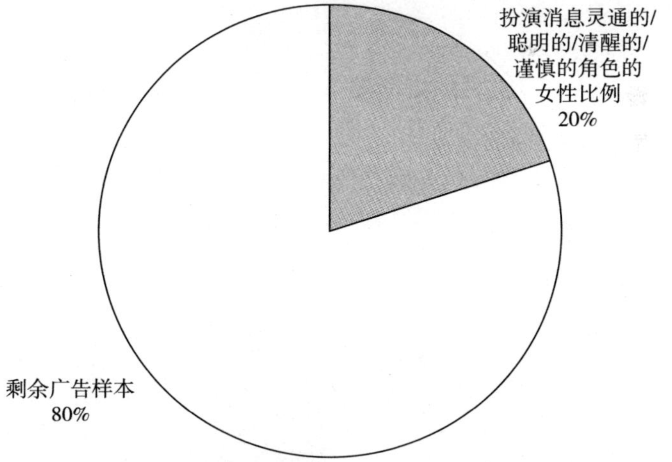


**图 13　全天广告中扮演消息灵通的/聪明的/清醒的/谨慎的角色的女性比例（不包含重复）**

2. 指标分析

本报告根据广告产品的性质，将所有广告样本分为汽车类、数码类、食品餐饮类、保健医药类、保险类、旅游出行类、居家生活类等 7 类，分别统计每个类别中男、女声音的比例，见图 16。

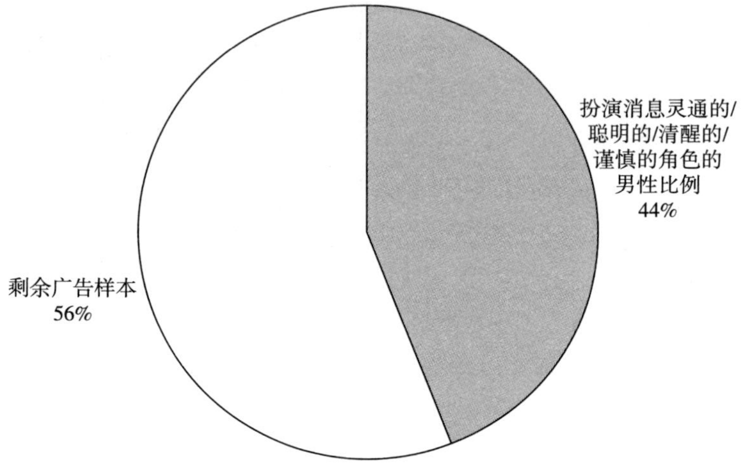


**图 14　全天广告中扮演消息灵通的/聪明的/清醒的/谨慎的角色的男性比例（包含重复）**

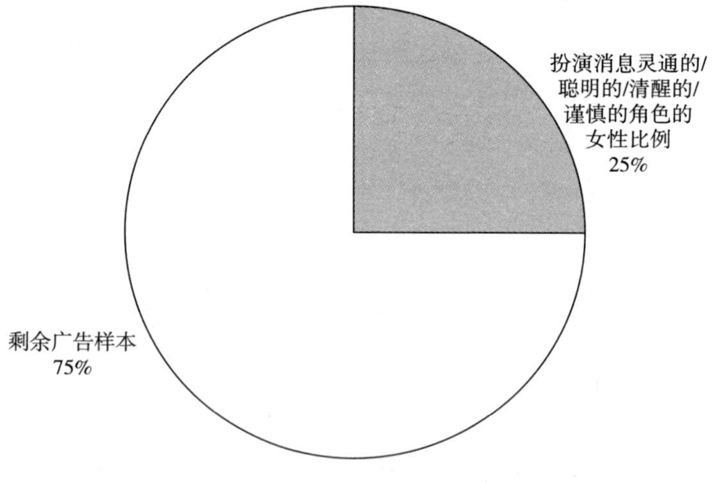


**图 15　全天广告中扮演消息灵通的/聪明的/清醒的/谨慎的角色的女性比例（包含重复）**

从图 16 中不难发现，汽车类、数码类、保险类、旅游出行类这些产品类别的广告几乎全被男声“占据”，而在保健医药类中则只有女性的声音，食品餐饮类和居家生活类的广告中，女性的声音稍多于男性。

图 17 为把重复播出的广告也计算在内所得出的比例。

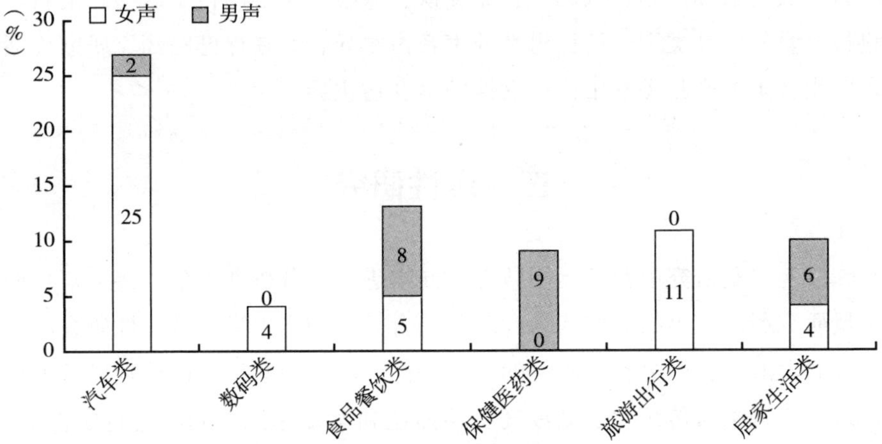


**图 16　全天广告中不同类别产品中的男女声配音广告数量对比（不包含重复）**

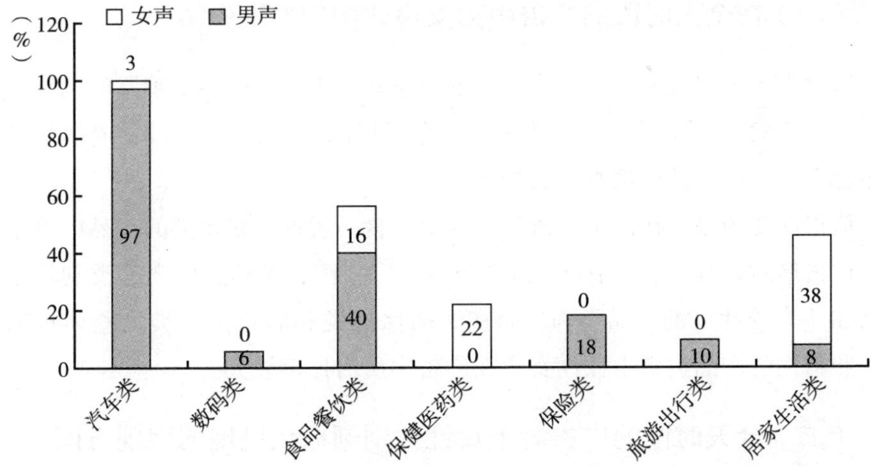


**图 17　全天广告中不同类别产品中的男女声配音广告数量对比（包含重复）**

在包含重复的统计数据中，部分单一广告样本中的男女声比例被放大了，如：在居家生活类的广告中，男声的比例只占了很小一部分；在汽车类的广告中，女声的比例也变得极小；食品餐饮类中男女声的比例发生了倒置，男声比例大于女声比例。

可见在本报告所监测的广告样本中存在对性别角色的刻板化呈现的现象，

如广告在表现诸如汽车、数码、食品餐饮、保险和旅游出行等这些高消费、具有科技含量的产品类别时往往男性的声音占主导；而在保健医药、居家生活这些家庭服务类的产品类别中往往女性的声音占主导。

## 三　定性研究

在以上定量研究中我们运用数据对样本进行了分析和考察。接下来我们将对定量研究所反映出的一些问题和现象结合具体的广告案例做定性研究。主要对全天时段的广告中男女声比例的严重失衡、广告中对于女性性别进行刻板化的呈现、广告中对传统性别刻板气质的描述和颠覆这三个问题进行定性研究。最后通过对样本的监测和分析可知，中央人民广播电台音乐之声全天的商业广告表现中某些方面存在很严重的性别失衡表现。

### （一）在全天时段的广告中男女声比例的严重失衡

这种失衡不仅表现在男女声广告的数量对比上，同时在早晚高峰的线性时间所占比例的走向和变化上以及扮演消息灵通的/聪明的/清醒的/谨慎的消费者角色上男性所占的比例都远远高于女性。

值得注意的是，在汽车、数码、保险、食品餐饮、娱乐类的产品广告中男声往往占绝对多数，甚至有些完全被男声“垄断”，显然这些产品类别均是奢侈品和“享受性”的产品类别。而在医药保健类和居家生活类这些体现服务性和照料性的产品类别中往往女声在广告中所占比例较大。

### （二）全天时段的广告对于女性性别刻板化呈现的表现方面

1. 相较于男声配音的广告，在男女声合配的广告中对女性刻板印象的表现更为严重。如“同仁堂儿童清肺口服液”的广告，是在全天广告时段中对于女性刻板印象表现最明显的一条。

女：（焦急）宝宝晚上咳嗽睡不着。

男：（郑重）快用同仁堂清肺口服液，专为儿童研制，止咳又治咳，让宝宝白天活力十足，晚上安然入睡。

女：宝宝安静，妈妈安心，同仁堂儿童清肺口服液。

该广告中，女声只起到了提出问题的作用，同时语气中有一丝焦急。最终男声郑重地给出了答案，解决了问题。这显然是对女性没有主见这种刻板印象的描绘。而在女声单一配音的广告中，并没有发现如此明显的女性性别刻板化的呈现。

2. 广告中男性更关注自我，而女性多关心家庭。广告中的男性一般都比较关注数码、汽车这些产品类别，而广告中的女性往往首先关注孩子的健康，其次是家居和饮食等这些方面。除了以上提到的这种男性和女性在广告中所呈现的关注重点的差异，反映男性和女性对生活的态度上也存在差异：男性似乎更注重生活品质，并乐于享受生活，而女性的精力则多放在关照家庭成员和处理日常生活琐事上。

3. 在职业方面广告中也呈现对女性的刻板印象。在能明确判断出男性广告角色职业的 14 个广告样本中，位列前三的职业分别是：明星（出现 5 次，内容多和汽车有关）、汽车车主（出现 4 次）、家庭男主人（出现 4 次）。与之相对应的 15 个女声广告样本中，排在前三位的女性职业分别是：儿童医生/健康顾问（出现 6 次）、家庭主妇（出现 4 次）、明星（出现 2 次，内容均和居家有关）、客服（出现两次，均是在男女合配的广告中；与女性客服相对应的是，男性在广告中一般扮演消费者、咨询者的角色）。

因而在广告的呈现中多数女性的职业往往是服务性的，并且她们的社会角色往往被家庭角色所掩盖，与之相对的男性职业往往消费性的、社会性的略多。

比如“中国国旅”广告。

男：想出国手续烦琐怎么办？

女：（热情亲切）选择中国国旅给你提供更全面更快捷更方便的签证服务，帮你实现说走就走的旅行。57 个城市，540 个加盟店，为你提供一对一贴心服务，现在办理美国签证，可享专人陪签取签，办理意大利签证，专享免试快速出签通道。选择中国国旅，让旅行更简单。详情咨询 4006008888。

再比如“平安车险”广告。

男：（焦急）喂喂喂，平安车险，雨太大，我的车抛锚啦。

女：（温柔亲切）根据您的位置最近的救援车已赶往现场，为您救援，请放心，无论再大风雨，平安车险都为您一路护航。

男：4008000000，平安直通车险，不止于领先。

在这则广告中，男性被塑造成了消费者的角色，而女性扮演的是服务者的形象。这样的例子在笔者监听广告的过程中并不鲜见：若遇到服务员、接线员、话务员这些服务性的角色时往往广告商会选择用女声来配音，而对于成功人士、上流人群、消费者的形象广告商往往选择男声来配音。

## （三）广告中对传统性别刻板气质的描述和颠覆

### 1. 广告对传统性别刻板气质的描述

笔者对涉及描绘微妙刻板印象的广告样本进行提取考察，着重以强调传统“女性气质”/“男性气概”的特性和男性/女性角色的刻板印象为目标对象对样本进行筛选，共统计出强调男性气概的广告6条（若计重复共23条），强调女性气质的广告6条（若计重复24条），但若和男声配音的广告总数量65条（包含重复195条）和女声广告配音的广告总数量30条（包含重复96条）相比，显然在对男性和女性刻板印象的描绘上，女性的比例要远远高于男性。由此可见，尽管媒体对于女性传统性别气质的刻板化呈现，相较于男性而言更为严重，但这种弊端也同样发生在男性主体建构中。因此社会性别研究不仅针对社会意识形态对女性主体进行性别意识建构，同样也关注男性的性别意识形态建构，推动两性的平等、和谐建构。

### 2. 广告表现中对传统男性和女性性别气质的颠覆

笔者对男性和女性的多维表现/描绘的广告样本进行提取，来考察分析广告中对于男女性别突破以往刻板印象的多位描绘。在全天的广告中并没有发现对男性多维表现的广告，但筛选出3条反映女性多维描写的广告。可见，颠覆性的社会性别意识在媒体中少量存在，但相对于女性性别刻板印象描述的广告数量而言，这种对传统性别刻板印象颠覆的广告数量整体还偏少，但这也说明改变已经开始发生。

## 四　结论

从上述的论证中不难看出，在中央人民广播电台音乐之声全天的广告呈现中，无论是数量上还是早晚高峰线性时间的变化上都存在男女声比例不均衡的现象，在具体的广告中女性也没有被充分体现。

广告再现中存在严重的性别刻板印象：常把女性和家庭主妇这样的家庭角色联系起来。而男性在广告中的塑造往往更偏向于商务人士这样的社会角色。同时在职业表现上对女性也存在刻板印象，诸如在表现服务性的职业时广告主更喜欢用女性来表现。

虽然女性占到整个人类社会人口的一半，然而“媒介并没有反映出非常容易看到的人口统计意义上性别存在的现实。媒介所反映的是主宰这个世界的主流价值观念和权力分配的‘折射’‘变形’后的结论”①。

面对上述问题，我们应该努力转变媒介工作者的社会性别理念认知，尤其要强化媒体职业女性的话语特征，从而平衡媒体的男性视角和男性媒体话语权的优势地位，同时还要提升媒介工作者对社会性别的意识敏感度，进而在实际的媒体操作层面达到性别平衡。同时应在全社会进行社会性别意识教育，并在法律、组织保障层面倡导男女平等，营造积极有利的女性发展舆论环境，进而促进媒介领域内社会性别理念的主流化。

### 参考文献

[1] 刘利群：《社会性别与媒介传播》，中国传媒大学出版社，2004，第189~190页。
[2]〔荷〕祖伦：女性主义媒介研究，曹晋、曹茂译，广西师范大学出版社，2007，第3页。
[3] 周少四：《媒介性别歧视的成因及对策》，《今传媒》2006年第9期。

① 刘利群：《社会性别与媒介传播》，中国传媒大学出版社，2004，第189~190页。

# 研究综述篇

Literature Review

# B.20 女性媒介工作者研究报告（2010～2014）

龙江楠*

摘　要：本报告通过内容分析方法，回顾和分析2010～2014年的女性媒介工作者研究领域的相关文献，总结出女性媒介工作者的研究主要集中于四个方面：去性别化的新闻专业主义成为典型、女性特质获得公领域认可、面临来自家庭和职业的双重压力、社会环境中的性别平等观念严重缺失。

关键词：女性　媒介工作者　媒介与女性

* 龙江楠，中国传媒大学传播学硕士研究生，研究方向：媒介与女性。

## 一　研究背景及方法

传播者是传播活动的起点。在大众传播中，秉承新闻专业主义理念从事新闻活动的重要传播者是媒介从业者，他们控制着传播内容，同时也受到各种社会因素的制约。

过去 20 年，中国媒体最显著的变化之一就是女性媒介工作者数量大增，基于这一现状，研究者们均对此给予极大的重视。从女性主义角度来看，女性作为传播者在数量上日益突出的优势地位，势必带来女性社会地位和作用的提升。本篇报告通过梳理研究者们关于媒介女性从业者的相关研究，从性别视角出发，整理总结出媒介中的女性传播者所面临的社会环境和现实问题，为媒介行业的女性发展提供切实可行的参考，无疑具有很好的现实意义。

报告研究文献来自于 CNKI 平台，内容类型主要包括图书、期刊、报纸、学位论文，按照“关键词或题名”组合搜索的方式搜集 2010 ~2014 年关于女性媒介工作者的相关文献。为了能够更加全面地搜集资料，本报告将“女性媒介工作者”这一研究对象细分为女性新闻工作者、女记者、女编辑、女主持人、女播音员五个部分，使得搜索到的文献范围尽可能涵盖所要研究的范围。

关于本报告研究文献的筛选标准，主要有两方面。第一，关于小说、电影、电视剧中的女性媒介工作者的相关研究不列入本报告研究对象中，如梁璐的《国产电视剧对女性新闻工作者的形象塑造》、王雅君的《从电影〈搜索〉看新闻记者的职业道德》等，因为这些研究可以归入媒介内容研究。第二，关于短讯类新闻不列入本报告研究对象中，如新华每日电讯《半岛女记者在伊朗失踪》《女委员对话女记者：让半边天发出更强音》等。因为短讯新闻基本上只是客观的新闻报道，不含有评论内容，因而较少有性别偏见等观点的融入。

## 二　女性媒介工作者研究概况

根据中华全国新闻工作者协会于 2014 年 12 月 29 日发布的《中国新闻事业发展报告》中国新闻记者男女性别比例基本持平，男性 144087 人，占

55.87%；女性113791人，占44.13%。① 相较于1995年“中国女新闻工作者在我国新闻队伍中约占三分之一”② 的情况，女性上升了10个百分点左右，成为新闻行业名副其实的“半边天”。

在众多女性纷纷加入媒体行业的浪潮下，研究者们也对此现象表现出浓厚的研究兴趣。根据上述搜索规则，笔者搜集了1333篇相关学术文献，其中期刊文献796篇、报纸文献464篇、硕博士学位论文和会议论文9篇、图书6种。而且根据近五年的研究趋势，研究者对于女性媒介工作者的关注稳中有升，这与女性在传媒领域日益增强的影响力密不可分。

本文通过对这1333篇文献内容进行分析，从女性媒介工作者的个体、群体和社会环境的角度出发，进一步探讨女性媒介工作者相关研究所面临的现状和问题。

### （一）去性别化的新闻专业主义成为典型

在众多文献中，笔者发现研究者侧重于研究明星类新闻工作者的相关职业技能和职业精神，其中，最为典型的是关于女性媒介从业者对新闻专业主义践行方面的研究。新闻专业主义起源于美国，是媒介专业人士在媒介过度商业化、煽情化的环境下提出的，是一种秉承客观、中立、专业的新闻理念。通过文献研究笔者发现，研究者们对女性媒介从业者的相关研究均是体现其客观、智慧的新闻专业主义精神和崇高无上的新闻职业理想，如《史沫特莱新闻精神研究》一文从精神价值角度切入研究，认为史沫特莱新闻精神主要由高度的社会责任感、追求自由独立的精神、追求真实的理性精神、维护社会正义的精神、人文关怀精神五个方面构成，其精神对当代新闻工作者也具有很好的启迪、教育作用。③ 笔者认为其研究视角尚未脱离传统去性别化或无性别化的研究框架，属于将已存在的新闻专业主义理论应用于女性新闻工作者的实证研究的范畴，即无论史沫特莱是男性还是女性，都可以套用新闻专业主义理论、秉

① 中华全国新闻工作者协会：《中国新闻事业发展报告》，http：//www.xinhuanet.com/zgjx/cmyj.htm，2014年12月。

② 中华全国新闻工作者协会：《中国女新闻工作者现状与发展调查报告》，《新闻与传播研究》1995年第2期。

③ 周维：《史沫特莱新闻精神研究》，硕士学位论文，湘潭大学，2013。

承客观中立的理念进行研究，只是在新闻专业主义的框架下，以往的分析对象是男性新闻工作者，而现在的研究对象变为女性新闻工作者，并非从女性视角切入探讨新闻专业主义对女性新闻从业人员的影响和存在的问题。

另外，对于新闻专业主义框架下历史中的女性新闻工作者的研究，研究者往往从女性视角切入，观察和探讨女性新闻从业者的职业理想与问题，但其分析还停留在反封建的新女性形象的范畴，缺乏女性面临的职业困境与新闻专业主义的矛盾等微观层面的研究，只是强调社会环境宏观层面因素与新女性的职业的关联。如在《1927～1937年的女新闻工作者研究》一文中，研究者强调女性突破男尊女卑、男外女内的封建藩篱，以新闻报道为职业目标，通过客观、专业的新闻报道，为妇女解放的伟大事业做出贡献，展现关注国家命运和民生疾苦的新女性形象。

综上所述，对于女性新闻工作者的新闻专业主义研究，研究者们普遍采用去性别化的方式，即以原有的新闻工作研究为框架，套用传统去性别化的研究模式，只是研究对象由男性新闻工作者变为女性新闻工作者，而并未从性别视角切入探讨女性新闻工作者在新闻实践中的影响和所面临的问题。

### （二）女性特质获得公领域认可

媒介中的女性工作者是具有鲜明特征的一个群体，她们既有记者的公共属性特征，又有女性特质这一私人属性特征，那么学术界是如何看待和评价公私混合的女性媒介工作者这一群体呢？

首先，许多研究是站在记者“公领域”的角度去规训女记者，强调其如何改善自身女性“私领域”特质来获得更好的发展，这是以一种去性别化的方式使其进入公领域，从而获得被认可的公权力。如《如何看待女性新闻工作者的快速增长》一文认为随着女性媒介从业者数量的增加，要想其在职业上拥有良好发展，就要突破三大“禁区”——消除性别差异禁区、打破报道领域禁区、突破女性生理禁区。

其次，也有不少研究是在肯定女性特质的理念下，企图阐释如何通过正确运用女性优势避免女性劣势来获得更好的职业发展。如《论访谈节目中女主持人的特性》一文阐述了女主持人具有女性化语言的私有化、善用肢体语言、乐于倾听这三大特点，同时指出其知识储备不足、先入为主等负面因素，揭示了女主持人的职场优劣势因素。

另外，还有学者通过个案分析方法，具体阐述男性和女性媒介工作者在公领域的实践情况。如《浅谈女性新闻工作者的优势利用——以柴静为例》认为女性新闻工作者在新闻从业中的优势主要体现在容易接近被访者、建立平等信任关系，感情细腻、注意细节，关注弱势群体、注重人文关怀等几个方面。[①] 并指出女性在处理事情时比男性更容易感性、从身体条件上讲女性通常比男性柔弱娇小，然而强大的勇气和坚定的新闻理想使其劣势变得微不足道。

总体来说，研究者对于女性媒介从业者的研究采用传统的女性特质与男性特质的二元对立的研究框架，通过展现女性媒介工作者将柔弱、感性的女性特质带入职场，并对职业发展产生有效作用，肯定女性特质带来的积极意义，然后与刚强、理性的男性特质进行对比，并提出女性特质的不足与改进方法，从而更好地为职业发展服务。很明显，此类研究采用“突出—完善”女性性别特质的方式，以达到对女性媒介工作者的职业历程进行规训的目的。尽管许多研究均鼓励女性特质在公领域方面的积极融合，但是这只是名义上肯定女性特质的社会化功能，而实际上还是以男性话语体系来建构女性规范，其规训方式仍然处于男性思维框架下。

### （三）面临来自家庭和职业的双重压力

由于传统性别观念和自身性别特质因素的影响，媒介组织中的女性工作者往往面临来自家庭和职业的双重压力，其实两者并不是各自独立的，而是相互影响、相互作用的，以至于成为影响女性人生的重要力量。为了具体了解新闻工作者职业压力的现状和特点，部分学者也对其展开调查。如在《新闻工作者的职业压力现状》一文中，作者对大连和沈阳地区的367名新闻工作者进行问卷调查，其中性别方面的调查结果显示，男性新闻工作者职业压力大于女性。[②] 具体来看，此次调查因素包括男女在个体因素、组织特征、人际关系、社会评价、工作特征、工作负荷六大方面，此次职业压力的调查忽略了家庭因素对媒介工作者的影响，从结果看（男 $1.99 \pm 0.84 >$ 女 $1.75 \pm 0.86$），男性以

① 刘品初：《浅谈女性新闻工作者的优势利用——以柴静为例》，《新闻世界》2014年第9期。

② 王馨竹、常若松：《新闻工作者的职业压力现状》，《中国健康心理学杂志》2014年第4期。

微弱优势高于女性，如果加入家庭因素，其最终结果将很有可能出现差异。

与宏观量化调查相反的是，有关女性媒介工作者的家庭对工作的影响的问题，学界与业界都高度关注。如《女记者肩挑两副担》一文讲述了一个军事记者既要做好母职和妻职，又要做好新闻工作的现状，揭示了其“一半是海水，一半是火焰”的艰难生活。《话说“女记者之难”》一文阐述了女记者在私人领域“最难嫁”和公共领域“压力大”两方面的现实，得出女性走出家门进入社会的夹缝生存之难。《女记者的乐和忧》则从建设性意见的角度指出改善女记者的生存环境迫在眉睫，要做到为新闻人建立职业保障制度、加强业务培训、增强新闻透明度这三方面，更好地促进女记者职业发展。《女记者的幸与不幸》一文阐述了女记者天生敏感、语言表达能力强、认真细心和富有激情的职业优势特征，但作者认为女记者还没有成为真正的“半边天”，这需要政策调整。

而关于女性媒介工作者职业方面研究与报道也很丰富，如《当女记者遭遇暴力》一文通过客观描述记者因遭受暴力而引发的纠纷事件，从而得出记者在报道中有失专业水准和批评媒体同行选择性忽略记者错误的“一边倒”的袒护行为。《女新闻工作者与职业倦怠》一文分析了女新闻工作者容易产生职业倦怠的根源，提出了消除女新闻工作者职业倦怠的解决途径，为引导女新闻工作者有效管理自己的情绪献计献策。《女编辑的职业倦怠及其有效干预》一文阐述了女编辑职业倦怠的主要表现是个人成就感降低、为人处世失败感增强和对职业意义产生怀疑，并分析工作倦怠的社会和个人两方面的影响因素，为女编辑职业倦怠的有效干预提出个人和组织两方面的建议。

学者们不仅探讨社会性别不平等的观念给女性带来有异于男性的压力问题，而且还关注女性媒介工作者的心理健康问题，如《谈女编辑的心理健康问题》一文讲述女编辑烦琐、紧张的工作引发的心理健康问题，提出关爱自己、改善心境的解决方案。《女记者亟须心理健康教育》一文简述了女记者形成心理障碍有诸多原因，如体力过度透支、敏感易激惹，认为女记者身心健康与严苛的考核机制相关，并给出营造良好的人文环境、举行团队拓展活动、开展心理咨询等心理健康教育的实施途径。《女性新闻工作者的心理困境与消解》一文则指出新闻生产场域中的性别刻板印象和话语困境以及双重压力下的角色困扰，以此提倡在媒介机构中建立新型性别角色的观念。《女性新闻工作者心理健康状况调查——基于北京电视媒体一线采编的实证研究》一文则通过问卷调查法的方式，总结出女性新闻工作者的社会支持显著较低，而记者比编辑、编辑中的中层管理者更容易产生心理健康问题，职业因素、新闻机构制度因素和新闻工作者个体因素对心理健康产生影响。

总体来讲，研究者指出女性媒介从业者遭受职业怠倦的原因是，相较于男性，女性体力与脑力的双重付出更多；并指出女性个体、家庭和社会对其产生的压力与影响的根源在于社会性别观念的缺失，女性新闻工作者在当下行业环境中的状态、工作中所面临的诸多歧视和偏见等方面是造成男女不平等困境局面的深层次原因。① 此类研究在问题根源上分析很透彻，但是在对策和应对方案上并无太多建设性意见，也就更谈不上批判性的认识和研究。

## （四）社会环境中的性别平等观念严重缺失

据《中国新闻业年度观察报告 2014》显示，目前全国新闻从业者中女性数量已经超过男性，占比高达 51.5%。② 对于如此庞大比例的女性从业者群体，很多关于“新闻业女性化”的论调渐高，认同女性在新闻行业的职业地位升高，成为职场中真正意义上的“半边天”。

然而《令人诧异的“大实话”》则一举击破“半边天”的乐观狂欢，其认为新闻业乐于雇用女新闻人，并不是因为她们更专业，更适合新闻业，而是因为“女记者可以问傻问题”，此种观念更是充满着性别成见。《对媒体商业化环境下“新闻业女性化”的质疑》一文则对市场化带来新闻业女性化的论断提出质疑，其基于对广州、深圳、成都、长沙四地 30 多名记者的深度访谈所得材料，认为市场化不但没有带来新闻业的女性化，甚至相反，使得新闻业性别不平等的问题趋于严重。这既体现在不公正的劳动合同与薪酬制度、女性和工会组织的“去功能化”等方面，更体现在日常性别化的新闻工作室环境中。③

比起前两者的绝对乐观和悲观论调，笔者认为应该通过实证研究方式来推

---

① 胡大海：《传媒行业中性别平等意识的缺失与重建》，《新闻传播》2011 年第 10 期。
② 彭文卓：《女性新闻人：坚守背后是情怀》，《工人日报》2014 年 11 月 11 日第 6 版。
③ 王海燕：《对媒体商业化环境下“新闻业女性化”的质疑》，《新闻记者》2012 年第 12 期。

动建设性的意见和发展，例如通过对女性新闻工作者的职业现状进行调查，分析其在职业安全与职业保障、职业设计与职业理想、职业技术与技能、身心状况、男女两性关系等方面的具体情况，并通过政策制定、社会关注等方式来解决女性新闻工作者职业问题，从而推动性别平等观念成为社会共识。

## 三 总结与展望

通过上述分析得知，学术界的研究重点主要集中于两方面：其一，媒介女性工作者在新闻活动中如何运用女性特质更好地服务于工作，并且如何应对职业中的压力与困境；其二，媒介女性工作者进入公领域后的社会性别与生理性别之间的矛盾，以及社会环境中的性别观念对其产生的影响。

从内容分析角度来看，笔者认为此领域研究并未加入女性主义理念，至少没有完全从父权制的意识形态中脱离出来，只是阐述占据新闻领域“半边天”的女性数量上的优势地位，并未深究其话语权的劣势地位等现实问题，而且也较少探讨这一问题所存在的性别偏见的来源和危害。女性主义媒介研究认为，男权主义和男权意识形态在社会各个领域仍处于主导地位，只有推翻这种以男性为中心的话语优势地位，才有可能实现性别平等。这对于研究者而言也是如此，学界研究往往以男性视角为主，比如有大量研究文献强调和讨论女性特质在新闻活动中如何运用问题，此类问题在强化女性特质和男性特质方面的绝对差异，这是男权思维方式的典型特征。正如波伏娃所认为的，“女人是被造就的”，社会以性别特质来划分男性和女性，将客观、中立赋予男性，将情绪、柔美赋予女性，大量文献在研究媒介女性从业者如何运用所谓的女性特质产生职场优势的时候，就已经陷入了以男权主导思维所建构性别偏见的陷阱中，此类研究说明了媒介女性研究领域仍然处于传统性别观念支配下，尚缺乏女性主义和社会性别视角的融入。

近五年来，有关女性媒介工作者的量化调查屈指可数，有的只是凤毛麟角的区域性调查，如上海市新闻工作者协会女记者工作委员会实施完成的《2013年上海市女性新闻工作者调查报告》，通过对上海35家新闻单位女性新闻工作者的调查，发现女性新闻工作者的现状、优势、困境和机遇方面所表现出来的新特点，企图引起社会关于这一群体的普遍关注。再如罗璇在《上海女性体育新闻工作者职业现状的调查》中，对上海 14 家大众媒体中的体育类女性媒介工作者进行问卷调查，研究分析了其在职业安全与职业保障、职业设计与职业理想、职业技术与技能、身心状况、男女两性关系等方面的具体情况。① 在规模性的调查分析十分欠缺的前提下，有关女性媒介工作者的相关小问题讨论却十分丰富，这在上文中关于女记者、女编辑、女主持人和女播音员的研究中已经有所反映。笔者无意主张宏观调查分析要优于微观问题分析，而是主张社会要对媒介行业态势有整体性的认识，通过由整体向局部逐步认识，我们才能在掌握大方向的基础上实现全面细致的研究。而且由于缺乏全国性的量化调查报告，许多研究的数据引用来源时间相对久远，缺乏新近的数据引用，这对研究领域的问题分析产生了很大的障碍。总之，无论业界还是学界，对女性媒介从业人员这一特定群体都缺乏整体性的认识，这一现状需要社会重要研究机构给予高度重视。

最后，笔者认为媒介领域的研究者们对于新兴的网络女性新闻工作者的关注过少，大多数的研究对象还停留在传统媒体中的女性新闻工作者状况研究。首先，笔者认为网络媒体在工作性质、内容上与传统媒体有很大的区别，尤其在全媒体时代，新媒体从业者往往身兼数职，所面临的职场挑战更加严峻，而且 24 小时不间断等工作方式也在很大程度上改变着女性新闻从业者的生存状态和生活态度，这些变化都会带来新的职场困境。其次，笔者认为学术界对网络女性新闻工作者并未给予重视。随着互联网的兴起，网络女性新闻工作者在数量上的优势不容忽视。根据中国互联网络信息中心（CNNIC）2014 年 1 月发布的调查数据，网络新闻是网民排名第二的网络应用（仅次于即时通信），使用比例达到 79.6%（超过 4.9 亿人）；身处网络新闻背后的是一个庞大的从业群体——网络新闻从业者，据估算，该群体目前人数近 300 万，远超传统媒体的新闻从业人数。② 而网络新闻从业者以女性为主，其比例达到 59.5%，男性为 40.5%。尽管已经存在如此庞大规模的网络女性新闻从业者群体，但是她们目前并未成为学术界主要的研究对象之一，她们作为女性媒介工作者的重要组成部分被边缘化，或者说对于她们的

① 罗璇：《上海女性体育新闻工作者职业现状的调查》，《科研体育》2010 年第 10 期。

② 张志安：《中国新闻业年度观察报告 2014》，人民日报出版社，2014。

研究还处于萌芽阶段，所以今后新媒体中的女性新闻从业者将是研究者们的关注点之一。

## 参考文献


［1］卜卫：《媒介与性别》，江苏人民出版社，2001。

［2］卜卫：《中国大陆媒介与性别/妇女研究回顾与分析》，《新闻与传播研究》2006 年第 4 期。

［3］曹晋：《媒介与社会性别研究：理论与实例》，上海三联书店，2008。

［4］〔荷〕凡·祖仑：《女性主义媒介研究》，曹晋、曹茂译，广西师范大学出版社，2007。

［5］郭庆光：《传播学教程》，中国人民大学出版社，2007。

［6］刘利群：《社会性别与媒介传播》，中国传媒大学出版社，2004。

［7］张志安、沈菲：《中国调查记者行业生态报告》，《现代传播》2011 年第 10 期。

# B.21 热点性别事件报道分析研究综述

张天煜*

摘　要：本文依据“中国妇女报”“网易女人”等与女性相关联的大众媒介对性别议题报道的排名，在中国知网上搜索 2013 ~ 2014 年发表的有关媒介与性别研究的文献并进行了统计和梳理，筛选出 2013 ~ 2014 年较为突出的四个热点性别议题。通过对这四个性别议题的研究成果的观点分类，本文发现从新闻传播角度对性别议题进行分析的文章大部分缺乏性别视角和意识。最后，本文总结了这些文章的特点：新闻传播角度学术文章总数比例较低；学术文章中女性刻板印象仍然存在；女性主体声音缺失；媒介关注阶层矛盾胜于性别矛盾；媒介报道中女性形象常被利用。本文进而呼吁更多学者加强媒介与性别研究。

关键词：中国知网　热点性别事件　媒介与性别

## 一　性别议题研究文献入选原因

本文参照了《中国妇女报》“2013 年十大女性新闻”、“2014 年十大女性新闻”；《光明日报》“2013 年度性别平等十大新闻事件”、“2014 年度性别平等十大新闻事件”；网易女人“2014 年两会性别议题点评”；北京林业大学性与性别研究所召集 10 余名中青年性与性别学者和社会活动家共同参与评选的

* 张天煜，中国传媒大学传播学专业硕士研究生，研究方向：媒介与女性。

“2014年度十大性与性别事件”等评选结果，筛选出2013~2014年相对有社会影响力的性别议题，对这些议题选取关键词在中国知网（CNKI）进行全文搜索。由于在CNKI上，有些新闻事件并没有和媒体相关的文章，因此没有选入议题当中。

其中可以搜到的从新闻传播角度书写的文章议题为：2014年女大学生失联、中美夫人外交、东莞扫黄、李天一案等。

通过对比，本文认为针对“中美夫人外交”“东莞扫黄”“李天一案”“2014年女大学生失联”这四个议题的研究成果可以总结的内容比较多，具备写文献综述的条件，而且选择的议题都是2013年至2014年在媒体上比较“热”的内容，它们的新闻传播类文章研究成果对今后从事媒介研究的学者将有很大帮助（见表1）。

**表1　四大性别议题来源**

| 性别议题 | 议题来源 |
|---|---|
| 中美夫人外交 | 《中国妇女报》2014年十大女性新闻 |
| 2014年女大学生失联 | 来自第三方数据 |
| 东莞扫黄 | 2014“年度十大性与性别事件” |
| 李天一案 | 来自第三方数据 |

参照乐思舆情中心“女大学生失联遇害”专题的监测数据，从2014年8月17日至29日短短12天时间里，女学生失联遇害事件的舆情声量达54903条，话题舆情关注度长时间保持在高位，舆情高潮迭起。而女大学生的频频失联遇害引发公众对女生安全问题的关注，女性安全防范意识和自我保护能力成为话题热议焦点。[①] 因此“2014年女大学生失联”被选为议题之一。

最后一个议题是“李天一案”。该案件是2013年年底除“薄熙来案”之外最受关注的话题之一。该事件不但被央视等主流媒体关注，还在微博等新媒体上受热议，而因此出现的微博骂战也备受关注。清华教授易延友曾在其微博上发表“强奸陪酒女也比强奸良家妇女危害性要小”的言论，旋即引发网民

① 环球网：《女大学生失联遇害话题舆情分析》，http://china.huanqiu.com/article/2014-09/5125269.html，2015年3月7日。

一片骂声。

该事件还在各大著名论坛（比如天涯论坛）上受到热议。《乐思舆情报告：李天一案舆情监测报告》称：从2011年9月14日到2013年9月5日，李天一案引起了三次舆情高涨，总共658个主题帖、136837条评论、31674个天涯ID。[①] 结合以上原因，本文将“李天一案”选入了议题。

## 二　四个议题学术文章的研究成果简述

由于本文搜索到的针对四个议题的学术成果篇数不同，又各有特征，因此在简述议题的研究性文章的成果时需要分开进行。

### （一）中美夫人外交

应中国国家主席习近平夫人彭丽媛邀请，美国第一夫人米歇尔·奥巴马2014年3月20日携母亲、女儿抵京，进行为期七天的访问。

在CNKI上以“中美夫人外交”为关键词进行全文搜索，获得从新闻传播角度对议该题的相关研究文章仅有1篇。

芳婷、程似锦在《西方媒体报道中的中国国家形象传播——以“第一夫人”彭丽媛随访报道为例》一文中重点介绍了当今中国“第一夫人”彭丽媛的五个形象。第一，出色的政治搭档传播柔性的领导人形象；第二，表现友善和谐的国家价值体系的全球慈善大使；第三，体现家庭角色构建，温和善良的中国女性形象；第四，以艺术家的身份推动了中国文化艺术成就的传播的艺术家形象；第五，端庄典雅的时尚范儿凸显中国风度与气派的形象。

文章指出，中国“第一夫人”形象的国际传播极大地促进了中国国家形象的提升，但西方世界全方位地认可中国国家形象依然需要时间来验证。

### （二）2014年女大学生失联

2014年8月接连发生了多起女大学生失联、遇害案件，被称为“黑色八

① 深圳乐思软件网络监测室：《李天一案舆情监测报告》，http：//www. knowlesys. cn/opinion_ report/knowlesys_ report_ 201302_ litianyi. pdf，2013年9月。

月”，引发人们对各种社会问题以及教育问题的深思。

在 CNKI 上以“女大学生失联”为关键词进行全文搜索，获得从新闻传播角度对该议题的相关学术文章 2 篇。

这两篇文章都从媒介伦理的角度出发，对媒体不负责任的报道方式做出了批评，并给出了作者理想中的合理报道方式。

发表在《新闻知识》杂志上题为《从受众心理解读负面新闻“集群效应”对女大学生的影响》的文章谴责了媒体对这一系列事件娱乐化、夸张化的报道方式，并从女大学生的心理视角解读负面新闻报道造成的集群效应，分析对女大学生产生的负面影响，并对媒体提出建议——通过正确报道负面新闻缓解受众心理压力。

另一篇是发表在《新闻传播》杂志上的题为《全媒体时代公共事件报道呼唤建立共识新闻观》。该文认为当今媒体对重大恶性事件的报道存在“失真”现象，即媒体为了吸引读者眼球不惜建构一个可怕的“虚拟现实”，有“标题党”之嫌。最后该文作者呼吁改善媒体新闻观，在重大恶性事件上选择好报道角度，守护公众利益和情感。

### （三）东莞扫黄

“东莞扫黄”是指在央视对东莞市部分酒店经营色情业的情况进行了报道之后，东莞市委、市政府迅速召开会议，统一部署全市查处行动。这次行动共出动 6525 名警力对全市所有桑拿、沐足以及娱乐场所同时进行检查，并针对节目曝光的多处涉黄场所进行清查抓捕。

在 CNKI 上以“东莞扫黄”为关键词进行全文搜索，获得从新闻传播角度对“东莞扫黄”议题的相关研究文章 39 篇。

这些论文主要分为三类，第一类以央视等主流媒体及其记者的报道行为作为分析主体的研究成果；第二类以网络大 V 作为分析重点的研究成果。第三类以“东莞扫黄”的舆论发展作为分析主体的研究成果。

以央视等主流媒体及其记者的报道行为作为分析主体的第一类文章中，主要分为三种观点。第一种观点批驳了央视对“东莞扫黄”的报道。第二种观点批判了地方媒体畏惧网络舆论，丧失新闻专业主义。第三种观点批评了某些新闻记者缺乏职业操守。

针对央视对“东莞扫黄”的报道，一部分学者批判了央视的采访方式，以及报道内容所体现的新闻专业意识缺乏、报道内容流于表层等问题；另一部分学者批判了央视的意识形态宣传的立场，从微博等新媒体对央视权威话语的抵抗式解读入手，分析央视在“东莞扫黄”的报道中的不足之处。

肖瑶在《对新媒体环境下传统媒体报道的反思——以央视“东莞扫黄”报道为例》中写道，央视在扫黄报道中存在一些问题，比如，对招嫖细节的披露过多，有失大台风范；卖淫女的脸没有打马赛克，新闻专业意识不强，等等。李力在《赢得舆论才能实现监督——舆论监督的生成机制及实践要点》中提出，央视的报道应该有“正确指向”，不应把矛头指向性工作者。

第二种观点批判了地方媒体畏惧网络舆论，未宣扬主流价值观的现象。对此，刘鹏飞在《新闻精神弱化的四个样本分析》中也有类似观点。他认为，在“东莞扫黄”这个新闻事件上，除了新华社、央广、《人民日报》等中央级大媒体力挺央视之外，其他媒体特别是地方媒体中很大部分选择了不合作，更有甚者，还参与围攻央视。

第三种观点批评了某些新闻记者缺乏职业操守的现象。张小凝在《论新闻记者职业操守失陷的原因及对策》中指出，一些记者以娱乐心态看待东莞扫黄，对“莞式服务”叫好，属于典型的价值导向错误。

第二类研究以网络“意见领袖”中的“大V”作为研究主体。这类学术论文倾向于批判网络“意见领袖”中的“大V”，从而维护主流价值观。

夏忠敏在《“东莞扫黄风暴”中的网络民粹主义传播实践》中指出，在“东莞扫黄风暴”中，“大V”和网民对央视的抨击过程体现了网民对精英阶层的排斥和对底层的崇尚，具有明显的民粹主义色彩。

第三类研究以“东莞扫黄”报道的舆论发展作为研究主体。此类研究多提出应该“赢得舆论”，变被动为主动，增强党报对舆论的引导力度，提高政府“危机传播”的能力。

朱凯锐在《危机传播阶段与形象修复——以广东东莞“扫黄”事件为例》中分析，政府和主流媒体针对“东莞扫黄”事件中危机爆发期、蔓延期和消退期三个时期分别做出了形象修复的工作，公众对东莞政府的态度逐渐正面化，网民对“东莞扫黄”事件的态度总体趋势为正面态度上升、中立态度下降、负面态度下降。

## （四）李天一案

李天一是著名歌唱家李双江和知名歌唱家梦鸽之子，因强奸罪被判有期徒刑 10 年。

在 CNKI 上以“李天一案媒体”为关键词进行全文搜索，其中 2013 年共有 123 篇文章，2014 年共有 128 篇文章，而获得从新闻传播角度对“李天一案”议题的相关研究文章有 49 篇。

在这 49 篇文章中，绝大多数是从媒介伦理角度切入的，有些学者关注传播过程，有些关注媒介伦理对司法公正的影响。另一些学者对网络舆论、谣言进行研究，并针对政府对网络群体性事件的治理提出建议，值得注意的是，没有学者从“媒介与性别”角度对“李天一案”进行分析。

从媒介伦理与司法公正的关系角度入手，对大众媒体报道方式进行批判的文章有 25 篇，专门对“李天一案”进行舆情研究的文章共有 15 篇，在这 15 篇舆情研究当中，有 6 篇文章专门研究了微博和李天一案的关系，有 3 篇研究了网络舆情与司法审判的关系，剩下 6 篇研究了“李天一案”的网络舆情，并向政府提出了应对这样的“网络群体性事件”的应对措施。

学者们在对大众媒体的批判当中，比较集中的观点是：媒体报道有夸大失实的成分，并且伴随着谣言和对李某某及其家人的人身攻击，这样的报道倾向极易对司法审判造成负面影响。比如，媒体借助舆论进行道德审判，在整个审判程序走完之前李天一只是犯罪嫌疑人，可是网民已经在司法审判之前对李天一进行了道德审判，从道德的角度宣告他“罪名成立”。①

在对“李天一案”进行舆情研究的 15 篇文章当中，学者们从不同角度研究了“李天一案”的网络舆情。首先，有 3 篇专门研究了网络舆情对司法审判的影响，代表观点是：网络舆情与司法审判关系的实质是道德评价与法律评价的冲突，因此应合理限制网络舆情对司法审判的监督。就“李天一案”而言，

① 闵滢男：《从“李天一案”看媒体对司法公正的影响》，《法制与社会》2013 年第 10 期。

网络舆论已经超越了监督的边界，无视司法，网络舆论完成了“审判预设”。①

其次，有6篇文章总结出“李天一案”的网络舆情特点。最初关注的是李天一的“星二代”身份问题，随后，他母亲梦鸽成为焦点之一，广遭网友非议。与此同时，微博上频繁曝出的视频引发了舆论对李某某真实年龄的质疑，李某某是否真的是未成年人成为另一个热点。一审宣判到二审宣判前可以说是该案舆论的高潮，随着事态的发展，李某某的二审辩护律师人选问题、二审庭审时间延期、李某某的真实年龄及对二审结果的预测等话题持续发酵，主流媒体和微博意见领袖对事件的评析引领舆论不断整合深入。在李天一案件二审宣判后，舆论趋于消退。②

剩下6篇从微博角度切入的文章主要研究了“李天一案”在微博平台上的传播情况。主要观点可以总结如下。

具有专业背景的非媒体人士和具有媒体经验的记者在微博讨论中显示了他们的“新闻权威”，但在专业性、阶级性、公共性三股力量的互动中暴露了权威的局限。微博上的权威已经明显呈现公民化的趋势，媒体的议程设置功能在微博平台上受到挑战。在微博讨论中“概念”的频繁使用代替了“事实”的阐述，大大削弱了微博讨论的对话感，无益于公共讨论的进行。这或成为微博公民记者“权威”想象的一大隐患。③

## 三　总体归类四个议题的研究成果

在第一部分和第二部分，本文梳理了总共84篇从新闻传播角度分析的学术文章，在对文章逐篇概括的同时，这些文章具有的共同点可以总结为以下五点：新闻传播角度学术文章总数比例较低；女性形象呈现刻板化；女性主体声音缺失；媒介关注阶层矛盾胜于性别矛盾；媒介报道中女性形象常被利用。

---

① 陆玉：《论网络舆论与司法审判的关系》，硕士学位论文，河北经贸大学，2014。

② 姚广宜、吴珂：《涉法事件的微传播舆论场：多元意志的冲突与碰撞——以“李某某案”为例》，《当代传播》2014年第5期。

③ 宋艳丽、骆世查：《“李某某案”与微博公民记者的“权威”想象》，《新闻大学》2014年第4期。

## （一）新闻传播角度学术文章总数比例较低

根据第一部分讲解的搜索文章方法，本文制作了表2来表示新闻传播角度学术文章占总体的比例。

**表2　CNKI新闻传播角度分析性别议题的文章篇数**

| 性别议题 | 全文搜索关键字 | 2013年文章（篇数） | 2014年文章（篇数） | 新闻传播角度学术文章（篇数） | 新闻传播角度文章占总文章数量比（%） |
|---|---|---|---|---|---|
| 中美夫人外交 | 中美夫人外交 | 62 | 98 | 1 | 0.6 |
| 女大学生失联 | 女大学生失联 | 不统计为0① | 60 | 2 | 3.3 |
| 东莞扫黄 | 东莞扫黄 | 9 | 202 | 32 | 15.1 |
| 李天一案 | 李天一 | 170 | 100 | 49 | 18.1 |

①注："女大学生失联"被集中报道是2014年的事，因此没有2013年的文章。

由表2的统计可知，从新闻传播角度对性别议题进行分析的学术文章比例非常低。其中"中美夫人外交"这一议题只有1篇和新闻传播有关，而比例最高的"李天一案"也不到20%。在新闻传播类学术性文章本来就凤毛麟角的情况下，新闻传播学者对性别议题关注不足，研究不够充分。

如果进一步分析这84篇学术文章，可发现具有社会性别意识的文章只有两篇，一篇是刘聪歌的《央视"东莞黄流"报道中两个舆论场的对峙与融合》，另一篇是肖瑶的《对新媒体环境下传统媒体报道的反思——以央视"东莞扫黄"报道为例》。这两篇文章只提到央视在报道"东莞扫黄"事件时，将矛头指向性工作者，没有打马赛克，也没有对声音进行处理，缺乏对她们人权的尊重。而这样轻描淡写的分析也不能说明这两篇文章的作者具有社会性别意识，只能说他们相对其他学者而言有些许"进步"，看问题的视角更多元化而已。

## （二）学术文章中女性刻板形象仍存在

我国著名性别研究学者卜卫对性别刻板印象做出了定义：性别刻板印象是一种特殊的社会刻板印象，是指人们对男性和女性在行为、个性特征等方面予以的归纳、概括和总结，它们直接影响男性和女性的知觉、归因、动机、行为以及不同职业的选择。①

《西方媒体报道中的中国国家形象传播——以“第一夫人”彭丽媛随访报道为例》一文中对“夫人外交”专门做出了一个“柔性传播”的评价，这属于传统性别的刻板印象，即“女性”总是与“温柔”挂钩，因此夫人的外交就是“柔性”的外交。

媒体对彭丽媛的关注也掉入了“更关注女性外表”的怪圈，而对彭丽媛和米歇尔说了什么话、做了什么有利于中美外交的事情则用“刚开始略显僵硬，后来气氛缓和”一笔带过。另外，该文作者又把女性局限在了私领域，突出其家庭角色和母职，这都属于性别的刻板印象刻画。

值得注意的是两位夫人会面的地点安排在北京师范大学第二附属中学，本身就体现女性的“母职”。两位夫人的会面是以她们的女儿为由，以下一代的教育为契机，而刻意避免政治。

文章中明确提到，美国“第一夫人”米歇尔被称为“妈妈总司令”，而在舞台之外的彭丽媛享受做妻子和母亲的家庭角色。彭丽媛在采访中提到自己是一个很传统的女人，认为丈夫是所有女人心中最称职的丈夫。可见，从“第一夫人”，到普通中国女性，都被刻画为“共通性的”的“爱家”，这就把大多数中国女性局限于辅助丈夫的家庭角色之上了。

事实上，生理性别和社会性别是不同的。妻子或母亲的形象是媒介建构的，而非生来既有的。不应将世界上二分之一的力量局限于私领域内，这不利于女性的解放，也不利于人类的发展。

### （三）女性主体声音缺失

如果说刻板印象长期存在，那么女性作为“他者”的身份在社会当中几乎从未改变。大部分学者很少将女性作为“主体”来对待，甚至连女性自己也“习以为常”地主动从“主体”当中脱离出去。这一点可以用“沉默的螺旋”理论来解释。

以“东莞扫黄”的结果为例。在 CNKI 上搜索到的获得从新闻传播角度对“东莞扫黄”议题的相关学术研究文章 32 篇。其中批判央视的文章只有 5 篇，

① 卜卫：《媒介与性别》，江苏人民出版社，2001。

而在这5篇文章中，仅有两篇文章明确提到央视不应该曝光很多招嫖细节，应该给性工作者脸上打马赛克。这说明大多数学者并没有从保护女性权益的角度去批评央视，他们还是想要“修正”央视作为主流媒体的报道策略，至于对性工作者隐私保护问题也只是一笔带过，仅将其作为央视在传播过程中的小失误。在他们眼中，妇女作为“沉默的少数”，尤其是性工作者，她们的妇女权益在整篇文章当中无足轻重。这反映了当下学者社会性别意识的缺失，女性主体声音的缺失。

## （四）媒介关注阶层矛盾胜于性别矛盾

中国国家统计局数据显示，2014年中国居民收入基尼系数为0.469，从绝对值来看，中国的基尼系数仍处于较高水平。在社会转型的大背景下，中国的贫富差距较大，阶层矛盾突出。这一点在性别议题中也有突出体现，舆论更关心的是如何惩治“官二代”“富二代”，如何反腐败，但对遭受暴力的女性受害者似乎没那么关心。在本次议题中筛选的文章也有相同特点，即阶级矛盾大于性别矛盾。

以“李天一案”为例，本次选出的49篇学术性文章没有一篇从“媒介与性别”的角度做研究，几乎都从阶级矛盾入手，强调李天一“富二代”的身份。

在《微博中社会怨恨话语的分析——以李天一案为例》中，由于弱势地位的“集体认同”和社会共性情绪的存在，在涉及阶级差距的问题上，网民的言说会在彼此互动中呈现明显的情绪化。这与当前中国处于社会转型期密切相关。这是特定历史条件下的社会矛盾的一种折射。

## （五）媒介报道中女性形象常被利用

通过分析媒介中有关女性的报道，我们发现一方面媒体为了追求注意力和眼球经济利用女性形象，另一方面女性被男权主导下的国家权力利用。

刘芳在《从受众心理解读负面新闻“集群效应”对女大学生的影响》中反思了媒体媒介伦理缺失的状况。新闻从业人员没有真正重视社会上损害女性利益的事件，反而有意无意地使用一些歧视性词汇，用轻佻的、娱乐化的态度来报道有关“女大学生失联”的新闻。

另一方面女性形象存在着被男权主导下的国家权力利用的情况。以“第一夫人”的报道为例，男权主导下的国家权力、外交更希望有“第一夫人”这种温柔的形象来弥补平时男人领袖们在政治上的“强硬”作风，这种偶尔的“示弱”与“亲和”能够营造一个完整的、多方面的国家形象。从这个角度说，“第一夫人”代表的不是她们个人，而是两个国家的“柔性”形象，她们的言行举止都是为国家利益服务，这本身是对女性“温柔”一面的“巧妙”利用。

## 四　总结与建议

针对四个性别议题从新闻传播角度进行分析的文章总数较少，共 84 篇。经过分析，本文得出五个结论：第一，新闻传播角度学术文章总数比例较低；第二，学术文章中女性刻板印象仍然存在；第三，女性主体声音缺失；第四，媒介关注阶层矛盾胜于性别矛盾；第五，媒介报道中女性形象常被利用。

对于性别议题的传播学分析，大多数学者分析重点多为某个议题的舆论传播路径、媒体报道策略等，其旨在宣扬社会主流价值观，即使是在“女大学生失联”“李天一案”这样明显针对女性的暴力事件的分析当中，本应以打击犯罪、保护女性权益为主体的写作思路，却被阶级矛盾之类的其他问题所超越。

最后，本文想对论文发表数量和议题广度提几点建议。第一，巩固现有的具有社会性别意识的文章的成果，重视女性主义视角，关怀女性主体发展。第二，学者关注和监督媒体动态，对于不利于女性发展的报道方式和报道内容予以批判，发出声音；多从新闻传播角度对性别议题分析，加大研究比重可以有效填补该类研究的空缺。第三，对关乎女性发展的政策传播从多角度进行研究，为推动有利于女性发展的政策传播提供智力支持。第四，新闻传播界的学者应自觉引入社会性别视角，关注女性主体发展，而新闻传播类期刊性别专家对论文研究成果应该把关，逐步提高学界的性别意识。

**参考文献**

[1] 方亭、程似锦：《西方媒体报道中的中国国家形象传播——以“第一夫人”彭

丽媛随访报道为例》，《福建师范大学学报》2014 年第 6 期。
[2] 揭志刚：《全媒体时代公共事件报道呼唤建立共识新闻观》，《新闻传播》2014 年第 10 期。
[3] 刘芳：《从受众心理解读负面新闻“集群效应”对女大学生的影响》，《新闻知识》2014 年第 12 期。
[4] 李力：《赢得舆论才能实现监督——舆论监督的生成机制及实践要点》，《学理审视》2014 年第 4 期。
[5] 刘鹏飞：《新闻精神弱化的四个样本分析》，《今传媒》2014 年第 8 期。
[6] 夏忠敏：《“东莞扫黄风暴”中的网络民粹主义传播实践》，《当代传播》2014 年第 4 期。
[7] 刘聪歌：《央视“东莞黄流”报道中两个舆论场的对峙与融合》，《河南工业大学学报》2014 年第 2 期。
[8] 肖瑶：《对新媒体环境下传统媒体报道的反思——以央视“东莞扫黄”报道为例》，《新闻世界》2014 年第 8 期。
[9] 朱凯锐：《危机传播阶段与形象修复——以广东东莞“扫黄”事件为例》，《新闻研究导刊》2014 年第 7 期。
[10] 张小凝：《论新闻记者职业操守失陷的原因及对策》，《新闻传播》2014 年第 4 期。

# B.22

# 家暴类性别议题报道研究综述

谷 扬*

摘 要：近年来，媒介对家庭暴力问题报道层出不穷。媒体的持续报道和公众的广泛关注也推动了家暴立法的进程。本文对CNKI上2010年至2014年发表的从新闻传播角度对家暴类性别议题研究的文献进行统计和梳理。在对文献资料进行分析整理的基础上，研究发现，从新闻传播角度对家暴类性别议题进行分析的学术文章所占比例较低。针对筛选所得文献分析得出六个结论：媒介的“家暴”叙事是去性别化、去政治化的；媒介在呈现刻板性别形象；媒体复制、传播将家庭暴力合法化的迷思；女性的“他者”身份和女性话语权缺失；女性形象贬损背后存在商业逻辑；新媒体为受害主体发声提供了新的途径。最后，本文针对现有研究存在的问题为之后的研究提出意见和建议。

关键词：家暴 性别议题 新闻传播 权力关系 刻板印象

## 一 家暴类性别议题报道研究意义

### （一）家暴定义及影响（2010～2014年）

家庭暴力，是指行为人以殴打、捆绑、残害、强行限制人身自由或者其他

* 谷扬，中国传媒大学传播学专业硕士研究生，研究方向为媒介与女性。

手段，给其家庭成员的身体、精神等方面造成一定伤害后果的行为。[①] 发生在私领域的家庭暴力行为其社会可见度不高。然而，中国法学会反家暴网络理事会的抽样调查显示，家庭暴力在普通人群中的发生率为34.7%。[②] 可见，在我国家庭中发生家暴的比例很高，家暴议题应得到各方足够关注。

在绝大多数家暴事件中，女性往往以受暴者身份出现。第三期中国妇女社会地位调查主要数据报告显示，在整个婚姻生活中曾遭受过配偶侮辱谩骂、殴打、限制人身自由、经济控制、强迫性生活等不同形式家庭暴力的女性占24.7%。其中，明确表示遭受过配偶殴打的比例为5.5%，农村和城镇分别为7.8%和3.1%。[③] 可见受家暴之害的女性比例之大。

家庭暴力是针对妇女的体现权力和控制的一种极端形式，家暴行为对女性的身体和精神造成严重伤害和威胁。1995年联合国第四次世界妇女大会通过的《北京行动纲领》明确指出："对妇女的暴力行为，是迫使妇女对男子处于从属地位的重要社会机制之一。"[④] 在男权社会中男性处于统治和主导地位，女性处于受支配和附属地位。不平等的社会分工导致男性比女性占有更多的社会资源，从而拥有更多的社会权益。因此男性往往在私人领域处于霸权地位，其对处于附属地位的女性施加的家庭暴力行为便是男性霸权在家庭领域的集中体现。

## （二）家暴的立法进程推进

1995年，联合国第四次世界妇女大会在被北京召开，这成为中国反对家庭暴力进程的起点。2001年4月，新修订的《中华人民共和国婚姻法》颁布，第一次在基本法层面上明确规定禁止家庭暴力，规定了对家庭暴力的救助措施和对施暴者的行政处罚。2001年修订的婚姻法有重大突破，是反对家庭暴力立法的里程碑，自此，家庭暴力成为国家法律禁止的行为。2011年，"李阳家

---

① 关颖：《家庭暴力对儿童的伤害及社会干预》，《当代青年研究》2006年第5期。

② 网易新闻：《人身保护令缘何无人问津?》，http://news.163.com/11/1101/02/7HO751JQ00014AED.html，2011年11月。

③ 中国网：《中国一成女性遭性别歧视，近1/4女性遭遇家庭暴》，http://www.china.com.cn/news/2011-10/21/con-tent_23687269.htm，2011年10月。

④ 《北京行动纲领》，联合国第四次世界妇女大会，1995年9月15日。

暴”事件的广泛传播推动了家暴立法进程，同年7月，全国人大常委会将反家庭暴力法纳入立法工作计划，10月，反家暴法立法项目论证正式启动。2014年11月25日，国务院法制办就《中华人民共和国反家庭暴力法（征求意见稿)》向社会公开征求意见。

联合国第四次世界妇女大会《北京行动纲领》指出：“媒体可在世界各地发挥潜力，为提高妇女地位做出更大贡献。”在家暴立法过程中，媒介报道的作用不可忽视。

研究媒介对家暴类性别议题的报道对于反思媒体传播中存在的问题，提升媒体传播能力，维护女性权益，推进性别平等具有积极意义。本文通过对2010年至2014年从新闻传播角度研究家暴类性别议题的文献进行综述，旨在发现现有研究的特点和存在的问题，并为之后的研究提出意见和建议。

中国知网是全球领先的数字出版平台，是世界上全文信息量最大的，集期刊、博士论文、硕士论文、会议论文、报纸、工具书、年鉴、专利、标准、国学、海外文献资源为一体的，具有国际领先水平的网络出版平台。中国知网的文献资源丰富、权威，因此本文选择中国知网作为文献综述数据库来源。

## 二　家暴类性别议题报道研究阐述（2010～2014年）

### （一）家暴类性别议题报道研究统计

本文在中国知网（CNKI）上以“家暴”“家庭暴力”为关键字进行“主题搜索”，共获得从新闻传播角度分析家暴类性别议题的研究成果21篇。本文将对21篇文章进行文献综述，入选文章的搜索结果如下图所示。

由以上统计可知，从新闻传播角度对家暴性别议题进行分析的学术研究不多，连续5年均不超过10篇，2013年家暴性别议题报道研究最多，共7篇。自2011年，相关研究明显增多，其中对李阳家暴案的分析占很高的比例，可见新闻传播学者对热点性别事件的反应速度是较快的。2011年，“李阳家暴”事件的广泛传播推动了家暴立法进程，同年7月，全国人大常委会将反家庭暴力法纳入立法工作计划，10月，反家暴法立法项目论证正式启动。2014年11

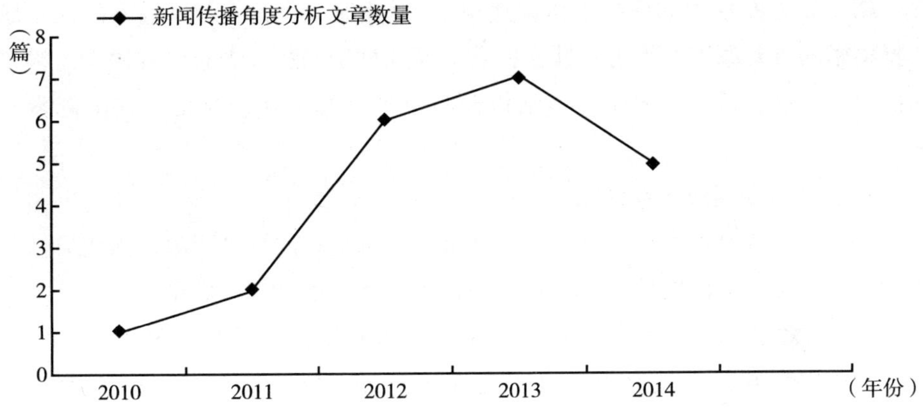


**图 1　CNKI 新闻传播角度分析家暴类性别议题的文章篇数**

月 25 日，国务院法制办就《中华人民共和国反家庭暴力法（征求意见稿）》向社会公开征求意见。政府对家暴的持续关注，也引起了学界对该议题的重视，2012 年、2013 年、2014 年有关家暴类性别议题报道研究数量相较于 2010 年、2011 年维持在一个较高的水平。但总体来看，新闻传播学者研究家暴类性别议题的相对较少，可见新闻传播研究学者对该类性别议题关注不足，研究不够充分。

## （二）家暴类性别议题报道研究发现

对从新闻传播角度研究家暴类性别议题的学术成果进行分析，得出了媒介在报道家暴议题时的六个结论。

### 1. “家暴”叙事是去性别化、去政治化的

媒介在报道家暴事件时，采取去性别化和去政治化的叙事方式。媒体一方面有意隐藏施暴者，将受害者置于被审视的位置；另一方面，将家暴归因于个人，遮蔽社会文化及制度层面的性别歧视及性别压迫。

媒介报道缺乏对家庭暴力背后不平等的权利关系和传统性别观念的深度分析。活跃于公共领域的男性相较于处于私领域的女性占有更多的社会资源，占有资源的不平等，导致了男女两性间权力关系的不平等。“性别暴力”和权力密不可分，两者之间存在“狼狈为奸”式的共谋关系——权力依仗暴力得以维系，权力话语本身包含有暴力的内容；暴力的横行在权力中获得合

法依据，暴力在权力的庇护下得以遮掩。[①] 这也是女性遭受家暴后不能或不愿选择离婚的重要原因。因为女性在权利关系中处于弱势，占有的资源少，很多女性由于家庭、孩子、未来的生活以及自己的幸福而矛盾犹豫，并不能真正离开。

2. 媒介呈现刻板性别形象

媒介在报道家暴类性别议题时，常常呈现刻板化的性别形象，强化男性气质或女性气质；对性别暴力事件归因分析也易落入性别刻板成见。

冯媛在《去权与赋权——对李阳家暴报道和媒体呈现性别暴力的辨析和思考》中提到媒体在报道中通过明确表达刻板印象，抑或通过报道的角度、采访的重点、隐含潜台词的问题和对回答的选择性报道等方式来复制和巩固性别成见。[②] 具体来讲，部分媒介报道抽象地对家暴持否定态度，在具体的报道过程中又多有对家暴行为的开脱之词。“男主外，女主内”“男强女弱”的传统性别观念由来已久，也是媒体为施暴者暴行开脱的常见之词。例如在“李阳家暴”事件中，以男性、名人身份主导媒体叙事模式，施暴者“事业第一”的说辞在媒体互动中不但没有被批判反而得到强化。李阳利用媒体宣扬的“事业第一”是男性霸权的体现，其宣扬的事业远高于家庭，迎合了传统的性别观念，肯定在公共领域“事业”价值，否定私领域家务劳动价值，这种偏见在男权社会得到了男权文化的肯定和纵容。

媒介具有议程设置和议程属性设置功能，媒介通过不同的媒介框架，将事件的某一部分挑选出来，在沟通文本中进行特别处理，以提供意义解释、归因、推论、道德评估以及处理方式的建议。媒介选择性地组织报道家暴信息，会影响受众对家暴议题的认知和态度。媒介从业人员在报道家暴议题时，媒体建构的男女形象是经由男权文化修饰过的，在长期的涵化影响下，受众倾向于接受媒体性别刻板成见。媒介通过复制和传播陈规定型的性别形象和性别观念，有意无意在客观上巩固和强化了不平等的性别规范，符合男权逻辑的观念增加了家庭暴力行为出现的可能性。

---

① 李东：《失衡与背反：当代影视文化“性别暴力”现象批判》，《辽宁大学学报》（哲学社会科学版）2009 年第 6 期。

② 冯媛：《去权和赋权——对李阳家暴报道和媒体呈现性别暴力的辨析和思考》，《妇女研究论丛》2013 年第 3 期。

### 3. 媒体复制、传播将家庭暴力合法化的迷思

一方面，媒体对家暴议题报道中，明确划分公共领域和私人领域，存在将私人领域视为家暴特区的观点。媒介将家暴归为个体行为，未将其作为社会问题进行深入思考和讨论的现象。受“男尊女卑”的传统性别观念影响，家庭暴力存在合法化的观念土壤。在私人领域，男性的暴力行为事实上以“清官难断家务事”“家丑不可外扬”的方式被默许了。甚至女性群体也在内化此种男权逻辑，遭受家庭暴力的女性也主动对家庭暴力进行了合理化解释。

媒体复制、传播将家庭暴力合法化的迷思，另外一种方式是将错误归咎于受暴者，认为受暴者的行为是引发性暴力的导火索。郭卓雅在《家庭暴力问题的媒介报道研究》中提到媒体引用的心理分析师的观点：“李阳妻子的言语暴力”才引发“处于言语劣势的李阳使用肢体获得强势地位”。[①] 此类引用权威观点的媒介报道，不自觉地弱化施暴者责任，维护男性在施暴中的“合理”形象。戈夫曼认为新闻框架的基本特点不仅生产意义，也限制了意义。新闻如同我们观察和理解世界的窗口，这个窗口的大小、结构和位置决定了我们所看到的东西，也限制了我们的视野。[②] 媒介对于家庭暴力报道强调“女性如何激化了矛盾”，而没有看到妇女人权。因此，媒介要用人权框架重新诠释“家庭暴力”，破除家庭暴力合法化的迷思。

### 4. 女性的“他者”身份和女性话语权缺失

传播学的无声群体理论指出，男性的感知居于统治地位，而女性因为不同的经验而产生的感知处于被统治地位。[③] 可以说女性作为“他者”的身份在社会当中几乎从未改变。大部分学者很少将女性作为“主体”来对待，她们不是别人的妻子，就是别人的母亲。甚至连女性也“习以为常”地将自己主动从“主体”当中脱离出去。以李阳家暴案为例，主流媒体和门户网站对李阳的采访频率远高于其妻子李金，媒体将更多的时间和话语权给了李阳。李阳“事业第一”等言论存在很多拥趸者。Kimi 作为李阳的妻子被认为应该体谅在外辛苦工作的李阳。媒体缺少对受暴者主体意识和主体感受的尊重，其他者身

① 郭卓娅：《家庭暴力问题的媒介报道研究》，硕士学位论文，河北大学，2013 年。

② 潘忠党：《架构分析：一个亟需理论澄清的领域》，《传播与社会学刊》2006 年第 1 期。

③ 〔美〕理查德，韦斯特·林恩特纳：《传播理论导引：分析与应用》（第二版），刘海龙译，中国人民大学出版社，2007。

份显而易见。

对于家暴议题而言，明显存在女性话语权缺失的现象。一反面，媒体未能为女性受暴者提供足够表达机会。另一方面，将家暴问题私领域化使“反家暴”此类代表女性权益的声音无法进入公共视野，从而导致女性话语权严重缺失。

5. 媒介报道错置背后存在商业逻辑

媒介报道中存在错置现象，一方面女性受害者被过度曝光；另一方面事件报道倾向娱乐化。

对于家暴事件中的过错方的行为报道远不及对女性受害者的报道。受害者被放于肇因者的位置，或是以抽象的代名词代表，使真正的肇因者得以隐形。这导致遭受家庭暴力伤害的女性在寻求社会支持时遭受“二次伤害”。李薇娜在《基于社会性别视角进行家庭暴力研究的局限性》一文中提到李阳的妻子在接受公权力的介入的感受，“不停地拍照和询问使她觉得犯罪的是自己而不是李阳”。媒介过度披露受暴者隐私，对于受害者后续追踪报道不当，对受害者伤情反复报道，对受害女性造成了造成二次伤害。

同时，媒介在报道家暴议题过程中有将事件娱乐化的报道倾向。对于李阳家暴的报道，媒体后期多关注离婚财产纠纷，以满足受众的猎奇心理，却模糊了对家暴议题的关注。

媒介报道错置背后存在着商业逻辑。在商业浪潮的冲击下，媒体为了追求注意力和眼球经济，罔顾新闻伦理，利用女性形象。

美国罗伯特·拉罗斯教授等认为，伦理是关于职业传播者在他们的行为可能对他人产生消极影响的情况下，应该如何行动的指导方针或者道德的规则。他认为，传播媒介中主要的伦理问题围绕着准确性或真实、公平与处置责任，以及媒体主体的隐私。

6. 新媒体成为受害主体发声的新途径

新媒体的发展引发了传播革命，也为推动性别平等提供了新的传播媒介。郑永年指出，在面对面的场合人们会更多考虑言论的后果。他认为网民在论坛匿名发言则不需要考虑表达见解的潜在后果。[1] 因为新媒体不再有男性意识的

---

① Zheng, Yongnian. Technology Empowerment: The Internet, State, and Society in China. Standford: Standford University Press, 2008.

把关和过滤，具有开放性、互动性、匿名性的特征，新媒体成为女性自我赋权的新平台。虽然新媒体中信息传播仍体现着性别权利关系，但客观上新媒体为处于资源占有劣势的女性群体提供了发声平台，受暴女性也从网络上获得了认同感，这对于推动性别平等具有积极而现实的意义。

李阳妻子借助微博，很快聚集了一个和她有着相同经历的女性群体，她的行动得到了同性的声援和支持。网络成为受暴女性表达对家暴的态度、寻求帮助、自我鼓励或者为他人提供建议与告诫的重要平台。Kimi 微博发声引发社会关注家暴现象，为传统媒体设置了议程，大量传统媒体关注李阳家暴，如柴静主持的栏目《看见》就对“李阳家暴”事件进行了专访。传统媒体的介入，进一步扩大了家庭暴力问题的社会影响，从而敦促家庭暴力立法问题加快进入立法程序。

## 三　结论与讨论

媒介对家庭暴力事件的报道具有积极意义。传统媒体将发生于私领域的“家庭暴力”暴露于公共视野，让女性即便在私领域、在亲密关系中，仍作为权利主体存在。另外，新媒体的出现，为受害主体提供一个免受群体压力的发声平台，在此平台上女性主体可以实现自我赋权，这对于推动家庭暴力问题的解决具有重要意义。与此同时，也应注意到媒介报道中存在的问题。媒体人在报道家暴事件时的困境：公众关于家庭暴力的错误认知广泛存在于普通媒体从业者中。首先，媒介的家暴叙事是去性别化、去政治化的，原因分析停留于个人，对社会文化及制度层面的性别歧视及性别压迫认识不足、探讨缺乏。其次，媒介呈现刻板性别形象，强化“男强女弱”的传统性别观念，肯定男性“事业”价值，否认女性“家庭”价值。再次，媒介复制和传播家暴合法性的迷思，对私人领域的男性家暴持默许态度，将家暴的发生归咎于受暴者，缺乏人文关怀。最后，媒介未能给女性提供足够的发声机会，将女性作为他者形象呈现，忽视其主体价值。此外，在商业浪潮的影响下，媒介崇尚商业利益，未能遵守新闻伦理，报道出现错置现象。一方面事件娱乐化的报道倾向模糊了“家暴”议题，另一方面为追逐注意力经济牺牲了受害女性的权益。

针对性别议题的报道问题，本文提出以下建议。第一，媒体应有意识提高女性群体的可见度，让性别议题得到更充分的讨论；同时媒体应保证处于权利关系劣势的女性媒介近用权，为女性提供话语的表达平台。第二，媒体从业者应提高社会性别意识，具备运用社会性别视角理解和分析性别议题的能力，避免陷入男权文化的误区。媒介从业者分析问题应做到由表及里，能够深入分析性别议题表象背后的社会结构问题，使受众接受媒介信息后，能真正提高社会性别意识，为推进性别不平等现象的解决贡献力量。第三，重视新媒体在推进性别平等中能发挥的重要作用，令新媒体成为女性自我赋权和主动发声的新平台。

**参考文献**


[1] 毕文娟：《由李阳家暴事件谈起——中华女子学院第三十七学术沙龙研讨综述》,《中华女子学院学报》2011 年第 6 期。

[2] 范红霞：《基于性别视角的媒介暴力研究》，硕士学位论文，浙江大学，2013。

[3] 范红霞：《女性问题、大众媒介与公共议程的互动——以家庭暴力立法为例》,《现代传播》2012 年第 5 期。

[4] 方刚：《从家庭暴力反思男性气质》,《中国妇女报》2011 年 11 月 27 日B01 版。

[5] 冯媛：《去权和赋权——对李阳家暴报道和媒体呈现性别暴力的辨析和思考》,《妇女研究论丛》2013 年第 3 期。

[6] 郭卓娅：《家庭暴力问题媒介研究》，硕士学位论文，河北大学，2013。

[7] 胡艳：《网媒反家暴议题报道呈现研究——以李阳家暴事件为例》，硕士学位论文，山东大学，2013。

[8] 纪明希：《赋权女性——关于反家暴的中国网络话语研究》，硕士学位论文，南京大学，2011。

[9] 吕频：《媒介传播的性别反思——以李阳家暴事件为核心》，《妇女研究论丛》2013 年第 3 期。

[10] 李薇娜：《基于社会性别视角进行家庭暴力研究的局限性》,《湖南警察学院学报》2014 年第 5 期。

[11] 卜卫：《媒介与人权教育——探讨从新闻框架进行新闻报道的可能路径》,《当代传播》2013 年第 6 期。

[12] 唐觐英：《“李阳家暴事件”媒体话语空间的“家暴”叙事》,《妇女研究论丛》2013 年第 3 期。

[13] 谭亚明：《媒体报道要走出性别认知困境——以媒体报道的李阳家暴事件为

例》，《今传媒》2012 年第 4 期。
[14] 吴仙：《基于内容分析法的中国家暴根源探析——以李阳家暴门为例》，《现代妇女》2012 年第 2 期。
[15] 支纪强：《媒体关于家庭暴力报道的问题与对策——以桐城虐妻案为例》，《新闻世界》2010 年第 5 期。
[16] 张智慧：《李阳家暴与男性成长》，《性别多元：理论与实务研究》，台湾万有出版社，2012。

# B.23
# 近十五年来女性受众研究文献综述

睢 姣*

**摘　要：** 此篇文献综述通过分析整理21世纪以来我国对女性受众研究的相关文章，发现对女性受众接收行为和对媒介文本解读的研究明显增多，且大多采取量化与质化相结合的研究方式，重视女性受众切身解读经验，可弥补女性主义媒介研究者和普通女性受众之间的鸿沟。

**关键词：** 女性受众　媒介选择　接收行为

受众是传播行为的接收者，也是传播过程的主体之一，是具有能动性的群体。在传播研究中，对受众的认识存在"乌合之众""使用与满足"等多种视角。随着传媒快速发展和传播资源日益丰富，受众以更高的参与度介入传播过程。

对女性作为受众/传播主体的研究是媒介与女性研究中不可缺少的组成部分，但是这方面的研究还没有受到足够的重视，既有文献数量还比较少，因此，为了更充分地回顾该研究主题的发展状况，总结有关研究进展，促进未来研究的进一步发展，本篇文献综述将时间范围定为近十五年（2000～2014年）。一篇完成于2006年，梳理1994年以来中国女性受众研究的硕士学位论文[①]，提出我国女性受众研究相较于西方而言，更多采用量化取向，更重视"功能"与"结构"，对受众解读方式多样性研究不足。研究主要集中在"女性的传媒接触和使用"及"大众传媒对女性的影响"等方面。本文将基于近年女性受众研究状况，考察该主题的研究是否出现了新特点。

---

* 睢姣，中国传媒大学传播学专业硕士研究生，研究方向：媒介与女性。

① 施素雯：《1994年以来的中国女性受众研究》，硕士学位论文，兰州大学，2006。

## 一　研究方法

回顾和分析建立在文献分析的基础上。笔者在中国期刊网上选取检索时间为2000～2014年，关键词为“女性受众”/“社会性别”与“受众”/“性别”和“受众”，获文章共29篇；选取检索时间为2000～2014年，主题为“女性受众”/“社会性别”与“受众”/“性别”和“受众”，筛选获得文章146篇（与关键词检索获得文章有重叠）；选取检索时间为2000～2014年，主题分别为“女性读者”“女性观众”“女性网民”“女性听众”等，其中“女性听众”检索结果为空，筛选另三个关键词获得文章共46篇；经整理剔除了与“女性受众”研究关联不紧密的文章（主要是单纯将性别作为人口统计标准的或与女性主义媒介研究关联不大的文章，另主题为“女性网民”的文章仅从营销角度探讨，故舍弃），最终获得有效文章59篇。

在社会性别的媒介研究语境中，媒介生产是一个在社会性别结构影响下的编码过程，社会性别话语被编码至媒介文本中。经典的劳拉·穆尔维的女性主义电影精神分析，认为好莱坞经典影片呈现的是男权文化的“窥淫”愉悦和“自恋认同”；后续的女性主义研究指出女性在“被凝视”处境中受到不良影响，但女性从“建构的‘观看’中鲜有好处或愉悦，这种论调否定任何正面的、愉悦的女性凝视的历史性存在即其可能性”①。这些研究均有将女性受众（或受众）视为文本决定的统一体的预设，女性受众无力识别和反抗男权意识下媒介的运作。同时，存在这样的悖论，即言情小说和肥皂剧等媒介文本通常被传媒批评界视为庸俗的男权意识形态的产物，但这些男权文化产品却拥有大批女性拥趸。因此对女性受众解码的研究显得十分必要。

在笔者收集的2000～2014年有关女性研究的有效的59篇文章中，虽然有关女性受众媒介接触和选择的研究仍不在少数，有19篇之多，但有关

① 〔荷〕凡·祖伦：《女性主义媒介研究》，曹晋、曹茂译，广西师范大学出版社，2007，第1版，第117页。

女性受众对媒介文本解读的研究有 24 篇，并较多采取媒介文本内容分析等量化方法和受众深度访谈等质化方法相结合，来阐述女性受众的解读。但这样的研究主要集中于近两年的硕士论文中，女性受众解读研究还有待拓展。

## 二 研究发现

本文通过对收集到的文献进行分析，发现近十五年来我国大陆对女性受众的研究可概括为三个方面，一是女性受众选择、接触媒介特征及其原因；二是女性受众接收行为和对媒介文本解读；三是大众媒介对女性受众的影响（或者说大众媒介对女性受众的效果研究）。

### （一）女性受众选择、接触媒介的特征及原因研究

#### 1. 女性受众在新闻接收中的缺位

这部分的 6 篇文章主要集中于对报纸和电视媒介的研究。这些研究普遍认为，相比于男性受众，我国有相当数量的女性受众在新闻媒介快速发展的语境下仍处于缺席状态；甚至认为“女性受众接受新闻大多是被动接受”“女性受众所关注的新闻大多是软新闻”。[①]

以电视新闻为例，在北京师范大学对中央电视台和北京电视台的栏目收视情况调查中，被访者选择电视的比例，男性受众占 57%，女性受众占 63%，女性电视受众人数超过男性；但新闻节目的收视调查显示，男性的收视兴趣要远高于女性，且女性受众收看新闻主要集中于时尚、娱乐、社会新闻等软新闻[②]。在获取个人所需情报和资讯的第一信息源上，北京等五个城市的女性受众中有 59.9% 选择杂志，18.7% 的人选择书籍，仅 4.4% 女性受众选择报纸作为第一信息源[③]。

在女性受众内部对于新闻报道媒介的选择也存在着分野：首先，“文化程

---

① 黄蓉芳：《我国新闻受众中的女性缺席》，《新闻与传播研究》2000 年第 3 期。

② 罗艳萍：《试论我国女性受众在新闻传播中的缺席》，《湖北广播电视大学学报》2006 年第 5 期。

③ 刘心：《从新闻报道看女性受众相对缺失的原因》，硕士学位论文，吉林大学，2007。

度相对较高的女性对新闻节目的兴趣高于文化程度较低的女性”；其次，“城镇妇女对新闻节目的兴趣高于农村妇女”①；最后，接收新闻报道的老年女性受众（主要指年龄在 60 岁以上的人）较少②。

对新闻报道中女性受众缺位原因的探究，黄蓉芳最早提出了三个层次上的原因③，之后的研究也基本囿于这些因素的分析。直接原因是女性在新闻文本中缺席，主要表现为在例行性新闻报道中较少有女性出现和新闻报道对女性角色定型化及不均衡描述；间接原因为新闻生产部门中女性的缺席，主要表现为新闻生产部门中女性从业人员少和领导阶层女性更少；深层原因为传统文化中女性的缺席，导致了我国女性整体素质较低，女性把更多时间和精力用于家务。

综上，男性在新闻生产层面上的控制导致新闻报道中缺少女性人物和议题，难以引起女性受众共鸣，因此逐渐拉大女性受众和新闻媒介间的距离，女性受众选择缺席。同时，由于长期处于男权社会和传统父权文化语境中，女性受教育程度普遍偏低，受缚于繁重家务使女性受众在新闻接受上力不从心，不得已选择了缺席。

但也有研究认为女性受众并非新闻报道中的绝对缺席者或非选择“软新闻”阅读不可。一个在小范围（武汉大学和华中科技大学）内以研究生为对象的便利样本调查表明：女性受众在接触媒体主动性方面要高于男性，且随着女性受教育程度提高，她们开始有意识去关注媒体中的社会新闻事件，“并涉足以往男性的阅读领域”④。女性受众对于新闻报道也有自身多层次需求：全国妇联对天津等地女性受众进行的问卷调查显示，55.4% 的受访者最关注时事，最关注综艺类和影视剧的受众各占 15.6%，而最关注生活时尚类信息的仅占 14.2%⑤。超过半数女性受众关心有关社会发展的时事，而刻板印象中女性受众最关注的生活时尚类的人数不足两成。这说明我国女性受众对于媒介文本的关注和消费开始多样化，若媒介生产者仍以“固有印象”对待女性受众

① 张敏：《电视新闻节目应吸引更多的女性受众》，《山东视听》2004 年第 1 期。
② 刘心：《从新闻报道看女性受众相对缺失的原因》，硕士学位论文，吉林大学，2007。
③ 黄蓉芳：《我国新闻受众中的女性缺席》，《新闻与传播研究》2000 年第 3 期。
④ 程芸娟：《媒介接触与使用中的性别差异》，硕士学位论文，华中科技大学，2006。
⑤ 刘心：《从新闻报道看女性受众相对缺失的原因》，硕士学位论文，吉林大学，2007。

的话势必遭遇困境。

2. 作为粉丝的女性受众“得到满足”

对言情小说和肥皂剧等大众媒介文本的研究一直在女性主义媒介研究中占据着一席之地，女性受众的追捧和媒介批评界的诟病成为悖论。新时期这两种媒介文本出现了新主题，如“吸血鬼”及“穿越”和“宫廷”等。近年中国流行的穿越题材也基本发生在宫廷，主角基本为女性。相关文章有10 篇。

似乎女性受众更易成为粉丝。调查显示“女性构成粉丝文化的主体，这一点东西方皆然”。究其原因是“女性较强的依赖心理”和“相对较早的性生理和性心理发展”。从社会原因看，首先，“父母对女孩的倾于传统的束缚比男孩更多”，女孩更有压力；其次，“女性可能比男性更容易从众”；最后，“社会对女性在事业成就上的期待更少”①。

近年，“穿越”和“宫廷”题材的小说和影视剧蔚然成风，并受到女性受众的追捧。研究者从“使用与满足理论”和“补偿心理”② 出发来解释女性受众喜爱“穿越”题材的原因，认为女性受众在当今男权社会文化中各种欲求不能得到满足，男性对社会资源享有优先控制权和使用权，因此极易形成女性在合理期望与不合理回报间的落差，穿越剧等媒介文本由此成为女性受众宣泄情感、补偿现实失落的“乌托邦”。但对于此类媒介文本的消费和解读只能帮助女性受众获得暂时的解放和话语主导权，“这些性别政治意味的诉求却因自身的狭隘和客观原因的限制而沦落为一种对主流权力关系的妥协，尚未能够成为现实、改变历史格局的有力政治力量”③，因此无法彻底颠覆男性话语霸权。

3. 作为消费者的女性受众未摆脱物化

这类研究的预设基本是现代社会中女性经济上获得了独立，拥有了巨大消费资源，同时基于传统性别分工，女性受众在家庭消费上更具决策权；这是一种传媒经济的立场。同时，也有人认为，“当男性对异性的审

① 鲍震培：《媒介粉丝文化与女性主义》，《南开学报》（哲学社会科学版）2013 年第 6 期。

② 陈波、李庚：《从女性视角看穿越剧中的女性人物》，《新闻世界》2013 年第 10 期。

③ 王思齐：《清宫剧文化现象的女性主义解读》，硕士学位论文，陕西师范大学，2013。

美需求在一定程度上，达到消费的饱和时，消费社会转而宣扬女性对异性的审美”①。

这些研究认为女性受众更易受到广告宣传的影响，原因是男女两性在生理和心理上的差异造就了“在非注意条件下，男性的控制性加工比女性更容易受理性诉求的影响，女性的控制性加工比男性更易受情感诉求的影响；呈现情感诉求时……与男性相比，女性受情绪状态的影响更大”②；“女性比男性更容易受他人影响，尤其是权威影响，因为也容易表现出模仿和从众行为”③，这都与所谓广告传播心理吻合，即女性广告接受偏情感化，易被说服。

被看作消费者的女性，其消费追求被一概定为追求“美”。人们认为女性更加感性、敏感，比男性的审美观更加敏锐，对“美”追求不懈。同时，认为女性在进行消费时是基于对家庭关系的认同，家庭角色，是女性扮演的种种社会角色中“最主要的”，“虽然有许多女性已经在积极投入到更广阔的社会中。女性的生活一直是以家庭生活为主体，所以女性对家庭关系的认同是代代相传的”④。这些论述进一步窄化了女性，虽认为女性开始逐渐获得主动消费的意识和选择权利，但对于消费追求的浅薄化界定仍未脱离男性话语体系中对女性“物化”和“附属”的归置。

虽然文章都宣称是从女性主义视角对大众媒介进行分析，但最终界定了女性作为消费者的主体地位，而不是作为人的主体地位。“女性主义媒介研究”成了噱头。

### （二）女性受众接收行为和对媒介文本解读的研究

社会性别化的受众对社会性别化的媒介文本的使用与解读是女性主义媒介研究的中心议题之一。受众在具体社会情境中对媒介文本进行使用、协商、诠释和融合，是一个意义再生产的过程；而日常生活情境根植于社会和权力的关

① 汪蕾：《从大众传媒与女性消费来看〈暮光之城〉女性热》，硕士学位论文，四川师范大学，2012。

② 涂勇：《广告诉求与情绪状态对信息加工模式的影响》，《重庆商学院学报》2002 年第 6 期。

③ 柏桦：《广告的“她”与“她”》，硕士学位论文，上海师范大学，2006。

④ 汪蕾：《从大众传媒与女性消费来看〈暮光之城〉女性热》，硕士学位论文，四川师范大学，2012。

系之中，决定了受众解读文本、制造意义的能力。

1. 经典解码策略及其延展

霍尔提出“主导式/协商式/对抗式”三种解码方式的假想开启了文化研究对于积极电视受众的研究，新的受众研究范式兴起；在此基础上，洪美恩的《达拉斯》阐释了四种观看肥皂剧的女性受众，莫利得出社会性别是家庭收视行为的指导性原则的结论。

对女性受众的访谈研究验证了三种解码方式的存在，在对《非诚勿扰》的个案研究中，处于主导式解读的女性受众往往倾向主动消费节目中女性身体符码，并据此规范和约束自身；协商式解读的女性受众对节目中的女性形象即不完全同意，又不完全否定；对抗式解读的女性受众以自己的诠释方式颠覆了节目的编码意图（《非诚勿扰》节目的编码意图基于研究者对节目的文本分析）[①]。

值得指出的是，在这些研究中，研究者们注意选取来自不同社会阶层和职业背景的女性受众。对女性受众占多数的女性宫廷剧的研究[②]，以“职业特征来探讨学生群体、年轻白领和家庭妇女三大类受众”。在对女性杂志读者的人种志研究[③]中，26 名被访者“有的来自北京等大城市，有的来自东部的县城和农村；这些人的身份有的是女大学生，有的是职业妇女，有的是外来打工的女性，有劳工阶层的妇女、机关干部、白领女性，还有家庭妇女，等等”。

有的研究更细化，将某种解码方式做了不同层次的划分。在以《甄嬛传》为个案的研究中，作者通过收集该剧受众在百度贴吧和豆瓣网等网络平台发布的剧评和反馈，经过整理分析认为，受众的观剧动机可以分为三个层次：浅层次观剧动机者主要进行消遣恶搞、寻求认同和现实代偿等；专门性的兴趣者主要关注剧中的宫廷和权谋文化，并对多类型女性角色展开讨论；专业化的鉴赏者则以学术化的话语表达审美旨趣和价值观，并对史实的真伪进行辨别[④]。在对女性受众解读有性诉求广告的访谈中，受访者均呈现不同程度的消极反映，

---

① 李解：《〈非诚勿扰〉中女性形象的呈现与受众解读研究》，硕士学位论文，西南政法大学，2012。

② 殷曼：《女性题材宫廷剧的接受心理研究》，硕士学位论文，华中师范大学，2014。

③ 王茜：《想象与缺席》，硕士学位论文，清华大学，2005。

④ 殷曼：《女性题材宫廷剧的接受心理研究》，硕士学位论文，华中师范大学，2014。

但解读视角却不尽一致，包括“简单的身体性感宣扬”“性诉求广告有夸张成分”“对女性角色矮化不满”“对重复多遍的性诉求广告厌烦”① 等。

由此可见，女性受众在接收社会性别化的媒介文本时并非完全是被动和无力反抗的，而是在所处的社会情境中进行适应、协商，甚至颠覆的解码和意义再生产。因此除传统量化研究之外，增加对女性受众的民族志研究，在“参与式观察”和“深度访谈”基础上注重女性受众对自身媒介文本解码过程的讲述、解释和评价，从女性受众切身经验出发有助于增强女性主义媒介研究者对社会性别化文本解构以及对男权社会文化颠覆的能力。

2. 女性主体：凝视与愉悦

这里的女性主体有两个含义，一是相对男性来说，二是相对女性主义媒介研究者来说。在男权文化中，女性是处于从属地位的“第二性”，在媒介文本中女性多被编码为“被凝视”的对象。穆尔维的电影精神分析理论虽指出了好莱坞叙事电影中存在的性别压迫，但提供的是一种逃避的解决方案，并未帮助女性电影受众找到出路；在很长时间内，女性主义媒介研究者们认为受众愉悦是一种虚假意识，评论家扮演的是“慈爱的教育者”的角色。

在女性受众接收行为和对媒介文本解读的研究中有 11 篇文章开始关注女性受众的愉悦和快感，对女性受众的主体性进行了建构。在对时尚杂志的女大学生受众的访谈中，研究者发现，尽管“大众媒介里充斥着各种关于女性特质的规训和消费主义的推崇等信息”，但受访者却表现出一些共性：“她们在阅读女性杂志的过程中获得的愉悦”是“有用”和“梦境”，并将对时尚消费的向往转化为追求个人成功的行动力；排斥“妇女”定位，实现“女性”回归；以地域和民族性来界定美丽的观念，确立自身在消费社会的主体位置②。女性受众开始作为主动的观者去“凝视”媒介文本中的男性角色，以此来表达自己的欲望，但是这种“凝视”仍未完全脱离男权文化的观看结构，是一种“运用两性关系幻想的符码来塑造男性角色”③，在此基础上女性受众获得愉悦，但这不免会进一步固化女性的从属地位，对男权文化继续妥协。

① 王新珠：《青年知识女性对性诉求广告的消极态度》，《广告大观》（理论版）2010 年第 2 期。

② 冯芃芃、Sue Thornhham：《令人质疑的“个人选择”》，《都市文化研究》2013 年第 1 期。

③ 王思齐：《清宫剧文化现象的女性主义解读》，硕士学位论文，陕西师范大学，2013。

作为能动主体的女性受众在对媒介文本进行解读时，是可以获得愉悦和快感的。愉悦的形成机制可分为以下三个层面：首先是“亲密的认同”①，一种基于女孩与母亲前俄狄浦斯时期的亲密所促发的对同性产生的愉悦；二是“对现实生活的认可”和“对日常生活幻想上的满足”②，女性受众以此来获得替代性愉悦，宣泄情感积累；三是“协商的快乐”，是“获得快感的后续保障”，女性受众通过协商而产生“对自我主体建构的参与意识”③。

3. 女性受众意义再生产的社会情境

女性受众进行意义再生产是无法脱离其所处的日常生活情境的，而日常生活的情境是由社会和权力关系所塑造的。女性受众对媒介文本的接收和解读是一个与社会和权力关系博弈的过程，或有意挣脱男权意识形态而积极构建自己的愉悦，或无力摆脱束缚而“乐知天命”。

作为流行文化粉丝的女性受众并不都是愚钝无知、易被误导的，她们积极运用媒介文本来应对日常生活。以宫廷剧的观看④为例，无论是学生群体还是家庭主妇，观看这类电视剧成为她们调剂业余生活、释放压力的工具，从中获取处理现实人际关系的指南；宫廷剧作为补偿性媒介文本，女性受众在其中获得替代性愉悦以弥补现实生活中缺少的呵护。在男权社会中，女性往往沦为“无声群体”而失去话语主导权，然而对特定媒介文本的讨论交流可使女性受众在小范围的群体中暂时获得话语主导权，如在百度贴吧《甄嬛传》吧中一篇由一位1993年出生的女生发起的《娘娘们的吉服制度》的帖子连续几周为精华帖子⑤。

无论是将媒介文本作为调剂生活和现实代偿的工具，还是由此获得某种程度的话语主导权，都带有某种性别政治的意味，因此女性受众可借由对社会性别化的媒介文本的接收和解读来表达性别权利诉求，对抗男权文化，以达到获得愉悦的“政治的”意义。

但由于中国文化在发展进程中从未对男权意识形态进行彻底反思，女性解

① 古霄：《女性电影的主体性研究》，硕士学位论文，广西师范大学，2013。
② 王思齐：《清宫剧文化现象的女性主义解读》，硕士学位论文，陕西师范大学，2013。
③ 古霄：《女性电影的主体性研究》，硕士学位论文，广西师范大学，2013。
④ 殷曼：《女性题材宫廷剧的接受心理研究》，硕士学位论文，华中师范大学，2014。
⑤ 王思齐：《清宫剧文化现象的女性主义解读》，硕士学位论文，陕西师范大学，2013。

放也多是在国族主义大背景下由男性推进的，加之，当下社会仍存在众多不合理的制度阻碍女性的发展，因此无可避免，对女性的规训和限制仍是媒介文本建构的主流，“大众传媒单纯强调‘差异’，却缺少对不平等的反思”①，性别不平等开始以更加隐秘的方式被编码在媒介文本之中。

当下社会女性受众的自我意识是建立在中国女性的“集体记忆”② 之上的，而这种集体记忆的形成受到父权思想和女性能动性的双重影响。虽然传统父权制思想很大程度上受到破坏，但传统观念对女性的束缚和歧视仍残存。因此女性受众群体很难形成一种有意识对抗男权的力量，甚至最终妥协，性别政治的诉求尚未能成为介入现实、改变历史格局的有力政治力量。张艳红③在对西方结构主义女性研究的介绍和评述中对女性受众通过通俗文本反抗性别压迫及其局限性进行了较为客观的叙述。

## （三）大众媒介对女性受众的影响的研究

这部分研究与前文叙述的女性受众对媒介文本的接收和解读的研究呈现截然相反的景观，几乎所有的研究认为女性受众面对大众媒介中的性别刻板印象时是被动的、消极的。媒介文本尤其是通俗文本为女性受众编织了虚幻的“异托邦”式的社会空间④，女性受众将社会性别秩序内化，使得“女性主体空壳化、外在化，导致了主体建构无效化”⑤。

针对大众媒介对女性受众的积极影响，论述很少，这些论述只是论及大众传媒有助于拓宽女性生活视野和增加女性受教育机会等⑥，这与一般意义上大众媒介效果的阐述无异，并不是完全意义上的女性主义媒介研究。

一篇讨论粉丝文化与女性主义的文章⑦论证了粉丝群体的主体为女性，这些女性受众身上所凸显的娱乐精神和文化消费主义等颠覆了传统女性“被看”

---

① 冯芃芃、Sue Thornhham：《令人质疑的“个人选择”》，《都市文化研究》2013 年第 1 期。

② 李解：《〈非诚勿扰〉中女性形象的呈现与受众解读研究》，硕士学位论文，西南政法大学，2012。

③ 张艳红：《女性受众的主观能动性与通俗文本的效用》，《现代传播》2004 年第 3 期。

④ 刘敏：《女性视角下网络小说改编剧的受众分析》，《新闻知识》2013 年第 9 期。

⑤ 李玉晓：《当代女性身体广告的审美批判》，硕士学位论文，兰州大学，2007。

⑥ 谢陶、黄含其：《大众传媒对女性受众的影响及发展探讨》，《知识经济》2010 年第 1 期。

⑦ 鲍震培：《媒介粉丝文化与女性主义》，《南开学报》（哲学社会科学版）2013 年第 6 期。

的地位，由此女性由被动的受众转变为积极的寻求者，这有助于女性主体意识的增强。但文章同时也认为粉丝群体中缺失女性主义意见领袖，粉丝文化本身具有盲目性和被动性，女性受众又极易陷入男权陷阱。

由于这些研究并没有将女性受众置于中心位置，未重视女性受众的解读体验，而只是立足于广义传播学的立场，因而研究论证和结论显得悲观和单薄。

## 三　结语与展望

通过上述分析，我们可看出有关女性受众研究在研究内容、研究方法上进一步丰富、多元。有关女性受众媒介文本解读的研究也有较多呈现，并采取量化和质化研究相结合的方法，一方面对媒介文本进行内容分析来探究媒介生产者的编码意图，另一方面通过问卷调查和深度访谈、小组座谈等来了解女性受众的解读和意义再生产。

凡·祖仑认为在受众研究时“倘若直接询问受众对流行文化的解读、使用和体验，流行文化的意义将得到更好的理解”①，这是单纯媒介文本研究所不具有的功能和作用。此外，女性主义媒介研究具有很强的现实指导的理想，即帮助女性认识到性别是社会和权力关系建构的结果，并为抗争现存社会性别秩序找到出路。因此重视女性受众解读切身经验的研究可弥补女性主义媒介研究者和普通女性受众之间的鸿沟，为指导现实的理想实现提供更为切实可行的参考。

现有的女性受众媒介接触和选择研究显示女性在新闻等所谓“男性气质”的媒介文本中仍处缺席状态，但一些针对城市白领女性和知识女性的研究表明，随着女性更多参与社会生活及教育程度的提高，女性开始有意识接触“传统男性关注和主导媒介领域”，关心社会发展，而非沉迷于“软新闻”和综艺节目。但无可忽视的是，在传统性别秩序依然存在影响和性别不平等呈现愈加隐秘的情况下，女性受众会不自觉被“规训”，被媒介消费主义所“绑架”而放弃主体地位。大众媒介对女性受众的效果研究未充分重视对女性受

① 〔荷〕凡·祖伦：《女性主义媒介研究》，曹晋、曹茂译，广西师范大学出版社，2007，第1版，第143页。

众的多样化解读，只是泛化浅析，甚至略显悲观。

因此后续的女性主义受众研究应更加重视女性的解读，注意诠释研究策略的运用。这是因为，首先，社会性别本身就是社会和权力关系建构的，单纯的量化分析无法解释人类与关系的互动；其次，可填补女性主义者与普通受众间的沟壑，减少知识女性对大众在符号上的剥削，降低女性群体内部分裂的可能性，增强女性主义学术研究的实用性；最后，女性话语更多进入传统由男性话语主导的科学研究领域，也是对男权秩序的反抗和颠覆，有助于女性摆脱"无声群体"的身份。

女性主义受众研究虽仍处于边缘地位，但呈努力发展势态，尤其是研究者们开始逐步加强与普通女性受众的联系，这必会为其发展增添动力。

## 参考文献

[1]〔法〕西蒙娜·德·波伏瓦：《第二性》，郑克鲁译，上海译文出版社，2011。

[2]〔荷〕凡·祖伦：《女性主义媒介研究》，曹晋、曹茂译，广西师范大学出版社，2007。

[3]〔美〕朱丽亚·T. 伍德：《性别化的人生》，徐俊、尚文鹏译，暨南大学出版社，2005。

[4] 柏桦：《广告的"她"与"她"》，硕士学位论文，上海师范大学，2006。

[5] 鲍震培：《媒介粉丝文化与女性主义》，《南开学报》（哲学社会科学版）2013年第6期。

[6] 卜卫：《媒介与性别》，江苏人民出版社，2001。

[7] 曹晋：《媒介与社会性别研究》，上海三联书店，2008。

[8] 常译月：《浅谈穿越小说与女性读者群》《环球人文地理》2014年第18期。

[9] 陈波、李庚：《从女性视角看穿越剧中的女性人物》，《新闻世界》2013年第10期。

[10] 陈瑜：《耽美小说的女性读者群心理学分析》，《才智》2012年第35期。

[11] 程芸娟：《媒介接触与使用中的性别差异》，硕士学位论文，华中科技大学，2006。

[12] 丁颖：《情感调解类电视谈话节目女性观众的收视需求调查》，《国际新闻界》2014年第6期。

[13] 董任春：《体育新闻视野中的女性受众研究》，硕士学位论文，西南政法大学，2010。

[14] 董鑫：《影像世界中的另一双“眼睛”——关于女性观众》，《重庆与世界》2011 年第 1 期。

[15] 俄秦钰：《社会性别认同对女性受众广告态度的影响研究》，硕士学位论文，中国传媒大学，2012。

[16] 冯浩羽：《性别差异研究在广告中的应用》，《东南传播》2012 年第 10 期。

[17] 冯芃芃，Sue Thornhham：《令人质疑的“个人选择”》，《都市文化研究》2013 年第 1 期。

[18] 高叶：《报纸媒体新闻受众女性缺位成因探析》，《唯实》2003 年第 1 期。

[19] 古霄：《女性电影的主体性研究》，硕士学位论文，广西师范大学，2013。

[20] 郭建：《从女性受众到女性文化消费》，硕士学位论文，福建师范大学，2006。

[21] 黄蓉芳：《我国新闻受众中的女性缺席》，《新闻与传播研究》2000 年第 3 期。

[22] 蒋清凤：《大众话语观照下的性别角色探析》，《外语艺术教育研究》2011 年第 3 期。

[23] 李解：《〈非诚勿扰〉中女性形象的呈现与受众解读研究》，硕士学位论文，西南政法大学，2012。

[24] 李未：《女性视野下的网络原创文学受众研究》，《新闻界》2010 年第 3 期。

[25] 李玉晓：《当代女性身体广告的审美批判》，硕士学位论文，兰州大学，2007。

[26] 林树：《广告信息加工中性别差异的实验研究》，硕士学位论文，南京师范大学，2003。

[27] 刘晶晶：《韩剧对中国女性观众消费行为的影响及原因分析》，《新闻传播》2014 年第 6 期。

[28] 刘利群：《社会性别与媒介传播》，中国传媒大学出版社，2004。

[29] 刘利群等：《媒介与女性研究教程》，中国广播电视出版社，2013。

[30] 刘敏：《女性视角下网络小说改编剧的受众分析》，《新闻知识》2013 年第 9 期。

[31] 刘心：《从新闻报道看女性受众相对缺失的原因》，硕士学位论文，吉林大学，2007。

[32] 龙柳萍：《网络文学的“她”世界》，《广西教育学院学报》2013 年第 1 期。

[33] 鹿力：《我国文化市场的女性受众及从业人员现状分析与思考》，《山东女子学院学报》2012 年第 5 期。

[34] 罗艳萍：《试论我国女性受众在新闻传播中的缺席》，《湖北广播电视大学学报》2006 年第 5 期。

[35] 马桂花：《我国女性阅读现状分析及应对策略》，《青海社会科学》2014 年第 5 期。

[36] 马薇薇：《肥皂剧的魅力——女性主义解读》，《中华女子学院学报》2009 年第 2 期。

[37] 施素雯：《1994 年以来的中国女性受众研究》，硕士学位论文，兰州大学，2006。
[38] 宋玢璐：《影视剧对社会性别观念的正面建构》，《安徽电子信息职业技术学院学报》2008 年第 4 期。
[39] 涂勇：《广告诉求与情绪状态对信息加工模式的影响》，《重庆商学院学报》2002 年第 6 期。
[40] 汪蕾：《从大众传媒与女性消费来看〈暮光之城〉女性热》，硕士学位论文，四川师范大学，2012。
[41] 王国珍：《女性受众与传媒中的“女性形象”》，《浙江师范大学》2004 年第 3 期。
[42] 王蛟洋：《从女性穿越作品的热潮中窥见男权社会下中国女性的矛盾心理》，《金田》2014 年第 2 期。
[43] 王平：《基于受众性别和固定植入情境的植入式广告有效性分析》，《管理学报》2014 年第 5 期。
[44] 王茜：《想象与缺席》，硕士学位论文，清华大学，2005。
[45] 王思齐：《清宫剧文化现象的女性主义解读》，硕士学位论文，陕西师范大学，2013。
[46] 王文蓉：《握紧手中的遥控器——青年女性观众的“女性意识”》，《当代电影》2001 年第 3 期。
[47] 王晓翠：《新闻类期刊女性受众的崛起》，《青年记者》2007 年第 20 期。
[48] 王新珠：《青年知识女性对性诉求广告的消极态度》，《广告大观》（理论版）2010 年第 2 期。
[49] 谢陶，黄含其：《大众传媒对女性受众的影响及发展探讨》，《知识经济》2010 年第 1 期。
[50] 闫凯蕾：《潮流与风向标——青年女性的收视模式及其变异》，《当代电影》2001 年第 3 期。
[51] 颜小芳：《论影视叙事与女性观影愉悦》，《贵州社会科学》2012 年第 12 期。
[52] 易立晖：《电视女性受众的收视习惯探究》，《当代传播》2007 年第 3 期。
[53] 殷曼：《大众传播语境下女性受众的阅读体验》，《新闻世界》2013 年第 4 期。
[54] 殷曼：《女性题材宫廷剧的接受心理研究》，硕士学位论文，华中师范大学，2014。
[55] 原洁：《论女性受众在大众传播媒介下的被动与沉默》，《新闻三昧》2009 年第 11 期。
[56] 张开：《女性观众喜爱电视剧成因分析》，《现代传播》2009 年第 6 期。
[57] 张莲芳：《从女性期刊现状反观女性阅读心理》，《现代商贸工业》2007 年第 5 期。

[58] 张敏:《电视新闻节目应吸引更多的女性受众》,《山东视听》2004 年第 1 期。
[59] 张艳红:《后结构主义的女权主义受众观》,《当代传播》2004 年第 1 期。
[60] 张艳红:《化害为利”的积极视角与“平民主义”的审美乐趣——后现代女权主义的受众批判》,《北京电影学院学报》2005 年第 3 期。
[61] 张艳红:《女性受众的主观能动性与通俗文本的效用》,《现代传播》2004 年第 3 期。
[62] 张映雪:《网站频道内容设置对女性受众的影响初探》,《新闻知识》2006 年第 11 期。
[63] 赵雅文:《我国电视新闻节目女性受众缺位的现状及对策》,《记者摇篮》2005 年第 10 期。
[64] 朱晶:《女性受众对传媒的接受与影响》,《编辑之友》2010 年第 3 期。
[65] 朱晓映:《电视传媒的女性视角》,《南通师范学院学报》(哲学社会科学版) 2002 年第 1 期。
[66] 曹晋:《媒介与社会性别研究》,上海三联书店,2008,第 1 版。

# 海外研究篇

Research from Overseas

B.24

# Gender Equity, the Chinese Dragon, and Deontology: Promoting Fairness in the Newsroom

Linda Steiner *

**Abstract**: This paper critiques the intellectual approaches to promoting equity for women in news content, and, more directly, for professionals producing that content. Accomplishing the fullest kind of diversity and equity in news and in newsrooms requires reconceptualizing journalism's strategies, policies, and practices, and even de-centering the concept of gender. This paper first briefly critiques several theories, concepts and

* Linda Steiner, Professor, Philip Merrill College of Journalism, University of Maryland; former president of the Association for Education in Journalism and Mass Communication and editor-elect of Journalism & Mass Communication Monographs. Her research areas include media and gender; media ethics; journalism history; citizen journalism.

perspectives proposed to explain the difference that gender makes or should make in mass communication professions, especially journalism. Given that these theories neither explain nor show the epistemological "effects" of gender, an intersectional approach is illustrated with the case of Chinese-American women journalists. This highlights how gender cannot be taken as a single-dimensional, dichotomous factor distinguishing all women from all men. Instead, gender always and ever intersects with other dimensions of identity and experience. Second, the paper groundsfeminist politics in deontological perspectives having to do with fairness, rather than teleological assumptions that women and men are categorically different. Althougharguments about women seem to gain greater traction when a proposed action is claimed to result in different ends, in measurable effects, this paper suggests that fairness is a sufficient warrant for hiring and promoting women. Moreover, making decisions on the basis of fairness and equity, and on the basis of a reasonable idea of human nature, allows one to acknowledge a central truth: everyone is flawed. That is, this allows for reporting about women that does not require impossible and counter-factual claims that women are always "good."

**Keywords**: Gender Equity; Deontology; Fairness; Newsroom

## The Politics of Determining Difference

Many media scholars use the percentages of newsroom positions that women hold to be an adequate measure of gender equity. The reasoning is that equal numbers of women and men in journalism not only itself represent equity, but also will produce equity in content. Women are said not only to cover different things, but to do print or broadcast journalism differently. According to this logic, greater percentages of women will result in more women being the subjects of news articles; and more women, including a diversity of ordinary non-elite women, being interviewed, quoted, and used as sources. When women hold half of the newsroom jobs (especially if this is both horizontal and across beats, as well as vertical, meaning that women are also in executive and leadership positions), the logic continues, the result will be more pronounced focus on features and news about or important to women audiences, and greater sensitivity to women's voice(s), perhaps different, or even superior ethics. Other outcomes include depicting women and men in equivalent ways in photographs and not using condescending, infantilizing, or sexist language in describing women or women's issues. Thus, for example, women's marital status and physical appearance would be described only when these would be mentioned about men. More specifically, equity in hiring and promotions would result in many more women in management and leadership positions. In turn, women publishers and especially editors would cultivate more family-friendly newsroom cultures, hire more women, and assign reporters by criteria other than conventionally gendered assumptions about soft and hard news.

This kind of teleological reasoning has been extended to advocate on women's behalf by referring to the impact of the content: Women-produced content would, it has been argued, be more useful and satisfying to women audience members, and would in turn promote both women's self-esteem and overall status in society, such that they would get more respect. Theories about lack of equity for various social identity groups (and ethnicity and race also are often treated one "variable" at a time) suggest that any content that is not produced by that group will ignore or trivialize that group, which in turn will undermine the group's sense of what they can accomplish.

For a number of reasons, the logic described above overstates the power of mainstream media to cultivate attitudes and opinions. First, audiences are stubbornly and even oppositionally creative. Other factors include is the proliferation of and variety in channels, the shift to the do-it-yourself consumer production, the increasing ability to use technology to produce and distribute "alternative" media cheaply, and the use of social media to critique mainstream productions.

Nonetheless, advocacy and professional organizations, as well as academic researchers collect quantitative data indicating presence or absence in mainstream media fields. For example, Asian American Journalists Association (AAJA) and the Media Action Network for Asian Americans (MANAA) as well as organizations such as the National Organization for Women (NOW) look at numbers. Since 1995, the Global Media Monitoring Project (GMMP) has been periodically documenting what it calls "the deep denial of women's voices" by the world's news media. The GMMP regard such silencing as violating women's freedom of expression and information. (In 2010, monitors across 108 countries found that women were 24 percent of the newsrooms, up from 17 percent in 1995.) Of course, part of the GMMP's goal is participation per se: The activity involves citizens and activists, as well as researchers, thus developing media literacy and advocacy skills.

In the case of gender in journalism, the theories have failed, usually because they are grounded in static, universalized notions of womanhood that neither explain nor predict how, and why, real people work and that ignore how sexism, racism and even ethnocentrism remain pervasive. This is not to deny that women journalists have complained about a masculinized newsroom culture. For broadcast journalists, ageism and "lookism" have been problematic. Thus, black women have endured particularly acute and vicious discrimination; women who fail to meet certain beauty standards can also suffer. But while women especially experience these as double (or triple) inequities, racism, ethnocentrism, and even the exaggerated attention to physical appearance can sideline men, too. More to the point, the fact that ugly, old or non-white women (and men) may suffer discrimination does not mean they have highly specific, non-overlapping perspectives in reporting. Unwarranted or undeserved prejudice is morally wrong, even if correcting the discrimination produces little or no visible change.

When gender differences don't appear, it's not clear whether it is because everyone needs to conform to professional standards of the era, or because women have learned to give normative answers or have adapted to the newsroom's masculinist culture, perhaps merely to keep their jobs. For example, women may use women sources not because they "naturally" incline to this but because they cannot get interviews with sexist men or because sexist notions confine them to beats where women sources are more important. Conversely, women may disdain women sources precisely because they are aware of conventional assumptions about women preferring to interview women. They may be determined to interview whoever is at the top of the hierarchy. Even in the face of substantial sexism, women do not necessarily develop gender-consciousness, much less female-specific approaches to work.

## Celebrating Difference

Evolutionary psychology is arguably the most reductive and "essentialist" approach to sex/gender differences. Helen Fisher, to take its most prominent exponent, asserts that men and women play with different decks of evolutionary cards. Fisher (1999) speculates that hormones bathing the brain at critical developmental periods caused sex differences to suit men's and women's primordial jobs. For example, in raising babies under dangerous conditions, ancestral mothers needed to do many things at the same time. As a result of these differences in brain structure, men and women tend to think differently. Fisher contrasts females' contextual, holistic thinking ("web thinking") to men's focused, compartmentalizing, incremental reasoning ("step thinking").

Basic language skills are associated with the female hormone, estrogen, so women are better at many language skills. If women's "natural" talent for effective communication was marginalized for centuries, Fisher says, it is appreciated in the contemporary information age. She asserts that women's evolutionary advantage is geared to success throughout the communications industries, especially given social, political, demographic changes. Women generally take a broader perspective, display more mental flexibility, apply more intuitive and imaginative judgments, tolerate ambiguity better, and have a greater tendency to plan long term. Women tend to gather more data and connect these details faster. When women make decisions, they weigh more variables, consider more options, recall more points of view, and see more ways to proceed. They integrate, generalize, and synthesize. She finds women's "way of seeing" —used interchangeably with "feminine thinking" — permeating newspapers, film and television shows.

Fisher's trade books bring together an idiosyncratic and highly selective hodge-podge of scientific research, anecdotes, and quotes from poets, essayists, and people of unclear expertise. The theory has found its way into journalism scholarship, albeit only to a slight degree. Several news organizations, however, including the Newspaper Association of America (NAA), the American Society of Newspaper Editors (ASNE), the American Press Institute (API), and New York Women in Communications have prominently promoted her work. The API promoted Fisher's discussion of women's executive social skills, in conjunction with its own survey of newsroom managers. The API survey, conducted in 2002, turned up some gender differences. Yet, men and women expressed similar feelings on many important issues. Ironically, perhaps, the greatest divide emerged among two kinds of women: unsure, struggling, "career-conflicted" women (45 percent of those surveyed) versus savvy "career-confident" women. The latter had the advantage of mentors and numerous workplace skills. Indeed, Fisher's optimism about women's communication skills notwithstanding, it was the career-conflicted women who tended see themselves as having a traditionally "female" communication style. That is, here, as with other research, both external and internal structures, as well as individual differences-which could be attributed to some combination of socialization and upbringing, schooling/classroom experiences, social context or cultural environment, and, for adults, even work life seemed to be more powerful.

Two women blogging for the Poynter Institute positioned Helen Fisher as a prominent expert on the value of a woman's perspective in the workplace. They invoked her to defend their claims that women bring a different sensibility to journalism and women editors would not act like men. Both quoted Fisher saying: "Indeed, women's power is likely to escalate, because many of our business environments need the skills of women: their verbal skills, their collaborative and nurturing leadership styles, their mental flexibility, and, increasingly, their tolerance for ambiguity." The associate editor of Poynter. org, celebrated *The New York Times* appointment of its first (in the position's nine-year history) woman as public editor because she strongly suspected that Margaret Sullivan would do the job differently (Tenore 2012). Recalling the previous (male) public editor's critique of a highly problematic *Times* story about an 11-year-old rape victim, Tenore said: "I can't help but think that a woman would have shared a different and perhaps deeper perspective on the issue."

As it turns out, a man also on the Poynter faculty had likewise noted all previous public editors at the *Times* had held very senior positions, had many years of publishing experience, and were white, middle age (or older) men. Silverman (2012a) urged the paper to break that mold and invent new qualifications, in order to get a different kind of hire. He suggested that the *Times* needed a public editorwith digital and social media experience and skills. More to the point, he said, the new hire should represent at least one element of diversity (age, race, gender, etc). Ironically, Silverman (2012b) later became a candidate for the job as public editor. In quoting his own application, he described his temperament in ways that do not seem obviously different from a woman's: "As a colleague I am respectful, diligent, hardworking and cheerful. I prize fairness and civility, and work to achieve them on a consistent basis. I also admire and practice consistency."

Cultural feminism is even more explicit than evolutionary psychology about re-valuing femininity in order to celebrate it. Cultural feminism offers a matriarchal vision of women correcting masculine tendencies to selfishness and violence. This view accuses women who downplay gender distinctions of subconsciously adopting male norms, or indulging in self-deception and internalized sexism. The corollary claim that women bring different values and ethics to journalism is particularly evident in attempts to find sex differences in war reporting, although working women themselves have historically tended to resist the claim that they bring a different sensibility to journalism across all beats.

## "Just Wait" Theories

Another theory is that, in the face of an intractable patriarchical social structure, women predictably deny their own female ness, undermine other women, and act like men. This is especially the case with token women, who adopt or get pushed into exaggerated, gender-stereotyped roles. One of the most popular theories of why women's presence did not seem to noticeably change news content borrowed from nuclear physics, where the term critical mass refers to the quantity needed to start a chain reaction. Having assumed that isolated or "token" individuals cannot achieve significant organizational change, Rosabeth Moss Kanter's (1977) study of organizational culture inspired efforts to quantify the point at which women corporate leaders could form alliances or coalitions to successfully offer new visions, or, in politics, when women politicians could join together to tip political decision making in a "woman-friendly" direction. Thus, critical mass refers to an irreversible turning point. Estimates of this threshold typically range between 20 and 33 percent.

Critical mass both defends hiring and promoting (or electing) more women, and explaining why they might not (yet) make a difference. In journalism, the expectation was that once women reporters reached "critical mass" of at least 30 percent, they would be able to provide more, and more accurate, coverage of women. But it is conceptually weak, endorsing a double bind for women: It requires women to bring something distinctive to the table and simultaneously to be "professional." And now women are more than one-third of journalists. Indeed, the founder of the GMMP, Margaret Gallagher (2001: 4) gloomily acknowledged: "Although in most countries more women are entering the media professions than ever before, it would be unreasonable to imagine that this will result in a radical transformation of media content. It is certainly possible to see the mark made by individual media women, as women, on certain types of output. But the fundamental patterns of media representation that preoccupied the women's movement of the 1970s remain relatively intact thirty years later."

More specifically, survey data do not show gender to reliably predict differences in professional practices. Men and women conceive the role of news and evaluate the ethics of controversial reporting methods in similar ways. The backgrounds, experiences, and identity, as well as personal beliefs of media professionals generally matter less than do professional values; professional routines and constraints; technology; organizational and structural arrangements; market conditions; external relationships with sources, audiences, advertisers and other interested parties; and even cultural and political context. This is not to deny some continuation of gender stereotyping in assignments, and inequalities in hiring, promotion, and salary. For example, in newsrooms with predominantly men editors, men may be assigned conventionally "hard" news while women are assigned to more features and "soft" news; in newsrooms run by women, assignments do not appear to differ according to reporter gender (Craft and Wanta 2002).

Ironically, critical mass theory also gave rise to concerns about a "pink ghetto." Since jobs associated with women are low status and low paid, when a field shifts from male-to female-dominated, its pay and the prestige fall in a vicious circle. By this logic, women's incursion into journalism would seriously degrade journalism.

Perhaps the most obvious candidate for becoming a pink ghetto is television news. Television has been relatively amenable to women reporters and women as subjects of news because the sheer physical appearance of women (or at least some women) is thought – rightly or wrongly – to "attract" audiences. This attractiveness is presumed to work not only on men in the audience, but also women, if precisely the right balance of sexiness and intelligence is achieved. Men broadcasters initially resisted allowing women to present the news on television. As with print, this was true of both reporters and management: Women represented job competition. Nevertheless, women made a relatively rapid incursion into television. In the 1970s, when this shift was most sudden, they were always white and blonde and some of those young pretty women were probably promoted too quickly. Pairing men and women as anchors is quite acceptable, although newscasts anchored only/fully by women continue to meet resistance, and they generally must hew to fairly narrow standards of beauty. Society has changed. Journalism has changed across all platforms. But the dramatic decline in the symbolic and monetary rewards of what has been called "feminized" journalism resulted from technological change and a market-driven turn to consumer-orientations, not women's incursion *per se*. The Pink Ghetto simply did not come to pass.

## The Glass Ceiling

In the 1980s, efforts to explain why women journalists did not have more obvious impact turned to the paucity of women executives and editors. In turn this was attributed to a glass ceiling. The glass ceiling-or perhaps, for Chinese and Chinese-Americans, a bamboo ceiling – refers to an invisible but impenetrable barrier barring women from decision-making positions. One variation of the glass ceiling asserts more specifically what matters most is women at the very top – that it is top leadership and even ownership that makes the difference. According to headlines, women executives would buck male norms and create a different newsroom culture, if only they could break through that artificial barrier. The ceiling represents a combination of sexist stereotypes; external and internal structural barriers clustering women in staff positions that don't lead to top ranks, and different performance and evaluation standards. Women's failure to move up in the corporate world is not because they don't work hard: Women executives work as many hours as comparable men and are less likely to refuse to relocate.

Certainly sexism has excluded women from leadership positions. Women hold only 34.6 percent of the supervisory roles at U. S. newspapers. Until the feminist movement, most women became news executives only by virtue of their connections as wives or daughters. Katharine Graham most famously did not inherit the leadership of *The Washington Post* from her father, who owned the paper and passed it on to Graham's husband. The painfully shy and modest Graham became publisher only reluctantly, after her husband's suicide. Even so, her experience did not immediately change her mind. In 1969 Graham told the *Women's Wear Daily*: "I can't see a woman as managing editor of a newspaper." Although she later changed her mind about the appropriateness and importance of women in newsrooms, Graham owned both the *Post* and *Newsweek* in 1970, when women staffers there successfully filed sex discrimination suits.

Of course, male culture in the newsroom may explain both the relative lack of women in higher posts as well as the continuation of norms and routines that serve to standardize the news and diminish the potential for individual characteristics to have an impact on it. A survey (Falk and Grizard, 2003) of Fortune 500 companies in telecommunication, publishing, entertainment, and advertising found that the percentage of women executives was stagnant at about 15 percent; no company had a majority of women in top executive positions. The Annenberg report criticized the paucity of companies offering flextime, on-site early education and child care—which enable more women to stay in the work force, return to work after having children, and balance their work and family responsibilities, and as a result, better help them to move up corporate ladders. Few offered paternity benefits, although nearly all companies offered maternity leave; and most companies (68%) allowed all employees to supplement their maternity leave with personal time off, vacation, or a similar program. But during maternity leave, only half of the companies paid all employees at what the Annenberg authors considered a minimum threshold (100 percent of regular pay for four weeks).

Based on her field study of the *Sarasota* (Fla.) *Herald-Tribune* for the brief period when all its top leaders were women, Everbach (2006) said they made some differences in newsroom management and culture. The women managers created a family-friendly work environment perceived by employees as emphasizing teamwork and consensus. On the other hand, what Everbach regarded as established masculine news values and reporting or editing practices did not change. The women gatekeepers selected and published news topics that conformed to male-dominated news values and influenced content only in small, selected areas. The notion that an organization's senior leaders can influence an organization's culture was consistent with gatekeeping, the notion that editors' personal beliefs influenced their understanding of what was newsworthy. But this exaggerates editors' autonomy and thus their impact. In any case, research does not indicate that women editors or news managers make significantly different hiring decisions nor do they require their staffs to act in significantly different ways.

As it turned out, when then-Public Editor of the *Times* interviewed Jill Abramson about her historic and much-celebrated appointment as the first woman executive editor of *The New York Times* (which was founded in 1851), Brisbane's (2011) very first question was: "Will the public see a change because a woman is now in charge?" Abramson was adamant in her answer:

> The idea that women journalists bring a different taste in stories or sensibility isn't true. I think everybody here recognizes and loves a good story, and the occasions are rare when there is disagreement about that.

Nor had the public noticed a gender slant when she was managing editor. And lest people think that, as a woman she had preference for specific story types, she said: "I am very catholic in my taste... The thing I like most, I love the story behind the story. And I love an analytical scoop."

In a post headlined "Female journalists disagree with Abramson about women's taste in stories," Tenore (2011) said Jill Abramson's insistence that she would not do things differently from men executive editors stirred debate among women reporters who say women do have different perspectives and experiences that shape their work. Tenore cited the GMMP finding that women reporters challenge stereotypes more often than men. (In truth, neither women nor men did this very often.) Geisler (2011), who in the 1970's was one of the first women TV news directors, at age of 27, listed several ways Abramson's promotion could help women, including to remind publishers to look beyond their comfort zones when they are looking to promote. Furthermore, Geisler, who heads the Poynter leadership and management programs, said the appointment might encourage women to stick around the newsrooms longer, rather than leave; and would inspire and motivate journalism students, many of whom are women.

## The Special Case of Chinese-American Women

Sexism manifests unevenly and affects people of minority identities differently. In 2009, about three percent of radio and television journalists, close to their percentage in the population, are of Asian descent. Among Asian Americans, women continue to be more numerous and prominent in television news than men. The most prominent has long been Connie Chung (Constance Yu-Hwa Chung Povich), who has worked for NBC, CBS (for about MYM2 million annually), CNN, and MSNBC. In 1971, Chung was one of the first Asian American national correspondents for a major TV news network. She hosted *Saturday Night with Connie Chung* (1989 – 1990). She co-anchored the *CBS Evening News* from 1993 to 1995, becoming the first Asian American national news anchor and the second woman (after Barbara Walters in 1976) to co-anchor a major network's national news broadcast. (Not until 2006, with Katie Couric at CBS did a woman get to solo anchor a national newscast in the United States. But her ratings quickly fell given what critics called her flat and robotic performance. Her predecessor Dan Rather said her hiring was an attempt to "dumb it down, tart it up in hopes of attracting a younger audience." Couric quit within five years.)

Skeptics within the news industry dismissed Chung's promotion as mere "window dressing," hired in a cosmetic change to bolster the network's ratings (Hamamoto 1994). While at *CBS Evening News*, Chung hosted a side project, *Eye to Eye with Connie Chung*, whichwas a ratings fiasco and was criticized for using dramatic reenactments. Moreover, soon after the very quick demise of her celebrity interview program, *Face to Face with Connie Chung*, Chung reneged on a commitment to deliver a keynote address to an Asian American Journalists Association convention. Apparently this confirmed the perception that Chung was uncomfortable with being identified with the Asian American community. In 1995, Chung jumped to ABC News where she co-hosted an edition of *20/20*, specializing in her independent interviews. In 2006, she did a weekend show with her husband Maury Povich.

More to the point, Connie Chung led a trend. Since then, every major metropolitan market in the US would have one Asian American woman anchor. "Connie Chung syndrome" refers to the overrepresentation of women Asian American anchors but the near-total absence of male counterparts. Recognized across popular culture, this phenomenon was even mentioned by in the 1985 film *Year of the Dragon*. In 1991, mocking the furor that erupted when a very well paid *Eyewitness News* anchor's contract was not renewed, humorist Harry Shearer (1991) said Kaity Tong "could be seen by certain unfair and cynical observers as part of the one-Asian-woman-per-station rule that has prevailed in TV news." This is not to say that no Asian American men are television news anchors. But there are few, mainly in cities with very high Asian populations. The pattern perhaps accords with the mainstream notion of Asian-Americans as model minority, as hard-working, successful, highly educated and smart (especially in math and science, especially for men).

Notably, back when she was still an anchor at CNN, Joie Chen, nowanchor of Al Jazeera America's flagship evening news show (JournalismJobs. com, 2000) told an interviewer about what is arguably the Asian version of the pink ghetto:

> What I fear in journalism is that it becomes a girl's job the way we used to see nursing in a pejorative way, or teaching. It's what girls do before they get married. It's losing its image as a lifetime profession. If you go to journalism schools, you find that classes are overwhelmingly female, filled with very attractive women. That's not a bad thing, but there's the expectation that all of these pretty women are going to be on TV. It's also very low-paying at the entry level. I think that in a lot of families, certainly there's a sense that I don't want my son taking a job making MYM15, 000 a year. In the Asian American community, for example, there is often the expectation that a son will make more and have a solid financial career. Families are more willing to let a daughter take a chance on becoming the next "Connie Chung."

Another perspective on the problem of Asian Americans in broadcast news came in

September 2013, during a week when each cohost of the daytime show *The Talk* revealed a secret. Cohost Julie Chen (no relation to Jolie Chen) revealed that in 1995 she had plastic surgery to make her eyes bigger after being told that her Chinese eyes would limit her career. She told *The Talk* audience that while working as a local news reporter in Dayton, Ohio, her news director told her: "You will never be on this anchor desk, because you're Chinese. . . . How big of an Asian community do we have in Dayton? The audience can't relate to you because you're not like them." On top of that, he said, because of her Asian eyes, "I've noticed that when you're on camera, you look disinterested. You look bored." Other industry experts told her the same thing, including one of the biggest agents in the country. Chen said this was like a "dagger" in her heart, describing this as a grown-up version of the racist chants she heard as a child.

Despite some misgivings, and accusations from family members that this was denying her heritage, however, Chen had her double eye folds removed. The AAJA said Chen's story illustrated the daily struggles Asian Americans face at work. It added that Asian Americans issues are still rarely covered and few newsroom staffs reflect the growth in the Asian American population. And the Dayton station management apologized to Chen, saying that the station, now under different ownership, no longer tolerates racism or discrimination. Others were more critical of Chen's decision. In his blog "Angry Asian Man," Phil Yu (2013) criticized Chen but added: "I appreciate the opportunity for a frank conversation about the things we give up and how we deny our identities, to feel more accepted. It sucks that you did that, but it sucks even more that we live in a world that practically cheered it on" (Yu 2013). But Chen herself said: "And after I had it done, the ball did roll for me…. And I'm not going to look back." From 1999 to 2002, Chen, who is married to Leslie Moonves, president and CEO of CBS Television, co-anchored both CBS early-morning shows, *CBS Morning News* and *The Early Show*, continuing on the later show until 2010.

At the peak of Chung's celebrity, Hamamoto (1994) described the "Connie Chung syndrome" as the outcome of a complementary system of racism and sexism. In 1991 the *Los Angeles Times* article had said minorities' accusations that the "white, male hiring Establishment feels more comfortable seeing a white male sitting next to a minority female at the anchor desk than the reverse" were "difficult to prove." He took the *Los Angeles Times* to task for refusing to address these twin taboos. Indeed, Hamamoto took this argument farther:

> The prevalence of Asian American women functioning as TV anchors is rooted in a sexual politics that harks back to the era of European imperialism continuing through to the more recent U. S. wars of conquest in Asia. …Asia itself stands as a sign-symbol for a passive and compliant femininity as constructed under the imperial regime of Euro-American patriarchy, an Asia meant to be possessed by force and ravaged at will. Once subdued and wrested from her male defenders, the fantasy-ideal of the Asian woman can then take her rightful place at the side of the Euro-American conqueror as war bride, as mail-order wife, as whore, as TV news anchor. (p. 246)

Even at the time, however, different interpretations were articulated. KCBS-TV Los Angeles anchor Tritia Toyota explained away the so-called syndrome as merely the unintended outcome of jealousy that Asian-American women like Toyota and Connie Chung won prominent jobs. (Ironically, Toyota was demoted under unclear circumstances.) Toyota also blamed Asian American men for not being unwilling to risk entering a profession that offered little job security and guarantees for career advancement. But Hamamoto (1994) quoted then CBS-TV news correspondent James Hattori (he also worked for NBC, CNN, andNPR) criticizing network management for professing sympathy for the plight of Asian American men but not acting affirmatively to correct the gross gender imbalance of on-camera talent.

In any case, a 2002 report titled "Asian American Male TV: Where Are They?" showed that in the top 25 US markets, one Asian American man and 13 women enjoyed anchor roles. At top journalism schools, Asian Americans women outnumbered men four to one. Confirming Joie Chen's remarks, *Patricia Riley* and Cynthia Kennard's *2002* reportpointed, in part, to the low status and low pay of broadcast television. Feeling less constrained by low starting salaries, Asian women (and women more generally) are more likely to go into the fields that interest them. The AAJA therefore launched an initiative to steer more Asians, especially men, into broadcast journalism. By 2008 (Prince, 2008), the number of Asian American men on the air in the top markets had increased by 73 percent, from 22 to 38. The number of Asian American women increased 54% , from 84 to 129. Meanwhile, a 2004 survey of 30 media markets of various sizes across the US found that both men and women Asian Americans were under-represented in TV and newspaper management. Newspaper editors and television news managers told Medill researchers Larry Stuelpnagel and Cynthia Linton that few Asian Americans were in the job pool or in their market. Asian Americans at two California newspapers, which employed the majority of print managers found in the Medill-AAJA study, said the stereotype of Asian as unassertive is not helpful in the "hard-charging" newspaper culture.

And serious Chinese-American women journalists should be acknowledged. Just to take two examples: Carol Lin broke the news of 9-11 on CNN. Lin was national correspondent and substitute anchor for ABC's *Good Morning America* and reported for *World News Tonight with Peter Jennings*. At CNN 1998 – 2006, Lin anchored several news programs, including *CNN Early Edition*, *Live at Daybreak*, *Newsroom*, and *NewsStand*.

Lisa Ling ( *Líng Zhìhuì* ) joined Channel One News at age 18, taking on assignments in Iraq, and Afghanistan. Ling co-hosted *The View* 1999 – 2002 and then hosted a show for *National Geographic*. The *Oprah Winfrey Show* aired herinvestigative reports on North Korea, as well as the drug war in Colombia, bride burning in India, gang rape inthe Congo, the Lord's Resistance Army in Uganda, and child trafficking in Ghana. Her show *Our America with Lisa Ling* ran for five years on The Oprah Winfrey Network. She currently has her own show on CNN. She co-authored with her sister Laura Ling the story of how Laura and a colleague were detained by North Korea for illegal entry, while they were trying to film refugees along the border with China. Laura Ling is also a journalists having hosted and reported for *E! Investigates*, a documentary series on the E! Network; she now works for Discovery Digital Networks.

## Feminist Standpoint Epistemology and Intersectionality

Feminist standpoint epistemology and intersectionality have emerged as useful ways of explaining the importance of social identity to knowledge claims that avoid dead end assumptions about automatic outcomes and bypass the static and essentialist sameness/difference debate. This philosophy highlights how gender and other social and historical factors generally situate knower-seekers. That is, knowledge bears the impact of knowers' location in space and time. Since men and women are assigned to and/or adopt distinct social roles and are expected to comply with different norms, so feminist epistemology predicts that knowledge itself is gendered. Simultaneously, knowledge shows other dimensions. Feminist standpoint epistemologists – most notably, Sandra Harding (2004) – emphasize how gender intersects with other identity dimensions to situate subjects. This impacts what we know, over-determining which questions we ask (or fail to ask), and what methods we use to answer those questions. Patricia Hill Collins's ([1990] 2000) "nonadditive" paradigm of intersectionality highlights how multiple identities – race, class, ethnicity, as well as sexual orientation should be highlighted here – construct one another, creating an interlocking matrix of relationships.

All position are "partial," although disadvantaged groups are more likely to generate less distorted, less false perspectives, since they are excluded from the design of the social order, have no vested/self-interest in protecting conventional wisdom. Harding adds that men should be counted on to contribute to feminist knowledge, from their own experience. Rejecting claims about one "fundamental" system of oppression, Collins emphasizes how multiple oppressions combine to produce injustice. On the other hand, despite the diversity and inequality among African American women, and while the individual experiences of African American women vary, African American women as a group share the experience of living in a society in which racism is institutionalized.

In some sense, many women journalists (and commentators) imply an awareness of how experiences are simultaneously gendered, raced, classed... and how this matters. Asked how being Asian-American affected her journalism, Joie Chen told JournalismJobs. com:

> I think everything about us as individuals affects the work we do. Ethnicity is part of who I am, and it contributes to my awareness and perspective. I don't subscribe to the notion I was taught in school, that a journalist can be 'objective.' I think it's a myth that anyone can see any story without bringing their own view into the picture. What I think is critical is that we be aware of our own subjective judgment and that we be fair.

The new Public Editor Sullivan told a Huffington Post blogger that she doesn't think being a woman will significantly affect or to be reflected in what she writes about the *Times*: "I think we bring to our roles, whatever they may be, all of who we are. My being a woman has certainly informed and affected all of my roles as a journalist. It's part of what I bring to this new role" (Calderone, 2012).

Tenore offered an expanded version from Sullivan:

> "The fact that I'm a woman, a mother of college age children, all of those things that are specific to my gender, certainly my role as first woman editor of this newspaper, the first corporate officer – all of those things, along with my admiration for pioneering women who came before me, will figure in. I don't come to the role with a gender-driven agenda. I bring myself to it, and that's part of who I am."

Tenore, however, vowed to check whether Sullivan would critique the *Times*'s coverage of women. Tenore predicted she would have a different version of this, given Sullivan's interest in issues affecting women, particularly regarding work-family balance.

Since gender intersects with class, race, ethnicity, and sexuality, "effects" can be uneven. Many forms of popular culture have been accused of portraying East Asian women in terms of narrow stereotypes, especially opportunistic sexual predators, prostitutes, Geisha girls; cunning, competitive aggressive Dragon Ladies; and servile Lotus Blossoms or submissive China dolls. These "types" perhaps overlap with specific popular culture formations for Caucasian women, such as the pure, virginal girl-next-door, and, conversely, the gold digger who sexually exploits men. These extremes seem to have given way to more varied representations in the last 25 years.

More to the point, the common conceptions of the "woman broadcast journalist" do not seem to apply to the Chinese-American women. Chung was primarily known for gentle interviews; indeed, perhaps because of this reputation, some controversial and/or notorious figures may have preferred to be interviewed by Chung than by others. Yet, Chung occasionally switched to a rapid-fire barrage of sharp questions. Meanwhile, despite the reputation of "women" for their moral sensitivity (indeed, for prioritizing this over getting the scoop), Chung was widely criticized, among other instances, for interviews with Kathleen Gingrich, mother of Republican politician Newt Gingrich in 1995 and Czech tennis player Martina Navratilova in 2002. While on a fellowship at the Kennedy School of Government at Harvard University, Chung (1998) wrote "The Business of Getting "The Get": Nailing an Exclusive Interview in Prime Time." Chung included her own less-than-dignified attempts in "the cutthroat competition for the big interview, the hot celebrity, the tell-all tattler *du jour*":

> It's where supermarket tabloids, morning wake-up programs, afternoon talk shows, tabloid TV shows, and even the network news broadcasts collide in a mad scramble for an exclusive that will sell papers and draw viewers. It's the symbiotic world where it's hard to tell who is manipulating whom: the media or the newsmakers. (1998, p. 3)

Chung did not exempt herself-but ultimately she concluded that such "gets," while often wildly despised, were not avoidable, but also not so bad.

So, what do we make of Chung's scramble to snag-and justify-those infamous "gets" or her efforts to get Mrs. Gingrich to say the word "bitch"? Is this her adaption to man's ways, her rejection of conventional understanding of femininity, her acceptance of professional mores and standards, something about being Asian in television, something about television, something about being married into a prominent journalism family? Presumably these questions are unanswerable. In any event, the examples undermine (if there was any doubt about this) the characterizations of an essentialized womanhood. Likewise, the example of Chinese-American women journalists further illustrates how numbers tell very little about behaviors. Not only do Chinese-American women outnumber Chinese-American men, but the numbers do not predict what opportunities people have or how they will exploit those opportunities.

Continuing to dichotomize gender ignores how journalism itself has changed, in part because of larger dynamics, including changes in the status of women. Theorizing therefore must account for social, political, and economic change. Reporters, editors, audiences, and sources are gendered, but also have time-and space-bound experiences standpoints of race, class, and professional culture. Thus, taking seriously how people standpoints are rooted in experience, and how experiences represents a combination of intersecting identities offers a basis for developing more flexible understandings of gender. So we can see what gender is not and therefore what equity is not. Gender matters, but women and men do not necessarily inhabit opposite realms. The better approach to gender equity, then, is to consider what promotes more fairness and to treat identity diversity as inherently good.

## Philosophical Differences

One way to understand this debate hinges on the distinction, especially in ethics, between teleological theories, versus those based on deontological arguments. Teleology (from the Greek word*teleos*, or perfect and complete; from *telos*, or end or result) invokesultimate purpose or design to explain phenomena. It refers to the belief that something develops purposefully toward an end. For philosophers, teleological theories focus primarily on the consequences, results, or ends of acts. People who prefer teleological ethics evaluate actions by the end goal sought. Utilitarianism, the classic example of teleological ethics, asserts that an action's moral rightness or wrongness is seen in its consequences.

Deontological theories, in contrast, focus on the duties, rights, as well as the privileges or responsibilities of actions. Here the Greek root is *deon*, meaning obligation ornecessity. A deontological framework asserts that actions are intrinsically right or wrong regardless of their results consequences. Although social justice-based theories are not always universalist, Immanuel Kant's categorical imperative is a deontological ethics. Kant argued that acting in a morally right way requires people to act from sense of duty; what makes actions right or wrong is their agents' motives. After all, Kant noted, good consequences could arise accidentally from actions motivated by desires to harm innocent persons, while well-motivated actions could bring bad consequences.

This deontological versus teleological distinction is often used to describe the differences between people who view dilemmas in terms of social justice and those who engage in ethical analysis through instrumental or consequentialist reasoning. Hunt and Vitell's (1986) descriptive model (they explicitly eschewed prescriptive claims), suggested that once perceiving a problem as raising ethical questions, an individual considers various possible alternatives that might resolve the problem. At this point, they hypothesized, deontological and teleological evaluations occur. With deontological evaluation, the individual evaluates the inherent rightness or wrongness of the behaviors implied by each alternative, comparing each alternative's behaviors with a set of predetermined deontological norms representing personal values or rules of moral behavior. Teleological evaluation processes focus on the perceived consequences of each alternative for various stakeholders, the probability that each consequence will occur, the desirability or undesirability of each consequence, and the importance of each stakeholder group. That is, they posited that while a very few people are strict deontologists or strict teleologists, most people's ethical judgments apply norms of behavior to each of the alternatives and evaluate the sum total of goodness versus badness likely to follow from each alternative for all relevant stakeholders.

The distinction highlights two ways a government could promote family-friendly policies (Roper, Cunningham, James 2003). It could emphasize social justice, i. e., say such policies are "the right thing to do." In practice, deontological approaches generally tilt toward legal intervention (absolute rights). So, the social justice case for work-life balance focuses on redressing sex discrimination in the workplace (which can result both from not treating women equally and from failing to take women's different circumstances into account). Alternatively, and aligned with a teleological approach, pursuing the question from a "business case" standpoint involves persuading potential opponents of the likely benefits of *not* opposing. Utilitarians would advocate a voluntary best practice approach, perhaps through cultural change. The business case argument for work-life balance, therefore, might emphasize better utilization of an otherwise undervalued workforce's potential contribution.

## The Social Justice Case for Family Considerations in Journalism

Scholars' interest in highlighting such distinctions is sometimes to show how a third, compromise position combines the two approaches. A German feminist philosopher (Schwickert 2005) reconstructed the debate between a male ethics of justice and a female ethics of care as hinging on the priority of the teleological ethic of the good or the deontological ethics of justice ( i. e. , not as an absolute ) . She suggested mediating between the models in terms of a reciprocal co-responsibility and complementarity. Notably, although Carol Gilligan ( 1982 ) initially posited that women and men had opposite ( and incompatible ) ways of resolving ethical dilemmas, she (1995) shifted to the view that justice and care ethics not only can coexist even at the individual level, but also complement one another. Feminist ethics needs both types of ethics. According to Schwickert, deontological ethics deserves normative priority and teleological ethics deserves evaluative priority.

Moreover, the approach relevant here not only does not require dichotomizing sex or constructing evidence of gender difference, but also does not require abandoning larger hopes for long-term outcomes, at least if fairness can be treated as bringing about greater "ultimate" goods. In journalism, this requires structural transformations in the workplace that would be good for women and men. In part, this involves hiring and promoting people because they are capable of the work and will do well, not because their presence will produce a different kind of content. But it also means a different kind of workplace – one where everyone can thrive. And if we are talking long-term, which we should, this requires workplaces where people can do good work and also be good family members, including good parents. This refers equally to men. After all, men need to be involved in families and communities. Meanwhile, many women will not take advantage of programs that seem to be structured just for women. Especially in professions, the risks of taking maternity leave are too great if men do not take paternity leave. That is, women and men should be allowed some flexibility in short-term scheduling as well as long-term career planning ( and not merely in professional domains ) . Women and men should be allowed to take advantage of new technologies, which newsrooms have in spades, to work from home-nights and weekends, and perhaps even days. Moreover, by now, increasing numbers of men have grown up with feminist concepts, have been reared by full-time working mothers, have partners who want to work and be effective members of families, too.

The challenge of the newsroom's work-family tension was addressed in 2002 when the American Press Institute amassed advice from 45 women and five men participating in a seminar about "career conflicted" women. The API had found many women journalists with concerns about advancement, including sexism and lack of mentors. These women reported lower satisfaction with salary and relationships with bosses; and complained that too many newsroom resources go to covering crime and politics, rather than health, and women's and parent's issues. The resulting *Survival Guide for Women Editors* (now out of print) spoke to painful struggles by both women and men to balance home and work lives. Some women ruefully admitted having missed key moments in their children's lives. Others described extraordinary efforts in order not to miss these moments. Jody Calendar, a former editor, said her sons were 16 years apart, "because I knew I could raise only one at a time and succeed at motherhood and journalism." Although a few years later she acknowledged that job strains played some role in her then-pending divorce, Margaret Sullivan mentioned an uncle's advice: "Family first."

The API booklet described an often hostile environment. But the women refused to blame men for all their problems, and urged women to rid themselves of "self-imposed limitations." One local executive said, "Men are not solely responsible for keeping women from soaring to new heights. I have watched too many women voluntarily clip their own wings." In general their advice was to figure out the office culture, learn how to adapt as necessary, to find coaches, mentors, and a support network, but also to stick around to change the environment. One man publisher, who is black, accused the women of ignoring the problems of black women and largely ignoring marginalization of all kinds; he urged women to use the sensitivity with which they credit themselves and which they contend makes them different from men, to work to end all stereotyping.

More recently, Anne-Marie Slaughter (2012), now a professor of politics and international affairs at Princeton University, agonized over quitting her policy planning job at the State Department for the sake of her two teenage sons. In that context, she wrote:

> The best hope for improving the lot of all women... is to close the leadership gap: to elect a woman president and 50 women senators; to ensure that women are equally represented in the ranks of corporate executives and judicial leaders. Only when women wield power in sufficient numbers will we create a society that genuinely works for all women. That will be a society that works for everyone. (p. 89)

This quote does not clarify whether she calls for women's empowerment on the basis of fairness, or as yet another expression of women's difference. Let's assume the former. After all, Slaughter regards as encouraging news that men are joining the cause; many young men are also interested in work-life balance and in being active parents even as they work. Regardless, women do not all experience the problems in the same way.

Compared, say, to academia, the newsroom will not be as flexible, or as apt to implement policies and practices that facilitate rich involvement in family and community life. On the other hand, neither do journalists face the tensions, ongoing sense of crisis, and unrelenting travel at the heart of high-level foreign affairs. Trade-offs will be necessary. If perfection is the standard, women (but men, too) "can't have it all." Otherwise, and in most Western, professional contexts, success and satisfaction at work are not incompatible with commitment to family. At the same time, neither reporters nor their coverage, should, as Slaughter apparently had, smugly make women "feel that *they* are to blame if they cannot manage to rise up the ladder as fast as men and also have a family and an active home life (and be thin and beautiful to boot)" (p. 86). This is patently unfair. The problems, and the solutions, are structural. Relative balance in life is a human issue, and should be addressed as such, including in policy-making across work domains.

## References


[1] Brisbane, Arthur S. (2011, September 10). Thoughts From Jill Abramson, Executive Editor. The New York Times, p. SR9.

[2] Calderone, Michael (2012, July 16). Margaret Sullivan, New York Times Public Editor, Says Readers Want Transparency. http://www.huffingtonpost.com/2012/07/16/margaret-sullivan-new-york-times-public-editor_n_1676929.html.

[3] Chung, Connie (1998, April). The Business of Getting "The Get": Nailing an Exclusive Interview in Prime Time. Discussion Paper 28. Cambridge, MA: The Joan Shorenstein Center on the Press, Politics, and Public Policy, Harvard University. http://www.hks.harvard.edu/presspol/publications/papers/discussion_papers/d28_chung.pdf.

[4] Collins, Patricia Hill (1990, 2000). *Black Feminist Thought: Knowledge, Consciousness*

*and the Politics of Empowerment.* New York: Routledge.

[5] Craft, Stephanie and Wayne Wanta (2004). Women in the Newsroom: Influences of Female Editors and Reporters on the News Agenda. *Journalism & Mass Communication Quarterly*, 81: 124 - 138.

[6] Everbach, Tracy (2006). The Culture of a Women-Led Newspaper: An Ethnographic Study of the Sarasota Herald-Tribune. *Journalism and Mass Communication Quarterly*, 83 (3): 477 - 493.

[7] Falk, Erika & Grizard, Erin (2003). The Glass Ceiling Persists: The 3rd annual APPC report on women leaders in communication corporations. Philadelphia: Annenberg Public Policy Center, University of Pennsylvania.

[8] Fisher, Helen (1999). *The First Sex: The Natural Talents of Women and How They are Changing the World.* New York: Random House.

[9] Fisher, Helen (2009). The Female Mind: Biology of the 21st century woman. In *The Edge of Change: Women in the Twenty-First-Century Press.* June O. Nicholson, Pamela J. Creedon, Wanda S. Lloyd and PJ Johnson (eds.), pp. 27 - 41.

[10] Gallagher, Margaret (2001). Reporting on Gender in Journalism: Why do so few women reach the top? Nieman Reports. http://www.nieman.harvard.edu/reportsitem.aspx? id = 101542.

[11] Geisler, Jill (2011, June 2). What Jill Abramson's appointment as NY Times executive editor could mean for women in journalism. http://www.poynter.org/how-tos/leadership-management/what-great-bosses-know/134565/134565/.

[12] Gilligan, Carol (1982). *In a Different Voice: Psychological Theory and Women's Development.* Cambridge, MA: Harvard University Press.

[13] Gilligan, Carol (1995). Hearing the Difference: Theorizing connection. *Hypatia*, 10 (2), 120 - 127.

[14] Hamamoto, Darrell Y. (1994). *Monitored Peril: Asian Americans and the Politics of TV Representation.* Minneapolis: University of Minnesota Press.

[15] Harding, Sandra (ed). (2004). *The Feminist Standpoint Theory Reader: Intellectual and Political Controversies.* NY: Routledge.

[16] Hunt, Shelby D. and Scott Vitell (1986). A General Theory of Marketing Ethics. *Journal of Macromarketing.* 6 (1): 5 - 16. doi: 10.1177/027614678600600103.

[17] Journalism Jobs (2000, December). Interview with CNN's Joie Chen. http://www.journalismjobs.com/interview_ chen.cfm.

[18] Kanter, Rosabeth Moss (1977). *Men and Women of the Corporation.* New York: Basic Books.

[19] Macharia, Sarah, Dermot O'Connor, Lilian Ndangam (compilers) (2010). Who

Makes the News?: GMMP Report September 2010. World Association for Christian Communication.

[20] Mansfield Richardson, Virginia (2000). *Asian Americans and the Mass Media: A Content Analysis of Twenty United States Newspapers and a Survey of Asian American Journalists*. New York: Routledge.

[21] Mitchell, Bill (2012, July 16). New York Times Public Editor Margaret Sullivan signs on for 4 years. http://www.poynter.org/latest-news/mediawire/181285/new-york-times-public-editor-margaret-sullivan-signs-on-for-4 – years/.

[22] Ng, Eddy S. W. (2008). Why Organizations Choose to Manage Diversity? Toward a Leadership-Based Theoretical Framework. doi: 10.1177/1534484307311592. Human Resource Development Review 7 (1) 58 – 78.

[23] Prince, Richard (2008, July 25). Ranks of Asian American Male Anchors Rise. Journal isms. http://mije.org/richardprince/whiteness-at-the-top.

[24] Riley, Patricia and Cynthia Kennard (2002). Asian American Male TV: Where Are They? Survey for the AAJA. Los Angeles: Annenberg School, University of Southern California.

[25] Roper, Ian, Ian Cunningham, Phil James (2003). Promoting Family-friendly Policies: Is the basis of the Government's ethical standpoint viable? *Personnel Review*, 32 (2): 211 – 223.

[26] Schwickert, Eva-Maria (2005). Teleological and Deontological Ethics. Translated by Sarah Clark Miller. *Hypatia*, 20 (2): 164 – 187. DOI: 10.1111/j.1527 – 2001.2005.tb00474.x

[27] Shearer, Harry (1991, July 21). ANCHORS AWAY: Coming Up at 11: Blow-Dried Hair Today, Gone Tomorrow. *Los Angeles Times*. http://articles.latimes.com/1991 – 07 – 21/magazine/tm – 3_ 1_ local – news.

[28] Silverman, Craig (2012a, May 22). 5 qualifications The New York Times should require of its next public editor, http://www.poynter.org/latest-news/regret-the-error/174709/5-qualifications-the-new-york-times-should-seek-in-its-next-public-editor/#

[29] Silverman, Craig (2012b, July 11). Candidates for New York Times public editor job list their priorities. http://www.poynter.org/latest-news/regret-the-error/179807/candidates-for-new-york-times-public-editor-job-including-me-list-their-priorities/.

[30] Slaughter, Anne-Marie (2012, July/August). Why Women still can't have it all. *The Atlantic*, pp. 84 – 102.

[31] Tenore, Mallary Jean (2012, July 17). Why it matters that The New York Times'

next public editor is a woman. http://www.poynter.org/latest-news/top-stories/181288/why-it-matters-that-the-new-york-times-next-public-editor-is-a-woman/.

[32] Tenore, Mallary Jean (2011, Sep. 14). Female journalists disagree with Abramson about women's taste in stories. http://www.poynter.org/latest-news/mediawire/145913/female-journalists-disagree-with-abramson-about-womens-taste-in-stories/.

[33] Yu, Phil (2013, Sept 12). Julie Chen admits she got surgery to look "less Asian." Angry Asian Man. http://blog.angryasianman.com/2013/09/julie-chen-admits-she-got-surgery-to.html#more.

# B.24

# 性别平等、中国龙和道义论：推动新闻机构中的公平

琳达·斯泰纳*

摘　要：本文批评了学界提出的为女性争取新闻内容中的平等的方法。这一方法更直接地针对从事内容制作的新闻从业人员中的公平。在新闻和新闻机构中，要实现最大可能的多样性和公平性，需要重构新闻业的战略、政策和实践，甚至是对社会性别概念去中心化。首先，本文简要地批评几个理论、概念和观点，它们解释了在大众传媒行业，尤其是新闻业中，社会性别带来的或者应该带来的差异。鉴于这些理论既没有解释，也没有展示出社会性别的认识论“效果”，作者通过美籍华人女记者的案例说明交叉的研究方法的使用。这也强调，社会性别不能被看成单一维度的概念，或者是二元对立因素来区别女性和男性。相反，社会性别总是与身份和经验的其他维度交织在一起。其次，本文将女权政治建立在与公平相关的道义论观点基础上，而不是建立在女性和男性是不同类别的目的论假设基础上。当人们声称某项被提议的行动会导致不同结果和可测量的效果时，尽管关于女性的观点看起来能获得更大的动力，但本文认为公平才是雇用和提升女性的充分保证。此外，基于公平和公正，以及人性的合理思路来做决策，能使人们承认一个重要真理：每个人都是有缺

* 琳达·斯泰纳，博士，马里兰大学菲利普·梅林新闻学院教授，新闻与大众传播协会前任主席，新闻与大众传播专著准编辑。研究领域：媒介与性别、新闻伦理、新闻史以及公民新闻。

陷的。换言之，这为报道一些女性留下了余地，她们不需要实现不可能的想法，也不需要女性总是“好的”这一类反事实的声明。

关键词：性别平等　道义论　公正　新闻机构

B.25
# Surveilling the Girl

Leslie Regan Shade *

**Abstract:** This paper examines the new regime of domestic surveillance with a particular focus on how promotional and media discourse posits the young girl in need of safe technological spaces, using the example of the mobile phone that utilizes GPS or biometric technologies to monitor, control, track, and otherwise contain young people's communicative practices.

The protected child may indeed be an intrinsic facet of middle-class millennium parenting in North America, exacerbated by the sheer intrepidness of many young people's use of social media for self-expression, communication, and the creation of fluid identities and autonomy outside of parental or school-based boundaries. That young people are avid users of social media including social network sites (SNS) such as Facebook, as well as enthusiastic mobile phone users can be troubling for adults who find the literal mobility afforded by these technologies threatening.

In North America, a veritable industry has developed to allow parents to surveil their children, under the guise of protecting them from peer harassment or influence, sexual predators, strangers, or sexual exploration. That the discourse

* Associate Professor at the Faculty of Information, University of Toronto. Her research focus since the mid-1990's has been on the social and policy aspects of information and communication technologies (ICTs), with particular concerns towards issues of gender, youth and political economy.

disproportionately focuses on young girls is not surprising. Generations of adults have demonstrated particular concern regarding the influence of new technologies on young women's access to sexual knowledge and their ability to interact with the opposite sex, whether it be fears emanating from the telephone at the beginning of thetwentieth century, film in the 1930s, or the popularization of the internet in the mid-1990s (Shade "Contested"; Cassell and Cramer). I argue that girls' studies scholars need to critically assess this public discourse and its gendered dimensions and reconcile the protectionist rhetoric with the reality of the very active roles young girls are assuming as consumers and creators of digital and wireless communication.

**Keywords**: Domestic Surveillance; Gender; Protectionist; Digital and Wireless Communication

In March 2009 Canada's national newspaper, *The Globe and Mail*, reported that high school students in British Columbia, upon learning that their principal had jammed their cell phone connections while at school, boycotted classes in order to impress upon the administration its illegality under Sections 4 and 9 of Canada's *Radiocommunication Act*.

Said Amber Wright, a Grade 12 student: "We did our research on the internet... breaking the law is not a good way to send a message" (Moneo). The principal argued that he was "looking for a solution to a problem" – that of excess use of digital technologies, including iPods and phones, in the classroom, and concerns by teachers over texting and potential cheating on tests. Wright, who has had a cell phone since she was 14, retorted, "It's our right to have them."

Are these young people entitled, spoiled, or within their legal rights to possess a mobile phone on their body at all times, with the caveat that they understand and respect the appropriate etiquette while on school property? Reader responses to the *Globe* article highlighted the generational divide, with posters either condemning or commending the students for their pluckiness in identifying an illegal activity and taking action. This incident highlights how unassuming and axiomatic mobile phones have become for middle-class young people in North America in their everyday lives. The U. S. Pew Internet and American Life Project study entitled *Teens*, *Smartphones*, *and Texting* reports that about one in four teenagers owns a smartphone, three-quarters a mobile phone, with texting as the dominant mode of communications amongst friends and other people (Lenhart). Tracy Kennedy, Aaron Smith, Amy Tracy Wells, and Barry Wellman, in examining mobile phones and Internet in the U. S. household, describe their use as "family technologies," citing an increased use by married families with children compared to couples without children or single-person households. Connected lives epitomize the family today: "89% of married-with-children households own multiple cell phones, and nearly half (47%) own three or more mobile devices. Children in these households are somewhat less likely to own a cell phone than they are to go online: 57% of these children (aged 7 –17) have their own cell phone" (29).

The integration of mobiles into youth's everyday lives has been studied across a variety of global youth cultures, with much of the research sharing similar findings in terms of affordability of services determining distinct uses (Shepherd & Shade). A particular focus is on how the mobile phone is used by young people for establishing and maintaining connections within peer circles and their family (Ling; Stald). The mobile phone enables constant connectedness via texting and chatting, and has become an intrinsic facet in youth's everyday lives: its functionality fuses with identity formation and friendship safeguarding.

The convergence of social media applications into the mobile phone is a potentially lucrative market, especially for the hearts and pocketbooks of youth, who have (unjustifiably or not) been rejoiced by some media pundits as pioneering content creators, activists and digital denizens (Tapscott). As Lev Manovitch cautions, however, basic questions surrounding the political economy of the consumer electronics industry and social media corporations (entrenched as they are in larger structures of media power and concentration) with their inherent goal of revenue accrual through various marketing schemes and third-party advertising need to be critically addressed before we can blithely celebrate young people's ostensible agency and autonomy in using such technologies (321).

## "Peace of Mind": The Children's Mobile Phone Safety Industry

Just as the last few years have witnessed a palpable gendering of the mobile phone though design and the adoption of various accoutrements that feminize the phone (Shade "Feminizing"), the mobile phone through its augmentation via technological modes of surveillance has now become a device to allow for remote parental control and monitoring (Richtel). In many instances promotional discourse on mobile phone safety is gendered, while in the case of social network sites, it is indeed young girls who are those most cited as in need of safe spaces free from cyber-bullying and (male) sexual predators. As Sherry Turkle describes it, mobile phones can cushion transitional mobilities of children; parents and children are both literally "on tap" and the child is "tethered," without "the experience of being alone with only him or herself to count on" (127).

If the digitally "tethered child" is unique to the millennium North American family, it is also because hyper-vigilant parents are coddled (or exploited!) through an array of new products and services that both monitor and discipline the child's online or mobile behavior. Integrating GPS (global positioning system) renders the mobile phone as "technological nanny" (Rizzo).

ACE * COMM's Parent Patrol® imposes limitations on children's phones "so they do not interfere with school or homework," such as restricting time-of-day, service, specific phone numbers, total talk time and mobile Web content filtering. Marketing discourse typically uses gendered scripts as positioning devices, as in Sprint's Family Locator: "Keep up with your family's busy life," a female voice says. "You can quietly keep track of your busy family without bothering them throughout the day. If you want to make sure that Carolyn made it to morning band practice without interrupting the music you can run a quick location check from either your phone or your home or office computer." (Sprint Family Locator Video Demo) Verizon's Family Locator allows for the coordination of family locations, arrival and departure updates, scheduled updates verifying a family member's delineated geographical location, and family messaging (Verizon Family Locator).

RADAR's My Mobile Watchdog allows parents to set up pre-approved contacts for their children's caller list through the online "My Mobile Watchdog Data Center." Parents are notified via a text message or online if an unauthorized or suspicious person attempts to call or text their child. Content, including images, can then be printed out and passed on to law enforcement or school officials. Said Bob Lotter, founder and CEO of eAgency, the parent company for My Mobile Watchdog, "the surveillance gives teens a 'social out' from bad behavior: [they can say: ] 'Hey, don't send me pictures like that, my Mom monitors everything'.... At first there's a protest, and then they just chill out because the bottom line is they want their phone" (qtd. in Bielski, "Big Mother" L3).

Managing risks and reputationis another marketing ploy used to enlist parents to purchase software and text monitoring devices. Both media and policy discourse has inordinately focused on the potential risks young people face for their future education and employment prospects if their putative prurient Facebook posts, or random text messages or images are discovered by potential employers or university admissions officers. Indeed, the social media culture that fosters a 'friending' culture wherein young people routinely post mundane personal details of their lives, share images and videos, and exchange news and public events with friends, family members and their larger communities of interest is also one in which their personal information is readily accessibleto third-party marketers zealous to monetize this data. It can also be made available to governments, law officials and potential employers, eager to compile a dossier of their activities without their knowledge and consent. Promotional images for these mobile domestic surveillance technologies tend to feature young, blond, white women. They convey a vision of innocence, freshness, untarnished reputations.

These early twenty-first century parental concerns surrounding their child's unmonitored or potentially wanton communication with strangers are similar in many ways to parental concerns in the mid-twentieth century that arose with the domestic popularity of the telephone and its avid uptake by teen girls. As Mary Celeste Kearney chronicles, for the post-war American teen girl the telephone served as an empowering tool for sociability and communication with the opposite sex. Yet, the telephone also subjected her to domestic containment through its placement in public rooms in her house where her conversations could be supervised and monitored by her parents:

> Affording middle-and upper-middle-class female youth the opportunity to transcend their familial roles and spaces, the telephone nevertheless encouraged such girls to locate themselves within the domestic sphere when not at school or work, thereby contributing to their supervision by parents who worried about their daughters' friends, paramours, and reputations. (Kearney 588)

Designing and marketing mobile phones specific to young children, with kid-friendly cool gizmos and parental controls are other trends. The Firefly, introduced by Cingular Wireless and Firefly Mobile, Inc. in 2005, is one such device. Specifically designed for children aged 12 and under, design features include a key pad with five keys in lieu of a regular dial pad, the ability for parents to enter via a private PIN up to 22 outgoing numbers into the phone, with speed-dial keys for "Mom" and "Dad." Caller ID and an optional call-screening feature allow the phone to accept incoming calls only for pre-programmed numbers. A more recent flyPhone also allows parents to restrict texting. (Firefly Mobile)

TicTalk is an "age appropriate" mobile phone that features parental controls including permission-based times, control of incoming and outgoing calls, pre-programmed numbers, a reward system that allows children to play games with the LeapFrog learning game system, while also offering sound, light and vibration alerts, the ability to record songs and ringtones, and a stopwatch. (TicTalk)

Commenting on successful ways to reach the lucrative mobile youth generation, Fareena Sultan and Andrew Rohm urge the intersection of mobile and internet-based technologies and marketing, admonish companies to understand the drivers and obstacles to mobile marketing acceptance, and "devise permission-based strategies that build trust and deliver market-specific content that people will value" (41). And, what goes without saying, to convince parents to buy into an illusion of security.

## The Continuing Discourse of Prevention and Safety Online

Adult fears surrounding security and safety of children online have been a feature of popular media discourse since the popularization of the Internet in the mid -1990s. A veritable industry of online child safety experts and the creation of technological remedies, such as filtering software, have developed to assuage parental and adult fears. Now, with the popularity of SNS and mobile phones amongst young people, a renewed moral panic has precipitated calls for policy intervention alongside the growth of companies touting technological safety devices. Rarely do the media report positively on youth participation; instead, a hyper discourse on cyber bullying exists, now replaced by scintillating reports on "sexting" (sending sexually provocative photos over mobile phones) (Bielski "Check Out"; Draper).

But fears of cyber-stalkers, sexual predators, and strange adult males maliciously hitting on young people, particularly young women, persist even though, as the MacArthur Report emphasized, "the vast majority of teens use new media to reach out to their friends; they overwhelmingly define their friends as peers they met in school, summer camps, sports activities, and places of worship. Even when young people are online and meet strangers, they define social network sites, online journals, and other online spaces as friend and peer spaces" (Ito et al. 19).

Several pieces of legislation specifically targeting social media have wound their way throughout the corridors of the U. S. Senate and Congress. The Deleting Online Predators Act (DOPA) of 2006 would have required that all public libraries and schools receiving federal funding block access to all social networking sites, chat sites, and potentially (according to one interpretation of the Act) all blogs. DOPA was superceded by The Protecting Children in the 21st Century Act, introduced by Senator Ted Stevens of Alaska in 2007 and passed in U. S. Senate in 2008 ("Protecting Children"). The Center for Democracy and Technology critiqued the bill for its exaggeration of online risks and dangers for children arguing that "the great majority of children have rich, rewarding, and safe-and completely lawful and constitutionally protected-online experiences" (Center for Democracy and Technology6). The bill passed the Senate in 2008 but did not reach the House for a vote. However the Federal Communications Commission has adopted rules implementing The Protecting Children in the 21st Century Act so that K-12 schools receiving the E-Rate (discounted internet) will need to implement internet safety and education programs in schools (FCC).

But taskforces, policy legislation, and entreaties for online safety literacy do not address empirical evidencewhich concludes that, "online interpersonal victimizations seem to occur to a lesser degree in social networking sites than other places online where youth communicate with other" ( Ybarra et al. 355 ). JanisWolak, David Finkelhor, Kimberley Mitchell, and Michelle Ybarra also concur in their 2008 study, where they remark that "the research about Internet-initiated sex crimes indicates that the stereotype of the Internet ' predator ' who uses trickery and violence to assault children is largely inaccurate" ( Wolak et al. 112 ). The MacArthur Report conferred, stating: "We saw almost no evidence that youth were engaging in risky behaviors online, and their online communication is conducted in a context of public scrutiny and structured by well-developed norms of social appropriateness, a sense of reciprocity, and collective ethics" ( Ito et al. ).

But still the discourse of ' protecting children ' has been used in insidious ways to trump the privacy rights of citizens. Consider the infamous case of Bill C – 30, introduced by the Government of Canada in the winter of 2012. Even before introduction by the Conservative government, the Bill elicited a storm of protest from opposition party members, privacy advocates, and the general public, 100, 000 of whom signed an online petition against the legislation. Widely referred to as ' lawful access ' legislation, this proposal mandated a wide array of actions that would result in the intensified cyber-surveillance of citizens. The Bill raised intense concerns about its infringement on the personal privacy of ordinary internet users as it would modify rules regarding how police and other law enforcement agencies can lawfully access the private information about citizens held in their mobile and internet accounts. This bill would mandate a series of electronic surveillance laws: 1 ) It would require that internet service providers and mobile phone companies hand over basic customer information to authorities (the police, national security agencies, and the Competition Bureau) without a warrant-thus allowing for no judicial oversight. This information includes subscriber name, address, telephone number, e-mail address, the internet protocol address, and the name of the service provider. 2) The bill would require that all internet and mobile service providers install hardware and software on their network to allow for surveillance by police, without judicial oversight, at considerable cost to the telecom service provider and the consumer, and, 3) Police would be given new powers in order to obtain access to surveillance data. These include: transmission data warrants granting real-time access to all information generated during the creation, transmission or reception of a communication; and preservation orders requiring providers to preserve subscriber information, such as specific communication information, for 90 days.

The government first introduced the bill, titled *An Act to enact the Investigating and Preventing Criminal Electronic Communications Act and to amend the Criminal Code and other Acts*, and then curiously an hour later reintroduced the bill with a new title: *The Protecting Children From Internet Predators Act.* The government cited the need to ratify the Council of Europe Convention on Cybercrime and increase co-operation on international investigations as one impetus for the bill. The other was to "protect children", even though the actual content of the bill contains *no mention* of children or predators save in its title. Commented Ontario Privacy Commission Ann Cavoukian regarding the cynical name-change:

> "They're calling the bill 'Protecting Children from Internet Predators Act.' Give me a break. The warrantless access does not just apply to cases of child pornography or child predators. It can apply to something that's not even a criminal activity. It's ridiculous to go to these lengths. And why are they doing it? They're doing it because they want to instill fear on the part of the public and say, 'Well, if you don't give us this bill, then all child pornographers, those predators, that's going to be on your head.' And that's what they want the public to fear. That's why they're accusing privacy commissioners of being on the side of child predators. It's such an outrageous statement" (Schmidt).

## Sexting Discourses

Are media reports on sexting exaggerated and just the latest in a cycle of moral panics about sexualization, new technologies and young women? Sexting as a pervasive pastime circulated in the news in late December 2008 when the National Campaign to Prevent Teen and Unplanned Pregnancy released a study wherein 20 percent of a total of 653 polled teenagers reported posting "nude or seminude pictures of themselves at least once via computer or cell phone" (Berton). Pointing out that 80 percent of teens who owned cell phones did not then engage in sexting, Deb Levine, the executive director of the San Francisco-based Internet Sexuality Information Service remarked: "This shows us that the majority of teenagers understand this is not the best place to snap a photo and send it out there···the teenage years are years of sexual curiosity, and there are various ways people act out on their curiosity. This is just one of them" (Berton).

Sexting is titillating... which is why it's been taken up by American pop culture... and not surprisingly, sexting is mostly a problem for young women! In much of the media coverage of sexting, there is the sense that young girls succumb to peer pressure from boys, or sext to meet certain media standards; that girls don't know what they are doing, that they perform grown-up sexuality, play the "slut" to be liked, to get attention, are naïve, but that boys, well... "boys will be boys." There is more of a focus on the girls' role in sexting cases and on the pictures themselves, rather than the social conditions that allow for the distribution of these pictures (so the focus is on the girls who make and send the images versus the boys who share the images). This is not the case in *all* media coverage, just the sensationalist mainstream US media: CNN interviews, Fox News reports, crime dramas such as Law and Order, talk shows The Tyra Show and The Today Show. There is a creepy obsession with the teenage girls' bodies (news coverage will often show flashes of nearly naked female bodies) with a simultaneous disavowal of their having sexual *desire*; so they are both hyper-and de-sexualized. The rhetoric is concerned with "these kids today" talk, alongside morality talk (bringing it down to "right and wrong"). There are pressing legal issues related to sexing, particularly related to the child pornography and sex offenders registry cases. In the US several states have legislation on the books to address the issue. There is talk about how laws designed to protect children are being used to prosecute them-so, efforts have been made to classify teen sexting from a felony to misdemeanor.[2]

Educational campaigns have been created to deal with sexting. TextED. ca is an initiative of the Canadian Centre for Child Protection, with support from the Canadian Wireless Telecommunications Association. Promotional material says that it is:

> Designed to teach teens to be safe, responsible and respectful users of texting technologies. Concerns surrounding teens sending sexual messages, nude photos and videos via text messaging is on the rise, yet the vast majority of kids doing so are unaware of the short-term costs and the long-term ramifications associated

with their actions. From learning how to deal with textual harassers to helping teens deal with stress or a break-up, the textED. ca website incorporates games, quizzes, discussion pages, downloadables and other fun tools to help them navigate through the issues.

## Taming Surveillant Regimes

The marketing of GPS mobile phone devices and subscription-based social network sites to nervous or concerned parents illustrates how surveillance technologies have become normalized and domesticated. Baby monitoring devices, home security systems, nanny cams embedded into teddy bears, houseplants, mantle and wall clocks, networked IP cameras, eldercare medical devices, and smart appliances that integrate internet and security video monitoring are a routine feature of many North American households.

The fine line between surveillance and security coupled with the increase in technological solutions to often very social problems is compounded by prevalent uses of mobile phone and SNS which can, especially for youth, engender and encourage a compliant culture of "friending" and self-disclosure. Valerie Steeves reminds us that "online surveillance is not based on the collection of core biographical details. It is in fact the mundane information that emanates from online interactions that allows others to create detailed profiles of the online behavior of the people being watched" (341).

Young women's perceptions of online and mobile phone privacy, their knowledge of both third-party marketing and the intellectual property rights of their user-generated content within these privately-owned social media and mobile spaces deserves further research in girls' studies. In one early study looking at Facebook, Canadian young women expressed a nuanced yet often contradictory view on the privacy issues at stake; while implicitly trusting the site's privacy settings, for instance, they were also concerned with parental and school administrator stalking of their profiles as well as the tracking of their personal information by marketers (Shade "Internet").

In ongoing research involving focus groups with Canadian undergraduate students on mobile privacy issues, they expressed a realistic perspective about the commercial nature of their online/mobile platforms and a nuanced sensibility about protecting their personal privacy. For instance, even though for so many of them it's a social and economic necessity to be connected, they understand the contradictions of using 'free' social media sites and the trade-off between the "free, convenient" nature of these platforms and how their personal information is exploited for financial gain for corporations. The students we talked to are savvy about their privacy. They know that data is being collected on them all the time. They feel like people don't have much of a right to complain about it though, since by signing up for services like Facebook or by using apps, they are expressing consent that their information is collected. However they expressed ambivalence about data collection—it can be troubling, but most of the time, it is invisible and so they don't really think about it. They do wish to exert control over how their information is collected and used, especially when companies use their personal information to target ads to them, e. g. on Facebook, Google, and on mobile apps. The shifting design of the platforms, especially for controlling personal privacy settings frustrates them.[3]

Susannah Stern notes a lively girls' studies scholarship that highlights "the ways in which girls' internet practices allow for identity play, impression management, personal reflection, civic participation, and peer networking" (85), which counters the prevalent media and public discourse that typically positions young girls as vulnerable and passive users of digital technologies.[4] Unfortunately my research to date reinforces how media and public discourse still, with a few rare exceptions, constructs young women as susceptible to cyber-bullying, online sexual predation and therefore in need of technological solutions to assuage their parents' fears surrounding their mobility. Girls' studies scholars can remedy this narrow perspective through qualitative research that facilitates the voices of young women to be heard in media discourse and in policy formation. Research on young women's use of mobile phones can investigate: their perceptions of privacy and how they control and manage it; their sensibility toward "risky" behavior; their limits of personal self-disclosure; their ethical behavior towards friends and colleagues; their knowledge of third-party marketing; and their negotiations with parents over trust and mobility.

As well, we need to remedy the persistence of media and policy discourse that constructs young women as susceptible to cyber-bullying and predation; and develop alternatives, such as through education, to counter the promotion of technological solutions for these social issues. We also need to understand how the discourses and practices of childhood and parenting are in many ways becoming reshaped in a climate of normalized surveillance. What sorts of legislation is needed to account for surveillance and youth? Educational programs? What are communication rights for youth as they negotiate the mobile mediascape?

Many young people perceive access to mobile phones as an inherent, yet also innocuous, communication right. This pluckiness is characterized well by Destiny Harmon, one of the co-organizers of the high school protest over the jamming of their cell phones: "On the first day, we thought the Telus tower was down. On the second day, we suspected the jammer. On the third day, we had the protest" (Moneo)

## Endnotes

1. An earlier and more complete version of this paper first appeared as "Surveilling the Girl Via the Third and Networked Screen", pp. 261 – 275 in *Mediated Girlhoods: New Explorations of Girls' Media Cultures*, ed. Mary Celeste Kearney (NY: Peter Lang Publishing), 2011. This version updates some of the data and references, and adds in the images. For a video rendition of the paper, produced by Philip Creamer, see http://www.vimeo.com/23753352, p/w: insecurelike2011.
2. See Amy Adele Hasinoff's exemplary research on the politics and policies of sexting at http://amyhasinoff.wordpress.com/.
3. This research was conducted with Tamara Shepherd at Concordia University, Montreal as part of the SSHRC – funded project, *Young Canadians, Participatory Digital Culture, and Policy Literacy*. See http://play – policy.ca/
4. See also Harris, Mazzarella, Mitchell and Reid, Walsh, Sweeney, Shayla Thiel – Stern, and Willett.

## References

[1] Berton, Justin. "Are Lots of Teens 'Sexting'? Experts Doubt It." *San Francisco Chronicle*, 21 Mar. 2009. Web. 3 Feb. 2010.

[2] Bielski, Zosia. "Check Out My Hot Bod... Wait, I Can Get That Back, Right?" *Globe and Mail*, 5 Mar. 2009. Web. 3 Feb. 2010.

[3] Cassell, Justine and Meg Cramer. "High Tech or High Risk: Moral Panics About Girls Online." *Digital Youth, Innovation, and the Unexpected.* Ed. Tara McPherson. John D. and Catherine T. MacArthur Foundation Series on Digital Media and Learning. Cambridge, MA: MIT Press, 2008. 53 –76.

[4] Center for Democracy and Technology. "Written Statement of the Center for Democracy and Technology to the U. S. Senate Committee on Commerce, Science, and Transportation. Hearing on Protecting Children on the Internet." 24 July 2007. Web. 3 Feb. 2010.

[5] Draper, Nora R. A. "Is Your Teen at Risk: Discourses of Adolescent Sexting in United States Television News." *Journal of Children and Media*, 2012, 1 –16.

[6] Federal Communications Commission. Protecting Children in the 21st Century Act Amendment. Washington, D. C.: FCC >, April 19, 2012. http://www.fcc.gov/document/protecting –children –21st –century –act –amendment

[7] Firefly Mobile. Web. 8 Feb. 2010. http://www.fireflymobile.com/.

[8] Harris, Anita, ed. *Next Wave Cultures: Feminism, Subcultures, Activism.* New York: Routledge Education, 2007.

[9] Ito, Mizuko, Heather Horst, Matteo Bittanti, danahboyd, Becky Herr –Stephenson, and Patricia G. Lange. "Living and Learning with New Media: Summary of Findings from the Digital Youth Project." John D. and Catherine T. MacArthur Foundation Reports on Digital Media and Learning, Nov. 2008. Web. 3 Feb. 2010.

[10] Kearney, Mary Celeste. "Birds on the Wire: Troping Teenage Girlhood Through Telephony in Mid-Twentieth-Century U. S. Media Culture." *Cultural Studies* 19. 5 (Sept. 2005): 568 –601.

[11] Kennedy, Tracy L. M., Aaron Smith, Amy Tracy Wells, and Barry Wellman. "Networked Families: Parents and Spouses are Using the Internet and Cell Phones to Create a 'New Connectedness' That Builds on Remote Connections and Shared Internet Experiences." Pew Internet and American Life Project, 19 Oct. 2008. Web. 3 Feb. 2010.

[12] Lenhart, Amanda. "Teens, Smartphones and Texting." Pew Internet and American Life Project, 19Mar. 2012. http://pewinternet.org/Reports/2012/Teens – and – smartphones.aspx. Web. 23 June 2012.

[13] Ling, Rich. "Children, Youth and Mobile Communication." *Journal of Children and Media* 1. 1 (2007): 60 –67.

[14] Manovitch. Lev. "The Practice of Everyday (Media) Life: From Mass

Consumption to Mass Cultural Production." *Critical Inquiry* 35 (Winter 2009): 319 –331.

[15] Mazzarella, Sharon R., ed. *Girl Wide Web: Girls, the Internet, and the Negotiation of Identity*. New York: Peter Lang, 2005.

[16] Mitchell, Claudia, and Jacqueline Reid – Walsh, eds. *Seven Going on Seventeen: Tween Studies in the Culture of Girlhood*. New York: Peter Lang, 2005.

[17] Moneo, Shannon. "Students Boycott Class After Principal Jams Cellphones – Illegally." *Globe and Mail*, 31 Mar. 2009. Web. 3 Feb. 2010.

[18] Protecting Children in the 21st Century Act. S. 49. A Bill to Amend the Communications Act of 1934 to Prevent the Carriage of Child Pornography By Video Service Providers, to Protect Children From Online Predators, and to Restrict the Sale or Purchase of Children's Personal Information in Interstate Commerce. Introduced into U. S. Senate. 7 January 2007. Web. 3 Feb. 2010.

[19] Richtel, Matt. "Selling Surveillance to Anxious Parents." *New York Times*, 3 May 2006. Web. 3 Feb. 2010.

[20] Rizzo, Sergio. "The Promise of Cell Phones: From People Power to Technological Nanny." *Convergence: The International Journal of Research into New Media Technologies* 14. 2 (2008): 135 –143.

[21] Schmidt, Sarah. "Can You Spot the Difference on 'Lawful Access' Bill?" Canada. com. February 16, 2012. Web. 23 June 2012. http://blogs.canada.com/2012/02/15/can –you –spot –the –difference –on –lawful –access –bill/

[22] Shade, Leslie Regan. "Contested Spaces: Protecting or Inhibiting Girls Online?" Eds. Sandra Weber and Shanly Dixon. *Growing Up Online: Young People and Digital Technologies*. London: Palgrave, 2007. 227 –244.

[23] Shade, Leslie Regan. "Internet Social Networking in Young Women's Everyday Lives: Some Insights From Focus Groups." *Our Schools/Our Selves* (Summer 2008): 65 –73.

[24] Shade, Leslie Regan. "Feminizing the Mobile: Gender Scripting of Mobiles in North America." *Continuum: Journal of Media and Cultural Studies* 20. 3 (June 2007): 179 –189.

[25] Sprint Family Locator Video Demo. Web. Feb. 2010. http://www.nextel.com/en/services/gps/family_ locator_ demo. shtml. 10

[26] Stald, Gitte. "Mobile Identity: Youth, Identity, and Mobile Communication Media." Ed. David Buckingham. *Youth, Identity, and Digital Media*. Cambridge, MA: MIT Press, 2007. 143 –164.

[27] Shepherd, Tamara and Leslie Regan Shade. "Mobile Phones as a 'Necessary Evil':

Canadian Youth Talk About Their Mobile Phones." Eds. Philip Vaninni, Lucy Budd, Christian Fisker, Paolo Jirin, and Ole B. Jenson. *Technologies and Mobilitiesin the Americas*. NY: Peter Lang, 2012. 199 –218

[28] Steeves, Valerie. "If the Supreme Court were on Facebook: Evaluating the Reasonable Expectation of Privacy Test from a Social Perspective." *Canadian Journal of Criminology and Criminal Justice* 50. 3 (June 2008): 331 –347.

[29] Stern, Shayla Thiel. *Instant Identity: Adolescent Girls and the World of Instant Messaging*. New York: Peter Lang, 2007.

[30] Stern, Susanna. "Girls as Internet Producers and Consumers: The Need to Place Girls' Studies in the Public Eye." *Journal of Children and Media* 2. 1 (2008): 85 – 86.

[31] Sultan, Fareena and Andrew J. Rohm. "How to Market to Generation M (obile)." *MIT Sloan Management Review* 49. 4 (Summer 2008): 35 –41.

[32] Sweeney, Kathleen. *Maiden USA: Girl Icons Come of Age*. New York: Peter Lang, 2008.

[33] Tapscott, Don. *Grown Up Digital: How the Net Generation is Changing Your World*. Toronto: McGraw Hill, 2008.

[34] TicTalk. Web. 8 Feb. 2010. http: //www. tictalk. com

[35] Turkle, Sherry. "Always –on/Always –on –you: The Tethered Self." *Handbook of Mobile Communication Studies*. Ed. James E. Katz. Cambridge, MA: MIT Press, 2008.

[36] Verizon Family Locator. Web. 8 Feb. 2010. http: //products. verizonwireless. com/index. aspx? id =find_ familylocator

[37] Willett, Rebekah. "Consumer Citizens Online: Structure, Agency and Gender in Online Participation." *Youth, Identity, and Digital Media*. Ed. David Buckingham. Cambridge, MA: MIT Press, 2008. 49 –70.

[38] Wolak, Janis, David Finkelhor, Kimberley J. Mitchell, and Michelle L. Ybarra. "'Online Predators' and Their Victims: Myths, Realities and Implications for Prevention and Treatment." *American Psychologist* 63 (2008): 111 –128.

[39] Ybarra, Michele L. and Kimberly J. Mitchell. "How Risky Are Social Networking Sites? A Comparison of Places Online Where Youth Sexual Solicitation and Harassment Occurs." *Pediatrics* 121. 2. (Feb. 2008): e350 –e357.

B.25

# 监视女孩

莱斯莉·雷根·谢德*

摘　要：本文考察了新型的家庭监视方式，重点讨论了媒体宣传话语如何假定女孩需要安全的技术空间。本文以手机为例，手机运用全球定位系统（GPS）或生物识别技术对女孩进行监视、控制、追踪，另外也对年轻人的交际行为实例进行分析。

“受保护的孩子”现象或许的确是北美中产阶级在千禧时代育儿中必有的一面。许多年轻人在社交媒体中无所顾忌地表达自我、交流，甚至在家庭和学校的监控范围之外，建构不同的身份和领地，这使得孩子们越发难以保护。年轻人是包括诸如脸谱在内的社交网站的社交媒体狂热使用者，也是热情的移动手机用户。对于那些发现科技所提供的文字流动存在隐患的成年人而言，这一事实着实令他们烦恼。

在北美，一个名副其实的产业已经形成，它打着保护孩子免受同龄人的骚扰或影响，免受性侵犯，陌生人打扰以及性虐待的名义，允许家长监视孩子。这些话语对年轻女孩显示出格外关注也就不足为奇了。不管是20世纪初电话的产生，20世纪30年代电影的出现，还是20世纪90年代中期互联网的普及，一代代的成年人都特别关注新技术对年轻女性获得性知识及与异性交往能力的影响。笔者认为，从事少女研究的工作者们需要批判性地评估这种公共话语极其性别维

* 加拿大多伦多大学信息部副教授。从20世纪90年代中期以来就关注信息与传播技术的社会和政策层面问题，尤其关注性别、年轻人与政治经济问题。

度。年轻女孩作为消费者和数字无线通信创造者发挥了积极作用。研究者应该在保护主义的话语与这一现实之间实现协调。

关键词：家庭监视　性别　保护主义　数字无线通信

# Abstract

*Blue Book of Media and Gender: Report on the Development of Media and Gender in China* (*2013 – 2014*) is the bi-annual report edited by UNESCO Chair on Media and Gender, Media and Gender Institute of Communication University of China. It has one general report and 7 sections of reports, systematically reviewing and evaluating China's media and women's development from the year 2013 to 2014.

"General Report" is a general summary of China's media and women's development. It includes the role of media in promoting legislation and public policies, as well as spreading new model of gender relations and gender concepts. It illustrates the interactivity between China and the international society both in the research and practice in terms of media and women's development. Moreover, it presents the problems with gender communication in the context of media integration and new media, as well as brings forward some expectation of the future developing trend of China's media and women's development. It is pointed out the arrival of Beijing + 20 (the 20th anniversary of the Fourth World Conference on Women in Beijing) will bring new opportunity for China's media and women's development. On one hand, the integration among media may enhance the capabilities of gender communication, and micro-platform may serve as significant platform for gender communication and women's utterance of their voice. On the other hand, the system of the protection of women's rights and interests as well as policies related to media and women will be further improved. All these will promote the advent of the new era of China's media and women's development.

"Thematic Reports" analyzes China's women's TV shows, women net-mediated public sentiment, and familial ethics and love-marriage TV dramas from 2013 to 2014, looking into problems and bringing forward expectations of their future development. "Media Representation of Women" examines the representing and constructing relationship between media and women by analyzing the media content. It illustrates media's portray of both women's participation in politics and women in the area of the family. And women's image in TV shows is also analyzed. "Media and Women's Development" explores the role of alternative media in women agency and self-empowerment, the depiction of gender issues and the construction of gender discourse in new media and traditional media. And the logic of market in the content related to women in media production, as well as the development of women in media are also analyzed.

"Women and Media Access" looks into audience's understanding of and attitude toward domestic violence reported by media and studies the women audience of fashion magazine. Also, it illustrates the features of women users in new media and social media, and the way how women obtain information on health via access to new media. "Gender Monitoring on Media" provides the monitoring reports, with Gender Sensitive Indicators for Media formulated by UNESCO as monitoring indicators, on the spreading of the value of gender equality and representation of gender as were shown by the TV news report in mainland China and the commercials on the radio.

"Literature Review" provides a bird's-eye view of the research in media and gender from the perspective of media professionals, media contents and audience in recent years. "Research from Overseas" provides the cutting-edge research outcomes from the U. S. and Canada. The insights into the gender equity and fairness in newsroom from the U. S. scholar in media and gender, as well as Canadian counterpart's reflections on technology and girls' studies from the perspective of the surveillance on girls in the use of social network sites (SNS), may provide a source of reference for China's media and women's development.

Adopting the methodology of content analysis, semiotics, statistics and investigation, questionnaire and interview, case studies and literature study, this book summarizes the status quo of women and women's development as were represented by various media categories such as traditional media, internet and social media, investigates the relationship between media and women's development, presents a picture of women's access to media, explores problems and searches for resolutions. All these will to a certain extent enrich people's understanding of China's media and women's development.

# Contents

## ℬ I General Report



**Abstract**: The year 2013 and 2014 are important stages for China's media and women's development. Media continue playing positive role in promoting legislation and public policies by way of agenda-setting and representation of gender problems. Media portray as well as construct gender implications, spread brand-new mode of gender relations and gender concepts and enrich gender culture. The new media has been providing a broad platform for gender communication. And in the field of media and women's development, there are more cooperation and dialogue between China and the international society. However, the low representation of women and women's development, the lack of gender awareness among media professionals, and the gender discrimination and gender bias in new media and social media are the problems which cannot be ignored. It's suggested that measures should be taken to promote China's media and women's development such as the top design and overall arrangement, the construction of media laws and regulation, and cooperation and dialogue with international society, etc.

**Keywords**: Media; Gender; Women's Development; Gender Equality

## ℬ II Special Reports



**Abstract**: Women's TV shows are one of the important types of TV shows.

aspects. The conclusions of the dissertation are useful for improving future creation of the TV dramas in this category.

**Keywords**: Familial Ethics Dramas; Love-marriage Dramas; Feminist Perspective

## B Ⅲ Media Representation of Women



**Abstract**: This paper is focused on how news, television drama and advertisement represent and construct women. Using agenda-setting theory, discourse analysis theory, the ideological theory and the theory of consume society, this paper finds women in the family are still in the spiral of silence. Although it is the reality of some women's lifestyle, media should represent more diversity and positive images and stories of women in the family.

**Keywords**: Family; Women; Media



**Abstract**: In a global situation, how women's participation in politics and decision-making has been covered in current Chinese media outlets? This paper reviews news published by mainstream Chinese newspaper during January 2012 to middle October 2013. An outline is presented with a rough content analysis, along with more detailed text analysis of selected stories of different type of reports.

**Keywords**: Women's Participation in Politics; Reporting; Double-Standard; Gender Blindness; Gender Stereotype; Women's Empowerment

**Abstract**: The large-scale outdoor sports reality show *Running Man* lands on Zhejiang Satellite TV. Among the seven main fixed guests, there is only one female guest—Angelababy (Yang Ying). Taking her as the main research object, along with other temporary female guests, this article attempts to give analysis to both the positive characteristics and also the stereotypes of female image, and then tries to find out the breakthrough point of it, according to the link set, linguistic analysis, etc.

**Keywords**: Running Man; Women Image; Media Representation

## B Ⅳ Media and Women's Development



**Abstract**: This thesis is an empirical study, from the perspective of gender, on Chinese women's collective action of square dancing using cases and questionaires. The rise of the square dancing as a way of exercise with women as the major participants, to a certain degree, reflects community women's yearning for better life. Most choreographists and practicers of square dancing are common women. They put their enthusiasm into group activities, reflecting the wakening up of their self-consciousness.

**Keywords**: Gender; Chinese Women; Square Dancing; Collective Action

B. 9 Natural Screen?

*—Media Production of Content of Woman from the Perspective of "Audience Commodity" Theory*

*Tang Jinying* / 118

**Abstract**: The article firstly introduces "Audience commodity" theory which is essential in political economy of communication research. The theory argues that under capitalism system the commodity mass media produce not the program but the audience, revealing media industry's role in the whole production system. Then the article analyses two important media and gender issues in contemporary China, arguing that the production of content of women is the result of the screen process in market logic. This process is not a natural one, but of market's inner constructional tendentiousness. Finally the article discusses "Audience commodity" theory is quite instructive for media and gender research to transcend research on media context and to go deep into media's production research.

**Keywords**: Audience Commodity; Media Industry; Market's Inner Constructional Tendentiousness; "Content of Woman"; Women's Media

B. 10 Analysis of Media Catchwords of Gender

*—A Case Study on "Straight Man Cancer" and "Fresh Meat"*

*Zhao Jin* / 131

**Abstract**: The emergence of any catchword is related to the development of society. As an important culture carrier, language is constantly changing as society develops. Through focusing on several catchwords of gender originated from new media, this report analyses the evolution of gender values in recent years. The result shows that as the new media and communication technology develops, women get more discourse power than before. However, new media at the same time strengthens patriarchal system because of commercial interests and traditional culture. Thus, to achieve the popularity of gender equality through communication, not only the development of women matters, but also the whole society matters. At last, this report concludes that feminism by definition is that instead of dichotomy, men and women should have equal rights and opportunities, which also reflects the civilization degree of a society.

**Keywords**: Gender; Catchword; New Media; Gender Equality; Development; Harmony



**Abstract**: Women in media have made significant strides during the past 40 years in Europe and America especially in television and in TV News. Although there has been a clear growth in the numbers of on. air reporters and female anchors, the number of women on air is still less than their male counterparts. Women have made far less progress, in positions of senior management and decision making. Apart from a handful of top executives, very few women exercise power in media circles.

Media analysts in the West have long argued that the news agendas chosen and the global image of women shaped would be different if more women were charged.

There are many areas we could focus on in treating women in media: entertainment, film, advertising, public relations, print journalism, radio, television, or the internet. In this article, we focus mainly on the TV news industry and highlight developments in the United States, Britain, and a few European nations. Where possible, we also draw some comparisons with Asia.

**Keywords**: Media; Women; Western Media; Women Leadership.



**Abstract**: With the development of the Internet, the New Media Events contribute to new communication mechanism. This paper states from the perspective of women and research the New media event which gives priority to female and relates closely to female, with the example of professor of Xiamen University sexual sexually harassing his female students. And it also analyses the role of the new media and traditional media in the event. With the use of Baidu Index, the public opinion of the event could be divided into four stages including formation, diffusion, outbreak and finality. This paper separately analyzes the dynamic changes of the new media and traditional media news frames in the four stages, finding that the new media and traditional media redefine "sexual harassment" connotation by clarifying its meaning and disclosing its internal power relations in the process. Above all the new media and the traditional media let the event get rid of the single and isolated state, and come into brainstorm and countermeasure implementation phase of academic sexual harassment.

**Keywords**: New Media Events; Sexual Harassment; New Media; Traditional Media

## B. 13 Constructed Anxiety Myths of Male Chauvinist Ideology

### —*An Analysis Based on the Data of CNND from 2008 to 2012*

*Gao Yinzi* / 159

**Abstract**: With the improvement of female education, the perception of "Boy Crisis" becomes more and more popular. This article firstly uses content analysis and bases on the data of CNND (China Core Newspapers Full-text Database) in the period 2008 - 2012, describing the presentation of "Boy Crisis". Secondly, by using the semiotics theory of Roland Barthes, the article attempts to explore the representation of it. It is proved that, the production of media discourses concerning "Boy Crisis" consists of two semiotic systems: Connotation and Denotation. In denotation system, the changes in boys' learning and masculinity were represented to the term "Boy Crisis", which served as the "signifier" in connotation system. On the other hand, patriarchal ideology was blended in the signified of connotation system, and ultimately construct the myths which boys should be saved.

**Keywords**: Boy Crisis; Male Chauvinist Ideology; Connotation; Denotation; Myth

## Ⓑ V Women and Media Access



**Abstract**: This article through to Li Yang critical microblogging interaction in the process of the case investigation, by the way of issuing small questionnaire, collecting the different gender and age of the audience to Li Yang critical case reports of family violence cognitive attitude. Through a questionnaire, the attention, recognition and attitude of the domestic violence are different in people differed by age and gender. They also look forward to solving the problems such as the gender equality and the prevention of the domestic violence, but there are more myths which are needed to strengthen the guidance.

**Keywords**: Medium; Gender; Social Gender; Domestic Violence



**Abstract**: This paper takes the audience as the breakthrough point of the gender value discourse of fashion magazines, selects "*Fashion · Cosmo*" readers as the object of the audience analysis by using the audience interviews of qualitative research methods. The paper analyzes specific situations that respondents received media information, understood their interpretation of the meaning of media content, and their reactions to different communication contexts through in-depth interviews with respondents. In the premise of a clear understanding of the readers, this paper aims to explore gender consciousness of *Fashion · Cosmo* readers and contemplation of this magazine, so as to grasp the gender value problem of fashion magazines better.

**Keywords**: Audience Analysis; Interpretation; Gender Awareness

## B. 16 Taking New Media as Supportive Instrument: New Mothers' Negotiation with Grandparents about Disagreements on Maternal and Child Health



**Abstract**: New mothers would sometimes have different opinions with grandparents on taking care of babies. When dealing with the disagreements or even conflicts, new mothers will be influenced by new media for they have a regular use of health resources on it. By combining social support theory with "Uses and Gratifications" theory, researcher comes up with a concept of "supportive instrument", in order to illustrate how new media can be employed by new mother as a tool to meet own needs and support themselves. 14 new mothers were interviewed. The result shows that in the negotiation with grandparents about disagreement on maternal and child health, new mothers can use media to learn parenting, reinforce own point of view and in turn influence grandparents.

**Keywords**: Health Communication; Maternal and Child Health; Social Support; New Media

## B. 17 A Study of the Usage of Wechat Among Beijing College Students From the Perspective of Gender: A Case Study with a Random Sample of 5 Schools



**Abstract**: WeChat has become an indispensable part of life among college students in instant communication, information collection and social activities. Therefore, college students have their own obvious characteristics in using WeChat. This study takes Beijing university students as the research object, especially making sure the research looks more scientific and serious. In the perspective of gender, we try to understand their basic usage behavior, how to contact others, as well as the influence of WeChat for college students. We also analyze habits between boys and girls and their roles in WeChat to find something more creatively. The data show that WeChat is highly used among college students but the students often use it in fragmentary. The habits of browsing WeChat about girls are more diverse, but the role of WeChat is relatively low-key. The Source of friends are obviously from the acquaintance circle, but they have different attitudes towards the strangers. The male students pay attention to online relationship maintenance but tend to choose less instant contact ways of participation. Wechat plays an important role in their life, but it also makes college students feel confused. Girls are more addicted in WeChat, but they have negative attitude to the stranger in interpersonal relationship development.

**Keywords**: WeChat; Use Behavior; Interpersonal Communication; Social Influence

## B Ⅵ Gender Monitoring on Media



**Abstract**: With the indicators about news reporting in Gender Sensitive Indicators for Media formulated by UNESCO as basic indicators, the research group takes full consideration of the research focuses of mass media's communication of the value of gender equality and designs a series of indicators in the monitoring of five news programs in mainland China, i. e. , "Jiangsu News Watch" of Jiangsu TV, "News at Noon" of Guangdong TV, "News at 12 Am" of TianJin TV, "Daily News" of Anhui TV and "Wujian Sanbailiushi Du" of Qinghai TV. The monitoring results show that on the whole TV's awareness of spreading the value of gender equality is not strong, and the representation of the value of gender equality lacks diversity. News media should attach great importance to their responsibility and influence in terms of the communication of the value of gender equality. Moreover, news media should improve gender awareness and sensitivity so as to better spread the value of gender equality.

**Keywords**: Mass Media; Gender Equality; Value; Communciation



**Abstract**: The paper takes the "Media Gender-Sensitive Indicators" (GSIM) which released by the UNESCO in 2012 as a research tool, monitoring all the commercial advertisements broadcasted by the Central People Broadcasting music radio (The most authoritative music radio channel in china) on June 6, 2014. It analyzes the ads samples and elaborates each conclusion from the following four aspects: The proportion of male and female voices, the proportion of male and female who shows confidence, the proportion of male and female playing different roles and natural gender stereotyping. In addition, it also makes a qualitative research on the issues of the imbalance between male and female voices and stereotyped gender performance.

**Keywords**: Music Radio; GSIM (Media Gender-Sensitive Indicators); Commercial Advertisements

## B Ⅶ Literature Review



**Abstract**: In recent years, female journalists have been increasing in the Chinese media, accompanied by the related research literature growing. This report, by the method of content analysis, reviews and analyses research literatures containing female journalists from 2010 to 2014. It is concluded in the four point of view: De-gendering journalistic professionalism become typical, femininity obtains public recognition, facing the dual pressure from family and career, and people still lack the concept of Gender equality in the social environment. Finally, the report predicts that female journalists research of network media will be the main development trend of the research literature in this field.

**Keywords**: Female Journalist; Media and Gender Study

## B. 21 Literature Review on the Analysis of Well-known Gender Issues from the Perspective of News and Communication Studies (2013 −2014)

*Zhang Tianyu* / 278

**Abstract**: This Literature Review makes a conclusion of 84 academic articles studying four well-known gender issues, which triggered heated discussions in the year of 2013 to 2014. They are: study on Sino-US "first-lady" diplomacy, disappearance of female students in the summer of 2014, crackdown on sex trade in Dongguan and the rape case of Li Tianyi, a rich 2nd generation. After finding 84 academic essays studying on these issues, this essay makes a summary on the previous ideas—there are very few academic articles analysing the four topics from a perspective of news and communication; gender stereotypes still exist in these essays; women's rights are ignored; the media pay more attention to the conflicts between different social classes than to the conflicts of different genders; women's images portrayal in media are misleadingly made use of. To conclude, this Literature Review calls for more attentions paid to gender issues by scholars who study news and communication.

**Keywords**: CNKI; Literature Review; Well-known Gender Issues; Media and Gender Studies

B. 22 Literature Review on the Analysis of Family Violence Issues from the Perspective of News and Communication Studies (2010 -2014)

*Gu Yang* / 290

**Abstract**: Recently, there are a series of newspaper reports about issue of family violence. Because of the continued report and discussion, the authority was urged to quicken the passage of legislation. The researches related family violence analysis from the angle of Journalism and communication and regulations are reviewed and analyzed. Through a textual analysis of the results, the study finds five conclusions: the media discourse is de-gendering; the presentation of gender is stereotype; delivering messages that make family violence reasonable; the female become the other and the woman voices are absent; the commercial logic tortures the focus of reports; the new media provide some way to express their idea. At last, this study makes some suggestions to how to increase report.

**Keywords**: Family Violence; Gender Issue; Communication and Journalism; Patriarchal Society; Stereotype

B. 23 The Journals Review about Female Audience (2000 -2014)

*Long Jiangnan* / 300

**Abstract**: This article has collected and arranged those journals published in the new century that focus on female audience, finding that the themes about female receivers' receiving and reading have increased. Further, those papers, combining empirical research and qualitative research, begin to emphasize the direct experience of female audience, making it possible to bridge the gap between the researchers and the subjects.

**Keywords**: Female Audience; Media Selection; Receiving Behaviors

# B VIII Research from Overseas



**Abstract**: This paper critiques the intellectual approaches to promoting equity for women in news content, and, more directly, for professionals producing that content. Accomplishing the fullest kind of diversity and equity in news and in newsrooms requires reconceptualizing journalism's strategies, policies, and practices, and even de-centering the concept of gender. This paper first briefly critiques several theories, concepts and perspectives proposed to explain the difference that gender makes or should make in mass communication professions, especially journalism. Given that these theories neither explain nor show the epistemological "effects" of gender, an intersectional approach is illustrated with the case of Chinese-American women journalists. This highlights how gender cannot be taken as a single-dimensional, dichotomous factor distinguishing all women from all men. Instead, gender always and ever intersects with other dimensions of identity and experience. Second, the paper groundsfeminist politics in deontological perspectives having to do with fairness, rather than teleological assumptions that women and men are categorically different. Althougharguments about women seem to gain greater traction when a proposed action is claimed to result in different ends, in measurable effects, this paper suggests that fairness is a sufficient warrant for hiring and promoting women. Moreover, making decisions on the basis of fairness and equity, and on the basis of a reasonable idea of human nature, allows one to acknowledge a central truth: everyone is flawed. That is, this allows for reporting about women that does not require impossible and counter-factual claims that women are always "good."

**Keywords**: Gender Equity; Deontology; Fairness; Newsroom

## B. 25 Surveilling the Girl *Leslie Regan Shade* / 344

**Abstract**: This paper examines the new regime of domestic surveillance with a particular focus on how promotional and media discourse posits the young girl in need of safe technological spaces, using the example of the mobile phone that utilizes GPS or biometric technologies to monitor, control, track, and otherwise contain young people's communicative practices.

The protected child may indeed be an intrinsic facet of middle-class millennium parenting in North America, exacerbated by the sheer intrepidness of many young people's use of social media for self-expression, communication, and the creation of fluid identities and autonomy outside of parental or school-based boundaries. That young people are avid users of social media including social network sites (SNS) such as Facebook, as well as enthusiastic mobile phone users can be troubling for adults who find the literal mobility afforded by these technologies threatening.

In North America, a veritable industry has developed to allow parents to surveil their children, under the guise of protecting them from peer harassment or influence, sexual predators, strangers, or sexual exploration. That the discourse disproportionately focuses on young girls is not surprising. Generations of adults have demonstrated particular concern regarding the influence of new technologies on young women's access to sexual knowledge and their ability to interact with the opposite sex, whether it be fears emanating from the telephone at the beginning of thetwentieth century, film in the 1930s, or the popularization of the internet in the mid -1990s (Shade "Contested"; Cassell and Cramer). I argue that girls' studies scholars need to critically assess this public discourse and its gendered dimensions and reconcile the protectionist rhetoric with the reality of the very active roles young girls are assuming as consumers and creators of digital and wireless communication.

**Keywords**: Domestic Surveillance; Gender; Protectionist; Digital and Wireless Communication

## 皮书起源

“皮书”起源于十七、十八世纪的英国，主要指官方或社会组织正式发表的重要文件或报告，多以“白皮书”命名。在中国，“皮书”这一概念被社会广泛接受，并被成功运作、发展成为一种全新的出版型态，则源于中国社会科学院社会科学文献出版社。

## 皮书定义

皮书是对中国与世界发展状况和热点问题进行年度监测，以专业的角度、专家的视野和实证研究方法，针对某一领域或区域现状与发展态势展开分析和预测，具备权威性、前沿性、原创性、实证性、时效性等特点的连续性公开出版物，由一系列权威研究报告组成。皮书系列是社会科学文献出版社编辑出版的蓝皮书、绿皮书、黄皮书等的统称。

## 皮书作者

皮书系列的作者以中国社会科学院、著名高校、地方社会科学院的研究人员为主，多为国内一流研究机构的权威专家学者，他们的看法和观点代表了学界对中国与世界的现实和未来最高水平的解读与分析。

## 皮书荣誉

皮书系列已成为社会科学文献出版社的著名图书品牌和中国社会科学院的知名学术品牌。2011 年，皮书系列正式列入“十二五”国家重点图书出版规划项目；2012~2014 年，重点皮书列入中国社会科学院承担的国家哲学社会科学创新工程项目；2015 年，41 种院外皮书使用“中国社会科学院创新工程学术出版项目”标识。

# 法律声明

# S 子库介绍
## ub-Database Introduction

### 中国经济发展数据库

涵盖宏观经济、农业经济、工业经济、产业经济、财政金融、交通旅游、商业贸易、劳动经济、企业经济、房地产经济、城市经济、区域经济等领域，为用户实时了解经济运行态势、把握经济发展规律、洞察经济形势、做出经济决策提供参考和依据。

### 中国社会发展数据库

全面整合国内外有关中国社会发展的统计数据、深度分析报告、专家解读和热点资讯构建而成的专业学术数据库。涉及宗教、社会、人口、政治、外交、法律、文化、教育、体育、文学艺术、医药卫生、资源环境等多个领域。

### 中国行业发展数据库

以中国国民经济行业分类为依据，跟踪分析国民经济各行业市场运行状况和政策导向，提供行业发展最前沿的资讯，为用户投资、从业及各种经济决策提供理论基础和实践指导。内容涵盖农业，能源与矿产业，交通运输业，制造业，金融业，房地产业，租赁和商务服务业，科学研究，环境和公共设施管理，居民服务业，教育，卫生和社会保障，文化、体育和娱乐业等 100 余个行业。

### 中国区域发展数据库

以特定区域内的经济、社会、文化、法治、资源环境等领域的现状与发展情况进行分析和预测。涵盖中部、西部、东北、西北等地区，长三角、珠三角、黄三角、京津冀、环渤海、合肥经济圈、长株潭城市群、关中一天水经济区、海峡经济区等区域经济体和城市圈，北京、上海、浙江、河南、陕西等 34 个省份及中国台湾地区。

### 中国文化传媒数据库

包括文化事业、文化产业、宗教、群众文化、图书馆事业、博物馆事业、档案事业、语言文字、文学、历史地理、新闻传播、广播电视、出版事业、艺术、电影、娱乐等多个子库。

### 世界经济与国际政治数据库

以皮书系列中涉及世界经济与国际政治的研究成果为基础，全面整合国内外有关世界经济与国际政治的统计数据、深度分析报告、专家解读和热点资讯构建而成的专业学术数据库。包括世界经济、世界政治、世界文化、国际社会、国际关系、国际组织、区域发展、国别发展等多个子库。